Carl-Auer-Systeme

Für meine Mutter, die mir gezeigt hat,
dass man wieder nach Hause gehen kann,
auch wenn das niemals der Ort sein wird,
den man einst verlassen hat.
Vielleicht sind es nicht so sehr unsere Mütter,
die uns im Stich gelassen haben, als die Maßstäbe,
mit denen wir gemessen haben.

Wieder heimkommen

Monica McGoldrick

Spurensuche in der Familiegeschichte

Aus dem Amerikanischen von Irmela Köstlin

2003

Carl-Auer-Systeme im Internet: **www.carl-auer.de**
Bitte fordern Sie unser Gesamtverzeichnis an:

Carl-Auer-Systeme Verlag
Weberstr. 2
69120 Heidelberg

Über alle Rechte der deutschen Ausgabe verfügt Carl-Auer-Systeme
Verlag und Verlagsbuchhandlung GmbH Heidelberg
Fotomechanische Wiedergabe nur mit Genehmigung des Verlages
Verlagsservice Josef Hegele, Dossenheim
Genogrammgraphiken: Institut für mehrgenerative Forschung und Therapie,
Dr. R. und K. Stachowske, Reppensted; www.stachowske.de
Unter Verwendung der Genogrammsoftware Genogramm-Marker Plus und Millennium
Umschlaggestaltung: WSP Design, Heidelberg
Umschlagbild: ©Art Wolfe/www.artwolfe.com
Printed in the Netherlands
Druck und Bindung: Koninklijke Wöhrmann, Zutphen

Erste Auflage, 2003
ISBN 3-89670-404-4

Bibliografische Information Der Deutschen Bibliothek
Die Deutsche Bibliothek verzeichnet diese Publikation
in der Deutschen Nationalbibliografie; detaillierte bibliografische
Daten sind im Internet über http://dnb.ddb.de abrufbar.

Inhalt

Vorwort von Gunthard Weber

Manche prophezeien immer wieder einmal kühn das baldige Ende der Familie als Lebensform. Andere behaupten, man brauche, wenn man sich intensiv mit Familiengeschichten beschäftige, eigentlich keine Romane mehr zu lesen. Beides stimmt so sicher nicht.

Die vielen, sehr unterschiedlichen und farbigen Familiengeschichten in diesem Buch sind aber tatsächlich so plastisch und faszinierend beschrieben, dass die Einzigartigkeit jedes einzelnen Schicksals und Familiengewebes mit all seinen heil- und unheilvoll erscheinenden Aspekten aufleuchtet und unmittelbar nacherlebt werden kann. Sicherlich ersetzen sie keine Romane, sie sind aber – und das kann man hier hautnah erfahren – der Rohstoff, aus denen viele Romane und Trägodien ihre Nahrung beziehen.

Mit diesem Buch ist Monica McGoldrick zweierlei gelungen: Es ist ein Buch mit einer Fülle spannend erzählter Familiengeschichten bekannter Persönlichkeiten aus Politik, Film, Kunst, Literatur und Wissenschaft, an Hand derer sie jeweils andere Aspekte der Entstehung und der Folgen bestimmter Beziehungsmuster veranschaulicht und erklärt. Diese Schicksale berühren unmittelbar, eröffnen neue Zugänge zum Verständnis von Menschen und Werken, die „herausragen", und lassen sie oft in einem anderen, menschlicheren Licht erscheinen. Die erläuternden Genogramme (Stammbäume) zu den einzelnen Familien ermöglichen es, Sinn stiftende generationsübergreifende Familienmuster, überraschende Parallelen und mögliche Wechselwirkungen zu entdecken und nachzuvollziehen. Allein deswegen lohnt es sich schon, dieses Buch zu lesen.

Angehörigen von psychosozialen, pädagogischen oder seelsorgerischen Berufen zeigt die Lektüre – und das ist das zweite Verdienst der Autorin – wie nebenher viele familiendynamische Facetten und familiäre Muster auf, die ihnen neue und bisher ungewohnte Blickwinkel und Einsichten ermöglichen. Die Mehrgenerationenperspektive, die in Monica McGoldricks Arbeit schon von Beginn an einen zentralen Platz hatte, scheint im familientherapeutischen Bereich weltweit eine Renaissance zu erleben. Im deutschsprachigen Raum ist das seit einigen Jahren an der Anziehungskraft des Familien-Stellens (wie Bert Hellinger es entwickelt hat) abzulesen. Auch hier werden gegenwärtige Probleme, Symptome oder Anliegen oft

Sinn stiftend in einen größeren Zusammenhang mit der Bindungsliebe Nachgeborener zu ihren Eltern und Ahnen und den sich daraus ergebenden Verstrickungen gestellt.

Die Familie, davon überzeugt dieses Buch, ist trotz aller Beschränkungen, die sie uns auch auferlegt, und der Herausforderungen, die sie an den Einzelnen stellt, als Ort der Zugehörigkeit und existenzieller Grunderfahrungen unersetzlich. In seinem Kern ist dieses Buch vor allem eine liebevolle Einladung und Ermutigung an die Leser, bereichernde und befreiende Entdeckungs- und Selbsterfahrungsreisen in bisher unbesehene und unbegangene Gebiete ihrer Gegenwarts- und Herkunftsfamilie zu wagen. Für solche Selbsterfahrungsreisen stellt es umfangreichen Proviant, nützliches Gepäck und viel Handwerkszeug zur Verfügung. Die Fallbeispiele regen die Leser an, ihre eigenen Familiengeschichten auf die jeweils beleuchteten Facetten bezogen parallel mitzureflektieren. Nach jedem Kapitel findet man konkrete Fragenkataloge, Hinweise, wie man vorzugehen hat, wenn man sich auf Informationssuche und Entdeckungsreise begibt, wo man Mut aufbringen und wo man Vorsicht oder achtsame Zurückhaltung walten lassen sollte.

Wer eine solche Reise wagt, dem wird gewahr, dass wir ein Teil dessen sind, was wir waren, ein Teil dessen, was unsere Familie war, und dass wir ein Teil dessen sein werden, was unsere Kinder und Kindeskinder sein werden. Er wird gewahr der Licht- und Schattenseite, der Möglichkeiten und Begrenzungen und der schicksalhaften Bindungen in der eigenen Familie, und er bekommt Anschluss an neue Quellen und Ressourcen. Auf alle Fälle muss er damit rechnen, dass er sich und anderen seine Familiengeschichte in Zukunft anders und neu erzählen wird. Und vielleicht gelingt es ihm dann sogar, über den Kreis der Familie hinauszuschauen und hinauszugehen.

Dieses Buch ist die kostbare und reife Frucht einer über zehn Jahre langen Arbeit und der noch viel längeren familientherapeutischen Erfahrung Monika McGoldricks. Es verdient eine große Resonanz, und die wünsche ich ihm!

Wiesloch, im August 2003
Gunthard Weber

Vorwort der Autorin

Nach Hause zu gehen mag unmöglich sein, aber oft ist es eine drängende Notwendigkeit oder zumindest ein unwiderstehlicher Traum … „Heimat" ist eine Vorstellung, kein Ort, sie ist ein Geisteszustand, in dem die Selbstdefinition ihren Ursprung hat; „Heimat" ist der Ursprung – es ist jenes Gemisch von Zeit und Ort und Gerüchen und Klima, in dem man zum ersten Mal realisiert, dass man einmalig ist … „Heimat" … bleibt als ein Ort in der Vorstellung gegenwärtig, an dem Wiedervereinigung, sollte das jemals möglich sein, stattfinden würde … „Heimat" hat etwas mit der Wiederherstellung der richtigen Beziehungen zwischen den Dingen zu tun – und nach Hause zu gehen bedeutet, dass diese Wiederherstellung stattfindet, denn dort ist sie am wichtigsten.

A. Bartlett Giamatti, *Take Time for Paradise* (1989)

Es hat viele Jahre gedauert, bis dieses Buch geschrieben war. Der Impuls, es zu schreiben, erwuchs aus meinen eigenen Anstrengungen, „wieder nach Hause zu gehen" – Anstrengungen, die ich erstmals vor 20 Jahren unternahm, als ich Murray Bowens Ideen zu Familiensystemen kennen lernte und den Versuch machte, meine Rolle in der Familie zu verändern. Während der Erforschung unserer Familiengeschichte begann ich, meine kraftvolle und verletzliche Mutter besser zu verstehen und tiefer zu lieben. Ich begann allmählich, auch die Begrenzungen meines sanften, intellektuell glänzenden Vaters, der voller Witz und Humor war, wahrzunehmen – was jedoch nicht bedeutete, dass ich ihn nun weniger geliebt hätte, sondern vielmehr dazu führte, dass ich meine Mutter nun mehr lieben konnte als zuvor. Ich verbrachte viele Jahre damit, genealogische Forschungen über meine Familie anzustellen und Verwandte in Wyoming ausfindig zu machen, deren Spuren ich bis in das kleine Tal („the Glen") in der Nähe von Ballybofey, nach Donegal und Leap in der Nähe von Skibbereen verfolgte. Meine Reise in meine eigene Vergangenheit ließ mich erkennen, dass ich ein Teil bin von allem, was zuvor gewesen ist, und dass meine Generation darauf Acht geben muss, welches Erbe wir unseren Kindern und Kindeskindern hinterlassen.

Seit 20 Jahren unterrichte ich nun Familientherapie und versuche, anderen die Ideen der Systemtheorie, die für mich so wesentlich geworden sind, nahe zu bringen und sie dadurch in ihrer professionellen Kompetenz zu bereichern. Ich bin von der Genogrammarbeit mittlerweile so fasziniert, dass ich kein Buch mehr lesen kann, ohne das Genogramm der handelnden Personen zu erstellen. Ich hoffe, die Leser werden von den Geschichten der berühmten Familien, die ich in diesem Buch beschreibe, genauso fasziniert sein wie ich und eine ebenso starke Inspiration durch sie erfahren.

Damit meine Leser eine gewisse Vorstellung von der Person bekommen, die zu ihnen spricht, möchte ich ein wenig von meiner eigenen Geschichte erzählen. Ich bin die mittlere von drei Schwestern und stamme aus einer irischen Familie, die jetzt in der vierten Generation in den Vereinigten Staaten lebt. Geboren in Brooklyn im Jahre 1943 (und aufgewachsen mit der Bewunderung für das seinerzeit berühmte Baseball-Team, das zwar sämtliche Spiele verlor, aber dennoch von allen geliebt wurde), lebte ich seit meinem sechsten Lebensjahr auf einer Farm in Solebury, Pennsylvania. Meine Mutter, eine der interessantesten Frauen, denen ich jemals begegnet bin, und mit der ich meine ganze Kindheit und Jugend hindurch und selbst noch im jungen Erwachsenenalter gekämpft habe, erlangte ihre Graduierung im Jahre 1934 in Barnard. Für die Heirat mit meinem Vater – dem sie während der gesamten 37 Jahre, die sie miteinander verlebten, in tiefer Liebe verbunden war – und die Familie gab sie eine erfolgreiche Karriere als Public-Relations-Expertin auf. Mein Vater war ein bekannter Reformpolitiker in New York City, er war Anwalt, und er war auch Lehrer. Tatsächlich komme ich aus einer Familie von Lehrern (alle meine Angehörigen, einschließlich meiner beiden Schwestern sowie sämtlicher angeheirateten Verwandten und – bis auf einen – sämtlicher Verwandten aus der Generation meiner Eltern, waren Lehrer). Meine geliebte Betreuerin, Margaret Pfeiffer Bush, eine Amerikanerin afrikanischer Abstammung aus Asheville, North Carolina, die aufgrund der Rassengesetze lesen und schreiben erst lernte, nachdem ich es bereits gelernt hatte, war diejenige, die zusammen mit meiner Mutter die Verantwortung für die Familie trug und uns alle versorgte; sie war der Mensch, der mir in meiner Kindheit am nächsten stand. Mein Vater war eine würdevolle und geliebte Respektsperson, die uns am Wochenende einen Besuch abstattete.

Meine ausgedehnte Familie bedeutete für mich einen großen Gewinn. Meine Tante Mamie war jedes Jahr der „Nikolaus"; meine Tante Mildred, die mich gerne adoptiert hätte, unterrichtete an den öffentlichen Schulen von Brooklyn Generationen von Kindern, und sie war es auch, die mir zeichnen und malen beibrachte. Mein Onkel Raymond ließ mich an seiner Begeisterung für alles Russische sowie für die Musik teilhaben und war entzückt, dass ich einen weiteren Arzt in die Familie brachte (meinen Mann).

Ich hatte auch eine wundervolle inoffizielle Familie; dazu gehörten Marie und Elliot Mottram, die mit meinem Vater zusammen in die Schule gegangen waren und für uns Kinder so etwas wie Pateneltern waren. Meine Großmutter mütterlicherseits bezauberte uns mit ihrer Klavierversion von *Golliwog's Cake Walk*;[1] zum Rest unserer ausgedehnten Familie, zu der auch mein lieber Cousin Hughie und die anderen McGoldricks gehörten, fand ich dagegen erst viel später eine Reihe von Verbindungen. Von ihnen erfuhr ich einige wichtige Familiengeheimnisse, die mir halfen, mich selbst und meine Familie klarer zu verstehen. In meiner Seele leben heute alle McGoldricks von „the Glen", genauso wie die Cahalanes aus Cork, die ich, seit ich sie im Jahre 1975 gefunden habe, besuche, so oft ich nur kann.

Mein Hauptfach am College war Russisch, und in Russisch machte ich auch meinen *Master's Degree* (meine schriftlichen Arbeiten befassten sich mit Dostojewski und Puschkin); danach wechselte ich in das Fach Sozialarbeit über (hier untersuchte ich in meiner schriftlichen Arbeit die Frage, welche Rolle der kindliche Humor in der Therapie spielt) und verliebte mich in die Familientherapie. Besonders interessieren mich Fragen, die mit der Zugehörigkeit zu einer bestimmten Kultur, einer bestimmten Ethnie oder Gesellschaftsschicht zu tun haben, die Gender-Forschung, die Ehe, der Lebenszyklus, Schizophrenie, Zweitfamilien, Schwestern, Ehen zwischen Partnern unterschiedlicher kultureller Herkunft, Familientherapie mit nur einer Person sowie die Auswirkungen von Verlust in der Familie. Zu den von mir publizierten Fachbüchern gehören *The Changing Family Life Cycle*, *Ethnicity and Family Therapy*, *Women in Families* (dt.: *Feministische Familientherapie in Theorie und Praxis*), *Living beyond Loss* und *Genograms in Family Assessment* (dt.: *Genogramme in der Familienberatung*). Ich habe viele Jahre lang an der *Robert Wood Johnson Medical School* gelehrt und wurde dann Direktorin des *Family Institute* von New Jersey in Metuchen, das 1991 gegründet worden ist.

Die Idee zu diesem Buch entstand während der und durch die Arbeit an dem Buch *Genogramme in der Familienberatung*, in dem ich

---

1 Golliwog ist eine Figur aus einem amerikanischen Kinderbuch, das 1895 publiziert wurde und große Verbreitung fand; A. d. Ü.

die Genogramme berühmter Familien als Fallbeispiele herangezogen habe; wie sich gezeigt hat, lassen sich anhand solcher Beispiele systemische Vorstellungen auf leicht verständliche Weise vermitteln. Der Gedanke drängte sich auf, diese Vorstellungen in ein für jedermann verständliches Buch quasi zu übersetzen – und jetzt, zehn Jahre später, ist das Buch fertig geworden.

1 Warum wieder heimkommen?

In diesem Buch geht es darum, die wichtigsten Bindungen in unserem Leben zu erforschen, die Bindungen an unsere Familie, an die Menschen, die uns als Erste eine Vorstellung davon gaben, was es heißt, „zu Hause" zu sein. Je mehr wir über unsere Familie wissen, desto mehr wissen wir über uns selbst, und desto mehr Freiheit haben wir, zu bestimmen, wie wir leben wollen. Auch die schlimmsten und schmerzlichsten Familienerfahrungen – Alkoholabhängigkeit, sexueller Missbrauch, Selbstmord – sind ein Teil unserer gewordenen Identität. Ja, wenn wir verstehen, was zu diesem Verhalten führte, dann kann uns das helfen, die dunklen Seiten auch bei uns selbst zu verstehen und vollere, reichere Beziehungen zu andern einzugehen.

Es gibt das Sprichwort: „Wer sich nicht erinnern kann, ist dazu verdammt, die Vergangenheit zu wiederholen." Wenn Sie wesentliche Dinge über Ihre Familie und deren Geschichte in Erfahrung bringen, wenn Sie begreifen, wie die Mitglieder Ihrer Familie „ticken" und warum – und zwar über mehrere Generationen hinweg –, wenn Sie verstehen, in welchen Beziehungen sie zueinander standen und an welcher Stelle sie festgefahren waren, dann können Sie anfangen, sich selbst nicht bloß als Opfer oder als jemand, der bloß reagiert, zu betrachten; Sie können sich dann vielmehr als aktiven Mitspieler in den sich wiederholenden Interaktionen sehen. Wenn Sie wissen, was Sie von Ihrer Familie ererbt haben, kann Ihnen dies die Freiheit geben, Ihre Zukunft zu verändern.

Die Vorstellung von „Familie" ist aufs engste verknüpft mit unserem Bewusstsein davon, wer wir sind in dieser Welt. Wir ähneln anderen Mitgliedern unserer Familie. Ihre Eigenarten und ihre Gesten sind den unseren ähnlich. Sie sind bei allen wichtigen Ereignissen unseres Lebens dabei gewesen (zumindest sind wir der Überzeugung, sie *hätten dabei sein müssen*): Geburten, Hochzeiten, Prüfungsfeiern, Krankheiten, Todesfällen. Mehr noch, tief in uns ist das Gefühl verankert, wenn unsere Familie uns nicht anerkenne und akzeptiere, wenn sie uns nicht liebe und unterstütze, werde uns auch sonst niemand lieben und unterstützen. Ganz egal, wie alt wir sind, egal wie weit wir uns emotional oder physisch von unserer Familie entfernt haben – es scheint uns unmöglich zu sein, sie zu ignorieren. Die Beziehungen zu unserer Familie sind die wichtigsten in unserem Leben, und doch, wie oft gelingt es uns nicht, mit unseren Angehörigen eine Verbindung herzustellen! Wir finden die Tür, die eine Kommunikation eröffnen würde, einfach nicht. Manche Leute sagen, es sei egal, wenn wir unsere Eltern oder Geschwister niemals geliebt hätten oder wenn umgekehrt sie uns nie geliebt hätten, aber es ist nicht egal. Ganz unabhängig davon, wie weit wir uns von unserer Familie entfernt haben, sei es räumlich oder sei es, weil wir im Leben viel erreicht oder Karriere gemacht haben – unsere Familie gehört zu uns, und wir gehören zu unserer Familie. Ja, die Erfahrungen, die wir in unserer ersten Familie gemacht haben, wiederholen sich manchmal auf unheimliche Weise in der Beziehung zu unseren Ehepartnern und unseren Kindern und heutzutage vielfach auch in den Erfahrungen, die wir in den nachfolgenden „Mischfamilien" machen.

Unsere Familie geistert unweigerlich durch unser Leben – durch unsere Beziehungen zu unseren Ehepartnern, unseren Kindern, unseren Freunden, und selbst am Arbeitsplatz ist sie präsent. Den ganz spezifischen Eigenarten einer jeden Familie liegen Muster zugrunde, die zeit- und kulturenübergreifend sind. Und obwohl sich einzelne Züge in der Familienstruktur und die Rollen in der Familie dramatisch geändert haben und weiterhin ändern, sind doch die grundlegenden Formen, in denen Familienmitglieder sich aufeinander beziehen, eine universelle Gegebenheit.

Vor mehr als 100 Jahren weigerte sich Abraham Lincoln – der ja so viel dafür getan hat, „die Dinge ins richtige Verhältnis zueinander zu setzen" –, Kontakt mit seinem sterbenden Vater aufzunehmen, den er 20 Jahre lang nicht mehr gesehen hatte. Er sagte: „Wenn wir uns jetzt begegnen würden, wäre das wahrscheinlich viel eher schmerzlich als angenehm" (Oates 1977). Lincolns offenkundige Hilflosigkeit im Hinblick auf eine mögliche Veränderung in der Beziehung zu seinem Vater, der ihn offenbar in der Kindheit misshandelt hatte, ist etwas, das auch heute vielen Erwachsenen nicht fremd ist. Trotz Lincolns hervorragender Fähigkeiten und seiner großen Klarheit in so vielen Dingen, die unsere Nation als Ganzes betrafen, gewann in dieser Situation sein Pessimismus die Oberhand, und er konnte die Möglichkeit, dass in jener letzten Begegnung zwischen ihm und seinem Vater noch etwas anderes hätte geschehen können, überhaupt nicht sehen. Das ist auch heute öfter anzutreffen; viele äußerlich erfolgreichen Menschen scheinen unfähig zu sein, eine Beziehung zu den Mitgliedern ihrer eigenen Familie aufzubauen, unfähig, ihren Vätern ins Herz zu sehen, denn sonst müssten diese nicht sterben, als ob sie Fremde wären. Pat Conroy (1988) beschreibt in ihrem Roman *The Prince of Tides* (dt.: *Die Herren der Insel*) die Macht der familiären Bindungen in ihrer ganzen Komplexität in der Begegnung zwischen der tief verwundeten Schwester der Erzählerin und ihrem Vater, der sie missbraucht hat (Conroy 1988):

> „Und als sie aufeinander zuliefen, da fühlte ich tief in mir, an einem bislang unberührten Fleck, eine Art Zittern. Es kam aus dem Instinkt, war verwurzelt im Ursprung der Art – unbenennbar noch, doch wußte ich, daß es benannt werden konnte, wenn man es fühlen konnte. Es waren nicht Savannah [seine Schwester] oder Vaters Tränen, die diesen Widerhall verursachten, diese rasante innere Musik des Blutes, der Wildheit, der Identität, es waren die Faszination der Verwandtschaft und die Furcht davor, die unaussprechlichen Familienbande, die gleichermaßen rasenden Schrecken und ehrfürchtige Liebe in mir anschlagen ließen."

Warum ist es so schwer für uns, uns unserer Familie zu nähern? Warum beschäftigt es uns so sehr, wie wir mit unserer Ehe und mit unseren Kindern klar kommen, während wir unsere Eltern und unsere Geschwister eher vernachlässigen? Warum sitzen so viele Menschen, was ihre Herkunftsfamilie betrifft, in langweiligen oder schmerzlichen gewohnheitsmäßigen Bahnen fest, warum scheinen so viele ihrer Familie davonzulaufen?

Die meisten Leute erkennen, welch hohen emotionalen Preis sie dafür zahlen, dass sie zu ihren Angehörigen so etwas wie eine „Nichtbeziehung" pflegen. Keine wirkliche Verbindung zu den Eltern zu haben ist eine sehr intensive Erfahrung, denn tief in unserem Innern sehnen wir uns nach etwas anderem, nach etwas, das uns mehr befriedigt. Dasselbe gilt für das Verhältnis zu den Geschwistern. Wenn zwei Schwestern 40 Jahre lang nicht miteinander sprechen, erleiden beide einen schweren Verlust. Sie sehen einander ähnlich, haben vielleicht ähnliche Stimmen und ähnliche Verhaltenseigentümlichkeiten, und sie haben eine gemeinsame Geschichte, die nur ihnen gehört. Jeder, der einmal die Erfahrung gemacht hat, wie es ist, wenn bei einem bestimmten Anlass zwei solche Geschwister anwesend sind, wird wissen, welche heftigen Gefühle sich hinter der äußeren Fassade, die das Fehlen jeglicher Verbundenheit suggerieren mag, in der Regel verbergen können.

In diesem Buch werden berühmte Menschen und ihre Familien vorgestellt, häufig mit einem Genogramm (einer Art Familienstammbaum), an dem sich Familienmuster aufzeigen lassen. Ich habe diese besonderen Familien ausgewählt, weil an ihnen diese Familienmuster sichtbar werden, und auch weil in diesen Fällen biografisches Material über mehrere Generationen hinweg zugänglich war. Viele der hier angeführten Familiengeschichten sind unvollständig, in erster Linie deshalb, weil ich nur bestimmte Facetten der Familien zeigen möchte, um das, was ich sagen möchte, zu illustrieren. Aber ganz abgesehen davon, ist festzustellen, dass es auffällig wenige Biografen gibt, die erkannt haben, wie bedeutsam der Familienkontext für ihre Thematik ist; es war deshalb schwierig, genügend „berühmte Familien" zu finden, bei denen das notwendige Material zur Verfügung stand. Ich bedaure es, wenn meine Informationen ungenau sein sollten – aber wie immer bei Familiengeschichten müssen wir uns auch hier mit unvollständigen und oft ungenauen Informationen abfinden und aus dem, was wir haben, das Beste machen.

Jede Familie hat ihre ganz eigene Geschichte und ist insofern einzigartig; im Hinblick auf die zugrunde liegenden Muster jedoch sind alle Familien einander ähnlich. Berühmte Familien mögen auf die Tatsache, dass sie so bekannt und berühmt sind, in bestimmter Weise reagieren, einfach weil sie im Rampenlicht stehen; aber es gibt nun einmal einige grundlegende Möglichkeiten, mit Liebe, Schmerz und Konflikten umzugehen oder die großen Fragen nach Leben und Tod zu beantworten bzw. die Grenzen von Zeit und Klassenzugehörigkeit oder die Prägung durch eine bestimmte Kultur zu überschreiten, und diese Möglichkeiten stehen allen Familien gleichermaßen zur Verfügung. Alle Familien müssen Wege finden, mit Verlusten fertig zu werden und neue Familienmitglieder zu integrieren. Insofern sind berühmte Familien, was die emotionalen Prozesse betrifft, so „gewöhnlich" oder „einzigartig" wie jede andere.

Viele Menschen neigen dazu, die Familiengeschichte herunterzuspielen. Sigmund Freud, der unser Denken über das menschliche Verhalten wahrscheinlich mehr beeinflusst hat als jeder andere, richtete sein Interesse und seine Aufmerksamkeit fast ausschließlich auf die kindlichen Fantasien über die Eltern und vernachlässigte das reale Leben der Eltern, die Rolle der Geschwister und die Bedeutung der erweiterten Familie. Gab es Geheimnisse in der Familie Freuds, über die er nicht zu sprechen wagte? Neuere Forschungen legen nahe, dass es tatsächlich solche Geheimnisse gab, aber es ist interessant festzustellen, dass viele Freud-Biografen diesen blinden Fleck bei Freud bezüglich der Erforschung der Familie übernommen haben. So möchte man zum Beispiel wohl annehmen, dass die Freud-Biografen sich für Freuds Mutter, die 95 Jahre alt geworden ist, interessieren würden – aber man hat ihrer Rolle in der Familie nur sehr wenig Aufmerksamkeit geschenkt. Wir wissen nichts über ihre Beziehungen zu ihren Eltern, ihren Geschwistern, nichts über ihre frühen Jahre. Warum nicht? Hat Freud sie niemals gefragt? Wie zu erwarten, sind Freuds Theorien durch seine eigene, persönliche Familiengeschichte geprägt, in der es vieles gab, das er nicht sehen oder das er vergessen wollte. Er schrieb über sich selbst, er habe sich gefühlt wie der Erbe „all der Leidenschaften unserer Ahnen, als sie ihren Tempel verteidigten" (Freud u. Freud 1968), und er tat alles, um sicherzustellen, dass seine Familiengeschichte in der Form erzählt werden würde, die er wollte – das heißt, dass die Geschichten, mit denen er nicht umgehen konnte, ausradiert würden. Da er, wie so viele andere Menschen in derselben Situation auch, peinlich berührt war durch die Tatsache, dass es in seiner Familie sowohl geistige Krankheit gab als auch Familienmitglieder, die ein Verbrechen begangen hatten, zerstörte er viele persönliche Unterlagen und Familiendokumente.

Leider ist es nicht möglich, unsere Geschichte zu zerstören. Sie lebt in uns weiter, vermutlich umso machtvoller, je mehr wir versuchen, sie zu begraben. Wir und unsere Familien zahlen wahrscheinlich einen hohen Preis, wenn wir versuchen, die Vergangenheit auszusperren. Versuche, die Familiengeschichte zu verbergen, haben die Tendenz, sich wie eine schwärende Wunde auszubreiten, die andere, lange nach den ursprünglichen schmerzvollen Erfahrungen und Beziehungen geborenen Familienmitglieder infiziert. Die Freud-Biografen hatten große Mühe, die faszinierenden privaten Geheimnisse, die er hinterließ, aufzudecken. Auch wir werden nach den unserem Leben zugrunde liegenden Mustern forschen müssen, die unsere Familiengeschichten häufig so voller Geheimnisse erscheinen lassen, und möglicherweise müssen wir uns indirekter Methoden bedienen, um das Puzzle zusammenzusetzen.

Erfreulicherweise ist das Interesse der Forscher an der erweiterten Familie in den letzten Jahren gewachsen. Ich selbst wurde stark beeinflusst durch Alex Haleys Suche nach seinen familiären Wurzeln. Alex Haleys (1974) Buch *Roots* (dt.: *Wurzeln*) hatte tatsächlich gewaltige Auswirkungen. Haley war es aufgrund seiner großen Beharrlichkeit gelungen, die Wurzeln seiner afroamerikanischen Familie bis zu ihren afrikanischen Vorfahren zurückzuverfolgen. Die beeindruckende Beschreibung seiner Nachforschungen brachte der gesamten Nation zum Bewusstsein, von welch hoher Bedeutung es für den Einzelnen ist, seine familiären Wurzeln zu kennen und zu verstehen. Wenn die genealogische Forschung heute zu einem der in Amerika verbreitetsten und beliebtesten Hobbys geworden ist, dann ist das zum Teil auf Haleys Bemühungen zurückzuführen.

Aus einer Perspektive, die das gesamte Familiensystem im Blick hat, sind alle Familienmitglieder gleichermaßen wichtig: die Renegaten und Verräter, die schwarzen Schafe, die Schurken und die Helden. Wir können von den „Sündern", den Geizhälsen und den Hypochondern genauso viel lernen wie von den Heiligen, den Märtyrern und den Typen vom Schlage des Horatio Alger[2]. Diejenigen, die Alkohol- oder Drogenprobleme haben, müssen in ihrem Verhältnis zu ihren glänzenden und berühmten Brüdern betrachtet werden, die es zum Beispiel zum Präsidenten der Vereinigten Staaten gebracht haben, wie im Fall von George Washington, John Quincy Adams, Theodore Roosevelt, Jimmy Carter, Bill Clinton und anderen. Manchmal lassen die Tunichtgute die Helden noch heldenhafter erscheinen. Die Versager in unseren Familien sagen etwas über die Risse in den Beziehungssystemen unserer Familien aus. Wir müssen über jeden Einzelnen Bescheid wissen, denn ohne das Ganze ist es nicht möglich, die einzelnen Teile zu verstehen. Diejenigen, die keine Stimme gehabt haben, weil sie arm waren oder weil sie Frauen gewesen sind oder aus welchem anderen Grund auch immer, sind für die psychische Realität einer Familie wahrscheinlich genauso wichtig wie die anderen, auch dann, wenn sie in der Familie selbst oder von außen kaum wahrgenommen werden.

Die Probleme in unseren Ursprungsfamilien wiederholen sich oft in den Familien, die wir uns selbst schaffen – sosehr wir uns auch wünschen mögen, dass dies nicht der Fall wäre. Selbst Menschen mit bemerkenswerten Fähigkeiten in anderen Bereichen können blind sein, wenn es darum geht, ihre Familien unter einem neuen Blickwinkel wahrzunehmen, und jede Fähigkeit zu einer objektiven Betrachtungsweise verlieren, sobald sie nach Hause, in die Welt ihrer Kindheit, zurückkehren. Besonders schwierig ist es, zu begreifen, wie wir durch

2 Amerikanischer Autor, 1832–1899, dessen Romane die Botschaft vermittelten, dass man Armut mithilfe von ehrlicher, harter Arbeit überwinden kann; A. d. Ü.

unser eigenes Denken und Verhalten Probleme fortschreiben können, die bereits eine lange Geschichte haben.

Die Beziehungen Queen Victoria's zu ihrem Ehemann und ihren Kindern zum Beispiel hatten ihren Ursprung in ihren eigenen Kindheitserfahrungen. Ihr Vater, der sein Kind vergötterte, starb, als sie erst acht Monate alt war, und sie wuchs als Einzelkind auf. Bis zum Alter von 18 Jahren schlief sie bei ihrer Mutter, und mit ihr teilte sie alle ihre Erlebnisse und Erfahrungen. Darüber hinaus hatte Victoria so gut wie keine nahen oder engen Beziehungen, da ihre deutsche Mutter bei ihrer Heirat allein nach England gekommen war und die britischen Verwandten nach dem Tode ihres Mannes nur wenig Verbundenheit mit ihr zeigten.

Mit zunehmender Reife empfand Victoria die Forderungen ihrer von der Gesellschaft geächteten Mutter als einengend und erdrückend. Als sie mit 18 Jahren die Thronfolge antrat, wendete sie sich völlig von ihrer Mutter ab. Das frühere innige Band zwischen ihr und ihrer Mutter wurde fast unmittelbar durch die leidenschaftliche und turbulente Beziehung zu ihrem Cousin und Ehemann, Prinz Albert, zerrissen.

Victoria war 42 Jahre alt, als ihre Mutter starb, und dieser Tod bereitete ihr den tiefsten Schmerz; er hing vor allem mit den Schuldgefühlen und Gewissensbissen zusammen, von denen sie wegen der Entfremdung, die zwischen ihnen eingetreten war, gequält wurde. Während sie die Papiere ihrer Mutter durchsah, stellte sie fest, dass ihre Mutter jeden noch so kleinen Erinnerungsschnipsel aus ihrer Kindheit aufbewahrt hatte, und wurde vollkommen von ihren Gefühlen überschwemmt. Sie begriff zu spät, wie sehr ihre Mutter sie geliebt hatte, und empfand nun tiefes Bedauern über die zwischen ihnen eingetretene Entfremdung. Sie machte jetzt – ganz typisch für eine Situation so tiefen Schmerzes – außen Stehende, besonders ihre Gouvernante und den Ratgeber ihrer Mutter, für die Trennung verantwortlich, die sie doch selbst herbeigeführt hatte (Woodham-Smith 1972):

> „Ihre Liebe zu mir. Es berührt mich zutiefst: Ich habe kleine Tagebücher gefunden, in denen sie alles über meine Babyzeit aufgeschrieben hat, und sie sind Zeugen einer so grenzenlosen Zärtlichkeit! Ich fühle mich ganz elend, wenn ich daran denke, wie für eine Zeit lang zwei Menschen uns so auseinander bringen konnten ... Die Freundschaft einer Mutter zu entbehren, keine Mutter zu haben, mit der man über vertrauliche Dinge sprechen kann, in einer Zeit, in der ein Mädchen am meisten darauf angewiesen ist ... das macht mich heute rasend."

Obwohl Victoria damals eine Frau mittleren Alters war, bezeichnete sie sich selbst hier als ein „Mädchen", an anderer Stelle nennt sie sich „ein armes Waisenkind"; sie hatte offenbar das Gefühl, dass nach dem Tod ihrer Mutter sich niemand mehr um sie kümmerte. Sie schien, wie ein Beobachter notierte, „entschlossen, ihren Schmerz zu pflegen und sich nicht trösten zu lassen" (Weintraub 1987). Wochenlang nahm sie alle Mahlzeiten alleine ein, betrachtete ihre Kinder als eine „Störung" und überließ sämtliche Regierungsgeschäfte ihrem Ehemann, der damals schon schwer krank war.

Alberts Tod einige Monate später überwältigte Victoria vollkommen. Da sie Albert zum Zentrum ihres Lebens gemacht hatte, war jede andere Beziehung zweitrangig geworden. Sie ging nicht zu seiner Beerdigung und schlief jahrelang mit seinem Nachtgewand in den Armen. Sie machte sein Zimmer zu einem „heiligen Gemach", das genau so erhalten bleiben musste, wie es zu seinen Lebzeiten gewesen war. Bis zu ihrem Lebensende ließ sie täglich die Bettwäsche in seinem Zimmer wechseln, seine Kleider herauslegen und Rasierwasser vorbereiten. An jedem Bett, in dem Victoria schlief, ließ sie eine Fotografie des toten Albert aufstellen. Und sie trug in den folgenden 40 Jahren nur Trauerkleidung, nach der Mode des Jahres, in dem er gestorben war. Viele Jahre zuvor hatte Victoria geschrieben: „Wie sehr man es liebt, sich an seinen Schmerz zu klammern …" (Benson 1987), und jetzt machte sie genau das. Sie entwickelte den Zwang, alles zu katalogisieren, damit nur ja nichts verändert würde. Sie umgab sich mit Erinnerungen an die Vergangenheit und gab Anweisung, dass niemals etwas weggeworfen werden dürfe. Es sollte keine weiteren Veränderungen und Verluste mehr geben, und solange sie lebte, wurde diese Anweisung befolgt (Strachey 1921)).

Victorias Reaktionen sind, so starr und eingeschränkt sie uns erscheinen mögen, verständliche menschliche Reaktionen auf großen Kummer und schweres Leid. Große Verluste können in uns ein Gefühl hervorrufen, als ob die Zeit stehen geblieben wäre. Manche Familien schließen sich in einer solchen Situation völlig von der Außenwelt ab, sie versuchen, die Aspekte ihrer Welt zu kontrollieren, über die sie noch eine gewisse Macht haben, weil sie ja in dem Bereich, auf den es wirklich ankommt – im Bereich der menschlichen Beziehungen –, das Gefühl der Kontrolle verloren haben.

Königin Victoria war eine große und bemerkenswerte Frau, deren Persönlichkeit das 19. Jahrhundert beherrschte und deren Einfluss in vielerlei Hinsicht während des 20. Jahrhunderts fortdauerte. Sie war Königin des Vereinigten Britischen Königreiches über einen Zeitraum von mehr als 60 Jahren, und sie schrieb mehr als jeder andere Monarch in der Geschichte. Sie war auf jeden Fall eine Frau voller Widersprüche – schwierig, fordernd und launenhaft, aber auch sanft, leidenschaftlich, demütig und von geradezu skrupulöser Ehrlichkeit. Aber sie litt auch, wie viele von uns, an den tief sitzenden Folgen familiärer Probleme. Die aus der Isolation ihrer Kindheitsjahre entstandenen Probleme scheinen auch die Beziehungen zu ihren eigenen Kindern beeinträchtigt zu haben, in deren Gegenwart sie sich, wie sie sagte, nie wirklich wohl fühlte. Sie schrieb einmal an einen nahen Freund: „Ich bin ganz alleine aufgewachsen, ich war immer in der Gesellschaft Erwachsener und niemals mit jungen Leuten zusammen" (Auchincloss 1979).

Man kann, dank der psychologischen Kenntnisse, die wir heute haben, darüber spekulieren, wie Victorias Kinder ihre eigene Kindheit erlebt haben müssen. Wir wissen, dass Victoria sich weigerte, die Notwendigkeit zu akzeptieren, dass ihr ältester Sohn mit Blick auf seine zukünftige Regierungstätigkeit Erfahrungen sammeln musste; sie traf in diesem Punkt keinerlei Vorkehrungen und behandelte ihn bis zu ihrem letzten Atemzug – ihr Sohn war damals 60 Jahre alt – wie ein Kind. Die meisten Menschen vermeiden es, sich mit Familienproblemen auseinander zu setzen, weil sie keine Möglichkeit sehen, die Beziehungen, die sie als so frustrierend erleben, zu verändern. Die Frustration bringt sie dazu, wie im Fall von Königin Victoria, neue Beziehungen zu suchen, die ihnen Ersatz bieten sollen für alles, was früher schief gelaufen ist. Und wenn diese neuen Beziehungen keine Erfüllung bringen, werden Bitterkeit und Schmerz nur noch größer. Menschen, die von zu Hause weglaufen (emotional oder ganz konkret), bleiben in der Regel in der Vergangenheit gefangen. Weglaufen löst die aktuellen Probleme mit den eigenen Kindern und Ehepartnern nicht und schafft den anhaltenden Kummer darüber nicht aus der Welt, dass man in seiner Ursprungsfamilie im Grunde ein Fremder ist.

Der berühmteste Ausreißer der amerikanischen Geschichte war vermutlich Benjamin Franklin, der 1724 im Alter von 17 Jahren seine Familie in Boston verließ und nach Philadelphia ging, wobei er niemandem etwas über seinen neuen Aufenthalt sagte. Er war sehr verbittert wegen der familiären Konflikte, unter denen er zu leiden hatte, besonders wegen seines älteren Bruders James, zu dem er im Alter von zwölf Jahren in die Lehre als Buchdrucker geschickt worden war. Dieser Bruder hatte ihn immer, wenn er nicht sofort spurte, geschlagen und gedemütigt. Franklin konnte diese Situation oder vielmehr den Mangel an Unterstützung vonseiten seiner Eltern, nicht ertragen.

Schließlich spürte ein Schwager Franklins ihn in Philadelphia auf und überredete ihn, mit seiner Familie wieder Kontakt aufzunehmen. Er kehrte nach Boston zurück, um wieder mit seiner Familie in Verbindung zu treten und, was für ihn noch wichtiger war, um Geld zu bitten. In beiden Punkten war er erfolglos, und er blieb seiner Familie weiterhin entfremdet. Obwohl seine Eltern noch mehr als 25 Jahre lebten, hatte Franklin nur sehr selten mit ihnen Kontakt und scheint höchstens eine sehr oberflächliche Beziehung zu ihnen unterhalten zu haben. In allen seinen großartigen Schriften finden sie kaum Erwähnung. Franklin selbst hatte einen unehelichen Sohn, William, an dem er sehr hing und der viele Jahre lang sein Freund und Mitarbeiter war, bis schließlich auch diese Beziehung mit einem bitteren Bruch endete.

Selbst wenn man versucht, das Gegenteil von dem zu tun, was die eigenen Eltern gemacht haben, kann es passieren, dass dasselbe Muster sich wiederholt. Auf eine geradezu unheimliche Weise hatte auch Franklins Sohn William problematische Familienbeziehungen. Wie sein Vater hatte auch er einen außerehelichen Sohn, den er sich zu einem Freund und Begleiter heranzuziehen versuchte. Aber auch dieses Vater-Sohn-Verhältnis endete in bitterer Entfremdung. Auch Franklins Enkel hatte zwei außereheliche Kinder, denen er sich ebenso entfremdete, wie sein Vater und Großvater sich ihren Kindern entfremdet hatten. Und es gab ein weiteres über Generationen hinweg wirksames gemeinsames Muster: Nachdem er seinen Sohn davongejagt hatte, war Franklin ganz vernarrt in sein Enkelkind, und auch sein Sohn William war vernarrt in *sein* Enkelkind – was so weit ging, dass William sogar behauptete, seine Enkeltochter sei sein eigenes Kind.

Egal, was in Ihrer Familie passiert ist, es hat einen prägenden Einfluss auf Sie. Ereignisse, die lange Zeit vor Ihrer Geburt stattgefunden haben und im Laufe Ihres Lebens vielleicht niemals erwähnt worden sind, können mächtige, wenn auch verborgene Auswirkungen auf Sie haben. Nehmen Sie als Beispiel den folgenden Fall: Kurze Zeit vor der Geburt eines Kindes ist ein anderes gestorben, und das nächstgeborene Kind ist nun ein Ersatz für das verstorbene Kind. Wenn das „Ersatzkind" erwachsen geworden ist und versucht, das Elternhaus zu verlassen, gerät unter Umständen die gesamte Familie in eine schwere

22

Krise. Aber niemand bringt diese aufwühlende Veränderung in Verbindung mit dem Verlust, den die Familie viele Jahre zuvor erlitten hat.

Jede Einzelheit Ihrer Familienbiografie ist ein Teil des vielschichtigen Musters, das Ihre Identität ausmacht. Wenn zum Beispiel Ihre Tante Selbstmord verübt, betrifft das ganz unmittelbar ihren Ehemann und ihre Kinder (Ihren Onkel, Ihre Cousins und/oder Cousinen), die mit einer Erblast von Schmerz, Wut und Schuldgefühlen sowie einem gesellschaftlichen Stigma zurückbleiben. Der Selbstmord hat jedoch auch Auswirkungen auf die Eltern ihrer Tante (Ihre Großeltern), die sich ihr Leben lang die Frage stellen werden, was sie falsch gemacht haben. Er wird Auswirkungen auf ihre Geschwister haben (Ihre Eltern eingeschlossen), die den Schmerz der Familie sehr intensiv teilen und sich fragen werden, was sie hätten anders machen können, um die Tat zu verhindern. Und bei all diesen Personen handelt es sich nur um die Menschen, die ganz offensichtlich von dieser Tat betroffen sind. Der Selbstmord Ihrer Tante wird aber auch ihre Nichten und Neffen beeinflussen (Sie selbst, Ihre Geschwister und Ihre Cousins und Cousinen), die sich die Frage stellen werden, ob vielleicht auch ihre Eltern sich wie ihre Schwester bzw. Schwägerin jemals zu einer solchen Tat entschließen könnten. Er wird auch die Enkelkinder Ihrer Tante beeinflussen, die sowohl unter dem Schmerz ihrer Eltern leiden werden als auch unter ihren eigenen Befürchtungen in Bezug darauf, was der Tod ihrer Großmutter bedeuten könnte. Er wird auch auf Ihre eigenen Kinder Auswirkungen haben, die ähnliche Zweifel und Befürchtungen hegen und sich fragen werden, ob Selbstmord in Ihrer Familie häufiger vorkommen und in welcher Weise er eventuell wieder in ihr Leben treten könnte. Darüber hinaus wird jedes Familienmitglied eine Antwort auf die Reaktionen der anderen finden müssen. Der Einfluss einer solchen Erfahrung wird in der ganzen Familie und über lange Zeit hinweg nachwirken.

Wenn Sie Ihre Familienmuster verstehen wollen, müssen Sie versuchen, diese gemeinsame, viele Generationen umfassende Entwicklung des Familienzyklus in den Blick zu bekommen. Die „Familie" umfasst das gesamte emotionale System von mindestens drei, in zunehmendem Maß sogar vier Generationen, die gemeinsam durchs Leben gehen, auch wenn sie häufig an verschiedenen Orten leben. Als Familie haben wir eine gemeinsame Vergangenheit, und auch die von uns antizipierte Zukunft ist eine gemeinsame. Die Muster der Familienzyklen heutiger Familien sind allerdings dramatischen Veränderungen unterworfen, und zwischen den Anforderungen an die heutigen Familien und den Mustern vergangener Generationen besteht weniger Kontinuität als je zuvor. Insofern kann man das Gefühl der Verbundenheit mit dem, was früher in der eigenen Familie gewesen ist, leicht verlieren, was einen ernsthaften Verlust bedeutet. Wir verfügen heute über die Technologie – in Form von Ton- und Videobändern, Filmen und Fotografien –, die Familienkultur von einer Generation zur anderen weiterzugeben; aber wir versäumen es häufig, die Geschichten unserer Gruppe weiterzuerzählen – Geschichten, die über so viele Generationen hinweg der Urquell der Familienkultur und der persönlichen Identität gewesen sind.

Wir leben heute sehr viel länger, als menschliche Wesen jemals zuvor gelebt haben, und haben deshalb auch in viel höherem Maße die Möglichkeit, eine Verbindung mit früheren Generationen herzustellen. Zugleich aber ist unsere Zivilisation so mobil geworden, dass es zu einer Auflösung der Bindungen kommt. Die Amerikaner ziehen durchschnittlich einmal in vier Jahren um. Und die Scheidungsrate nähert sich 50 Prozent, was bedeutet, dass die Trennungen zwischen Familienmitgliedern sogar noch mehr ins Gewicht fallen.

Unser Bild von „Familie", mit einem Vater, der den Lebensunterhalt verdient, einer Mutter, die den Haushalt versieht, und mehreren Kindern, trifft mittlerweile auf weniger als sieben Prozent der Haushalte in den Vereinigten Staaten zu. Während es bei bestimmten ethnischen Gruppen schon immer üblich war, dass die Frauen einer außerhäuslichen Arbeit nachgingen, arbeiten mittlerweile Frauen mit den unterschiedlichsten ethnischen Wurzeln während ihres gesamten Erwachsenenlebens in einem Angestelltenverhältnis. Wir brauchen deshalb sehr unterschiedliche Muster für die Betreuung von Kindern und anderen Familienmitgliedern – für die Betreuung der älteren Familienmitglieder zum Beispiel –, die traditionellerweise in den meisten Fällen zu Hause von den Frauen versorgt wurden.

Betrachtet man das Leben von Familien unter dem Gesichtspunkt des Lebenszyklus, dann ist es wichtig, die Familienmuster über eine längere Zeitspanne hinweg zu verfolgen, wobei jenen Übergängen spezielle Aufmerksamkeit geschenkt werden sollte, an denen Familien aufgrund der notwendigen Anpassungen an neue Beziehungssituationen besonders verletzlich sind. Orientiert man sich am Lebenszyklus, dann richtet man bei der Betrachtung von Problemen die Aufmerk-

samkeit sowohl auf den von der Familie in der Vergangenheit einge-
schlagenen Weg als auch auf die Aufgaben, die sie in der Gegenwart
zu bewältigen versucht, und die Zukunft, auf die sie sich zubewegt.
Jede Familie ist mehr als die Summe ihrer Teile. Der individuelle Lebenszyklus von der Geburt bis zum Tod nimmt seinen Lauf im Rahmen des Lebenszyklus der Familie. Probleme tauchen an ehesten dann
auf, wenn es einen Bruch oder eine Erschütterung im Lebenszyklus der
Familie gibt – sei es, dass ein vorzeitiger Tod, eine chronische Krankheit, eine Scheidung oder eine Migrationsbewegung die Familienmitglieder zwingt, sich zu trennen, sei es, dass die Familie unfähig ist, ein
Kind loszulassen oder das Hinzutreten eines neuen, angeheirateten
Familienmitgliedes oder eines Enkels zu tolerieren.

Es ist sinnvoll, dass Sie sich als Teil der gesamten Drei- oder Vier-
generationenfamilie begreifen, die sich über einen längeren Zeitraum
hin entwickelt. Die Beziehungen zu Ihren Eltern, Geschwistern, Kindern und Enkelkindern durchlaufen genauso wie jede Eltern-Kind-Beziehung und jede Paarbeziehung verschiedene Stadien, während Sie
sich im Rahmen des Lebenszyklus der Familie entwickeln.

Probleme, die an einem bestimmten Punkt des Lebenszyklus nicht
gelöst werden, bleiben bestehen und wollen in der nächstfolgenden
Phase gelöst werden, auch wenn einige der Mitspieler in dem Drama
in der Zwischenzeit vielleicht durch andere ersetzt worden sind. Auch
neigen wir dazu, unsere Erfahrungen zu verschiedenen Zeitpunkten
des Lebenszyklus unterschiedlich zu bewerten, je nachdem, was sich
ansonsten in unserem Leben gerade ereignet.

Für gewöhnlich spielen die Menschen eine bestimmte Rolle in der
Familie: Es gibt Helden, Bösewichter, Spaßvögel, Opfer. Diese Cha-
rakterisierungen verstärken die fundamentalen Familienbotschaften,
indem sie deutlich machen, wer die „Guten" und wer die „Schlechten" sind. Während Ihnen die Geschichten Ihrer Familie und die Botschaften, die sie transportieren, allmählich bewusst werden, können
Sie abwägen, ob Sie diese „Etikettierungen" beibehalten wollen oder
nicht. Nicht selten empfinden die Menschen angesichts bestimmter
Dinge in ihrer Familiengeschichte große Verwirrung, Verlegenheit,
Scham oder sogar Verzweiflung. Sie haben Angst, dass negative Züge
vererbt werden oder dass sie dazu verdammt sind, bestimmte Fehler,
die in ihrer Familie immer wieder gemacht worden sind, ihrerseits zu
wiederholen. Manch ein „Skelett" bleibt im Schrank, weil einige Leute die Wahrheit nicht wissen und andere die Wahrheit nicht sagen

wollen. Das Vermeiden schmerzlicher Erinnerungen verzerrt die Beziehungen in der Familie und verursacht mehr Probleme als die ursprüngliche Situation selbst. Wenn Familien ein Geheimnis zurückhalten, werden die Beziehungen in der Familie unwahrhaftig und unsicher.

Manchmal erscheint die auffällige Häufung bestimmter Ereignisse in einer Familie, oft sogar über mehrere Generationen hinweg, mysteriös und unerklärlich. Wie kann es sein, dass bestimmte Muster sich wiederholen, ohne dass die Betroffenen von den vorausgegangenen Erfahrungen wissen? In einer Familie lief eine 13-jährige Tochter von zu Hause weg und fand beim Trampen den Tod. Die Eltern bewahrten ihre Asche auf dem Kaminsims auf, sprachen aber niemals über das Ereignis. Sie zogen in eine andere Stadt und zeugten dort wieder eine Tochter, die gleichfalls im Alter von 13 Jahren ausriss. Glücklicherweise gelang es den Eltern, diese Tochter wieder zu finden, und zu diesem Zeitpunkt begannen sie zum ersten Mal über die Beziehungen in ihrer Familie zu sprechen. Das Geheimnis der toten Schwester wurde enthüllt, und die Eltern setzten sich nun endlich mit diesem früheren Verlust auseinander. Es stellte sich heraus, dass die Mutter eine Zwillingsschwester gehabt hatte, die genau im selben Alter, nämlich mit 13 Jahren, gestorben war – ein Verlust, der für sie so schmerzlich gewesen war, dass sie darüber nicht einmal mit ihrem Mann hatte sprechen können. Natürlich gibt es die verschiedenartigsten Spekulationen darüber, wie Familien solche Geheimnisse ihren Mitgliedern im Einzelnen weitervermitteln – aber das Wesentliche ist die Tatsache, dass die Erfahrungen früherer Generationen in vieler Hinsicht Aufschluss geben können. Wenn Sie sich wirklich einmal klar machen, wie machtvoll Ihre Familie Ihr Leben beeinflusst hat, dann wird es Ihnen nicht schwer fallen zu begreifen, dass Sie die Gegenwart umso besser verstehen können, je mehr Sie über Ihre Familie in Erfahrung bringen können.

Wenn Sie die Verbindung mit Ihrer Familie verlieren oder nie herstellen konnten, sind Sie allein, und zwar in einer Weise, dass kein Geliebter, keine Freundin, kein Freund und auch nicht die eigenen Kinder diesen Verlust wettmachen können. Wenn Sie Ihrer Familie entfremdet sind, ist ein Teil Ihres Geistes wie gestorben und in Ihrem Innern begraben. Die Gespenster in Ihrer Seele können Sie verfolgen – als Stimmen in Ihrem Kopf, die unablässig Missbilligung zum Ausdruck bringen oder Ihnen drohen, dass Sie auch in Zukunft verlassen sein und Ihr Selbst verlieren werden. Diese Gespenster können sich zwischen Sie und all das stellen, was Ihnen im Leben wichtig und wertvoll ist, oder sie können ein ansonsten produktives und befriedigendes Leben mit Traurigkeit überschatten. Eine Familie, die diese „Gespenster" aus ihrer Wahrnehmung ausschließt, kann dauerhaft in solche alles prägenden Erfahrungen eingemauert bleiben und unfähig sein, sich weiterzuentwickeln.

Unsere Kultur neigt dazu, das Individuum oder allenfalls Paare und ihre Kinder zu fokussieren, während die Bedeutung der erweiterten Familie heruntergespielt wird, obwohl sie doch die Ausformung unseres Lebens aufs Stärkste prägt; von alters her ist es unsere Maxime, einfach „weiterzugehen", sobald Probleme auftauchen. Wenn man mit seinen Eltern nicht auskommt oder wenn sie unsere Partnerwahl oder unseren Lebensstil nicht akzeptieren, dann zieht man einfach nach Kalifornien und sieht die Familie nur ein- oder zweimal im Jahr. Solche Besuche kann schließlich jeder überleben, wenn sie nur nicht zu häufig stattfinden. Ziel dieses Buches ist es, einen anderen Weg zu zeigen und Ihnen zu einem Verständnis dafür zu verhelfen, dass wir im Tiefsten unseres Wesens ein Teil all dessen sind, was wir je waren, und ein Teil all dessen, was unsere Familien gewesen sind.

Wenn Sie anfangen, über Ihre eigene Familie zu „forschen", dann ist das der beste Weg, die Erfahrungen, die Sie vielleicht bisher mit Ihrer Familie gemacht haben – dass sie nämlich frustrierend, langweilig, voller Spannungen oder ein Ort schmerzlicher Erlebnisse ist –, zu modifizieren. Dieses Buch wird Ihnen dabei helfen, ein Projekt zu starten – ein lebenslanges Projekt –, dessen Ziel darin besteht, Ihre Familie auf eine neue Art zu verstehen. Das setzt voraus, dass Sie die Geschichten, die für Ihre Familie bedeutungsvoll sind, in Erfahrung bringen (oder neu in Erfahrung bringen), damit Sie sich über die so genannten Schurken und die so genannten Opfer in Ihrer Familie selbst ein Urteil bilden können. Zuerst untersuchen Sie die grundlegenden Fakten, die Ihre Familie betreffen: die genauen Umstände von Geburten, Todesfällen, Beziehungen, Umzügen, Hochzeiten, gerichtlichen Prozessen und Erbregelungen – den Bodensatz des Lebens. Die hoch besetzten emotionalen Erfahrungen in der Geschichte Ihrer Familie verbergen sich in diesen Ereignissen. Indem Sie das Material zusammentragen, das Ihren Familienstammbaum ausmacht, und das Konzept dessen, was die Familientherapeuten ein Genogramm nennen, verstehen lernen, verschaffen Sie sich einen Überblick über einige Generationen Ihrer Familie. Während Sie dann weitere Details der verschiedenen Beziehungen und Ereignisse einer Betrachtung unterziehen, sehen Sie Ihre Familie in ihren chronologischen Zusammenhängen. Dieser Prozess einer quasikartographischen Darstellung Ihrer Familie kann der Beginn einer faszinierenden und zutiefst befriedigenden Untersuchung sein.

2 Ihr Familienstammbaum
Die Vergangenheit als Prolog

„Wir selbst sind die verkörperte Fortdauer
derer, die nicht bis in unsere Zeit hinein gelebt haben.
Und unsere Unsterblichkeit auf Erden sind oder werden andere sein."

Jorge Luis Borges

Carl Van Doren sagte einmal (1958) über Benjamin Franklin, er sei nicht eine einzige Persönlichkeit, sondern vielmehr eine ganze Kommission, „eine harmonische Vielzahl von Menschen" (van Doren 1958). Wahrscheinlich ist jeder von uns weniger eine einzelne Persönlichkeit als eine ganze Kommission. Wir spielen in verschiedenen Beziehungen verschiedene Rollen, und wir werden von den anderen auch unterschiedlich wahrgenommen, je nachdem in welcher Beziehung sie zu uns stehen. Wenn Sie die Rolle, die Sie in Ihrer Familie spielen, verändern wollen, müssen Sie mit einer Überprüfung Ihrer tief verwurzelten Überzeugungen in Bezug auf die „guten Jungs" und die „bösen Jungs" in Ihrer Familie beginnen. Bezeichnenderweise hält jeder in der Familie seine bzw. ihre Sicht für die richtige, gerechte und objektive Sicht; wie wir jedoch wissen, setzt sich jede Geschichte – wie *Rashomon* – aus so vielen Standpunkten zusammen, wie Personen an der Geschichte beteiligt sind.

Die Kommentare derer, die Benjamin Franklin in ihren verschiedenen Biografien entweder bewundert und unterstützt oder kritisiert haben, bieten dafür faszinierende Beispiele. Die Biografin Catherine Drinker Bowen (1974) kam zu dem Schluss, Franklin sei der bestintegrierte Mann gewesen, den sie je untersucht habe (Bowen 1974):

> „Ich kann es einfach nicht hinnehmen, wie dieser bewundernswerte, faszinierende Charakter abgetan wird, dessen vielfältige und großartige geistige Fähigkeiten ergänzt wurden durch seine Gabe, glücklich zu sein, der geleitet wurde von seinem Willen, sich immer weiterzuentwickeln, und der sich zu jedem Zeitpunkt seines Lebens durch die Beherrschung seiner Leidenschaften mäßigte."

D. H. Lawrence (1951) war da ganz anderer Meinung:

> „Die Seele eines Menschen ist wie ein tiefer Wald mit wilden Tieren darin. Stellen Sie sich Benjamin vor, wie er einen Zaun dagegen errichtet! … Er

machte sich eine Liste von Tugenden, die er innerlich herumführte wie einen grauen Gaul auf der Koppel ... Der schnupftabakfarbene Doktor Franklin, mittelgroß, von derber Statur ... Ich mag ihn nicht ... Ich spreche nur einen langen, heftigen Fluch aus gegen Benjamin und den amerikanischen Pferch ... Er versucht, mir meine Ganzheit und meinen dunklen Wald wegzunehmen, meine Freiheit."

Mark Twain (1907) machte sich über die Leistungen des großen Mannes lustig:

„[Franklin], der Jungen gegenüber voller Feindseligkeit war, (war) so voller Missgunst und Bosheit, dass es in der Geschichte ohne Beispiel ist, er pflegte den ganzen Tag zu arbeiten und dann nachts aufzubleiben und so zu tun, als ob er Algebra studiere, beim schwachen Licht eines verglimmenden Feuers – sodass alle anderen Jungen es genauso machen oder es erdulden mussten, dass Benjamin Franklin ihnen ständig als leuchtendes Beispiel vorgehalten wurde. Nicht genug damit, er hatte die Angewohnheit, ausschließlich von Brot und Wasser zu leben und während der Mahlzeiten Astronomie zu studieren – was seither Millionen von Jungen die größten Probleme bereitet hat, deren Väter Franklins schädliche Biografie gelesen haben."

Herman Melville (1923) sah in Franklin „alles andere als einen Dichter, er sah in ihm einen Menschen voller Platituden, aufdringlicher Ratschläge und gespielter Freundlichkeit, besessen vom Geiste eines Buchhalters". William Cobbett (1986) nannte ihn „einen geriebenen und wollüstigen alten Heuchler ... ja, selbst seine Statue scheint wollüstig auf die Mädchen herabzuglotzen, die über den Hof des State House gehen."

Obgleich wir keine schriftlichen Kommentare von Franklins eigenen Verwandten besitzen, dürfen wir annehmen, dass ihre Meinungen über ihn und übereinander so unterschiedlich waren wie diejenigen der Biografen und Kommentatoren, die wir soeben zitiert haben. Welchen Platz wir in der Familie einnehmen, hat vor allem etwas mit unserer Sichtweise zu tun. Jedes Familienmitglied hat eine andere Beziehung zu den Eltern, den Geschwistern, dem Ehepartner, den Kindern, den Großeltern, Onkeln, Tanten usw. Jede individuelle Beziehung färbt die Meinungen dieser Person und ihre Interpretation der Handlungen und Entscheidungen jeder anderen Person in der Familie. Unser Verhalten in jeder beliebigen Familiensituation hängt von der Beziehung ab, die wir zu den anderen an der Situation beteiligten Familienmitgliedern haben. Unsere Sicht auf unsere Familie ist abhängig von unserer Position in dieser Familie.

Die widersprüchlichen Eindrücke, die man von Benjamin Franklin bekommt, haben etwas mit der besonderen Position und den Überzeugungen der verschiedenen Beobachter zu tun; sie spiegeln Franklin aber auch in unterschiedlichen Beziehungen. Die vielen Facetten seiner Persönlichkeit scheinen ihren Ursprung in der speziellen Position zu haben, die er in seiner Familie einnahm. In seiner frühen Kindheit erklärte sein Vater Josiah, Ben sei das außergewöhnlichste seiner Kinder. Er schwor, dass dieser sein zehnter Sohn der „Zehnte seiner Lenden" sein solle – seine Opfergabe an Gott, als Dank für all die Segnungen, die seine Familie erfahren hatte, seit sie nach Amerika gekommen war. Er werde dafür sorgen, dass Benjamin in Harvard studiere und Pfarrer werde. Aber er hielt dieses Versprechen nicht und gestand seinem Sohn später nicht einmal ein Minimum an Ausbildung zu, obwohl von Anfang an offenkundig war, dass Benjamin das Zeug zum Gelehrten hatte. Josiah versagte seinem Sohn so viel von dem, was er ihm einst versprochen hatte, dass wir eine tief wurzelnde Ambivalenz in seiner Haltung gegenüber diesem Sohn annehmen müssen.

Bleibt also die Frage, warum. Was bedeutete Benjamin Franklin für seine Familie? In wessen Fußstapfen sollte er treten? War der Verlauf seines Lebens ein Spiegel von Rollen und Mustern, die frühere Generationen festgelegt hatten?

Das Genogramm

Wenn wir diesen Fragen nachgehen wollen, müssen wir uns Ben Franklins Leben aus verschiedenen Blickwinkeln ansehen. Da die Muster von Familiengeschichten ungeheuer komplex sind, haben die Familientherapeuten ein einfaches Werkzeug entwickelt, das bei dem Versuch, etwas über Familien zu erfahren, hilfreich sein kann – jene Form eines kommentierten Familienstammbaums, die wir Genogramm nennen. Selten hat eine Familie weniger als 50 Familienmitglieder. Ein Genogramm, das uns hilft, die grundlegenden Fakten einer ganzen Familiengeschichte nicht aus dem Blick zu verlieren, ist nicht nur deshalb wichtig, weil es uns vor Augen führt, was wir bereits wissen, sondern auch, weil es uns auf das hinweist, was wir nicht wissen. Die wichtigsten Symbole, die wir in einem Genogramm verwenden, sind im Folgenden dargestellt.

Ein Genogramm lesen

Quadrate repräsentieren männliche Familienmitglieder, Kreise weibliche

männlich =    weiblich =

Die Geburts- und Todesdaten stehen über dem Symbol der
betreffenden Person.
Abgesehen davon wird der Tod dadurch angegeben, dass das Symbol
mit einem X gekennzeichnet ist.
Das Alter wird innerhalb des Quadrats oder Kreises angegeben.
Ungefähre Daten werden mit Hilfe eines ? oder durch eine alternative
Angabe gekennzeichnet (1898 oder ? 1989).

Geburtsdatum   Todesdatum

1951-1989

Wenn es sich um ein Paar handelt, werden die Symbole der betreffenden
Person wie in der unten stehenden Abbildung durch eine Linie verbunden;
die wesentlichen Daten stehen über der Linie:

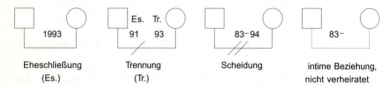

Eheschließung   Trennung   Scheidung   intime Beziehung,
(Es.)   (Tr.)   nicht verheiratet

Kinder werden dem Alter nach von links nach rechts aufgeführt:

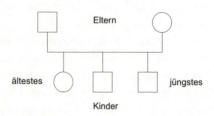

Eltern

ältestes   jüngstes

Kinder

Hier ein Beispiel, an dem Sie sehen, welche Funktionen in einem Genogramm gezeigt werden können

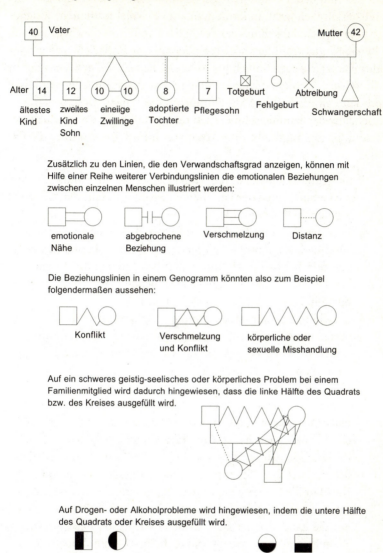

Zusätzlich zu den Linien, die den Verwandschaftsgrad anzeigen, können mit Hilfe einer Reihe weiterer Verbindungslinien die emotionalen Beziehungen zwischen einzelnen Menschen illustriert werden:

emotionale Nähe   abgebrochene Beziehung   Verschmelzung   Distanz

Die Beziehungslinien in einem Genogramm könnten also zum Beispiel folgendermaßen aussehen:

Konflikt   Verschmelzung und Konflikt   körperliche oder sexuelle Misshandlung

Auf ein schweres geistig-seelisches oder körperliches Problem bei einem Familienmitglied wird dadurch hingewiesen, dass die linke Hälfte des Quadrats bzw. des Kreises ausgefüllt wird.

Auf Drogen- oder Alkoholprobleme wird hingewiesen, indem die untere Hälfte des Quadrats oder Kreises ausgefüllt wird.

Das Genogramm ist eine grafische Darstellung der grundlegenden biologischen und juristischen Fakten der Familie: Es stellt dar, wer mit wem verheiratet war, nennt die Namen der Kinder des jeweiligen Paares und so weiter. Genauso wichtig: Das Genogramm kann die Schlüsselfaktoren in Bezug auf einzelne Individuen und die Beziehungen der Familienmitglieder untereinander sichtbar machen. In einem sehr differenzierten Genogramm kann man zum Beispiel festhalten, welches der höchste Schulabschluss ist, der in der Familie erreicht wurde, eine schwere Kinderkrankheit notieren oder auf eine übertrieben enge oder eine distanzierte Beziehung hinweisen. Die Fakten, die im Genogramm symbolisiert werden, bieten Hinweise auf die Familiengeheimnisse und den Familienmythos, da Familien dazu neigen, alles, was in der Geschichte der Familie schmerzlich oder peinlich ist, zu verschleiern.

Ein Genogramm gibt drei Arten von Informationen über die Familie:

1. die grundlegenden Fakten, zum Beispiel wer zur Familie gehört, die Geburtsdaten der Familienangehörigen, Heiraten, Umzüge, Krankheiten, Todesfälle;
2. Informationen im Hinblick auf besonders wichtige Merkmale verschiedener Familienmitglieder und deren Funktionsebene, wie zum Beispiel Ausbildung, Berufsausübung, psychische und körperliche Gesundheit, hervorstechende Eigenschaften, Begabungen, Erfolge und Misserfolge; und
3. Beziehungsmuster in der Familie – Nähe, Konflikte oder Trennungen und Ausgestoßensein. Sobald die wichtigsten Informationen über die Familie in das Genogramm eingetragen sind, kann man diese „Landkarte" von den vielfältigen Standpunkten sämtlicher Familienmitglieder her untersuchen. Ein Genogramm hebt vielleicht in erster Linie die Beziehungsmuster in einer Familie hervor, ein anderes beleuchtet die auf das Künstlerische bezogenen Muster in einer Familie, wieder ein anderes die Krankheitsmuster und so weiter. Ein Genogramm wird üblicherweise vom Standpunkt einer Schlüsselperson oder der Kernfamilie her gezeichnet, wobei man mindestens zwei Generationen zurückgeht und zwei Generationen nach vorne blickt, auf die Kinder und Enkel der Schlüsselperson bzw. -personen. Weiterhin gibt es Genogramme, die bestimmte Zweige der Familie im Detail darstellen oder einfach andere Aspekte des Funktionierens und der Beziehungen in der Familie im Blickpunkt haben.

In einem Genogramm lassen sich viele vorhersagbare Muster in Bezug auf Familienkonflikte und Bündnisse in der Familie darstellen. Schaut man sich diese Muster genauer an, dann erkennt man leicht, wie oft die Leute in Bezug auf bestimmte Familienereignisse ganz automatische Reaktionen zeigen, selbst dann, wenn sie glauben, sie verhielten sich objektiv. Wenn zum Beispiel in einer Familie eine Mutter und ihre Töchter sich immer wieder über die „oberflächliche, materialistische und selbstsüchtige" Schwiegertochter auslassen, dann mag es sich dabei auf den ersten Blick um eine Reaktion auf bestimmte offenkundige Charakterzüge der Schwiegertochter handeln. Wenn Sie jedoch feststellen, dass es seit drei Generationen in Ihrer Familie Tradition hat, die Schwiegertochter zum „Sündenbock" zu machen, dann können Sie einen Schritt zurücktreten und die Beziehungen überdenken. Vielleicht hat Ihre Reaktion vor allem damit zu tun, dass Ihre Familie Ihren Bruder zum „Familienhelden" stilisiert hat; welche Frau er auch auswählen mag, keine ist gut genug, besonders wenn die anderen Familienmitglieder auch noch das Gefühl haben, diese Frau habe ihn der Familie weggenommen. Abgesehen davon kann es sein, dass Ihr Bruder, der „Held", das Gegenstück zu einem anderen Bruder ist, der in Ihrer Familie die Rolle des „Verlierers" innehat – dass also der eine die Träume, Hoffnungen und ehrgeizigen Ziele der Familie ausspielt, während der andere die Ängste der Familie übernommen hat. Wenn sich also bei bestimmten Fragen oder Problemen die einzelnen Familienmitglieder polarisieren, dann wird die Frage, wer sich auf wessen Seite schlägt, häufig nicht von diesen Problemen bestimmt, sondern von den emotionalen Bündnissen in der Familie.

Das Individuum und die Familie

Bei der Beschäftigung mit Benjamin Franklins Genogramm (Genogramm 2.1) müssen wir, abgesehen von seinen persönlichen Charakterzügen, drei spezifische Aspekte in Betracht ziehen: 1. seine Position in der Geschwisterreihe; 2. seinen Namen in der Beziehung zu den anderen in der Familie; und 3. den Zeitpunkt seiner Geburt in der Familiengeschichte.

Halten wir uns diese Aspekte vor Augen, dann können wir anfangen, uns einigermaßen einen Reim auf seine besondere Position in der Familie zu machen. Franklin war „der jüngste Sohn eines jüngsten Sohnes, der wiederum der jüngste Sohn eines jüngsten Sohnes war, und so weiter über fünf Generationen hinweg". Diese Tatsache war ihm be-

Die Familie Franklin
Genogramm 2.1

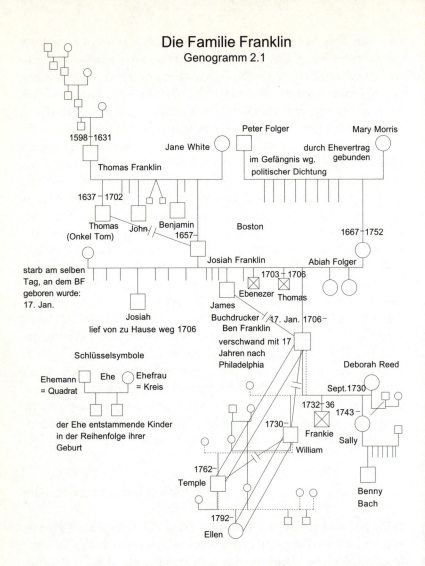

kannt, aber die Implikationen, die das für seine Familie hatte, offenbar nicht. Zweifellos identifizierte sein Vater sich mit ihm in besonderer Weise. Wir alle identifizieren uns mit einem Kind, das die gleiche Position in der Geschwisterreihe innehat wie wir, genauso, wie wir uns mit dem Kind identifizieren, das uns äußerlich am meisten ähnelt. Wenn sich dieses Muster über viele Generationen wiederholt, dann ist das ein ganz besonderes Vermächtnis – unser Wunsch, dass dieses Kind unserem Bild von ihm (von ihr) entsprechen möge, ist dann umso intensiver.

Jetzt wird Josiahs Entscheidung, dass Benjamin „der Zehnte seiner Lenden" sein solle, klarer.

Wenn wir uns den Zeitpunkt seiner Geburt näher ansehen, dann stellen wir fest, dass Franklin auch ein „Ersatzkind" für nicht weniger als drei andere Söhne war, deren Verlust die Eltern um die Zeit seiner Geburt zu beklagen hatten. Der erste, Ebenezer, war in einem unbeaufsichtigten Moment im Alter von zwei Jahren im Bad ertrunken. Der nächste, Thomas, der den Namen seines Großvaters väterlicherseits trug, starb wenige Monate nach Benjamins Geburt. Zur gleichen Zeit lief Bens älterer Bruder, der nach seinem Vater Josiah genannt wurde, im Alter von 21 Jahren von zu Hause weg und ging zur See; nur einmal kehrte er nach neun Jahren für kurze Zeit nach Hause zurück und verschwand dann für immer. Sehr wahrscheinlich machten sich die Franklins wegen dieser Verluste große Vorwürfe, besonders im Hinblick auf den Unfalltod von Ebenezer. Vermutlich hofften sie, ihr letzter Sohn, Benjamin, würde alles wettmachen und so viel im Leben leisten wie alle vier zusammen (was er dann ja auch tat). Aber vielleicht fürchteten sie aufgrund der vorausgegangenen Verluste auch eine zu enge Bindung an ihren Sohn.

Die Tatsache, dass Franklins Geburt zeitlich dicht mit dem Tod zweier Brüder im Babyalter im Zusammenhang stand, trug gewiss dazu bei, dass er in seiner Familie eine besondere Stellung einnahm. Der Tod eines Kindes hat einen gewaltigen Einfluss auf die gesamte Familie, oft noch Generationen später. Häufig erinnern Familien sich nicht an Fehlgeburten, Totgeburten und den Tod von kleinen Kindern, weil das Erlebnis traumatisch war. Später geborene Kinder erfahren unter Umständen nicht einmal etwas von dem toten Kind.

Wir wissen aus Franklins Autobiografie auch, dass er davon träumte, seinem verlorenen Bruder Josiah zur See zu folgen. Hatte er die Erwartung der Familie in sich aufgenommen, er möge diesen Bruder ersetzen? Waren die Konflikte, die Josiah mit seinen Eltern hatte, ein Teil des Vermächtnisses, das auf Ben übergegangen war, nachdem sein Bruder die Familie verlassen hatte? Wir können es nicht sicher wissen, aber wir wissen, dass Franklin sich sein Leben lang an das letzte Zusammensein der Familie erinnerte, während der kurzen Zeit der Rückkehr seines Bruders Josiah. Der Verlust des jungen Josiah hinterließ offenbar bei allen Familienmitgliedern einen tiefen Eindruck.

Die weitere Untersuchung der Umstände von Franklins Geburt ergibt, dass er auf den Tag genau vier Jahre nach dem Tod des ältesten

Bruders seines Vaters, Tom, geboren wurde. Jahrestage sind für Familien im allgemeinen wichtige Daten, und es ergeben sich daraus gelegentlich geradezu mysteriöse Verbindungen zwischen einzelnen Ereignissen oder bestimmten Menschen. In Franklins (1968) Autobiografie, die er für seinen Sohn geschrieben hat, erwähnt er die Ähnlichkeit zwischen seinem Onkel Tom und ihm selbst:

> „[Tom] starb 1702, am 6. Januar (nach dem alten Kalender), auf den Tag vier Jahre, bevor ich geboren wurde. Die Erzählungen einiger älterer Leute darüber, was er für ein Charakter gewesen ist, erschienen dir, wie ich mich erinnere, ganz außerordentlich, wegen der Ähnlichkeit mit dem, was du über mich wusstest. Du sagtest: ‚Wäre er vier Jahre später gestorben, am selben Tag, man hätte glauben können, es handle sich um eine Seelenwanderung.‘"

Dieser Onkel Tom – sein Tod bedeutete das Ende der Familie Franklin in ihrer Heimatgemeinde Ecton in England, wo sie fünf Generationen lang gelebt hatte, da Tom keine Nachkommen hatte – war ein sehr gebildeter Mann, ein genialer Erfinder, ein gelernter Schmied, der sich jedoch auch als Anwalt qualifiziert hatte. Er war ein wichtiger Mann in seiner Gemeinde und in seiner Grafschaft „derjenige, der in allen dem Gemeinwohl dienenden Unternehmungen den wesentlichen Anstoß gab". Das erinnert tatsächlich in bemerkenswerter Weise an Benjamin, den Gründer einer der ersten Zeitungen in Amerika, den Gründer der ersten öffentlichen Bibliothek, der ersten freiwilligen Feuerwehr, des ersten Krankenhauses, der Post sowie einer der ersten amerikanischen Universitäten (der Universität von Pennsylvania). Mehr noch, er war Präsident der Gesellschaft für die Abschaffung der Sklaverei in Pennsylvania, Botschafter in England und Frankreich, und, wie jeder weiß, er hatte einen wesentlichen Einfluss auf die Gestaltung unserer Unabhängigkeitserklärung und unserer Verfassung.

Bei weiterer Nachforschung entdecken wir, dass Franklins Identifikation mit seinem Onkel Tom bei seinem Vater wahrscheinlich gemischte Gefühle hervorrief. Genauso, wie es in Benjamin Franklins Generation einen bitteren Riss in der Familie gab, der ihn selbst, seinen Bruder und seine Eltern betraf, war auch durch die Generation seines Vaters wegen religiöser Unterschiede ein bitterer Riss gegangen. Bens Vater, seine Brüder John und Benjamin (Franklins Patenonkel, nach dem er genannt wurde) und ihr Vater entfremdeten sich von ihrem ältesten Bruder Tom (Franklins Onkel), der den Hof der Familie übernahm, während die anderen gezwungen waren fortzuziehen. Die Familie kam nie wieder zusammen.

Daten können für eine Familie noch andere für sie typische Bedeutungen haben und sind es wert, genau untersucht zu werden. In der Familie Franklin zum Beispiel war die Tatsache, dass Franklin an einem Sonntag geboren wurde, ein Problem. Nach dem Glauben und den Überzeugungen jener Zeit bedeutete dies, dass die Eltern an einem Sonntag Sex gehabt hatten und deshalb sündig geworden waren und dass Franklin ein Kind des Teufels war – keine Kleinigkeit für Franklins erzreligiösen Vater, der in seiner Kirchengemeinde ein „Hüter der Moral" war! Die Familie ging mit dieser „Sünde" so um, dass sie in Bezug auf das genaue Geburtsdatum ihres Sohnes Benjamin strikte Geheimhaltung wahrte. Auch eine Geburt, die an einem Freitag, dem dreizehnten, stattfindet oder am gleichen Tag, an dem ein wichtiges Familienmitglied die Familie verlässt, stirbt oder sonst irgendein bedeutsames Erlebnis hat, kann für die Familie eine besondere Bedeutung gewinnen.

Eine andere kontroverse Frage, die sich bei der Geburt eines Kindes stellt, ist die Wahl des Namens. Shakespeare fragte: „Was steckt in einem Namen?" Aus der Perspektive der systemischen Familientherapie lautet die Antwort: eine ganze Menge! Die Namen in einer Familie sagen eine ganze Menge darüber aus, welche Rolle die verschiedenen Kinder zu spielen hatten, wem sie ähnlich sein sollten. In manchen Kulturen gibt es Regeln für die Namengebung. In der griechischen Kultur werden die Kinder nach bestimmten Großeltern genannt, abhängig von der Reihenfolge ihrer Geburt. In der jüdischen Tradition werden die Kinder im Allgemeinen nach den Toten benannt, nicht nach den Lebenden. Wenn Familien sich nicht an die typischen Muster ihrer Kultur halten, muss man fragen, warum. John Quincy Adams zum Beispiel veränderte ein vier Generationen altes Familienmuster, dem zufolge der älteste Sohn John genannt wurde – er nannte seinen ältesten Sohn George Washington, gab ihm also einen Namen, der bei Quincy Adams' Vater John nicht gerade hoch im Kurs stand. Offensichtlich nahm er in dem Namen seines Sohnes Familienkonflikte hinsichtlich der Rolle auf, die der älteste Sohn nach der Erwartung oder dem Wunsch der Familie zu spielen hatte.

In der Familie Freud trug Sigmund den Namen seines Großvaters väterlicherseits, eines Rabbi, der kurz vor seiner Geburt starb, und er wuchs in dem Glauben auf, dass in einem Namen viel drinstecke –

„vielleicht sogar ein Stück Seele". Ihm, dem „goldenen Sigi", wie seine Mutter ihn nannte, wurde die Ehre zuteil, einen Namen für seinen jüngeren Bruder zu finden; er wählte Alexander, nach seinem Helden Alexander dem Großen. Und in der folgenden Generation war er es, der für alle seine sechs Kinder, auch für die vier Töchter, die Namen aussuchte – nach seinen männlichen Vorbildern, Lehrern oder Freunden oder nach den weiblichen Verwandten der Familie. Freud behielt also die Macht, in seiner Familie die Namen zu bestimmen, auch im Erwachsenenalter – ein Ausdruck dafür, wie ihm seine Position als der „goldene Sigi" seiner Mutter sein ganzes Leben hindurch erhalten blieb. Wir wissen nicht, warum sein jüngerer Bruder Julius, der im Kindesalter starb, nach einem noch lebenden Onkel genannt wurde (der allerdings zu jener Zeit vermutlich im Sterben lag), da dies dem jüdischen Brauch der damaligen Zeit widersprach. Vielleicht drückt sich darin ein emotionaler Prozess in der Familie aus, der stärker war als der kulturelle Brauch.

Der Name, den eine Familie für ihr Kind wählt, sagt eine Menge aus über das „Programm" einer Familie, über ihre Träume für ein Kind. Was Franklin betrifft, so fand er selbst es bedeutsam, dass er nach dem Lieblingsbruder seines Vaters, der auch sein Patenonkel war, genannt wurde. Dieser Onkel war, wie so viele andere in der Familie Franklin, ein außerordentlich kluger Mann, der einige Jahre in Benjamin Franklins Familie lebte, als dieser noch klein war. Aber was bedeutete die Verbindung zwischen diesen zwei Benjamins für die Familie? Und was bedeutete es, dass diese zweite Vaterfigur, ein Mann, der seine Frau und neun seiner zehn Kinder verloren hatte, bei ihnen einzog? Offenbar sehr viel, wie wir noch sehen werden. Josiah geriet schon bald in einen Konflikt mit seinem Bruder Benjamin über die Zukunft des kleinen Ben und zog in der Folge nicht nur seine Versprechen in Bezug auf Bens Ausbildung zurück, sondern stand dem Vorankommen seines Sohnes sogar wiederholt im Weg.

Über Familienbeziehungen nachdenken

Wenn Sie ein Muster vor sich haben, dem zufolge zur Familie gehörige Mitglieder ausziehen (wie Bens Bruder Josiah, der von zu Hause weglief, um zur See zu fahren, oder Ben, der mit 17 Jahren verschwand), oder Personen, die ursprünglich nicht zur Familie gehören, in die Familie einziehen (wie Onkel Ben, der zu der Familie seines Bruders zog), dann ergibt sich von selbst die Frage nach den Konflikten und Bündnissen, nach denen die Loyalitäten in der Familie aufgeteilt sind. Bei der Familie Franklin ist ein wiederholtes Muster festzustellen, das so abläuft: intensive Nähe, Konflikt, Distanz und Abschneiden der Beziehungen, mit gelegentlichen Versuchen, einander wieder näher zu kommen, anscheinend als Ausgleich für die Trennungen, was dann zu weiteren vorhersehbaren Trennungen führt. So ist es zum Beispiel vorauszusehen, dass die Entfremdung zwischen Ben und seinem Sohn William dazu führen wird, dass Ben sich um Nähe zu Williams Sohn Temple bemüht und sich dann eine Spannung zwischen Temple und seinem Vater William entwickelt. Dieses Muster wiederholte sich in der Beziehung zwischen William, seinem Sohn Temple und seiner Enkelin Ellen (Abb. 2.1).

Das zentrale Dreieck in Franklins Familie während Bens Kindheit bestand aus Ben, seinem Vater Josiah und seinem Onkel Benjamin, der von England herübergekommen war, um zu der Familie seines Bruders zu ziehen; der kleine Ben war damals sechs Jahre alt (Genogramm 2.2). Dieser Onkel hatte bis auf ein Kind seine gesamte Familie verloren. Er wohnte in den folgenden vier Jahren bei der Familie seines Bruders, und in dieser Zeit begann ein langes Tauziehen um die Liebe und Ergebenheit des Jungen.

Abb. 2.1

**Muster der abgebrochenen Beziehung
und der Bündnisse in der Familie Franklin**

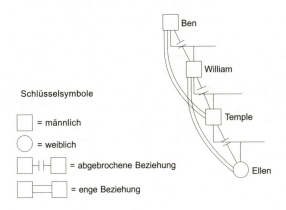

Schlüsselsymbole

☐ = männlich

◯ = weiblich

☐⊣⊢☐ = abgebrochene Beziehung

☐▭☐ = enge Beziehung

Dreiecksbeziehung in der Familie des jungen Ben Franklin
Genogramm 2.2

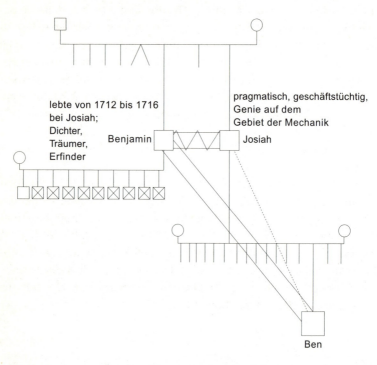

Die Brüder hatten sich seit 30 Jahren nicht gesehen. Sie waren gegensätzliche Persönlichkeiten. Josiah war pragmatisch, geschäftstüchtig, ein Genie, was sein Können auf dem Gebiet der Mechanik betraf, und zugleich ein fanatischer Puritaner. Onkel Benjamin war ein bisschen exzentrisch, ein Freidenker, ein Mensch, der gerne redete, ein Träumer und ein Poet, der sich in endlosen philosophischen Erörterungen erging, gerne las und ständig dabei war, zu dichten und zu reimen. Auch er war ein Erfinder, aber er war fortwährend in Geldschwierigkeiten, da er sich in erster Linie auf seine Dichtungen konzentrierte. Als Onkel Benjamin anfing, seinen kleinen Neffen zu einem eher witzigen, unkonventionellen, subversiven Schreiben zu inspirieren, wurde Josiah ihnen beiden gegenüber immer feindseliger. Franklin schrieb später (Randall 1984):

„Unser Vater ... pflegte zu sagen, es sei nur allzu alltäglich, dass Leute, die einander lieben, solange sie weit voneinander entfernt sind, viele Gründe finden, einander zu verabscheuen, sobald sie beieinander sind. Den Beweis dafür erlebte ich in dem Ekel und Widerwillen, den er und sein Bruder Benjamin gegeneinander empfanden."

Je stärker Onkel Benjamin dafür war, dass Ben die bestmögliche Ausbildung bekommen und Geistlicher werden sollte, umso weniger Begeisterung zeigte Josiah für seinen alten Plan; er nahm seinen Sohn, obwohl dieser ein glänzender Schüler war, von der Schule und demütigte ihn, indem er darauf bestand, dass er ein Handwerk lerne. Doch wie der Onkel, so der Neffe: Je mehr sein Vater sich einer Ausbildung widersetzte, umso stärker wurde Bens Neigung und Wunsch, zu lernen. Obgleich sein Vater seiner Schulzeit ein Ende setzte, als er erst acht Jahre alt war, erlangte er schließlich akademische Würden und Ehrentitel nicht nur von der Harvard-Universität, sondern auch von Yale, St. Andrews und Oxford. Vielleicht war am Ende Josiahs Furcht, von diesem Doppelgänger seines eigenen Bruders überflügelt zu werden, größer als der Wunsch, dass dieser sein Lieblingssohn „der Zehnte seiner Lenden" sein solle.

Fragen und Geschichten: Schlüssel zum Verständnis

Wenn Sie Ihre Familie auf eine andere, neue Art kennen lernen wollen, müssen Sie ein Experte im Fragenstellen werden. Es ist merkwürdig, wie häufig wir nicht die richtigen Fragen stellen. Manche Fragen kommen uns wohl in den Sinn, aber wir stellen sie nicht, weil wir spüren, dass sie andere aufregen würden; diese Wahrnehmung kann falsch, sie kann aber auch richtig sein. Andere Fragen kommen einem nicht einmal von ferne in den Sinn, weil eine unausgesprochene Familienregel es verbietet, sie überhaupt zur Sprache zu bringen. Es kann sein, dass die Familie zu dem Schluss gekommen ist, dass „es sich nicht lohnt, mit Onkel Charlie zu sprechen, weil er ein aufgeblasener Idiot ist, der keinen einzigen Tag in seinem Leben etwas Richtiges gearbeitet hat", oder dass „Kusine Betty eine chronische Lügnerin ist und sich sowieso an nichts erinnern kann, was die Familie betrifft". In allen Familien gibt es Regeln, Vorannahmen und Geschichten, bei denen vorausgesetzt wird, dass sie von den Familienmitgliedern für bare Münze genommen werden. Oft ist ein sehr genaues Hinschauen notwendig, wenn wir uns von den Vorurteilen frei machen wollen, die wir über nahe Verwandte hegen. Man hat Ihnen vielleicht gesagt, dass Tante Charlotte „Belastungssituationen nicht gewachsen ist", und hinzugefügt, „besprich deshalb nichts wirklich Wichtiges mit ihr". Sie wird also niemals um Hilfe gebeten, wenn es Schwierigkeiten gibt, und niemand denkt daran, sie jemals nach ihrer Meinung zu fragen. Vielleicht ist es nötig, dass Sie sich fragen, *wer* festgelegt hat, dass Charlotte „Belastungssituationen nicht gewachsen ist", und auf welcher Grundlage der oder die Betreffende zu diesem Urteil gelangt ist. Das Beste wäre es, sämtliche Vorurteile, die Sie in Bezug auf einzelne Familienmitglieder hegen, in Zweifel zu ziehen und sich zu fragen, wer jeweils zu welchem Schluss gelangt ist und auf welche Weise.

Fragen nach den Fakten und Daten von Geburt und Tod in einer Familie – wer, wann, wo, wie? – können emotional besetzte Ereignisse wie Selbstmord, Alkoholismus, außereheliche Schwangerschaften, Totgeburten, Fehlgeburten oder Abtreibungen ans Licht bringen. Ihre Familie hat vielleicht vergessen, dass Ihr Großvater ein Zwillingsgeschwister hatte, dessen Tod im Alter von zehn Jahren Auswirkungen hatte, unter denen die Familie noch zwei Generationen später leidet. Sie haben vielleicht nicht bemerkt, dass die Trennung Ihrer Eltern im selben Jahr stattfand, in dem Oma eine Herzattacke hatte. Und die Familie wird vielleicht nie darüber sprechen, es sei denn, Sie forschen ausdrücklich danach, dass Oma tatsächlich schon einmal verheiratet gewesen war. Die Erklärung, die man Ihnen dazu gab, war, dass diese Ehe nicht richtig zähle, weil sie „zu nichts führte"; ihr erster Ehemann war ein Schurke und verließ sie nach zwei Monaten.

Wenn Ihnen klar ist, welche Fragen Sie Ihrer Familie gerne stellen würden, müssen Sie herausbekommen, wie und wann Sie an die verschiedenen Familienmitglieder herantreten können, um vielleicht eine Antwort zu bekommen. Dies ist ein komplexes Problem, mit dem wir uns später noch detaillierter beschäftigen werden. Wichtig ist, dass Sie eine fragende Haltung einnehmen und ein gesundes Misstrauen entwickeln, sodass Sie sich nie allzu sicher sind, dass der Standpunkt irgendeines Familienmitgliedes die „Wahrheit" ist. Mit dem Konzept eines Genogramms vor Augen können Sie dann anfangen, der Frage nachzugehen, wie jedes Familienmitglied die Beziehungen und Ereignisse, die in Ihrer Familiengeschichte auftreten, wohl erlebt haben könnte.

Sie werden eine Haltung entwickeln wie Kommissar Columbo und Verbindungen herzustellen versuchen: zwischen wichtigen Lebensdaten, zwischen der Art von Beziehungsmustern, die Sie bei Ihren Großeltern beobachten, und denen, die Ihre Eltern an den Tag legen, zwischen der Art, wie Sie sind, und der Art, wie Ihre Eltern in Ihrem Alter waren. Es kann sein, dass Hochzeiten in Ihrer Familie mit höchster Angst besetzt sind, was damit zusammenhängt, dass Ihr Großvater drei Tage vor der Hochzeit Ihrer Mutter starb. Es kann zum Beispiel auch sein, dass Ihr Vater hat immer Angst gehabt hat, er könne ein ebensolcher Versager werden wie sein eigener Vater. Ihre Mutter und ihre Schwestern haben vielleicht Angst, sie könnten genauso verlassen werden wie Ihre Großmutter, die als junge Frau mit fünf kleinen Kindern verlassen wurde. Wenn solche Dinge verschwiegen und verdrängt werden, können sie verheerende Auswirkungen haben, indem sie in der gesamten Familie unerklärliche Ängste hervorrufen. Werden sie bewusst gemacht, dann können sie das gegenseitige Verständnis fördern und die Bindungen untereinander festigen.

Unter diesem Blickwinkel betrachtet, ist Information Macht; Sie versuchen wo immer möglich und so viele Informationen wie möglich zu sammeln, denn man kann nie wissen, wann ein bestimmtes Stück an Information Ihnen helfen wird, eine Verbindung herzustellen. Jedes Detail kann bedeutsam sein. Wenn Sie in Ihrer Mutter nicht nur den „Hausdrachen" sehen wollen, dessen Dominanz und Aufdringlichkeit Sie noch im Alter von 40 Jahren niederwalzt, werden Sie sich ein Bild davon machen müssen, wie sie als Tochter, als Nichte, als Schwester, Freundin, Kollegin, Enkeltochter, als Geliebte oder als Kusine ist. Wenn Sie darüber hinaus mehr über *ihre* Mutter in Erfahrung bringen, in jeder dieser Rollen, dann werden Sie jedes Mal wieder einen Schlüssel zum Verständnis *Ihrer eigenen* Mutter finden. Aus diesem Grund lohnt es sich, alle Ihre Verwandten nach den Fakten zu fragen, aber auch nach den Mythen und Geschichten, die sie in ihrer Kindheit gehört haben. Auch ist es nützlich, verschiedene Familienmitglieder nach den Reaktionen anderer auf eine bestimmte Familienerfahrung zu fragen. Zum Beispiel: „Mama, wie hat dein Vater reagiert, als sein Vater plötzlich nicht mehr mit ihm gesprochen hat? Wie ist Onkel Al mit der Situation umgegangen? Und Tante Martha? Wer war eigentlich dabei, als der Streit ausbrach? Wie war das danach mit den Ferien, und wie haben sie es bei Familientreffen gemacht?"

Respekt vor dem Widerstand der Familie gegen jede Veränderung ist bei diesem Unternehmen ganz wesentlich. Als die- oder derjenige, die oder der etwas in Erfahrung bringen will, müssen Sie Respekt davor haben, wenn Ihre Familie sich dagegen wehrt, Geheimnisse preiszugeben oder die Art, wie die einzelnen Familienmitglieder miteinander umgehen, zu verändern, so schädlich diese Beziehungen auch sein mögen. Familien halten es oft mit dem Sprichwort: „Das Übel, das man kennt, ist besser als das Übel, das man nicht kennt." Das, was einem vertraut ist, bietet eine große Sicherheit. Veränderung bringt Stress mit sich, weil man nicht weiß, was daraus wird. Die Befürchtungen hören sich etwa so an: „Wenn ich über den Selbstmord meines Großvaters spreche, könnte alles nur noch schlimmer werden." Es ist das Beste, langsam und behutsam vorzugehen und die Dinge vorsichtig und mit Respekt zu erschließen.

Ein wichtiger Grundsatz bei jeder Form der Familienbefragung ist es, an die Familien mit der Überzeugung heranzutreten, dass die Menschen angesichts der Begrenzungen ihrer jeweiligen Perspektive immer das Beste geben, was sie geben können. Normalerweise sehen wir uns selbst immer als die Reagierenden im Familiendrama, während wir unsere Eltern als die Agierenden betrachten, die unser Schicksal bestimmt haben. Sie müssen diese Perspektive verändern und begreifen, dass wir alle Handelnde *und* Reagierende sind. Der Vater, der sein Kind missbraucht hat, wurde in seiner Kindheit wahrscheinlich selbst missbraucht; die Statistik lehrt uns, dass Missbrauch in aller Regel dazu führt, dass der Missbrauchte seinerseits andere missbraucht. Die Vergangenheit rechtfertigt das Verhalten in der Gegenwart natürlich nicht; sie verschafft nur Einsicht in den Fluch des Vergangenen. Wir haben es hier mit einem komplexen und ein wenig widersprüchlichen Konzept zu tun. In dem Moment, in dem wir die Verantwortung für unser eigenes Verhalten übernehmen, müssen wir auch Empathie für das „programmierte" Verhalten anderer entwickeln. Wenn Sie verstehen, wie Sie selbst „programmiert" worden sind, dann gibt Ihnen genau dies auch die Chance, bei sich selbst auf Verhaltensweisen zu verzichten, die Ihre Beziehungen negativ beeinflussen. Sie haben vielleicht festgestellt, dass Ihr Vater niemals etwas „gibt". Es erfordert wahrscheinlich einiges Nachdenken zu begreifen, dass Sie selbst in Ihrer Frustration aufgehört haben, ihn um etwas zu bitten oder von ihm zu erwarten, dass er etwas „gibt", und dass dieses Verhalten die Distanz zwischen Ihnen aufrechterhält und vergrößert.

Machen Sie sich, bevor Sie Fragen stellen, klar, welche Absichten Sie damit verfolgen. Wenn Sie damit das Ziel verfolgen, sich selbst zu rechtfertigen oder andere in der Familie ins Unrecht zu setzen, dann werden die anderen das schnell merken. Fragen wie „Wenn dein Vater dich auf diese Weise missbraucht hat, warum hast du es nicht jemandem erzählt oder bist davongelaufen?" werden vermutlich eine defensive Reaktion hervorrufen. Wenn Sie mit Ihren Fragen zu verstehen geben, dass Ihre Eltern hätten „wissen" müssen, wie Sie sich gefühlt haben, und dass Sie Anspruch auf ihre Zustimmung haben, dann werden Sie wahrscheinlich eine defensive, ärgerliche Reaktion hervorrufen. Wird jedoch deutlich, dass Sie ein wirkliches Interesse haben an dem, was geschehen ist, ohne streiten zu wollen, dann werden Ihre Angehörigen die Gelegenheit, Ihnen ihre Version der Geschichte zu erzählen, vielleicht sogar begrüßen.

Die Fähigkeit, Ihr Selbstgefühl zu bewahren, ohne sich defensiv zu verhalten, ganz egal, wie die anderen Sie wahrnehmen, ist für diesen Prozess ganz wesentlich. Dies bedeutet, dass Sie den Punkt erreichen müssen, an dem Sie selbst der einzige Richter über Ihren eigenen Wert oder Unwert sind und nicht von der Zustimmung anderer abhängig sind. Das heißt, dass Sie die anderen nicht „brauchen", um das Gefühl des eigenen „Wertes" zu haben, *und zugleich,* dass Sie selbst beurteilen können, ob Ihre eigenen Werte und Ihr Verhalten richtig sind, auch dann, wenn die anderen Sie noch so sehr missverstehen oder falsch wahrnehmen.

Wichtig ist aber auch, dass Sie keine Fragen stellen, solange Sie nicht in der Lage sind, mit den Antworten fertig zu werden. Seien Sie also, falls Sie Ihre Mutter danach fragen wollen, welche Erfahrungen sie mit Ihnen als Kind gemacht hat, darauf vorbereitet, vielleicht hören zu müssen, wie frustrierend ihre Mutter den Umgang mit Ihnen gefunden hat, ohne sofort eine Tirade über *ihre* mütterlichen Unzulänglichkeiten loszulassen. Wenn Sie als Reaktion auf die Antwort eines Familienangehörigen auf Ihre Fragen in eine Verteidigungsstellung oder umgekehrt zum Angriff übergehen, dann wird das in keinem Fall zu einem fruchtbaren Resultat führen. Ihr Ziel muss es sein, jede Information, die Sie bekommen, zunächst einmal für sich selbst einzuschätzen, auf der Grundlage Ihrer eigenen wohl überlegten Überzeugungen in diesem Punkt. (Denken Sie daran: Jede Information, mag sie noch so feindselig oder zurückweisend sein, ist eine „Information".) Sie müssen darauf gefasst sein, negative Gefühle und Beobachtungen zur

Kenntnis zu nehmen: dass Ihr geliebter Vater in geschäftlichen Dingen von seinen Brüdern als gutmütiger Esel oder als Shylock wahrgenommen wurde oder dass die Familie Sie als arrogant, verwöhnt und selbstsüchtig betrachtet und davon überzeugt ist, dass Sie, sofern Sie erfolgreich sind, einfach mehr Glück als Verstand gehabt haben. Sie werden sich dann überlegen müssen, ob irgendetwas Wahres an dem Gesagten ist, und, sofern das nicht der Fall ist, wie die anderen zu diesem Eindruck gekommen sind. Wie hat diese besondere Wahrnehmung das Verhalten eines jeden einzelnen Familienmitgliedes beeinflusst?

Die Geschichten, die Menschen über sich selbst und ihre Familie erzählen, müssen genau gehört werden – sowohl im Hinblick auf das, was sie erzählen, als auch auf das, was sie auslassen. Auch dafür ist Benjamin Franklins Autobiografie ein bemerkenswertes Beispiel. Der erste Teil der Autobiografie wurde im Jahre 1777 geschrieben und war, unter der Überschrift *Lieber Sohn* an seinen Sohn William gerichtet, der damals Gouverneur von New Jersey war. Der moralische Imperativ dieser als mahnendes Beispiel vorgetragenen Geschichte ist klar: Er wollte den Sohn mit der Geschichte seines aufgrund von Fleiß und Sparsamkeit errungenen Aufstiegs aus der Armut und Niedrigkeit seiner Herkunft zu Wohlstand und Ansehen in der Welt begeistern und anfeuern (Franklin 1968):

> „Da ich aus der Armut und Niedrigkeit, in der ich geboren und aufgewachsen bin, zu Wohlstand und einem gewissen Maß an Ansehen in der Welt aufgestiegen und bis heute in beachtlichem Maße am Glück teilhatte, mögen die Mittel, deren ich mich bedient und die dazu beigetragen haben, als zur Nachahmung geeignet erachtet werden."

Franklin räumt viele seiner jugendlichen Dummheiten oder „Irrtümer" ein und erwähnt sie ganz offen, auch sein schlechtes Verhalten gegenüber seiner zukünftigen Frau, die er verlassen und der er nicht einmal geschrieben hatte, nachdem er ihr zuvor die Ehe versprochen hatte, genauso wie seinen Versuch, die Geliebte seines besten Freundes zu verführen. Auf der anderen Seite überging er das größte Geheimnis seiner persönlichen Geschichte: das Geheimnis, wer Williams Mutter war und wann genau er geboren war, was den Eindruck hinterlässt, eine der Regeln der Familie Franklin sei gewesen, dieses Thema nicht zu erwähnen.

Offensichtlich wuchs William von Anfang an bei Franklins Frau Deborah auf. Sie und Benjamin Franklin wurden jedoch nie in einer

Kirche getraut, und sie wahrten eine gewisse Geheimhaltung in Bezug auf ihre Eheschließung, obwohl das Datum, der 30. September 1730, in der Autobiografie angegeben wird. Ihr Schweigen hing vermutlich damit zusammen, dass Deborah bereits verheiratet gewesen war, und zwar mit einem Mann, der verschwunden war, der jedoch zum Zeitpunkt ihrer Eheschließung immer noch am Leben sein konnte. Dies erklärt jedoch nicht die Verschwiegenheit in Bezug auf Williams Geburt, was diesem, als er erwachsen war, ziemlich zu schaffen machte – als nämlich Gerüchte, er sei ein uneheliches Kind, seine politische Laufbahn zu gefährden begannen. Da eine Klärung also so offensichtlich erforderlich war, ist Benjamins Schweigen in dieser Angelegenheit umso überraschender.

Die Familientradition der Geheimhaltung setzte sich in der nächsten Generation mit der anfänglichen Geheimniskrämerei in Bezug auf Williams Heirat fort, die Franklin offensichtlich überhaupt nicht erwähnte, genauso wenig wie Williams Vaterschaft und die Geburt seines Sohnes Temple. Offenbar setzte man die Geschichte in Umlauf, Temple sei der Sohn eines „armen Verwandten". Familie und Freunde richteten in ihren Briefen oft Grüße an Temple aus, während Deborah ihn nicht ein einziges Mal erwähnte. Vielleicht drückten sich darin ihre Vorbehalte dem gegenüber aus, dass nun bereits in der zweiten Generation ein Kind außerehelich gezeugt worden war; wahrscheinlicher ist jedoch, dass sie nie etwas von Temple erfuhr, denn Franklin macht in keinem seiner Briefe an Deborah auch nur die geringste Andeutung von ihm, obwohl er ihr ansonsten beständig den neuesten Tratsch über sämtliche anderen Mitglieder der Familie mitteilt. Jahre später bezog sich ein Freund der Familie amüsiert auf dieses Versteckspiel, das die ganze Familie mitspielte, indem alle Familienmitglieder vorgaben, sie hätten nicht erraten, in welcher Beziehung Temple zur Familie stand (Lopez a. Herbert 1975).

Auch in der vierten Generation gab es wieder ein Geheimnis – diesmal um Temples uneheliche Kinder –, und nach dem Bruch zwischen William und Temple versuchte William sogar, die Leute glauben zu machen, Temples Tochter Ellen sei sein eigenes Kind.

Die Wiederholung dieser Situation – Zeugung und geheim gehaltene Geburt unehelicher Kinder in der Familie der Franklins – erscheint fast unheimlich. Wie war die Verbindung zwischen den Generationen beschaffen, dass jede neue Generation dieses so genannte Geheimnis wiederholen musste? Ein Muster der Geheimhaltung in einer

Familie zieht in der Regel weitere Geheimhaltung und Verzerrung der Tatsachen nach sich. Es lehrt die Familienmitglieder, dass es nicht möglich ist, mit der Wahrheit umzugehen, und dass manche Erfahrungen nie integriert werden können.

Einige von Franklins Biografen kommentierten die auffälligen Auslassungen in Franklins Schriften. Esmond Wright (1990) schrieb: „Hier ist ein Mann, der scheinbar ganz offen über sich selbst spricht, während er sich doch zunehmend hinter den öffentlichen Bildern verbirgt, sodass wir ab und zu nicht wissen, was Fakt ist und was Fiktion." Claude-Anne Lopez und Eugenia Herbert (1975), die über den „privaten" Franklin publiziert haben, kommentieren:

> „Die von ihm gegründete Familie ist in der Autobiografie praktisch nicht existent: Seine Tochter wird nicht ein einziges Mal erwähnt, auf seinen Sohn nimmt er nur ganz beiläufig Bezug, seine Frau taucht vor allem in der Zeit auf, als sie noch nicht verheiratet waren – und auch dann nicht als eine Persönlichkeit, sondern als Beispiel dafür, wie ein Unrecht in Ordnung gebracht wurde. Der Fokus ist ausschließlich auf ihn gerichtet oder vielmehr auf einen Teil von ihm. Es hat keinen Sinn, hier nach etwas Tieferem zu suchen."

Falls sein Sohn William etwas über die negative Beziehung Franklins zu seinem eigenen Vater wusste, hatte er vermutlich etwas gegen die Art, wie sein Vater die Familiengeschichten zum Besten gab, nämlich in einem äußerst positiven Licht, besonders in der Zeit, als Franklin seinen Sohn drängte, sich seinen politischen Ansichten anzuschließen.

Franklins Autobiografie spiegelt die komplexe Ambivalenz, die er seinem eigenen Vater gegenüber empfand und die er nie durcharbeitete. Er schreibt, sein Vater, der eine sehr starke Konstitution hatte, sei sehr intelligent und talentiert gewesen: „Konnte hübsch zeichnen und hatte auch eine gewisse musikalische Begabung ... Besonders aber zeichnete er sich durch ein gesundes Urteil in praktischen Dingen aus, sowohl was seine privaten Angelegenheiten betrifft als auch Fragen von öffentlichem Interesse." Wenn er jedoch im Folgenden auf seinen Vater Bezug nimmt, ist die Kritik hinter dem Kompliment nicht zu überhören. Er schreibt zum Beispiel, sein Vater habe so großen Wert auf eine gebildete Unterhaltung bei Tisch gelegt, dass er ihm beigebracht habe, das Essen vollkommen zu ignorieren, sowie eine völlige Gleichgültigkeit gegenüber den Mahlzeiten, die man ihm vorsetzte. Franklins schreibt weiter, diese Lektion sei ihm beim Reisen sehr zugute gekommen, weil es ihm nie etwas ausgemacht habe, wenn er nichts Rechtes zum Essen bekommen habe. Tatsächlich wissen wir, dass Franklin, sofern sich überhaupt etwas mit Sicherheit über ihn sagen lässt, ein Epikuräer und Genießer war, dem es keineswegs egal war, was er aß. Es ist ganz eindeutig, dass er die radikale Gleichgültigkeit seines Vaters gegen gutes Essen als ein Defizit empfand – was seine Bemerkung in einem ziemlich ironischen Licht erscheinen lässt.

Franklin beschreibt dann, wie sein Vater ihn von der Schule nahm, weil er zu dem Schluss gekommen war, er könne sich eine College-Ausbildung „nicht leisten" und dass die Gebildeten meist nur ein „geringes Auskommen" fänden. Es ist unwahrscheinlich, dass Franklin selbst diese Entschuldigungen akzeptierte, da seine intellektuelle Begabung ja bereits offenkundig war. Es gab damals durchaus Stipendien, und ein Geistlicher, der er ja hätte werden sollen, hatte gewiss ein anständiges Auskommen. Wir spüren auch das unterdrückte Ressentiment gegen seinen Vater, der seine poetischen Versuche schon im Keim erstickte. Er schreibt, im Alter von etwa 13 Jahren habe er angefangen, Poesie zu schreiben, und einiges davon habe sich „wundervoll" verkauft. Er fügt hinzu: „Aber mein Vater entmutigte mich, indem er meine Hervorbringungen lächerlich machte und zu mir sagte, Versemacher seien im Allgemeinen Bettler; auf diese Weise blieb es mir erspart, ein Dichter zu werden, sehr wahrscheinlich ein ziemlich schlechter." Auch hier wieder erscheint sein Ton im Hinblick auf die Kritik vonseiten seines Vaters recht ironisch. Wie wir alle wissen, setzte er alles daran, seinem Vater zu beweisen, dass er nicht Recht gehabt hatte, und wir alle freuen uns noch heute am Witz von Poor Richard.[3]

Als Franklin seine Autobiografie schrieb, war es bereits so weit, dass er die Richtung, die Williams Leben genommen hatte, kritisierte, auch wenn sie einander immer noch nahe standen. Franklin versuchte, William klar zu machen, dass er auf seinen Vater hören solle, indem er hervorhob, wie wertvoll es sei, die Weisheit des Vaters zu übernehmen – was er selbst kaum je getan hatte. Ein ums andere Mal behauptet Franklin in seiner Version der Familiengeschichte, dass sein Vater, auch wenn er selbst mit ihm oft nicht einig gewesen sei, häufig genug Recht gehabt habe. Und doch erzählte Franklin die Geschichte seines Erwachsenenlebens so, als ob seine Herkunftsfamilie überhaupt keine Rolle gespielt hätte. Darin spiegelt sich möglicherweise seine Enttäu-

3 Franklin gab 1732–1735 in Philadelphia eine Zeitschrift heraus, den *Poor Richard's Almanack*; A. d. Ü.

schung über seine eigenen Erfahrungen in seiner Herkunftsfamilie, sodass er eine ambivalente Botschaft im Blick auf den Wert des Familienlebens vermittelte, deren Einfluss an drei Generationen der Familie Franklin, in denen es zu einem Bruch zwischen Eltern und Kindern kommt, deutlich abzulesen ist.

Die Fakten, die wir über Benjamin Franklin gesammelt haben, und die Details seines Genogramms führen zu weiteren interessanten Fragen in Bezug auf ihn selbst und seine Familie: Warum glaubte er, in den Grenzen seiner Familie nicht überleben zu können? Musste er dem Druck ihrer Träume, Erwartungen und Befürchtungen mit Blick auf die Ziele, die er erreichen sollte, entfliehen? Waren er und sein älterer Bruder James Teil eines multigenerationalen Familiendramas, in dem sich der jüngere Bruder durch seine Begabungen und Leistungen auszeichnet, dann gezwungen wird, sich zu unterwerfen, und schließlich in der Verbannung endet?

Wenn wir Franklin und seine Familie wirklich verstehen wollen, ist es unumgänglich, dass wir einige Fragen über andere Familienmitglieder stellen. Nach wem wurden die anderen Brüder genannt? Fiel die Geburt eines anderen Geschwisters mit einem Verlust in der Familie oder mit einem für die Familie bedeutsamen Jahrestag zusammen? Gab es in den Herkunftsfamilien der Eltern Verluste, die das Funktionieren der Eltern einschränkten und sie dazu trieben, ein Kind in die Rolle eines Ersatzkindes zu drängen und danach zu formen?

Für ein besseres Verständnis der Familie, die Franklin selbst gründete, müssten wir noch viele andere Fragen stellen. Wiederholte Franklin, indem er eine einfache Frau mit nur geringer Bildung heiratete, nicht nur die Erfahrung seiner Eltern, sondern auch die seiner Großeltern mütterlicherseits? Sein Großvater mütterlicherseits war ein Dichter, ein Schriftsteller und eine bemerkenswerte Persönlichkeit des öffentlichen Lebens, der seine Hausangestellte heiratete. In seinen späteren Jahren lebte Franklin enger mit fremden Familien zusammen als mit seiner eigenen Familie. Wich er damit vom herkömmlichen Muster der Franklin-Familie ab, oder gab es im Hinblick auf die Anknüpfung solcher engen Verbindungen außerhalb der eigenen Familie bereits eine Tradition?

Betrachten wir Benjamin Franklin aus einer systemischen Perspektive, dann bekommen seine persönlichen Leistungen und seine besonderen Eigenarten eine neue Bedeutung. Zunächst einmal hatte er genetisch einen außergewöhnlichen Intellekt, eine starke physische

Konstitution und ein bemerkenswertes Temperament mitbekommen. Abgesehen von diesem Erbe, scheint er eine Reihe der besten Eigenschaften angenommen zu haben, die verschiedene andere Mitglieder seiner Familie auszeichneten: Er war in allen handwerklichen Dingen außerordentlich begabt, genau wie sein Vater, er war ein Schriftsteller und ein unkonventioneller Denker, ein Dichter, ein Philosoph, ein Erfinder, ein Staatsmann, ein Diplomat, ein Humorist und ein Freidenker wie seine Onkel und Großväter. Vielleicht leiteten sich diese persönlichen Merkmale von einer spezifischen Identifikation mit einer ganzen Reihe von Familienmitgliedern ab: mit seinem Vater aufgrund der unmittelbaren Abkunft, mit seinem Onkel Tom aufgrund seines Geburtsdatums, mit seinem Großvater väterlicherseits, weil sein Bruder Thomas, der den gleichen Namen trug wie dieser Großvater, unmittelbar nach Benjamins Geburt starb, mit seinem Onkel Benjamin, weil er auf den gleichen Namen getauft war wie dieser und weil dieser Onkel nach dem Verlust seiner eigenen Familie zu seinen Eltern bzw. seiner Familie gezogen war.

Sehr häufig sind sich die Menschen nicht bewusst, wie viele Züge – positive und negative – sie von ihren Familien übernommen haben. Vielleicht verachten Sie das arrogante Auftreten Ihrer Familie und merken gar nicht, dass Sie selbst manches von ihrem gespreizten Gehabe übernommen haben. Wäre Ihnen dieser Zug bewusst, dann könnten Sie leicht etwas dagegen unternehmen. In ähnlicher Weise kann das Gewahrsein Ihrer Verbundenheit mit Ihrer Familie Ihnen ein Gefühl der Zugehörigkeit und der Kontinuität geben, das Ihre eigene Identität positiv beeinflusst.

Ein anderer wesentlicher Faktor, der die Entwicklung Ihrer Identität stark beeinflusst, ist, wie sollte es auch anders sein, Ihre Geschlechtszugehörigkeit. Sie müssen die Frage stellen, welche Regeln für Männer und Frauen in Ihrer Familie galten und wie weit diese Regeln mit den gesellschaftlichen Regeln ihrer Zeit in Einklang waren. Auch besteht zwischen einzelnen kulturellen Gruppen ein Unterschied in Bezug auf die spezifischen Regeln, die das Verhältnis zwischen den Geschlechtern bestimmen. Irische Frauen zum Beispiel blicken auf eine lange Tradition der Unabhängigkeit zurück, die es ihnen sogar ermöglichte, in den Krieg zu ziehen und zu herrschen, eine Tradition, die sehr verschieden ist von einigen asiatischen Kulturen, in denen der Status der Frauen traditionellerweise auf die Ehe und das Gebären von Kindern beschränkt war.

Die Einschränkungen, die die Geschlechterrollen Männern wie Frauen in der Familie auferlegten, haben über viele Jahrhunderte hinweg einen gewaltigen Einfluss gehabt. Dies ist ein faszinierendes Thema, das noch genauer untersucht werden wird. Einer der interessantesten Aspekte, die wir uns dabei ansehen müssen, ist die Frage, wie die Mitglieder Ihrer Familie auf diese Beschränkungen reagiert haben. Haben sie die strenge Geschlechterrollenverteilung ihrer Zeit gelegentlich durchbrochen? Wenn ja, wie wurde dies von den anderen innerhalb und außerhalb der Familie aufgenommen? Ich ermutige die Menschen gerne, besonders über jene Familienmitglieder etwas in Erfahrung zu bringen, die sich den Normen der Gesellschaft in Bezug auf die Geschlechterrollen nicht vollkommen angepasst haben: über die Frauen, die sich zu behaupten versuchten und dabei einiges gewagt haben, die selbstständig etwas unternahmen und sich nicht einschüchtern ließen; und auch über die Männer, die sich sanft und liebevoll um die Kinder kümmerten und aus welchen Gründen auch immer nicht die Rolle des „Ernährers" spielten. Wenn Sie sich mit dieser Seite Ihrer Familiengeschichte beschäftigen, werden Sie eine Menge über sich und Ihre Familie erfahren.

In mancher Hinsicht haben sich die Geschlechtsrollenmuster in der Familie freilich nicht allzu sehr verändert – trotz der dramatischen Veränderungen in der Situation der Frauen, die sich in unserer Zeit vollzogen haben. Das, was über die Frauen gesagt wird, mag sich ändern, aber die Haltung der Familien den Frauen gegenüber bleibt bemerkenswert konstant. Vielleicht wurde Ihre Großmutter wie eine Heilige verehrt, weil sie kochte, putzte und sich um alle in der Familie kümmerte – und trotzdem war sie „ein bisschen dämlich". Und heute, in Ihrer Generation, sagt man vielleicht, Ihre Mutter sei „eine bemerkenswerte Frau" – sehr erfolgreich in der Computerbranche und in der Lage, hundert Dinge gleichzeitig zu managen – aber, fügt man hinzu, „sie ist ziemlich exzentrisch, wissen Sie!" Es ist wichtig, hinter die Worte zu blicken, mit denen Familien die Frauen beschreiben, und auf die den Worten zugrunde liegenden Muster zu achten, die sich gleich bleiben, auch wenn die inhaltlichen Details sich geändert haben mögen.

Benjamin Franklin hatte sehr wenig über seine Mutter zu sagen. Wie so viele unserer Gründerväter, die problematische Beziehungen zu ihren Müttern gehabt zu haben scheinen, hinterließ er so gut wie keine Informationen über seine Mutter, obwohl er ansonsten eine umfangreiche Korrespondenz über alle möglichen Themen geführt hat. Auch Jefferson, Lincoln und Washington sagten fast nichts über ihre Mütter, und John Adams äußerte sich nicht gerade positiv über die seine. Vielleicht war die Hingabe dieser Männer an die Idee der Nation zum Teil eine Kompensation dafür, dass sie ihre Familien als wenig beschützend oder unbefriedigend empfanden.

Auch müssen Sie, wenn Sie Ihre Familie verstehen wollen, Ihre Perspektive erweitern und über das, was die Gesellschaft konventionellerweise unter einer Familie versteht – das heißt über Ihre biologische Familie, bestehend aus den Eltern, deren Geschwistern und den Kindern –, hinausgehen. Die meisten von uns haben ein informelles Familiensystem gehabt, das für unsere Entwicklung und Prägung gleichfalls sehr wichtig war. Ich selbst hatte eine Betreuerin, die eine zentrale Rolle in unserer Familie spielte, und eine Großtante, Mamie, eine unverheiratete Schwester meines Großvaters, die für uns und viele andere über drei Generationen hinweg so etwas wie der „Santa Claus" gewesen ist. Auch gab es Freunde unserer Familie, die inoffiziell zugleich unsere Pateneltern, Tanten, Onkel und Großeltern waren. Die Eltern einiger meiner Freundinnen und Freunde spielten eine wichtige Rolle in meiner Kindheit und boten mir so etwas wie ein zweites Zuhause, genauso wie meine Familie für andere ein zweites Zuhause war. Ihre Familie umfasst selbstverständlich alle, die zu Ihnen gehören, ob sie nun biologisch mit Ihnen verwandt sind oder nicht, und das heißt, sie umfasst alle, die in der Zeit, in der Sie herangewachsen sind, Teil Ihrer Familie waren: Betreuerinnen, Lehrer, Pfarrer, Freunde, Nachbarn – alle, die einen Anteil daran hatten, dass aus Ihnen die Person geworden ist, die Sie sind. Diese Menschen sind häufig die unbesungenen Helden und Heldinnen unserer Familien. Maya Angelou (Genogramm 2.3) hat immer wieder von ihrem Onkel Willie erzählt, einem gelähmten, schwerbehinderten Mann, der einen sehr großen Einfluss auf ihre Bildung und ihre Wertmaßstäbe hatte; er brachte ihr die Multiplikation bei, und zwar so gründlich, dass sie die einzelnen Multiplikationsreihen heute noch und auch mitten in der Nacht fehlerfrei hersagen kann. Als Angelou zur Beerdigung von Onkel Willie nach Hause gefahren war, in das winzige Städtchen Stamps in Arkansas, stellte sie fest, dass er auch auf viele andere einen tiefen erzieherischen Einfluss gehabt hatte, nicht nur auf seine Neffen und Nichten. Sie schrieb ein Gedicht über ihn, das eine Botschaft an uns alle enthält – die Botschaft, auf die nie gewürdigten Stimmen zu hören, die vielleicht

Die Familie von Maya Angelou
Genogramm 2.3

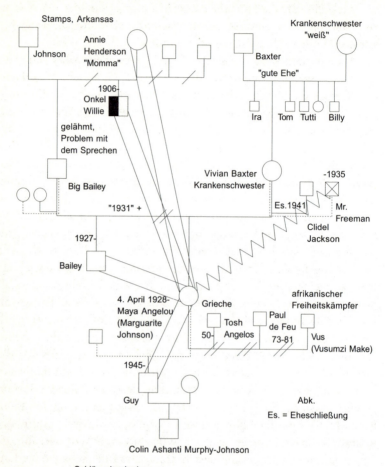

Schlüsselereignisse

1931 Umzug nach Arkansas, lebte dort bei PGM (Annie H)
1935 Nach St. Louis. Bei der Mutter
1935 Rückkehr nach Arkansas, nachdem Mr. Freeman getötet worden war
1936–1940 Sie war stumm
1941 Umzug nach Kalifornien, um bei ihrer Mutter zu leben
1945 Akademischer Grad. Sohn Guy geboren

„in den Liedern, die unsere Kinder singen, gegenwärtig sind", die uns
geprägt haben, deren Leben nicht in den Geschichtsbüchern steht und
die es vielleicht nicht einmal in unseren Familien zu besonderem Ruhm

gebracht haben, deren privater und persönlicher Einfluss aber dennoch riesengroß gewesen ist. Sie schreibt (Angelou 1986):

> Willie hat es nie zu Ruhm gebracht.
> Kaum jemand kannte seinen Namen.
> Er war ein Krüppel, hinkend und lahm.
> Aber er sagte: „Ich gehe trotzdem weiter.
> Trotzdem."
>
> In seinem Kopf war die Einsamkeit.
> Nachts neben ihm die Leere.
> Seine Schritten hallten wider vom Schmerz.
> Er sagte: „Ich gehe trotzdem weiter.
> Trotzdem."
>
> „Ich weine, und ich werde sterben.
> Aber mein Geist ist in jedem Frühling, der kommt.
> Achtet darauf, und ihr werdet sehen.
> In den Liedern, die eure Kinder singen, ist ein Stück von mir."

Wie Sie Ihre Sicht auf Ihre Familie umkrempeln können

Dies ist ein guter Weg, festgefahrene Ansichten über Ihre Familie umzukrempeln: Unterziehen Sie sich der Übung, Ihre Familiengeschichte einmal vom Standpunkt eines jeden einzelnen Familienmitgliedes zu erzählen. Wenn negative Gefühle einer bestimmten Person gegenüber Sie zu überwältigen drohen, versuchen Sie, Ihre Perspektive zu erweitern und sich vorzustellen, wie diese Person von ihren liebsten Angehörigen oder ihrem Freund bzw. ihrer Freundin wahrgenommen wurde. Wenn Sie in Ihrem Vater einen Erzbösewicht sehen, weil er Ihnen so übel mitgespielt hat, dann ist es möglicherweise eine Hilfe, Nachforschungen über seine frühe Kindheit anzustellen und sich vorzustellen, wie seine Eltern, seine Geschwister und seine Großeltern ihn gesehen haben mögen, als er noch ein kleiner Junge war. Es kann auch eine Hilfe sein, wenn Sie sich vorstellen, wie es wäre, wenn Sie genau die gegenteilige Position einnehmen würden: wenn Sie sich also bei dem Gedanken an Ihre strenge, harte, dominierende Mutter vorstellen, dass sie auch einen positiven Einfluss auf Sie gehabt hat, vielleicht weil Sie Ihnen Selbstdisziplin beigebracht und selbst hart gearbeitet hat.

Wie könnte die ältere Schwester Ihrer Mutter sie gesehen haben, als Ihre Mutter drei Jahre alt war und die ältere Schwester neun? Wie könnte sie sich gefühlt haben, als sie fünf Jahre alt war und ihr Vater die Familie verließ? Wie mag ihre beste Freundin auf der Highschool sie wahrgenommen haben? Welche Gefühle hatte Ihr Vater Ihrer Mutter gegenüber in der Zeit, als er um sie warb? Besonders hilfreich könnte es sein, darüber nachzudenken, welche Gefühle sie ihrer eigenen Mutter gegenüber hatte und wie sie ihre Kindheit empfand; dies wäre ein Weg, die Geschichte der Frauen in Ihrer Familie in den Blick zu bekommen.

In schwer gestörten Familien besteht bei manchen Mitgliedern die Tendenz, anderen gegenüber eine Betreuerrolle einzunehmen und sie, ohne dass es ihnen bewusst ist, zu dominieren. Selbst in weniger stark gestörten Familien verhalten sich einzelne Familienmitglieder „beschützend" anderen gegenüber, auf eine Art, die die Beziehungen stark einengt. Bevor Sie sagen: „O, ich kann dieses Problem nicht auf den Tisch bringen, meine Mutter ist zu alt und zu gebrechlich, es würde sie umbringen, wenn man jetzt versuchen würde, ihre Abwehr zu durchbrechen", sollten Sie versuchen, sich wirklich klar zu machen, um wessen Abwehr Sie sich Sorgen machen. Gehen Sie immer davon aus, dass alle Menschen das Beste tun, wozu sie fähig sind. Sofern man den Leuten das Zugeständnis macht: „im Zweifelsfalle für den Angeklagten", sind viele durchaus bereit, der aufrichtigen Bitte, etwas über die Familie zu erfahren, entgegenzukommen – selbst dann, wenn ihre Handlungsweisen ein Leben lang verrückt, zurückweisend, feindselig, aufdringlich, blind und unachtsam oder sonst wie unpassend und unangemessen waren.

Selbst angeheiratete Verwandte (die man ja gerne als grob, materialistisch, hochmütig, dämlich oder „ungebildet" betrachtet) können erstaunliche Informationsquellen bezüglich Ihrer Familie sein. Seien wir ehrlich: Sie hatten jahrelang Gelegenheit, Ihre Familie zu beobachten, und sind mittlerweile wahrscheinlich Experten in allem, was Ihre Familie betrifft. Eine andere gute Quelle sind Freunde oder auch ehemalige Freunde der Familie. Vielleicht sind gerade sie es, wie auch die angeheirateten Verwandten, die jene Geschichten erzählen, vor denen alle andern sich drücken, weil sie nicht wie die Insider Ihrer Familie durch Regeln gebunden sind, wie mit „Familiengeheimnissen" umzugehen ist.

Im Folgenden sind eine Reihe von Fragen aufgelistet, die Ihnen hilfreich sein können, wenn Sie sich auf die Reise zu Ihrer Familie machen:

– Wie denken die Familienmitglieder übereinander? Welche Typen und Merkmale werden zur Sprache gebracht? Der Vorlaute? Der Verschwender? Das Weichei? Der tote Held? Die allwissende mütterliche Herrscherin? Welche Rollen und Etikettierungen gibt es in Ihrer Familie? Spielt jemand den Tugendbold, das brave kleine Mädchen, ein anderer „die Frucht der bösen Saat"? Ist einer der Halunke und der andere der Held? Ist einer schwach, langweilig, langsam und ein anderer intelligent, begabt, dominierend und manipulierend? Könnten Sie eine Liste der unterschiedlichen Beschreibungen machen, mit denen die Familienmitglieder definiert werden, wobei es insbesondere auf die Gegensätzlichkeit der Rollen oder Etikettierungen ankäme?

– Wer wurde in Ihrer Familie nach wem benannt und warum? Enthüllen die Namen die Rollen, die diese Menschen gespielt haben? Wer hat die Namen ausgewählt? Warum wurden sie ausgewählt? Wenn Sie sich auf manche Namen keinen „Reim" machen und keine Begründung dafür angeben können, könnte es eine verborgene Bedeutung geben? Wurde jemand nach dem verlorenen Liebsten einer Mutter benannt? Falls Familienmitglieder nach Toten benannt wurden, haben sie ihre Eigenschaften angenommen? Nach welchen Mustern wurden die Namen in Ihrer Familie ausgewählt, und sehen Sie irgendeinen Zusammenhang, wie sie die Struktur einzelner Familienmitglieder gespiegelt oder ihr psychisches Muster beeinflusst haben könnten?

– Gab es ein auffälliges Zusammentreffen zwischen der Geburt bestimmter Familienmitglieder und Umzügen oder Migrationen? Krankheit oder Tod? Veränderungen in der finanziellen Lage der Familie? Wie haben Migrationen die Familienerfahrung der Kinder beeinflusst? Wie haben Veränderungen der finanziellen Lage das Leben der Kinder beeinflusst? Wie haben Krankheiten und Todesfälle die Kinder in verschiedenen Altersstufen beeinflusst?

– Wie stark passte sich Ihre Familie den Geschlechterrollenklischees an, die von ihrer Kultur und ihrer Zeit vorgegeben wurden? Welche Familienmitglieder passten sich den Erwartungen an die jeweilige Geschlechterrolle nicht an, und wie wurden sie von den anderen wahrgenommen? Was erfahren Sie bei einem Blick auf die in Ihrer Familie erlaubten Geschlechterrollen über deren Flexibilität (oder Inflexibilität)?

3 Familiengeschichten, Mythen und Geheimnisse

„Das Erzählen einer Geschichte ist für die menschliche Suche nach Bedeutung grundlegend wichtig ... jeder von uns ist damit beschäftigt, eine neue Art von Geschichte zu erfinden."

Mary Catherine Bateson, *Composing a Life*

„Bedenken Sie immer, was man Ihnen erzählt, ist eine dreifache Geschichte: geformt vom Erzähler, umgeformt vom Hörer und schließlich, vor beiden verborgen, durch den Dreh- und Angelpunkt der Geschichte."

Vladimir Nabokov, *Das wahre Leben des Sebastian Knight*

„Die Geschichte, die Geschichte unserer Familien eingeschlossen, ist ein Teil von uns, sodass, wenn uns ein Geheimnis enthüllt wird, ein Geheimnis über einen Großvater oder einen Onkel oder ein Geheimnis über die Schlacht um Dresden im Jahre 1945, dies unser Leben plötzlich klarer macht, und die unnatürliche Schwere der unausgesprochenen Wahrheit ist aufgehoben. Denn vielleicht sind wir wie Steine – unsere eigene Geschichte und die Geschichte der Welt ist in uns eingebettet."

Susan Griffin, *A Chorus of Stones*

Wir werden nicht einfach in unsere Familie hineingeboren, sondern in die Geschichten unserer Familie, die uns stützen und nähren und manchmal zum Krüppel machen. Und wenn wir sterben, werden die Geschichten unseres Lebens ein Teil des Bedeutungsgewebes unserer Familie (Kotre a. Hall 1990). Familiengeschichten werden erzählt, um die Mitglieder der Familie an die von der Familie gehegten Überzeugungen zu erinnern. Wir besingen die Helden und sogar die Schurken, deren Wagemut die Familie bewundert. Wenn wir die Geschichten älterer Familienmitglieder aufnehmen oder aufschreiben, dann kann das für unsere Suche nach einer neuen Perspektive auf die Familie eine Bereicherung bedeuten, die uns auf keinem anderen Weg zuteil werden kann.

Die Zeit lässt ein paar Einzelheiten verschwinden und andere besonders stark hervortreten, und so entsteht eine subjektive, für den allgemeinen Gebrauch geschönte Sammlung von Erinnerungen und Geschichten, die allesamt danach drängen, zu einer mit Bedeutung gefüllten Erzählung zu werden. Kommt eine neue, störende Erfahrung hinzu, die mit der dominanten Geschichte unserer Familie oder Kultur nicht übereinstimmt, fühlen wir uns herausgefordert und verunsichert. Alles, was in einer Familie gesagt wird, befindet sich an der Schnittstelle zwischen dem Gesagten und dem Ungesagten. Traumatische Familienerfahrungen können Mythen und abergläubische Vorstellungen von den Gefahren der äußeren Welt hervorrufen, die von Generation zu Generation weitergegeben werden und noch späte Nachkommen beeinflussen, die von den Quellen dieser Vorstellungen und Überzeugungen selbst keine bewusste Kenntnis mehr haben. Sie wissen auch nichts davon, wie Familiengeschichten sich um die Fakten herumranken – damit der Schmerz bestimmter Familienmitglieder beschwichtigt, begründet oder eingedämmt wird. Es lohnt sich, Familiengeschichten und Mythen daraufhin zu analysieren, welche Anzeichen für die verborgenen Werte und Regeln der Familie sie enthalten. Wie geben Familien Botschaften weiter, die ganz offensichtlich das Verhalten vieler zukünftiger Generationen bestimmen? Hierher gehören die Erzählungen, mit deren Hilfe die einzelnen Familienmitglieder sich ihr Leben, ihre Beziehungen und ihr Verhalten zu erklären versuchen.

Bei der einen Familie drehen sich die Geschichten vielleicht ständig um den Mut einzelner Familienmitglieder angesichts der Übermacht der Verhältnisse oder angesichts der Unterdrückung durch andere Menschen, bei einer anderen Familie geht es überwiegend darum, wie sie sich mit Humor über Demütigungen oder Niederlagen hinweggesetzt hat. Die Geschichten von Familien, die eher pessimistisch eingestellt sind, enthalten vielleicht die Botschaft, dass „man niemals gewinnen kann". Im Allgemeinen verkörpern die Leute in den Familiengeschichten stereotype Rollen, wie zum Beispiel den Helden, den Schurken, den Spaßvogel, das Opfer – Rollen, die, indem sie klar zwischen den „Guten" und den „Bösen" unterscheiden, die Werte der Familie sichtbar machen. Wenn Sie sich die Familienbotschaften bewusst machen, können Sie selbst darüber entscheiden, ob sie diese Rollen und Überzeugungen akzeptieren und beibehalten möchten oder nicht.

Familienmythen werden explizit und – was häufiger ist – implizit weitergegeben, und dies verstärkt ihre Macht, die nächste Generation zu beeinflussen. Da diese Überzeugungen generell als der Realität entsprechend akzeptiert werden, sind Sie erst dann in der Lage, die Regeln Ihrer Familie infrage zu stellen oder sich ihrer überhaupt erst bewusst zu werden, wenn Sie mit Werten konfrontiert worden sind, die sich von denen Ihrer Familie unterscheiden. Die Familienmitglieder kommunizieren untereinander auf zahllosen subtilen verbalen oder nonverbalen Wegen. In allen Familien gibt es Witze und Gewohnheiten oder bezieht man sich auf bestimmte Dinge, die nur eine private Bedeutung haben und die allesamt von einer Generation zur anderen weitergegeben werden. Meine Mutter pflegte zu sagen: „Trau niemals einer kleinen Frau" – sie selbst war fast zwei Meter groß, ihre Schwiegermutter etwa ein Meter fünfzig. Andere Botschaften übermittelten uns wichtige Signale in Bezug auf unsere Klassenzugehörigkeit, also darüber, wo wir nach Ansicht unserer Eltern in der Beziehung zu anderen standen; so war es bei uns üblich, die Gläser auf Untersetzer zu stellen, wenn wir bestimmte Gäste beeindrucken wollten. Andere Regeln – zum Beispiel die Regel, niemals über die Hautfarbe oder den kulturellen Hintergrund einer Person zu sprechen – übermittelten Botschaften in Bezug auf unseren Platz im sozialen Gefüge der Gesellschaft. Kinder lernen früh, worüber man sprechen darf und worüber nicht.

Kinder können darüber hinaus in eine besondere Rolle eingebunden sein, die dazu dient, einen Familienmythos aufrechtzuerhalten oder einen Auftrag auszuführen, der aufgrund des Todes eines anderen Familienmitgliedes unausgeführt geblieben ist, oder sie können durch die Angst der Eltern, ein früheres schmerzliches Drama könnte sich wiederholen, in ihrer Freiheit eingeschränkt sein. Ob die Eltern schwierige Familienerfahrungen nun kompensieren, indem sie das Kind vernachlässigen oder aber es überbehüten – jede dieser Verhaltensweisen kann für die nächste Generation zu einer Last werden.

Die Familie der Brontës

Die Familie der Brontës (Genogramm 3.1) scheint die Überzeugung entwickelt zu haben, es sei gefährlich, die Familie zu verlassen, und am Ende konnte kein einziges Kind die Familie verlassen. Diese Überzeugung muss sich zum Teil aufgrund früher Erfahrungen von Krankheit und Tod in der Familie herausgebildet haben – die immer dann eintraten, wenn einzelne Familienmitglieder tatsächlich versuchten, die Familie zu verlassen. Charlotte, die älteste, die das Erwachsenenalter erreichte, schrieb einmal einen Epitaph für eine ihrer Heldinnen, der genauso für ihre Familie gelten könnte: „Der Kreis unseres Lebens

Die Familie Brontë
Genogramm 3.1

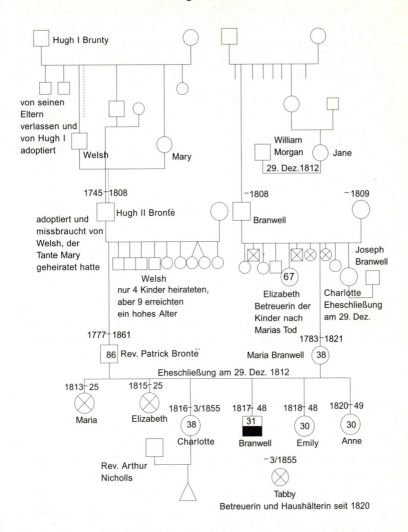

soll nicht vollendet werden; dir musste die Phase des zunehmenden Mondes genügen" (Frazer 1988).

Wir wissen nicht viel über die früheren Generationen dieser außergewöhnlichen Familie, die zwei der größten Romanschriftstellerinnen der Welt hervorgebracht hat: Emily Brontë, die Autorin von *Wuthering Heights* (dt.: *Sturmhöhe)*, und Charlotte Brontë, die Autorin von *Jane Eyre*. Wir können davon ausgehen, dass in der Familie des Vaters, Patrick Brontë, starke emotionale Konflikte von Generation zu Generation weitergegeben wurden, denn Patricks Vater, Hugh Brontë, und sein Großvater, Welsh Brontë, waren, soweit bekannt ist, beide adoptiert und in ihren Adoptionsfamilien misshandelt worden – eine Geschichte, die sehr stark an *Sturmhöhe* erinnert. Die Mutter, Maria Branwell Brontë, stammte aus einer Familie, in der vier Kinder im Säuglings- oder Kindesalter starben, bei dreien davon handelte es sich um die Geschwister, die ihr altersmäßig am nächsten standen. Wir wissen auch, dass Patrick und Maria eine Doppelhochzeit feierten, und zwar wurden sie zusammen mit einem Cousin ersten Grades von Maria getraut, der Patricks beste Freundin heiratete; wir wissen darüber hinaus, dass Marias jüngere Schwester Charlotte am gleichen Tag einen anderen ihrer Cousins mit Namen Joseph Branwell in einer anderen Stadt in England heiratete. Wenn wir dieses „Zusammentreffen" von Ereignissen unter einem systemischen Blickwinkel betrachten, stellen wir fest, dass Ereignisse, die zum gleichen Zeitpunkt stattfinden, häufig mehr bedeuten als ein zufälliges Geschehen. Die Tatsache, dass vier Mitglieder derselben Familie am selben Tag heirateten, könnte auf einen gewissen Grad an Verschmelzung in der Familie hinweisen; solche Fusionen hängen, wie wir wissen, häufig mit schweren Verlusten zusammen, auch wenn wir in diesem Fall die genauen Umstände nicht kennen, die zu den Mehrfachheiraten führten.

Die Familie von Patrick und Maria Brontë erlitt in der Folge eine Reihe von tragischen Verlusten, die das zukünftige Verhalten der Familienmitglieder tief beeinflussten, ihre Fähigkeit, die Familie zu verlassen, einschränkten und dazu führten, dass sie sich nach innen, auf sich selbst und die eigenen Familienmitglieder, konzentrierten. Patrick betrachtete sich schließlich als „einen Fremden in einem fremden Land" und scheint dieses Gefühl der Entfremdung sowie das Bedürfnis, sich vor der Außenwelt zu schützen, auch seinen Kindern vermittelt zu haben. Die sechs Kinder wurden kurz hintereinander geboren, und bald nach der Geburt des letzten Kindes entwickelte Maria Brontë offenbar eine schwere Blutkrankheit, an der sie schließlich starb. In der letzten Zeit von Marias Krankheit, also zeitgleich damit, bekamen alle sechs Kinder Scharlach, was die familiäre Tragödie noch verschlimmert haben muss. Maria starb nach einem Jahr unter unerträglichen Schmerzen, sie hatte ihre Kinder in diesem letzten Jahr wegen ihres schrecklichen Leidens nur noch selten zu Gesicht bekommen. Ihre älteste Tochter war damals erst neun Jahre, das jüngste Kind noch keine zwei Jahre alt. Patrick scheint die Gegenwart seiner Kinder weniger als Trost denn als quälende Erinnerung an seine Frau empfunden zu haben: „Niederdrückender Schmerz lag schwer auf mir … ich vermisste sie immer und überall, während die Erinnerung an sie stündlich wieder belebt wurde durch das unschuldige und doch so schmerzliche Geplapper meiner Kinder."

Patrick zog sich in sich selbst zurück und begann, die Mahlzeiten alleine einzunehmen, eine Gewohnheit, an der er für den Rest seines Lebens festhielt. Seine Tochter Charlotte sagte später: „Er mochte Kinder nicht … und der Lärm führte dazu, dass er sich abschirmte und keine Gesellschaft wollte – besser gesagt, dass jede Gesellschaft ihm ausgesprochen lästig war." Seit Marias Tod durfte nichts mehr im Haus verändert werden – niemals wurden die Möbel verschoben, nie kam ein neues Möbelstück hinzu oder wurde etwas weggeworfen –, und nur sehr wenige Menschen kamen zu Besuch. Die rigide Haltung im Hinblick auf weitere Veränderungen – vergleichbar dem Versuch Queen Victoria's, nach den überwältigenden Verlusten, die sie erlitten hatte, ihre Welt vollständig zu kontrollieren – ist eine verbreitete Reaktion in Familien, deren Leben durch ein Trauma erschüttert wurde.

Die unverheiratete Schwester der Mutter, Elizabeth, zog bei den Brontës ein und blieb ihr ganzes Leben lang bei ihnen. Vier Jahre später kam noch eine Haushälterin, Tabby, hinzu. Auch sie blieb ihr Leben lang bei der Familie und starb wenige Wochen nach dem Tod des letzten überlebenden Kindes, Charlotte. Während ihrer gesamten Kindheit waren die sechs Kinder sehr viel sich selbst überlassen, und während die äußeren Umstände ihres Lebens eingeschränkt blieben, entwickelten sie ein ganz außergewöhnliches inneres Fantasieleben.

Als die älteste Tochter zwölf Jahre alt war, wurden sie und ihre Schwestern auf ein nicht weit von ihrem Wohnort entferntes Internat für Kinder von Geistlichen geschickt; aber leider folgte diesem Versuch, den Horizont der Familie zu erweitern, eine weitere Tragödie. Die beiden ältesten Schwestern bekamen in dieser Schule Tuberkulose und starben innerhalb weniger Monate. Besonders tragisch war der Tod der ältesten Schwester, die Maria hieß (also den Namen ihrer Mutter trug), denn die Verantwortlichen im Internat verhielten sich dem sterbenden Kind gegenüber außerordentlich schändlich und gemein. Die anderen Geschwister mussten die Qualen ihrer Lieblingsschwester, die so lange Zeit ein Ersatz für ihre Mutter gewesen war, mit ansehen. Das Morbide all dieser Erfahrungen muss noch dadurch gesteigert worden sein, dass der Friedhof, auf dem Mutter und Schwestern begraben waren, auf zwei Seiten an das Wohnhaus der Familie angrenzte, es also kein Entkommen gab vor dem unheimlichen Gefühl des Todes unter diesen Grabsteinen. Wahrscheinlich sind die Geschichten über Kinder, die in der Schule misshandelt werden und gerade von den Erwachsenen, die die Elternrolle bei ihnen übernehmen sollen, aufs Traurigste missverstanden werden, in den Werken von Charlotte und Emily Brontë Versuche, ihre schmerzlichen Erinnerungen an diese Kindheitserfahrungen zu verarbeiten.

Diese frühen Verluste müssen die „Geschichte" der Brontës bzw. die Überzeugung, dass das Leben außerhalb der Familie gefährlich ist, noch untermauert und verstärkt haben. Die Kinder wurden von der Schule genommen, und von diesem Zeitpunkt an war jedes der verbliebenen vier Kinder, sobald es einen Versuch machte, die Familie zu verlassen, sogleich gezwungen, zurückzukehren, sei es, weil es fern von zu Hause krank wurde, sei es, weil jemand zu Hause krank oder sonst irgendwie hilfsbedürftig wurde. Der einzige Sohn, Branwell, in den die größten Hoffnungen gesetzt wurden, war am *Royal College of Art* in London angenommen worden und verließ die Familie, um dort sein Studium anzutreten, aber er schrieb sich niemals wirklich dort ein und kam bald danach alkohol- und drogenabhängig wieder nach Hause. Danach verließ er das Haus seiner Familie in periodischen Abständen, um verschiedene Jobs anzunehmen, die er jedoch niemals für längere Zeit behielt. Eine wirklich dramatische Verschlechterung in Branwells Zustand trat genau zu dem Zeitpunkt ein, als seine Schwestern erste schriftstellerische Erfolge hatten, und umgekehrt proportional dazu – Erfolge, von denen seine Schwestern weder ihrem Vater noch ihrem Bruder etwas erzählt hatten; sie schrieben unter männlichen Pseudonymen. Schließlich erzählten sie es ihrem Vater, von dem sie jedoch kaum eine Reaktion bekamen; Branwell jedoch erzählten sie niemals davon. Charlotte sagte:

> „Mein unglücklicher Bruder ... bemerkte nicht ... dass wir etwas veröffentlicht hatten. Wir konnten ihm nicht von unseren Bemühungen erzählen, weil wir fürchteten, es würde ihm zu heftige Gewissensqualen bereiten, dass er selbst seine Zeit vergeudet und seine Begabungen nicht richtig angewendet hatte. Jetzt wird er es nie mehr erfahren. Ich kann mich im Augenblick nicht länger bei dem Thema aufhalten – es ist zu schmerzlich."

Als Branwell drei Jahre nach dem ersten Erfolg seiner Schwestern starb, waren sie unter ihrem eigenen Namen berühmt. Von den drei überlebenden Schwestern war Charlotte diejenige, die bei dem Versuch, die Familie zu verlassen, am weitesten kam; ihr gelang es, zwei Jahre lang von zu Hause wegzubleiben und eine Schule zu besuchen, auch war sie die Einzige, die in der Lage war, Freundschaften außerhalb der Familie zu entwickeln. Doch auch sie kehrte immer wieder nach Hause zurück.

Wie es auch bei manchen anderen Familien der Fall ist, hatten die Brontës nicht nur etwas Exzentrisches, sondern sie waren auch insofern eine ganz außergewöhnliche Familie, als sie Hervorragendes leisteten. Patrick Brontë verbrachte seine Zeit nur selten mit seiner Familie, und doch ertrug er es nicht, dass eines seiner Kinder ihn verließ. Diese schufen sich in Ermangelung äußerer Reize eine erstaunliche Fantasiewelt, die aus ihren gemeinsamen Geschichten bestand; diese Geschichten wurden von ihnen gemeinsam erfunden, in einer kaum zu entziffernden Minuskelschrift niedergeschrieben und in etwa 800 winzigen Manuskriptheften zusammengebunden, von denen 400 noch erhalten sind. Es ist, als ob sie in der intimen Welt ihrer Fantasien und Vorstellungen wie verschmolzen gewesen wären; ihr Geist streifte durch diese Fantasiewelt und erschuf historische Erzählungen mit erfundenen Charakteren sowie auch historische Persönlichkeiten, von denen sie einmal gehört hatten. Charlotte schrieb später einmal, sie hätten in der Kindheit „ein gemeinsames Netz gewoben". Als sie erwachsen war, fürchtete sie, ihre Kindheitsträume „verwelkten unterm Rasen".

Als Kind sah Charlotte in gewisser Weise aus wie eine kleine alte Frau; sie selbst beschrieb sich jedoch noch als 30-jährige Frau als „unterentwickelt"; andererseits trug sie tatsächlich ihr ganzes Leben lang Kinderhemden. Ihre Fantasiewelt blieb ihre „heimliche Freude", und in der Zeit, als sie gezwungen war, als Lehrerin zu arbeiten, fiel es ihr schwer, bei ihrer Aufgabe zu bleiben, denn sie sehnte sich stets nach ihrem Fantasieleben, von dem sie extrem abhängig geworden war und das ihr die Möglichkeit bot, aus ihrer irdischen Existenz zu entfliehen:

> „Ich vermeide es sorgfältig, nach außen hin mit inneren Dingen beschäftigt oder exzentrisch zu erscheinen, wodurch diejenigen, unter denen ich lebe, die Natur meiner wirklichen Interessen erraten könnten."

Sobald sie von zu Hause weg war, wurde Charlotte von einer „unbestimmten Furcht" gequält, die ihren Angehörigen zu Hause galt – ein Erbe „ihrer düsteren Kindheit", wie ihre Biografin Rebecca Frazer sich ausdrückt; sie machte sich unaufhörlich Sorgen um ihren Vater, der ohnehin ständig übertriebene Ängste um seine Gesundheit hatte. Wenn sie von zu Hause fort war, litt sie an einer ganzen Reihe von Symptomen, angefangen von hysterischer Blindheit bis hin zu schweren chronischen Kopfschmerzen, Angst und Depression – und das, obgleich sie von allen ihren Geschwistern noch am ehesten fähig war, sich von der Familie zu trennen. Sie schrieb: „Zu Hause … spreche ich mit Leichtigkeit und bin niemals schüchtern – und niemals bin ich niedergedrückt von dieser elenden *mauvaise honte*, die mich an anderen Orten quält und einschnürt." Eine Freundin warnte sie davor, ständig zu Hause zu bleiben, es würde sie „ruinieren", aber sie gab auf, als sie Charlottes Reaktion sah, obwohl sie nie „ohne finsteren Groll an die Opfer denken konnte, die Charlotte dem selbstsüchtigen alten Mann brachte". Charlotte selbst schrieb über ihr Leben:

> „Ich habe das Gefühl, als ob ich hier ganz und gar begraben wäre; ich sehnte mich danach zu reisen – zu arbeiten, ein tätiges Leben zu führen, betrachtete all dies jedoch als fruchtlose Wünsche."

Und an eine andere Freundin schrieb sie:

> „Immer wenn ich mein Gewissen befrage, bestätigt es mir, dass es das Richtige ist, wenn ich zu Hause bleibe – und heftig ist der Aufruhr meines Gewissens, wenn ich einem ungeduldigen Wunsch nach Befreiung nachgebe."

Ihre Geschwister waren noch weniger fähig, die Familie zu verlassen. Emily gab nach wenigen erfolglosen Ausbrüchen vollständig auf. Sie wurde zur Zeit von Branwells Beerdigung krank und verließ das Haus danach nie mehr. Drei Monate später starb sie. Auch Anne wurde in dieser Zeit krank und starb fünf Monate nach Emily, sodass nur noch Charlotte als einzige von den sechs Geschwistern am Leben war. Charlotte hatte das Gefühl, die Schatten der letzten Tage ihres Bruders und ihrer Schwestern müssten auf ihr nun „für alle Zeiten lasten". Ihre Beschreibung ihrer eigenen Reaktionen in jener Zeit bringt hervorragend zum Ausdruck, wie ein ererbtes Trauma eine Familie auslöschen kann, indem es sie in ihrem Mythos und dem Zwang zur Geheimhaltung einschließt und sie dazu treibt, jede Erfahrung zu vermeiden, die sie an etwas zu erinnern droht, dem sie sich nicht stellen kann: „Ich darf nicht nach vorne blicken, und ich darf nicht zurückschauen. Sehr häufig fühle ich mich wie jemand, der auf einem schmalen Balken einen Abgrund überquert – ein Blick darüber hinaus könnte vollends die Kraft rauben." Sie begrub sich in ihrer Arbeit und klammerte sich an ihre Fähigkeit zur Imagination, um sich vor dem Versinken zu retten.

Einige Jahre später überredete sie ein hartnäckiger Verehrer, der Hilfsgeistliche Arthur Nichols, der ihrem Vater zur Seite stand, ihn zu heiraten. Der Vater bekam bei diesem Ansinnen einen Zornesausbruch und warf Nichols hinaus; ein Jahr später jedoch gab Patrick Brontë, der mit Nichols' Nachfolger nicht zurechtkam, nach und willigte in die Ehe ein, allerdings unter der Bedingung, dass die beiden ihn nie verlassen würden. Sie versprachen es. Charlotte liebte Nichols zunächst nicht wirklich, wie wir aus ihren Briefen an ihre beiden engen Freundinnen wissen, aber als sie ihren Mann kurz nach der Heirat zu seiner Familie nach Irland begleitete, begann sie ihn in einem anderen Licht zu sehen. Sie merkte, wie witzig er sein konnte, und fand ihn in der Umgebung seiner Familie um einiges interessanter als zuvor. Sie verliebte sich in ihn. Sie wurde schwanger. Sie kehrte jedoch aus Sorge um die Gesundheit ihres Vaters – der sich dann rasch erholte – von der Hochzeitsreise zurück. Ihre eigene Gesundheit verschlechterte sich indessen zusehends, und sie starb, nachdem sie das Baby verloren hatte, kurze Zeit später.

Die Todesursache ist ungeklärt. Viele Kommentatoren haben sich über eine mögliche psychische Komponente Gedanken gemacht. Ihre geliebte Wärterin und Haushälterin, Tabby, war kurz zuvor gestorben. Charlotte war 38 Jahre alt, als sie starb, genauso alt, wie ihre Mutter bei ihrem Tod gewesen war. Dieses Muster eines frühen Todes, das in der Familie Brontë so sehr dominiert, hat etwas Unheimliches. Nur Patrick lebte sehr lang, er starb im gesegneten Alter von 86 Jahren. Damit war eine im geistigen Bereich überaus schöpferische Familie ans Ende gekommen. Fast könnte man glauben, die Brontës seien durch die Geschichten, die sie sich als Kompensation für die vielen Verluste in ihrer Familie geschaffen hatten, psychisch „verdammt" gewesen.

Die Familie Adams

Die Geschichte der Familie Adams (Genogramm 3.2) war eine Geschichte spektakulärer Höhen und Tiefen – Staunen hervorrufender Erfolge und abgrundtiefer Niederlagen. Charles Francis Adams, das erfolgreichste Mitglied der dritten Generation, bemerkte, wie es der Biograf der Familie, Paul Nagel (1983), festgehalten hat:

> „Die Geschichte meiner Familie ist keine angenehme, an die man sich gerne erinnert. Es ist eine Geschichte großer Triumphe in der Welt, begleitet von tiefem inneren Seufzen, eine Geschichte außergewöhnlichen Glanzes und tiefer, zersetzender Demütigung."

Die Leistungen, die viele Mitglieder der Familie Adams für das öffentliche Leben erbrachten, sind erstaunlich; nicht weniger erstaunlich sind die katastrophalen Niederlagen anderer. Nagel (ebd.) hat hervorgehoben: „Keiner aus der Familie Adams, ob er nun zu den Erfolgreichen gehörte oder zu den Versagern, hat sich im Leben bequem angepasst."

Im Verlauf von vier Generationen brachte diese Familie zwei amerikanische Präsidenten hervor, einen berühmten Diplomaten, glänzende Essayisten, Historiker und reiche Geschäftsleute. Es gab in dieser Familie aber auch Analphabeten, Alkoholiker und Tunichtgute, kaputte Ehen und Selbstmorde. Es sieht so aus, als ob man in dieser Familie entweder sehr erfolgreich war oder aber ein kompletter Versager. Tatsächlich waren sogar die erfolgreichsten Familienmitglieder häufig deprimiert, voller Selbstzweifel und selten mit sich zufrieden.

Die Familie Adams hatte das Gefühl, anders zu sein als die breite Masse. Das ist nicht weiter überraschend, wenn man bedenkt, dass keine andere Familie zwei amerikanische Präsidenten hervorgebracht hat. Sie waren überzeugt, dass sie sich durch eine einzigartige Unabhängigkeit des Geistes sowie tiefe Hingabe im Dienst an der Allgemeinheit auszeichneten und frei waren von Habgier und politischen Ambitionen. Diesem Gefühl der Besonderheit und der Erwartung von Größe gesellte sich Selbstkritik hinzu. Die Mitglieder der Familie Adams waren streng in ihren Forderungen an andere, aber sie waren noch strenger gegen sich selbst und setzten sich sehr hohe Maßstäbe, denen niemand genügen konnte.

John Adams, der zweite Präsident, kritisierte sich selbst am allermeisten, war aber extrem empfindlich gegen Kritik durch andere, er war voller Selbstzweifel und stellte seine eigenen Motive ständig infrage. Er war dementsprechend auch schnell bei der Hand, seine Kinder zu kritisieren, in der Absicht, auf diese Weise zu verhindern, dass sie ihrer angeborenen „schwachen Natur" unterliegen würden. Seine Frau Abigail sagte einmal zu ihrem Mann: „Weißt du, manchmal denke ich, du bist zu streng. Die menschliche Natur verlangt nach mehr Zugeständnissen, als du zu machen bereit bist." Johns Briefe an Abigail sind von den Selbstzweifeln gezeichnet, die für die Familie Adams so typisch waren. Obwohl er extrem fleißig war, in seiner Tätigkeit als Anwalt wie auch in seinen Leistungen für sein Land, geißelte er sich wiederholt als einen faulen Nichtsnutz. Die Intoleranz der Familie gegen menschliche Schwächen entsprach ihrer pessimistischen Auffassung von der menschlichen Natur, die ihrerseits dazu führte, dass sie von den Menschen nichts Gutes erwartete.

Die Weltsicht von John Adams, der wie sein Vater ein untergeordnetes geistliches Amt ausübte, gründete auf der Hingabe an die Familie, auf Selbstvertrauen und Dienst am Nächsten. Der Vater seiner Frau, Abigail Smith, war gleichfalls Geistlicher: Er war von unabhängiger Denkungsart und erlag nicht der religiösen Hysterie seiner Zeit. Beide Familien waren tief verwurzelt in einem Puritanismus, in dem der Glaube an die Erbsünde und das Bewusstsein von der menschlichen Fehlbarkeit eine entscheidende Rolle spielte. Wie viele Familien, die in Zeiten großer Umwälzungen leben, entwickelten die Mitglieder der Familie Adams ein starkes Gefühl für die Identität ihrer Familie, ein Gefühl, das Eltern und Kinder im Kampf für die gemeinsame Sache und gegen die Widrigkeiten der Welt zusammenschmiedete. Als die Familie Adams allmählich immer mehr an Bedeutung gewann, entwickelte sie eine Art Sendungsbewusstsein und fühlte sich als moralisches Gewissen der Nation.

Als John Adams anfing, sich stärker mit Politik zu beschäftigen, verbrachte er immer mehr Zeit fern von seiner Familie und seinem Haus in New England und überließ es Abigail, die Farm zu bearbeiten und die Kinder aufzuziehen. Sie hatte die Hoffnung gehabt, dass die amerikanische Revolution den Frauen größere Gleichheit und eine Anerkennung ihrer Rechte bringen würde. Sie sollte bitter enttäuscht werden, denn nicht einmal ihr Mann nahm ihre Sache ernst. Um ihren Enttäuschungen und Entbehrungen wenigstens im Nachhinein einen Sinn zu geben, versuchte sie sich vollkommen mit den Zielen und Idealen ihres Ehemannes zu identifizieren. Abigail litt an der Seite ih-

Die Familie Adams
Genogramm 3.2

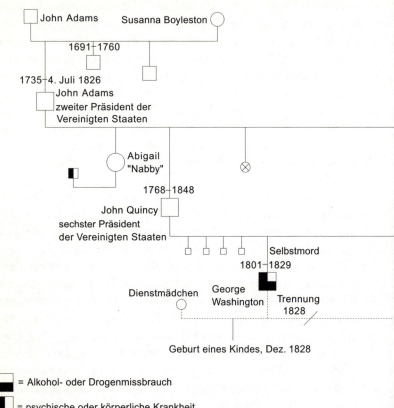

John Adams Susanna Boyleston

1691–1760

1735–4. Juli 1826
John Adams
zweiter Präsident der
Vereinigten Staaten

Abigail
"Nabby"

1768–1848

John Quincy
sechster Präsident
der Vereinigten Staaten

Selbstmord
1801–1829

Dienstmädchen George
Washington Trennung
1828

Geburt eines Kindes, Dez. 1828

= Alkohol- oder Drogenmissbrauch

= psychische oder körperliche Krankheit

= körperliche oder psychische Probleme
   und/oder Alkohol- oder Drogenmissbrauch

res Mannes mit, dessen Anstrengungen und Opfer für sein Land von
der Öffentlichkeit nie genügend gewürdigt wurden; in ihren Augen
war er der Einzige, der sich nicht zum Parteigänger bestimmter poli-
tischer Gruppen erniedrigte und der wusste, was für die Regierten das
Beste war. Sie selbst konzentrierte sich auf die Kinder. Seine Aufgabe
war es, die Nation aufzubauen, ihre war es, eine neue Generation her-

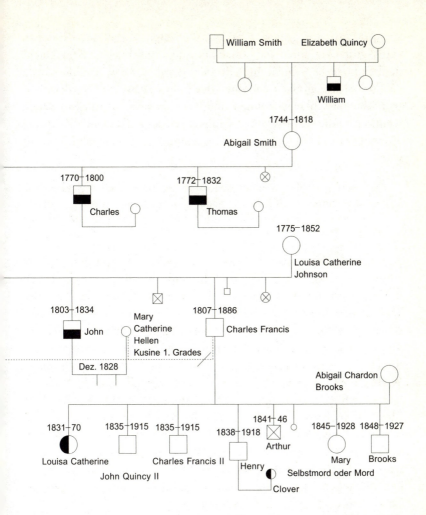

vorzubringen, die diese Nation führen würde. Auch John war daran interessiert, dass die Kinder richtig aufgezogen wurden, er musste sich jedoch häufig damit begnügen, briefliche Ratschläge und Ermahnungen zu erteilen.

Abigail stellte wie ihr Mann hohe Anforderungen an ihre Kinder. Vielleicht weil die Liederlichkeit ihres Bruders ihre Ursprungsfamilie zerstört hatte, war Abigail von dem Wunsch besessen, ihre Kinder zu einem guten Verhalten und hohen Leistungen zu erziehen. Beim Nachdenken über die Sünden ihres Bruders wurde ihr bewusst, dass trotz größter Anstrengungen vonseiten der Eltern Laster und Verderbtheit früh Wurzel schlagen können und, wie sie sich ausdrückte, „auch wenn sie häufig gestutzt werden, immer wieder aufkeimen". Zu ihrem ältesten Sohn, John Quincy, sagte sie einmal, als er erst zehn Jahre alt war:

> „Es wäre mir lieber, wenn du dein Grab im Ozean fändest ... oder wenn sonst ein unzeitiger Tod dich in deinen frühen Jahren hinwegraffen würde, als zu erleben, dass aus dir ein liederlicher Mensch würde oder ein Kind, das der Gnade nicht teilhaftig wird."

So sehr sie sich jedoch bemühten, ihre Kinder auf den richtigen Weg zu bringen, das ganze Leben von John und Abigail Adams war durch Probleme mit ihren Kindern gezeichnet. Sie begriffen nie, dass ihre Ängste, ihre hohen Maßstäbe, ihre harsche Kritik, ihre pessimistischen Erwartungen und das erstickende Zusammenkleben der Familie vielleicht auch zu den Schwierigkeiten ihrer Kinder beigetragen hatten. Man könnte fast sagen, dass ihre schlimmsten Befürchtungen Wirklichkeit wurden. Ihre älteste Tochter, Abigail („Nabby"), heiratete schließlich – als Reaktion auf die ständigen Einmischungen ihrer Eltern – einen verantwortungslosen Mann, der sie nicht liebte und schließlich wegen Betrugs und weil er seine Schulden nicht bezahlen konnte, ins Gefängnis musste. Zwei der Söhne, Charles und Thomas, waren Alkoholiker und wurden von ihren Eltern und von den Familien, die sie selbst gegründet und dann verlassen hatten, verstoßen; ihr Leben war eine einzige Katastrophe.

Die einzige Ausnahme schien der älteste Sohn, John Quincy, zu sein. Er begleitete seinen Vater im Alter von 14 Jahren auf einer diplomatischen Mission nach Europa. Als er zurückkam, ging er nach Harvard und machte später eine Anwaltspraxis auf. Im Alter von 27 Jahren bekam er selbst eine Stellung als Diplomat in Holland und begann eine Karriere im Staatsdienst. Schließlich wurde er der sechste Präsident der Vereinigten Staaten. John Quincy war genau wie sein Vater aus ganzer Seele Staatsmann, und er teilte die Lebensauffassung seines Vaters nicht nur, er trieb sie sogar, was Härte und Strenge betraf, noch auf die Spitze. Die an ihn gestellten Erwartungen waren riesengroß gewesen. Sein Vater hatte zu ihm gesagt (Nagel 1983):

„Du trittst mit Privilegien ins Leben, die, wenn du nur mittelmäßigen Erfolg hast, dich herabsetzen. Und wenn du nicht bis an die Spitze nicht nur deines Berufes, sondern der gesamten Nation aufsteigst, dann nur wegen deiner Faulheit, Schlampigkeit und Trotzigkeit."

Anders als seine Brüder war John Quincy fähig, diese Erwartungen wenigstens teilweise zu erfüllen, allerdings musste er dafür persönlich einen hohen Preis zahlen. Trotz allem, was er erreichte, war sein Leben von Selbstzweifeln und Depression überschattet, sogar in einem noch stärkeren Maße als das Leben seines Vaters. Er hatte nie das Gefühl, dass er die hohen Maßstäbe, die ihm seine Eltern vorgegeben hatten, erfüllte. Wie sein Vater musste er nach einer einzigen Periode als Präsident eine Niederlage einstecken, er betrachtete die Welt der Politik als grob und ungerecht, bedauerte das gänzliche Fehlen von Idealen in der Politik und war der Auffassung, dass alles, was die Familie Adams für die Nation getan hatte, niemals angemessen gewürdigt worden war. Erst viele Jahre später, nachdem er als Kongressabgeordneter nach Washington zurückgekehrt und zum wichtigsten Sprecher für die Bewegung der Sklavenbefreiung geworden war, entwickelte er ein Stück weit das Gefühl, etwas erreicht zu haben.

John Quincys Ehe war schwierig. Seine Frau, Louisa Catherine Johnson, eine ungewöhnlich begabte Frau, hatte ein heiteres Temperament und sehnte sich nach Liebe und Zärtlichkeit. Sie fragte sich in späteren Jahren, ob sie, wenn sie etwas reifer gewesen wäre, vielleicht erkannt hätte, dass „die unnötige Härte und Strenge seines Charakters" ihre Ehe zu einer ständigen Heimsuchung machen würden. Es überrascht nicht, dass sie Probleme hatte mit der Lebensauffassung der Adams', die sich selbst so überaus ernst nahmen und in deren Augen die Welt ein so sündiger Ort war. Der Umstand, dass ihr Vater zur Zeit ihrer Eheschließung Bankrott machte, demütigte sie und ließ sie schmerzlich empfinden, wie abhängig sie von ihrem strengen, kritischen und distanzierten Ehemann war, der sie ignorierte, während er um seine Karriere besorgt war oder sich in Anfällen von Depression in sich zurückzog. Sie war oft allein und wurde selbst depressiv. Ihr Mann konnte oder wollte auf ihre emotionalen Bedürfnisse nicht eingehen. Sie erlitt fünf Fehlgeburten, bevor sie ein Kind bekam, das überlebte. Viele weitere Verluste folgten. Alles in allem gebar sie zehn Kinder, und nur drei von ihnen erreichten das Erwachsenenalter.

John Quincy übernahm das Vermächtnis der Familie – den Dienst am Staat, die Überzeugung von der Größe seiner Familie und die tiefen Ängste hinsichtlich der Erziehung der Kinder – und gab es an die nächste Generation weiter. Er brachte seinen Kindern bei, dass von einem Spross der Adams-Familie sehr viel erwartet werden würde im beständigen Kampf gegen eine Welt, die ihre Verdienste nicht würdigte. An seinen Sohn Charles Francis schrieb er einmal (Shepherd 1975):

> „Dein Vater und dein Großvater haben sich ihren Weg erkämpft gegen Heerscharen von Gegnern, die ihnen offen und verborgen begegnet sind, verkleidet und maskiert ... und gegen mehr als einen oder zwei heimtückische Freunde. Die Welt ist voll und wird auch in Zukunft voll sein von solchen Charakteren. Lebe mit ihnen in Frieden; mache ihnen niemals einen Vorwurf, trau ihnen niemals. Aber: ‚Überlasse ihnen nicht das Schiff!‘ Wappne dich gegen Enttäuschungen."

Er lehrte ihn auch, dass die Familie zusammenbleiben und ihren besonderen Platz in der Geschichte erkennen müsse. Doch auch hier wieder übten lange Trennungen einen starken Einfluss auf die nachfolgende Generation aus. Im Zusammenhang mit seinen diplomatischen Aufgaben verbrachten John Quincy und Louisa viele Jahre im Ausland und ließen ihre älteren Kinder in Amerika zurück, damit sie dort zur Schule gehen konnten. Ihr ältester Sohn, George Washington Adams, sagte später, er habe das Gefühl, die Abwesenheit seiner Eltern in diesen prägenden Jahren sei die Ursache dafür, dass er für das Leben nicht vorbereitet gewesen sei.

George war der älteste Enkelsohn von John Adams, der wiederum der älteste Sohn eines anderen John Adams war. Als ob das nicht schon genügt hätte, folgte Georges Geburt auf vier Fehlgeburten, ein Umstand, der all die Erwartungen, die man dem ersten überlebenden Sohn ohnehin entgegenbrachte, noch gesteigert haben muss. Von diesem unglücklichen jungen Mann, der geboren worden war, unmittelbar nachdem sein Großvater eine Wahl für die zweite Amtsperiode als Präsident verloren hatte, wurde viel erwartet. Er wurde nicht John Adams genannt, sondern er wurde nach unserem ersten Präsidenten George Washington genannt, den sein Großvater mit großer Eifersucht betrachtet hatte, da er der Auffassung gewesen war, Washington verdanke ihm seine Karriere (Adams 1976). Ganz offenkundig verbarg sich hinter dieser Namengebung eine eindrucksvolle und verwickelte Familiengeschichte.

Bedauerlicherweise war George Washington Adams schlecht dafür gerüstet, die Erwartungen der Adams-Familie zu erfüllen. Er sagte einmal, er könne sich an keinen einzigen Tag erinnern, an dem er nicht darauf sann, wie er Präsident werden könnte. Er verbrachte nur wenige Jahre seiner frühen Kindheit zusammen mit seinen Eltern, die ihn in Amerika zurückließen, als sein Vater Gesandter in Russland wurde. Die Briefe seiner Eltern aus dem Ausland ermahnten ihn beständig, dem Erbe seiner Familie gemäß zu leben. Er konnte es nicht. Kurz bevor er mit 16 Jahren aufs College kam, hatte er einen Traum, in dem er Interesse an einer jungen Frau zeigte; dann erschien sein Vater, und „seine Augen waren starr auf ihn gerichtet" (Nagel 1983). Unter dem starren Blick seines Vaters verlor George jedes Interesse. Er sagte, er habe immer versucht, diesem Blick zu entkommen.

Einige Jahre zuvor, 1816, hatte sein Großvater ihm geschrieben: „Ich fürchte, dass ich zu viele Hoffnungen in dich gesetzt habe" (Musto 1981). George war von Kindheit an ein ungebärdiges und schwieriges Kind gewesen. Nichts, was er ausprobierte, gelang ihm wirklich. Er machte die langen Abwesenheiten seiner Eltern während seiner Kindheit für seine Schwierigkeiten und seinen Mangel an Selbstdisziplin verantwortlich; freilich erschien er wie befreit vom Druck ihrer Gegenwart, als sein Vater, nachdem er sechster Präsident der Vereinigten Staaten geworden war, nach Washington zog. In Boston zurückgelassen, wo er sich um die Geschäfte der Familie kümmern sollte, stiftete er dort wie auch in seinem persönlichen Leben in den folgenden vier Jahren nichts als Unordnung und Verwirrung. Schließlich wurde sein Vater im Jahre 1828 nicht wieder gewählt. Georges Verlobung mit einer Kusine ersten Grades, einer koketten jungen Frau, wurde im Februar aufgelöst, sie heiratete seinen jüngeren Bruder John. Für George muss das sehr schmerzlich gewesen sein. (Im Übrigen hatte sie auch mit Georges anderem Bruder, Charles Francis, eine Romanze.) George schwängerte daraufhin ein Dienstmädchen, deren Kind im Dezember geboren wurde. Im Frühjahr 1829 war sein Leben ein einziger Trümmerhaufen. Seine Eltern verlangten von ihm, dass er nach Washington kam, sie wollten dann gemeinsam mit ihm nach Boston zurückkehren. Auf dem Schiff, während der Reise zu seinen Eltern, kam eine schwere seelische Störung zum Ausbruch; er sprang mitten in der Nacht über Bord und ertrank. Vermutlich war ihm die Vorstellung, wieder im Schatten seines Vaters leben zu müssen, unerträglich.

John Quincys zweiter Sohn, John, war gleichfalls ein Versager, er wurde Alkoholiker und starb im Alter von 31 Jahren an einer geheimnisvollen Krankheit. Wie in der vorangegangenen Generation überlebte nur ein Sohn, nämlich der dritte, Charles Francis, der die Weltsicht der Adams-Familie weiter trug. Als jüngster Sohn, der vermutlich unter den familiären Zwängen weniger gelitten hatte, unterschied er sich sehr von seinem Vater. Auch war Charles Francis das einzige von den Kindern, das seine Eltern auf ihren Reisen begleitet hatte. Vielleicht war es Louisa bei ihm besser gelungen, die negativen Aspekte des Familienerbes zu mildern. Später ermahnte sie Charles Francis: „Geh deinen Weg, und lass dich nicht einschüchtern oder durch Blicke tyrannisieren wie dein Bruder, sondern verfolge deinen Weg stetig und ehrenhaft." Charles Francis war lockerer, weniger selbstkritisch als sein Bruder und besser in der Lage, Differenzen mit seinem Vater offen durchzustehen, ohne sich von ihm dominieren zu lassen. Das Gefühl für das Erbe der Familie und den besonderen Platz, den sie in der Geschichte einnahm, war in ihm noch lebendig. Er war es, der damit begann, die Schriften seiner Vorfahren herauszugeben, die der Welt die Einzigartigkeit seiner Eltern und Großeltern demonstrieren sollten. Er folgte zunächst nicht der Familientradition, ein öffentliches Amt einzunehmen, sondern beschränkte sich darauf, die finanziellen Angelegenheiten der Familie zu verwalten und eben ein „Familienmensch" zu sein. Sogar die pessimistische Weltsicht der Adams-Familie hinsichtlich ihrer Landsleute machte er sich zu Eigen; er begründete damit seine Entscheidung, dass er nichts mit dem schmutzigen Geschäft der Politik zu tun haben wolle. Am Ende wurde er doch Kongressabgeordneter, im Alter von 56 Jahren, und noch später wurde er Botschafter in Großbritannien (wie sein Vater und Großvater), wo sein beachtliches diplomatisches Geschick zur Wirkung kam, sodass es ihm gelang, England aus dem amerikanischen Bürgerkrieg herauszuhalten. Dieser Erfolg machte aus ihm den berühmtesten amerikanischen Diplomaten seiner Zeit. Tatsächlich fand Charles Francis schließlich große Befriedigung darin, die Familientradition zu erfüllen und ein öffentliches Amt auszuüben. Aber – und vielleicht war das für ihn ein Glück – als er im Jahre 1872 als Kandidat für die Präsidentschaftswahlen vorgeschlagen wurde, verlor er.

Er heiratete Abigail Chardon Brooks, die Lieblingstochter eines reichen Bostoner Geschäftsmannes. Abby war keine starke Persönlichkeit wie Abigail Smith und Louisa. Sie brauchte die ständige Unterstützung und Bestätigung durch ihren Mann und übertrug es ihm, in allen Belangen, außer im gesellschaftlichen Bereich, für sie mitzudenken und zu entscheiden. Sie liebte es, Gäste zu haben, und widersetzte sich mit Erfolg der Tendenz der Familie Adams zur gesellschaftlichen Isolation.

Am meisten entfernte sich Charles Francis auf dem Gebiet der Kindererziehung von der Tradition früherer Generationen. Er war, vielleicht weil er das Schicksal seiner Brüder und Onkel vor Augen hatte, entschlossen, ein angenehmerer, weniger fordernder und zugänglicherer Vater zu sein. Seine Pflicht als Vater erschien ihm als seine wichtigste Aufgabe. Obgleich es auch ihm wichtig war, dass seine Kinder sich gut entwickelten, war er entschlossen, sie anders zu erziehen, als es bei seinen Vorfahren üblich gewesen war. Über den Auftrag, den er als Vater zu haben glaubte, sagte er einmal (Musto 1981):

> „Ich wage kaum, meine Kinder in der Hoffnung anzusehen, dass ich all das für sie tun kann, was ich tun müsste, um sie vor den Gefahren zu retten, denen ich selbst kaum entronnen bin, ohne Schiffbruch zu erleiden."

Er glaubte, dass es das Wichtigste sei, Kindern mitfühlende Unterstützung zu geben, sie zu ermutigen und gleichwohl in ihrer Unabhängigkeit zu bestätigen; er erkannte aber auch die Begrenztheit des elterlichen Einflusses. Vor allem aber verbrachte er viel Zeit mit seinen Kindern, als sie klein waren.

Ein Stück weit gelang es Charles Francis, das Erbe der Adams-Familie zu verändern. Unter den Söhnen der vierten Generation gab es keine spektakulären Fehlschläge, keine allzu frühen Todesfälle, keinen Alkoholismus. Die Einzigen, die früh starben, waren die Frauen. Das älteste Kind, die Tochter Louisa Catherine, die man für die begabteste von allen hielt, war von früher Jugend an schwierig und empfindlich und der festen Überzeugung, sie hätte Präsident der Vereinigten Staaten werden können, wenn sie ein Mann gewesen wäre. Tatsächlich war die Familie enttäuscht gewesen, dass dieses erste Kind ein Mädchen war (Nagel 1987). Louisa Catherine rebellierte gegen die Familie und versuchte, dem Erbe der Adams' zu entkommen; sie heiratete und ging nach Europa, wo sie eine nur auf Genuss ausgerichtete Existenz mit gleichwohl suizidalen Tendenzen führte. Sie starb bei einem Unfall im Alter von 39 Jahren. Die zweite tragische Frau in dieser Generation war die Frau von Henry Adams, Clover, eine hoch talentierte Fotografin, die im Alter von 46 Jahren Selbstmord beging; sie litt offensichtlich stark unter den Beschränkungen, die ihre Rolle als Frau ihr auferlegte.

John Quincy II., der älteste Sohn, empfand die Last des Familienerbes am schärfsten. Er sagte: „John Adams war ein schrecklicher, belastender Name für mich" (Nagel 1983). Er fühlte sich erdrückt von den Erwartungen, die auf ihn gerichtet waren. „Was kann man machen, wenn man derartig mit seinen Vorfahren geschlagen ist?" Seine Beziehung zu seinem Vater Charles Francis war nie einfach, sie war gekennzeichnet von den Selbstzweifeln des Sohnes und den Ermutigungen des Vaters, die mit Ungeduld gemischt waren. Es wäre vielleicht leichter für ihn gewesen, wenn die anderen ihn in Ruhe gelassen hätten; aber weil er nun einmal der älteste Sohn war, überhäufte ihn seine Familie zunächst mit Ratschlägen und dann mit Kritik. Er verbrannte sein Tagebuch und seine Briefe, weil er fand, „je weniger man mit sich herum schleppt, umso besser". Er wollte in Ruhe gelassen werden (ein Traum, den alle Generationen der Adams-Familie träumten), aber das war nicht möglich. Auf die ständigen Versuche seines Vaters, ihn anzustacheln, reagierte er mit den Worten: „Ich glaube, dass du, wie die meisten Eltern, deine Kinder überschätzt. Ich bin auf dem ganzen Erdboden für niemanden von Bedeutung außer für meine Familie." John Quincy II. durchkreuzte den Plan seines Vaters, ihn zum Oberhaupt der Familie zu machen. Er selbst betrachtete sich als Laufbursche seines Vaters: „Ich wäre dankbar (aber ich weiß, es hat keinen Sinn), wenn ich einmal in irgendeinem Punkt als Individuum betrachtet würde und nicht als ein Sohn oder Enkel." Er zog sich schließlich von allen Verantwortlichkeiten zurück und übergab sogar die Verwaltung der Familienfinanzen seinem jüngeren Bruder Charles Francis II. Er wurde einige Male zur Wahl aufgestellt, als Abgeordneter, als Gouverneur und einmal sogar als Vizepräsident – aber seine Kandidatur machte ihm nur so lange Freude, als er sicher sein konnte, dass er nicht gewinnen würde. John Quincy II. wollte verlieren. Er schreckte vor der unangenehmen Schinderei, die ein Sieg mit sich bringen würde, zurück. Seinem Vater bekannte er einmal: „Die Politik hatte, außer vielleicht gerade zur Zeit der Wahl, für einen so faulen Teufel wie mich keine große Anziehungskraft." Und auch in seinem persönlichen Leben musste John Quincys II. schwere Schicksalsschläge hinnehmen, denn zwei seiner geliebten Kinder starben an Diphtherie, ein Schmerz, von dem er sich niemals erholte. Er wurde zu einer traurigen, stillen, zurückgezogenen Gestalt, einem Menschen, der alle seine persönlichen Dokumente zerstörte, so als ob er sichergehen wollte, dass das Erbe der Familie mit ihm untergehen würde.

Die drei jüngeren Söhne der vierten Generation erbrachten, jeder auf seinem Gebiet, große Leistungen; aber auch sie hatten ihre Probleme. Während John Quincy II. beschlossen hatte, alle Spuren seines Lebens auszulöschen, hinterließ Charles Francis jr. ein riesiges schriftliches Werk über sich selbst (sorgfältig ediert natürlich). Er hatte bereits in sehr jungen Jahren den Entschluss gefasst, Erfolg auf einem Gebiet zu erringen, das jenseits der Politik, der traditionellen Domäne der Adams-Familie, lag. Er wurde ein erfolgreicher Unternehmer und Präsident der *Union Pacific Railroad*, eine Position, die er freilich am Ende an Jay Gould verlor. Über diese Niederlage sagte er (Shepherd 1975):

> „Nachdem es nichts mehr für mich zu tun gab, stand ich auf und ging ... Meine Ideen waren richtig, aber ich habe sie nicht durchgehalten. Mein Wille war zu schwach."

Hier ist sie wieder, die Kehrseite des „Erfolgs" bei den Mitgliedern der Familie Adams: ihr Mangel an Selbstsicherheit, der selbst bei denen in Erscheinung tritt, die es zu höchstem Ruhm gebracht haben, wie Charles Francis jr.. Er war wegen Störungen des Verdauungsapparates dauerhaft arbeitsunfähig und hatte, nachdem er im Jahre 1893 einen großen Teil des Familienvermögens verloren hatte, keinerlei Kontakt mehr zu seinen Brüdern und zu seiner Schwester.

Henry Adams, der berühmteste aus der vierten Generation, war ein herausragender Historiker, und Brooks, gleichfalls Historiker, war einer der ersten Geopolitiker Amerikas. Sie hatten immer noch das Gefühl, etwas Besonderes zu sein, und den Wunsch, sich für die Belange der Allgemeinheit zu engagieren; aber die vierte Generation bestand eher aus Männern des Geistes als aus Männern der Tat. Sie engagierten sich nicht unbedingt in der Politik, sie schrieben über Politik. Diese Vertreter der vierten Generation hatten ein philosophisches Interesse an der ihnen von ihren Vorfahren übermittelten Weltsicht ihrer Familie. Sie machten es sich zur Aufgabe, den schriftlichen Nachlass ihrer Vorfahren herauszugeben, und spekulierten über das Schicksal der Menschheit insgesamt. Bei ihnen trat die überkommene Neigung der Adams-Familie, die Welt mit verächtlicher Überlegenheit und Pessimismus zu betrachten, in schärferer Form auf als je zuvor. Henry und Brooks schrieben zynische historische Essays, wobei sie mit Blick auf die sozialen Probleme ihrer Zeit eine düstere Prognose abgaben. Die Tendenzen ihrer Zeit betrachteten sie mit großer Skepsis. Brooks war in allen seinen Äußerungen polemisch und misanthropisch, und ganz besonders Henry hatte das Gefühl, vom industriellen Zeitalter überholt worden zu sein.

Der Familienhistoriker David Musto (1981) hat eine scharfsichtige Analyse der in der Adams-Familie zutage tretenden Muster geschrieben:

> „In den mittleren Generationen der Adams-Familie zeigen sich hinsichtlich der Lebensdauer ungewöhnlich starke Unterschiede zwischen den Erfolgreichen und den weniger Erfolgreichen. Nicht in jedem Fall kann die kürzere Lebenszeit einzelner Familienmitglieder mit der Tatsache in Zusammenhang gebracht werden, dass es ihnen nicht gelungen war, das Vermächtnis der Familie zu erfüllen; aber es gibt durchaus Hinweise, dass das Umgekehrte richtig ist. Die Erfolgreichen, John, John Quincy und Charles Francis Adams, wurden im Durchschnitt 80 Jahre alt, während die anderen, Charles, Thomas Boylston, Nabby, George Washington und John II. im Durchschnitt 40 Jahre alt wurden. Die Tüchtigsten überlebten. Der Imperativ, etwas Besonderes zu sein und hervorragende Leistungen zu erbringen, der sich in der Adams-Familie während der ersten Jahre unseres nationalen Lebens herausgebildet hatte, war für die nachfolgenden Generationen nicht nur eine Last, sondern auch ein Ansporn."

In der vierten Generation war die von sämtlichen Familienmitgliedern geteilte einende Weltsicht der Familie Adams schließlich nicht mehr so beherrschend, dass sie die Familie hätte zusammenhalten können. Vielmehr waren die einzelnen Vertreter dieser Generation stark individualistisch ausgerichtet, glänzend begabt, aber häufig auch exzentrisch. Jeder von ihnen versuchte, dem Erbe der Adams-Familie zu entkommen. Jeder und jede von ihnen fand seinen bzw. ihren eigenen Weg. Es gab wenig, was die Geschwister zusammengehalten hätte, und nachdem der Vater gestorben war, ging jeder seiner eigenen Wege, und das Familienvermögen wurde aufgeteilt. Ironischerweise führte Charles Francis' mitfühlende Unterstützung seiner Kinder und seine Ermutigung zu Unabhängigkeit und individueller Entwicklung nicht dazu, dass die Familienbindungen fester geworden wären, wie er es sich erhofft hatte. Vielleicht war ganz einfach die Angst vor der Welt nicht mehr da, die die Familie bis dahin zusammen gehalten hatte. Der Verlust wurde von den Kindern jedenfalls nicht betrauert. Brooks, der letzte Vertreter der vierten Generation, legte das alles so dar (ebd.):

> „Es sind mittlerweile vier volle Generationen über die Welt gegangen, seit John Adams die Verfassung von Massachusetts schrieb. Es ist jetzt Zeit, dass wir untergehen. Die Welt hat genug von uns."

Die hohen Erwartungen, die die Adams-Familie an ihre Mitglieder stellte, richteten sich nicht auf die Töchter. Abigail Smith Adams (die

Frau des zweiten Präsidenten) und ihren Schwestern gestand man eine gewisse Bewegungsfreiheit zu, sodass sie sich auch selbst zur Geltung bringen konnten – vielleicht weil ihr einziger Bruder ein Versager war. In der nächsten Generation übernahm Nabby, John Quincys ältere Schwester, sehr viel Verantwortung, besonders während der Zeit, als ihr Vater und ihr Bruder in Europa waren; ansonsten erwartete man von ihr nichts anderes, als dass sie sich gut verheiratete und eine gute Ehefrau war. Ihr Ehemann stellte sich, wie der Bruder ihrer Mutter, als ein Versager heraus, und am Ende musste sie eine Zeit lang mit ihm ins Gefängnis, weil sie ihre Schulden nicht bezahlen konnten. John Quincys Frau Louisa, die wie ihre Schwiegermutter Abigail große Begabungen hatte, lebte ein Leben in stiller Verzweiflung. In der dritten Generation starben sämtliche Töchter bereits in früher Kindheit. Charles Francis' Frau, Abigail Chardon Brooks Adams, war eine heitere, spontane Natur und eine Dame der Gesellschaft. Nachdem sie jedoch in die fordernde, selbstkritische Adams-Familie eingeheiratet und viele Kinder geboren hatte, stellte sie, auch angesichts der vielen öffentlichen Aufgaben und anderer Sorgen, nach einigen Jahren ernüchtert fest, dass „die Poesie des Lebens sich in Prosa aufgelöst hat" (Nagel 1987). Auf den frühen Tod eines ihrer Söhne, Arthur, reagierte Charles Francis mit Depression und Selbstvorwürfen, weil er den Jungen, kurz bevor seine tödliche Krankheit zum Ausbruch kam, noch bestraft hatte. In dieser schweren Zeit zeigte sich jedoch Abbys Kraft, und in den vielen Jahren ihrer Ehe kamen die beiden einander näher und entwickelten die Fähigkeit, einander zu helfen und sich gegenseitig zu bereichern.

Familiengeheimnisse

Agatha Christies Miss Marple sagt einmal: „Geheimnisse sind wie Ackerwinden, deren Wurzeln tief ins Erdreich hinabreichen." Die Geschichten und Mythen, die in einer Familie weitergegeben werden, sind tatsächlich sehr stark von den Geheimnissen beeinflusst, die die Familie zu verbergen trachtet. Alle Familien haben Geheimnisse. Sie erinnern die Familienmitglieder an die Grenzen ihrer Familie. Gelegentlich ist es der Inhalt des Geheimnisses, der eine starke Wirkung ausübt: ein Selbstmord, eine außereheliche Schwangerschaft oder eine sexuelle Affäre. In anderen Fällen übt vor allem die Tatsache, dass das

Geheimnis eine Grenze zur Außenwelt etabliert, einen machtvollen Einfluss aus – wenn Familienmitglieder sich zum Beispiel verstellen müssen, um Alkoholismus oder Drogenabhängigkeit zu verbergen. Ein Geheimnis kann eine Kraftquelle sein und diejenigen, die daran teilhaben, fest aneinander binden, es kann aber auch Scham und Schuldgefühle hervorrufen, weil es den Betroffenen Schweigen auferlegt. Weil sie heimliche Bündnisse und Spaltungen in der Familie begünstigen, können Geheimnisse auch Täuschungen und Verwirrung im Gefolge haben. Stellen Sie sich nur einmal vor, welche Auswirkungen es hat, wenn ein Elternteil eines der Kinder nach einem heimlichen Liebhaber oder einer heimlichen Geliebten nennt. Der Ehepartner kennt die Bedeutung des Namens wahrscheinlich nicht, und das Kind empfindet im Heranwachsen möglicherweise eine merkwürdige Distanz sowohl gegenüber seinen Geschwistern als auch gegenüber dem anderen Elternteil, die niemand von ihnen versteht. Das könnte sich auch in der Erfahrung fortsetzen, die dieses Kind später einmal macht, wenn es selbst Vater oder Mutter ist. Winston Churchills Mutter, Jenny Jerome, wurde offenbar nach der Geliebten ihres Vaters, Jenny Lind, genannt. Jenny Jerome wiederum nannte ihren jüngeren Sohn, John Strange Spencer, nach ihrem eigenen Geliebten, John Strange Jocelyn. Man kann nur ahnen, wie die Geheimnisse in dieser Familie die Familienbeziehungen auf einer tieferen Ebene beeinflusst haben mögen.

Geheimnisse werfen für gewöhnlich ein Licht auf die Verletzlichkeiten einer Familie. Der Dramatiker A. R. Gurney hat beschrieben, wie sich der Selbstmord seines Urgroßvaters, der niemals erwähnt wurde, auf die Familie ausgewirkt hat (Witchel 1989):

„Mein Urgroßvater legte eines Tages seine Kleider ab und ging in den Niagara-Fluss, und niemand verstand, warum. Er war ein bekannter Mann in Buffalo. Mein Vater konnte nie darüber sprechen, und die Familie war bis in die vierte Generation hinein von dieser dunklen, unbegreiflichen Geste gezeichnet. Dieser Selbstmord hatte zur Folge, dass mein Vater verzweifelt danach strebte, akzeptiert zu werden und sich als angepasst, zufrieden und fröhlich zu erweisen. Er führte dazu, dass meine Familie sich ostentativ einer behaglichen bürgerlichen Welt verschrieb. Sie betrachtete diese Welt als sehr gefährdet, aber der Grund dafür wurde niemals erwähnt."

Auch nach vier Generationen waren die Muster, die durch diesen Tod ausgelöst wurden, noch wirksam. Gurney war 48 Jahre alt, als er durch seinen Schwiegervater, der Genealoge war, zum ersten Mal von diesem Selbstmord hörte. Zu diesem Zeitpunkt starb Gurneys eigener Vater, und wie um das Muster fortzusetzen, weigerte sich Gurney, über den Tod *seines* Vaters zu sprechen. Wir können Muster, die aufgrund von Geheimnissen bei unseren Vorfahren entstanden sind, über Generationen hinweg verfolgen.

Geheimnisse sind für Familien von besonderer Bedeutung, weil ihre Enthüllung bei denjenigen, die auf das nun zutage tretende Wissen nicht vorbereitet sind, ein Trauma auslösen kann. Als die Mutter von Peter und Jane Fonda Selbstmord beging, verschwor sich die gesamte Öffentlichkeit, diese Tatsache vor ihnen geheim zu halten. (Es wird berichtet, Henry Fonda habe mit seinen Kindern nie über den Selbstmord seiner Frau gesprochen.) Sechs Monate später las Jane in einem Filmmagazin die Wahrheit über den Tod ihrer Mutter, gewiss eine grässliche Art, ein solches Geheimnis zu erfahren; kurz danach heiratete Henry Fonda wieder. Während er noch in den Flitterwochen war, schoss Peter Fonda sich „versehentlich" in den Bauch. Man muss sich fragen, ob hier nicht bereits die ungeheure Macht des schrecklichen Geheimnisses zum Ausdruck kommt.

Selbst in weniger belasteten Familienverhältnissen schützen die Familienmitglieder einander häufig auf eine Weise, die ihre Beziehungen einengt. Manche Geheimnisse verdanken ihr Entstehen dem Wunsch, bestimmte Familienmitglieder zu schützen, wie in diesem Fall; andere Geheimnisse haben den Zweck, eine ganze Familie vor der Schande, das heißt vor der Missbilligung durch die Außenwelt, zu bewahren. Manche Vorkommnisse werden deshalb geheim gehalten, weil die Gesellschaft bestimmte Verhaltensweisen sanktioniert, was in früheren Zeiten häufig für die sexuelle Orientierung galt. Aber die Gesellschaft spielt manchmal auch bei Geheimnissen bzw. bei der Entstellung von Tatsachen eine Rolle, die eigentlich ein Ausdruck der in der Gesellschaft herrschenden Werte sind. So haben zum Beispiel bis vor kurzem die Medien durchaus dabei mitgespielt, die außerehelichen Affären männlicher Politiker geheim zu halten.

Sehr häufig werden finanzielle Dinge geheim gehalten – ob es nun darum geht, Reichtum zu verbergen oder Armut. Männer halten ihre finanziellen Verhältnisse oft vor ihren Frauen geheim, weil sie finden, dass das ihre Frauen „nichts angeht". Auf diese Weise wird die Macht der Männer gesichert; diese Art von Heimlichkeit wirft aber auch ein Licht darauf, wie Männer ihren Wert aus dem Geld beziehen. Auch Frauen haben ihre Geheimnisse, wenn es um Geld geht. Manche legen einen Teil des Haushaltsgeldes zurück und richten dafür ein separates Konto ein, oder sie verschweigen, wie viel Geld sie für Kleidung oder Geschenke ausgeben und in welchem Maß sie Freunde oder Verwandte unterstützen, weil sie Angst davor haben, ihr Mann könnte das missbilligen. Geheimnisse in Gelddingen können, abhängig von der jeweiligen Familie, offensichtlich eine ganz unterschiedliche Bedeutung haben; auch können sie für verschiedene Familienmitglieder unterschiedliche Bedeutungen haben. Wenn man Familiengeheimnisse verstehen will, ist es wichtig, beurteilen zu können, wer durch das Geheimnis geschont oder ausgeschlossen wird.

Frauen sind im Allgemeinen sowohl die Vertrauten anderer Frauen als auch die Vertrauten der Männer. Sie bewahren Geheimnisse, um Männer in ihrer Verletzlichkeit zu schützen oder um ihre Bündnisse mit anderen Frauen geheim zu halten, die für die Männer lebensbedrohlich sein könnten. Manchmal bewahren sie ein Geheimnis, um Kinder vor der Wut des Vaters zu schützen. Und manchmal bewahren sie Geheimnisse in Bezug auf ihr Alter oder ihr Aussehen, was für gewöhnlich eine Reaktion auf das Gefühl ist, dass sie in erster Linie um ihres Aussehens willen geschätzt und geachtet werden. Männer haben am häufigsten Geheimnisse in den Bereichen, in denen sie besonders verletzlich sind, nämlich dann, wenn sie finanzielle Probleme haben oder Schwierigkeiten am Arbeitsplatz oder wenn es um das Gefühl der Unzulänglichkeit geht, eingebildet oder real. Unsere Kultur verlangt von den Männern im Allgemeinen, dass sie stark sind und allwissend und in der Lage, mit jedem Problem und jeder Situation *fertig zu werden*; deshalb werden sie dazu gedrängt, Befürchtungen und Haltungen, die den gegenteiligen Eindruck erwecken könnten, vor den anderen geheim zu halten. Vor allem aber halten Männer ihre private Persönlichkeit vor anderen Männern verborgen. Achten Sie einmal in Ihrer eigenen Familie darauf, wer vor wem welche Geheimnisse hatte und wie dies die Beziehungen beeinflusst hat.

Geheimnisse in der Familie bringen in der Regel weitere Geheimnisse hervor. Wenn Ihre Eltern geheiratet haben, weil Ihre Mutter schwanger war und daraus ein Familiengeheimnis geworden ist, dann wird am Ende vielleicht die gesamte Familiengeschichte verfälscht, nur damit dieses eine Geheimnis bewahrt werden kann. Das Thema Familiengeschichte wird unter Umständen vollständig vermieden, aus Angst, eine Frage könnte schnell zur nächsten führen und das Geheimnis auf diese Weise enthüllt werden. In solchen Fällen bekommt die

Familiengeschichte etwas Irreales, wegen eines Geheimnisses, das nicht erzählt werden darf. Wenn Sie Ihre eigene Familiengeschichte erforschen wollen, müssen Sie darauf achten, ob es vielleicht bestimmte Anzeichen gibt, die auf ein tief vergrabenes Familiengeheimnis hinweisen könnten: 1. Die Vergangenheit wird vollständig ausgeklammert; 2. sobald die Rede auf einen bestimmten Verwandten oder einen bestimmten Zeitabschnitt in der Familiengeschichte kommt, wird eine Spannung spürbar; 3. ein bestimmter Aspekt der Familiengeschichte ruft stärkere Emotionen hervor, als es durch die „Fakten" gerechtfertigt erscheint. Ganz allgemein lässt sich sagen, je größer die Angst der Familie vor der Entdeckung des Geheimnisses ist, umso mehr Aspekte des Familienlebens und der Familiengeschichte müssen verfälscht werden, um das Geheimnis zu bewahren, und umso dauerhafter wird es seine Macht über die Familie ausüben.

Maxine Hong Kingstons beeindruckende Lebenserinnerungen beginnen mit der Enthüllung einer eiskalten und bezeichnenden Geschichte und den sich darum herum rankenden Mythen, die man sich in ihrer Familie erzählte und die allesamt das Ziel hatten, die Schande geheim zu halten, dass eine ihrer Tanten in China schwanger geworden und dann dort gestorben war. Solche Schrecken einflößenden Geschichten wurden ihr als Warnung und mahnendes Beispiel erzählt. Hong Kingston (1989) beschreibt die Familiengeheimnisse und die Art, wie sie sich über Generationen in der Familie auswirkten.

> „Die Mitglieder der Einwanderergeneration ... verwirrten die Götter, indem sie deren Flüche abzulenken versuchten und sie durch falsche Straßen und falsche Namen irreführten. Sie ... versuchen auch, ihre Nachkommen zu verwirren, die sie vermutlich auf ähnliche Weise bedrohen – indem sie ständig versuchen, Klarheit in die Dinge zu bringen und das Unaussprechliche beim Namen zu nennen. Die Chinesen, die ich kenne, halten ihre Namen geheim ... sie nehmen neue Namen an, wenn ihr Leben sich verändert, und wachen schweigend und im Geheimen über ihre wirklichen Namen."

Vielleicht hat kein anderer Schriftsteller sich intensiver mit der über viele Generationen hin wirksamen Macht von Geheimnissen auseinander gesetzt als Nathaniel Hawthorne. Seine Geschichten zeigen eine geradezu obsessive Beschäftigung mit den potenziell zerstörerischen Geheimnissen der Ahnen, wobei Hawthorne beides beschreibt – sowohl die angstvolle Beichte als auch das Verschweigen und Geheimhalten, zusammen mit dem unheimlichen, dunklen und verwirrenden Vermächtnis einer Schuld an den Untaten von Menschen, die längst tot und begraben sind. Dies ist das offenkundige Thema von *The House of Seven Gables* (dt. *Das Haus mit den sieben Giebeln*), in dem die Geister derer, die an den Hexenprozessen von Salem teilnahmen und für ungeheure, schicksalhafte Verbrechen verantwortlich waren, das Leben von Menschen mehr als 100 Jahre später überschatten. Auch *The Scarlet Letter* (dt.: *Der scharlachrote Buchstabe*) handelt von dem Schaden, der durch heimliche Sünden verursacht wird, sowie von den Täuschungen und Verwirrungen, durch die Beziehungen gekennzeichnet sind, die ein Geheimnis überschattet. Der Erzähler stellt einmal fest:

> „Es ist seltsam... mit welcher Sicherheit zwei Personen, die ein bestimmtes Thema vermeiden wollen, sich bis an den Rand dieses Gegenstandes wagen, ohne ihn zu berühren."

Hawthornes Freund Herman Melville glaubte, es müsse ein dunkles Geheimnis in Hawthornes Leben gegeben haben, das, wenn man es nur kennen würde, alle Geheimnisse seines Lebensweges erklären würde. Hawthornes Anwalt schrieb (zit. nach Young 1984):

> „Aufgrund Ihrer Bücher könnte ich mir vorstellen, dass Sie unter der Last eines geheimen Kummers leiden; dass es in Ihrer Seele eine dunkle Kammer gibt, die Sie selbst kaum zu betreten wagen."

Das Thema des Inzests zwischen Geschwistern scheint Hawthorne bis zum Ende seines Lebens nicht losgelassen zu haben. Bei seinem Tode hinterließ er zwei unvollendete Manuskripte zu diesem Thema. Es gab eine Geschichte über einen Inzest, die Hawthorne auf eigene Rechnung veröffentlicht hatte und die er später zurückzuziehen versuchte, indem er die Auflage zerstörte. Er erwähnte diese Geschichte nie mehr, sie wurde auch in keine der Sammlungen seiner Werke aufgenommen. 50 Jahre später erwähnte seine Schwester Ebe, die selbst stark mit dem Thema des Inzests unter Geschwistern beschäftigt war, diese frühe Erzählung als ein gutes Beispiel für das besondere Genie ihres Bruders.

Die Geschichte spielt in den frühen Tagen von Salem. Es geht darin um einen Bruder und eine Schwester, die ihr Leben in glühender Liebe zueinander verbringen und die in ihrer Einsamkeit „sich selbst genug sind"; sie scheinen die Einzigen ihrer Familie zu sein, die einen Überfall durch die Indianer überlebt haben. Der Bruder stellt fest, dass die Schwester nach dem Tod der Eltern ihm gehört. „Die Liebe, die sich bei mir angesammelt hatte und die sich aus den vielen Gräbern unserer Familie speiste", gehörte ihr. Diese Ereignisse spiegeln die Geschichte von Hawthornes eigener Familie wider; der Vater, der zur See gefahren war, fand den Tod, als er sechs Jahre alt war; von diesem Zeitpunkt an wurde seine Mutter zur Einsiedlerin, die das Haus nicht mehr verließ. Dies führte dazu, dass Nathaniel mit seiner Schwester Ebe, die ihm sehr ähnlich war und an der er sehr hing, stark isoliert war. Eine jüngere Schwester war sowohl im Aussehen als auch von ihrer Persönlichkeit her sehr verschieden von ihm, und die Familie lebte unter lauter Verwandten, die ihm „nicht entsprachen" – all dies sind Elemente, die in dieser und in anderen Erzählungen Hawthornes ihren Niederschlag finden.

In seinem Vorwort zu *The Scarlet Letter* nimmt Hawthorne Bezug auf Verbrechen, die in seiner Familie viele Generationen zuvor begangen worden waren. Er schreibt, seine Heimatstadt Salem habe eine geheimnisvolle und seltsame Macht über ihn, und die Gestalt seines ersten Ahnherrn habe ihn von Kindheit an verfolgt; er stellt die Frage, ob seine Vorfahren die Sünden, die sie begangen hätten und „die in verschiedenen Geschichten aufgeschrieben" worden seien, jemals bereut hätten. Dann fährt er fort:

> „Auf jeden Fall ... schäme ich mich als ihr Repräsentant um ihretwillen und bete, dass der Fluch, den sie auf sich gezogen haben mögen ... jetzt und von nun an aufgehoben werde ... Solcherart sind die Ehrenbezeigungen, die zwischen meinen Vorvätern und mir über den Abgrund der Zeiten hinweg ausgetauscht werden! ... Starke Züge ihres Wesens haben sich in das meine verwoben."

Hawthorne hatte sich viele Jahre lang zurückgezogen und die alten Urkunden und Dokumente der Stadt Salem durchforscht, genauso wie sein Erzähler in *The Scarlet Letter*. Etwas, das bis vor kurzem der Öffentlichkeit gänzlich unbekannt war, hat Hawthorne vermutlich selbst entdeckt, da es in den Urkunden von Salem, die er gründlich studierte, verzeichnet ist: die Tatsache, dass der früheste urkundlich bekannte Vorfahre mütterlicherseits, Nicholas Manning, der im Jahre 1662 nach Amerika kam, wegen Inzest mit zweien seiner Schwestern vor Gericht stand. Nicholas' Frau und Mutter seiner Kinder sagte gegen ihn aus. Die Frau sagte, sie habe Angst gehabt, das Verhalten ihres Mannes aufzudecken, obgleich sie Zeugin der Vorgänge gewesen sei. Der Richter, der den Fall bearbeitete, war ein gewisser William Hawthorne (1607–1681), der möglicherweise mit der Familie Nathaniels verwandt war. Hawthorne sprach immer wieder davon, dass er in seinen Erzählungen von Geheimnissen berichte, dass er jedoch „das innerste Selbst hinter einem Schleier verborgen" halte.

Achten Sie in Ihrer eigenen Familie darauf, welche Geschichten bei Familienzusammenkünften, in den Ferien und auch in Zeiten des Übergangs – bei Hochzeiten, Beerdigungen, Geburtstagen – erzählt werden und wie jede der beteiligten Personen charakterisiert wird. Dies ist ein guter Ausgangspunkt für Sie, wenn Sie sich auf das Abenteuer einlassen wollen, Ihre Familie aus einer systemischen Perspektive zu erforschen und verborgene Verbindungen in ihrem Familienstammbaum ans Licht zu bringen. Sie können sich auch die folgenden Fragen stellen:

- Haben sich die Mitglieder Ihrer Familie im Großen und Ganzen den Normen des Lebenszyklus einer bestimmten Klasse oder Schicht angepasst? Wenn nicht, werden andere Normen sichtbar, die für Ihre Familie Gültigkeit erlangt haben, wie zum Beispiel späte Eheschließungen, Verzicht auf die Ehe, Kinderlosigkeit, Leben in unkonventionellen Lebensgemeinschaften usw.? Können Sie Werte entdecken, die in diesen Mustern zum Ausdruck kommen?
- Gibt es Ereignisse in Ihrem Genogramm, die zu ungewöhnlichen Zeiten stattfanden? Heiraten in der Zeit zwischen Dezember und Mai? Familien, die sehr früh oder sehr spät Kinder haben? Haben einige in Ihrer Familie sehr früh oder sehr spät geheiratet?
- Gibt es Koinzidenzen bei Ereignissen, die im Lebenszyklus eine bedeutsame Rolle spielen – bei Geburten, Todesfällen, Eheschließungen, bei dem Zeitpunkt, zu dem einzelne Familienmitglieder die Familie verlassen, beim Ausbruch von Krankheiten –, die die Bedeutung bestimmter Ereignisse in Ihrer Familie intensiviert haben könnten?
- Welche Rituale hält Ihre Familie ein? Urlaubsrituale? Essensrituale? Freizeitrituale? Entspannungsrituale? Rituale im Zusammenhang mit Familienzusammenkünften?
- Welche Regeln gibt es im Hinblick auf das Feiern einer Hochzeit? Einer Beerdigung? Von Geburten? Geburtstagen? Jahrestagen?
- Welches sind die fundamentalen Regeln in Ihrer Familie? (zum Beispiel: „Trau niemals kleinen Männern", oder „Man sollte nicht mehr als einmal am Tag Eis essen")?

- Welche Geschichten werden in Ihrer Familie am häufigsten erzählt?
- Gibt es in Ihrer Familie Geschichten, die den anderen zur Warnung und zur Ermahnung erzählt werden?
- Können Sie aus diesen Geschichten etwas über den Glauben oder die Überzeugungen Ihrer Familie herauslesen, über ihren Mythos und ihre Werte?
- Welche Migrationsgeschichten gibt es in Ihrer Familie?
- Welche Geschichten gibt es im Zusammenhang mit dem Tod einzelner Familienmitglieder?
- Welche Geschichten werden erzählt im Hinblick darauf, wie die einzelnen Mitglieder der Familie mit der Außenwelt umgehen?
- Welche Geschichten gibt es im Zusammenhang mit Ausbildung oder Lehre?
- Was erzählt man mit Blick auf das Geld?
- Welche Urlaubsgeschichten gibt es?
- Welche Verrats- oder Betrugsgeschichten?
- Gibt es Überlebensgeschichten?
- Welche Mythen scheinen in Ihrer Familie eine Rolle zu spielen?
- Was ist das geistige Erbe Ihrer Familie? Überkommene Stärke? Verletzlichkeit oder Angst? Erfolg? Vorsicht?
- Auf welchen Gebieten gibt es Geheimnisse? Im Zusammenhang mit Geld? Mit Todesfällen? Schwangerschaften? Im Hinblick auf sexuelles Verhalten? Auf Eheschließungen? Affären? Im Hinblick auf Abstammungsfragen? Auf Schulversagen oder Misserfolg bei der Arbeit?
- Wie werden Geheimnisse in Ihrer Familie bewahrt? Wer übermittelt die Botschaften und wie?
- Welchen Einfluss haben die Geheimnisse auf die Beziehungen in Ihrer Familie gehabt?

4 Familienbande und Bindungen

„Dann solltest du auch sagen, was du meinst", fuhr der Schnapphase fort.

„Das tu ich ja", widersprach Alice rasch; „wenigstens – wenigstens meine ich, was ich sage – und das kommt ja wohl aufs Gleiche heraus."

„Ganz und gar nicht", sagte der Hutmacher. „Mit demselben Recht könntest du ja sagen: ‚Ich sehe, was ich esse' ist das gleiche wie ‚Ich esse, was ich sehe'!"

„Mit demselben Recht könntest du ja sagen", fiel der Schnapphase ein, „‚Was mir gehört, gefällt mir' ist das gleiche wie ‚Was mir gefällt, gehört mir'!"

Lewis Carroll, *Alice im Wunderland*

Natürlich ist jede Familie in gewisser Weise einzigartig, auf einer anderen Ebene jedoch gibt es Formen der Beziehung, die offensichtlich zu allen Zeiten und in allen Kulturen auftreten. Familien treten in einigen ganz besonderen, klar voneinander unterscheidbaren Formen miteinander in Beziehung, die man in einem Schaubild aufzeichnen und untersuchen kann. Wenn Sie Ihre eigene Familie verstehen wollen, müssen Sie untersuchen, wie die emotionalen Beziehungen funktionieren: Wer teilt wem was mit? Und, genauso wichtig, wer nicht? Wenn, theoretisch gesprochen, in einer Familie alles perfekt laufen würde – wenn jeder mit allen immer einig wäre, wenn nie jemand die Familie verlassen würde, nie jemand krank würde oder stürbe und wenn niemand zu der Familie hinzukäme, sodass die anderen einem neuen Familienmitglied Platz machen müssen, wenn nie jemand eifersüchtig, wütend oder traurig wäre – mit anderen Worten, wenn wir nicht menschliche Wesen wären, sondern eine andere Art von Kreatur, dann wäre es vielleicht möglich, dass Familien offen, klar und empathisch miteinander kommunizieren und auch jederzeit Toleranz für andere Meinungen aufbringen würden. Die Beziehungen in der Familie wären immer harmonisch.

Da das Leben aber nun einmal ist, wie es ist, und wir nicht in der besten aller möglichen Welten leben, kommunizieren Familien nicht optimal miteinander, und die Beziehungen gehen oft genug schief. Ja, manche Forscher behaupten sogar, die Kommunikation diene, wie bei *Alice im Wunderland*, oft mehr der Verschleierung von Sachverhalten und Mitteilungen als deren Klärung. Einige Theoretiker haben sogar eine Gleichung aufgestellt, die auf Folgendes hinausläuft: In dem

Maß, in dem Familienmitglieder für ihr Wohlbefinden von den Reaktionen der anderen abhängig sind, wird die direkte Kommunikation im Dienste des Beziehungssystems geopfert. Anders ausgedrückt, je stärker die Familienmitglieder hinsichtlich ihrer Selbstachtung von der Zustimmung der anderen Familienmitglieder abhängig sind, umso größer ist die Wahrscheinlichkeit, dass die Kommunikation verfälscht und entstellt wird.

Reaktionen auf Stress

Wie wir alle wissen, gibt es kein Leben ohne Veränderung und keine Veränderung ohne Bruch, und es überrascht es uns nicht, dass Kommunikation und Beziehungen in der Familie durch Veränderungen oft einem erheblichen Stress ausgesetzt sind. Und weil alle Mitglieder einer Familie miteinander verbunden sind, reagiert auch jeder auf Belastungen eines anderen, was die Reaktionen sämtlicher Familienmitglieder oft recht kompliziert macht; das führt dann dazu, dass was ein Familienmitglied aus der Fassung bringt, am Ende alle belastet.

Da sie sich von den unvermeidlichen Veränderungen des Lebens häufig überfordert fühlen, versuchen manche Mitglieder der Familie, sich daran zu klammern, „wie es einst war", so als ob sie dadurch den Schmerz und die Beunruhigung, die jede Veränderung unweigerlich mit sich bringt, verhindern könnten. Tatsächlich scheint der Widerstand gegen Veränderung eine natürliche Eigenschaft aller Systeme zu sein. Bis zu einem gewissen Punkt ist dieser Widerstand notwendig und gesund; aber eine Familie, die darüber hinaus jeder Veränderung Widerstand leistet, wird starr und unbeweglich und unfähig zur Anpassung. Extremer Widerstand gegen Veränderung führt zu verzerrter Kommunikation, wodurch die Familie am Ende geschwächt wird.

Die für einen Menschen charakteristische Form, mit Stress fertig zu werden, ist für gewöhnlich erlernt. Jeder von uns neigt dazu, die Dinge so zu machen wie seine Familie – genauso wie Ihre Familie die Dinge vermutlich so angepackt hat wie ihre unmittelbaren Vorfahren. Wenn Familien unter Stress stehen, neigen sie zu bestimmten Formen von verfehlter Kommunikation: Die Familienmitglieder geben entweder anderen die Schuld an dem, was schief gelaufen ist, oder sich selbst. Bei dem Versuch, mit ihren Problemen oder denen der Familie fertig zu werden, können sie zu Beschwichtigern werden, die ihre eigene Erfahrung verleugnen, um sich den Bedürfnissen anderer anzupassen; manche zeigen sich kraftlos und unentschlossen, andere rigide und autoritär, wieder andere ergehen sich in Belanglosigkeiten, sie argumentieren unlogisch oder sagen gar nichts mehr, sei es nun, dass sie die Rolle von Goody Two-shoes[4] annehmen oder die eines „Hans-guck-in-die-Luft".

Unter Stress rücken manche Familien eng zusammen, sie machen Türen und Fenster zu, um außen Stehende fern zu halten und die Familienmitglieder um so enger an die Familie zu binden, wobei sie verlangen, dass alle das Gleiche fühlen und das Gleiche tun – ein Verhalten, das von den Familientherapeuten als Verstrickung bezeichnet wird. Wenn jemand die Familie verlassen will oder auch nur eine andere Meinung äußert als die anderen, dann wird das von der Familie als illoyal betrachtet.

Andere Familien scheinen unter dem Einfluss von Stress auseinander zu fallen. Bei ihnen herrscht die Haltung vor: „Jeder kämpft für sich allein." Solche Familien sind nicht in der Lage, sich so zu organisieren, dass sie mit Problemen umgehen können; externe Zuständige, wie die Polizei oder die Systeme der Kranken- und Sozialversorgung, müssen sich in starkem Maße mit ihnen befassen und versuchen, ihnen eine gewisse Struktur und Organisation zu geben.

Manchmal scheinen die Muster, nach denen Familien Probleme zu bewältigen suchen, sich jeweils in der nächsten Generation ins Gegenteil zu verkehren. Wenn Ihr Großvater Alkoholiker war und bei Belastungen in die Kneipe zu gehen pflegte, während Ihre Großmutter ihn beim Nachhausekommen heftig ausschimpfte, dann kann es durchaus sein, dass Ihr Vater dem Alkohol gänzlich abgeschworen hat und sich streng daran hält, anderen seine Missbilligung durch striktes Schweigen zu zeigen, während er alle emotional belastenden Themen vermeidet – nicht nur das Trinken ist für ihn tabu, sondern auch alle anderen emotional besetzten Probleme. Ihre Generation dagegen fängt bei Belastungen vielleicht wieder an zu trinken und die Dinge auszuagieren, als Reaktion auf die Strenge und Starrheit des Vaters. Betrachten wir die Beziehungsmuster in einer solchen Familie etwas genauer, dann stellen wir möglicherweise fest, dass sich ein festes Muster der Vermeidung von Emotionen etabliert hat und ein Kreislauf von

---

4 Name der tugendhaften kleinen Heldin aus *History of Little Goody Two-shoes*, einer Erzählung aus dem Jahre 1766; A. d. Ü.

Scham, Schuldgefühlen und Reue, der sich durch alle Generationen hindurch gleich bleibt, auch wenn, oberflächlich betrachtet, das Verhalten in jeder Generation unterschiedlich ausgeprägt sein mag.

Familien reagieren im Laufe ihres Lebenszyklus auf viele Arten von Stress, auf inneren wie auf äußeren Stress. Die Familientherapeutin Elizabeth Carter (1978) hat darauf hingewiesen, dass der Fluss der Angst durch verschiedene Generationen hindurch sowohl eine horizontale als auch eine vertikale Dimension hat. Der vertikale Fluss schließt die Beziehungsmuster und die Muster des allgemeinen Funktionierens mit ein, die im Laufe der Zeit von einer Generation zur andern weitergegeben werden.

Haltungen, die über Generationen weitergegeben werden, Mythen, Tabus, Erwartungen, Etikettierungen und vererbte Traumata, die in einem Genogramm sichtbar werden (die vertikalen Stressoren) – all das wirkt sich darauf aus, wie die Familienmitglieder mit einer Erfahrung umgehen und welcher Art ihre Beziehungen sind. Dieses Erbe ist das Vorgegebene, das sind die Karten, die Sie mitbekommen haben. Was Sie damit machen, liegt bei Ihnen (ebd.). Der horizontale Fluss der Angst resultiert aus dem Druck, den jede Familie erfährt, wenn sie im Laufe der Jahre mit den unvermeidlichen Belastungen und Veränderungen fertig werden muss, die Wachstum und Entwicklung der Familie mit sich bringen, genauso wie mit unvorhergesehenen Belastungen, die von außen kommen, zum Beispiel mit ökonomischen Umwälzungen, Todesfällen, mit denen niemand gerechnet hat, Naturkatastrophen und so weiter.

Entsteht zu viel Stress entweder auf der horizontalen oder auf der vertikalen, historischen Achse, dann bricht jede Familie zusammen. Stressfaktoren auf der vertikalen bzw. historischen Achse können als zusätzlicher Stress wirken und zusätzliche Probleme schaffen, sodass selbst relativ geringfügige Belastungen auf der horizontalen Achse das System schwer erschüttern können. Hat zum Beispiel eine junge Mutter ungelöste Probleme mit ihren Eltern (vertikale Ängste), dann kann es für sie besonders schwer sein, mit den normalen Wechselfällen des Elternseins klar zu kommen (horizontale Ängste), die an sich oft schon belastend genug sind.

Haben Sie erst einmal begriffen, welches Ihre typischen Reaktionen auf Stresssituationen sind bzw. die Ihrer Familie, dann können Sie es vielleicht vermeiden, diesen Mustern automatisch in die Falle zu gehen. Das heißt, Sie sollten sich ein klares Bild von Ihrer gegenwärtigen Situation machen, indem Sie sowohl sämtliche aktuellen Stressfaktoren als auch frühere Ereignisse und Stressfaktoren, von denen die gegenwärtigen Stressreaktionen Ihrer Familie bestimmt sind, chronologisch niederschreiben.

Theodore Roosevelt, der 26. Präsident der Vereinigten Staaten, zum Beispiel hatte große Schwierigkeiten, seine Tochter Alice loszulassen (Genogramm 4.1). Kinder loszulassen bedeutet für jede Familie eine Belastung, in diesem Fall jedoch scheint eine Reihe von zusätzlichen und früheren Stressfaktoren die Übergangssituation verschärft zu haben. Zum einen durchlebte TR damals eine schwierige Zeit als Präsident; zum andern hatte sein Lieblingssohn, Teddy, der schon jahrelang unter körperlichen und seelischen Problemen gelitten hatte, in jener Zeit besondere Schwierigkeiten mit seinem Studium in Harvard. Und abgesehen davon, war die Familiengeschichte durch eine Reihe schmerzlicher Verluste gekennzeichnet: Alice' Mutter (die ebenfalls Alice hieß) war im Alter von 22 Jahren bei der Geburt dieser Tochter am 14. Februar 1884 gestorben. Auch Roosevelts Mutter war in der Nacht zu jenem Valentinstag im Jahre 1884 im selben Haus wie ihre Schwiegertochter gestorben. Und schließlich hatten TR und Alice sich auch an einem Valentinstag verlobt.

Binnen eines Jahres war er mit Edith Carew heimlich verlobt, die er seit Kindertagen kannte; trotzdem schrieb er an seine Schwester Bamie, die mit dieser Verlobung nicht einverstanden war (Miller 1992):

> „Ich halte überhaupt nichts von einer Zweitehe; ich bin immer der Auffassung gewesen, dass eine zweite Ehe eine Charakterschwäche bei den Männern verrät. Du könntest mich meiner Unbeständigkeit und Treulosigkeit wegen nicht bitterer anklagen, als ich es selbst tue. Wenn ich wüsste, dass es einen Himmel gibt, das Einzige, worum ich beten würde, wäre, dass ich niemals dorthin komme – damit ich jene, die ich auf Erden liebe und die gestorben sind, dort nicht wieder treffe."

Dieser ungewöhnliche Brief wurde von der Familie übrigens fast ein Jahrhundert lang unterdrückt. Roosevelt betrachtete Alice, die man Baby Lee nannte, als eine Art Friedensgabe an seine Schwester Bamie, die Alice gleich nach der Geburt bei sich aufnahm und sie erst im Alter von drei Jahren widerstrebend an ihren Vater zurückgab.

Roosevelt verheiratete sich im Jahre 1886 wieder und zeugte fünf weitere Kinder. Er erwähnte den Namen seiner ersten Frau nie mehr, und in seiner Autobiografie steht kein einziges Wort über sie. Alice entwickelte im Laufe der Jahre eine auffallende Ähnlichkeit mit ihrer

Die Familie von Theodore Roosevelt
Genogramm 4.1

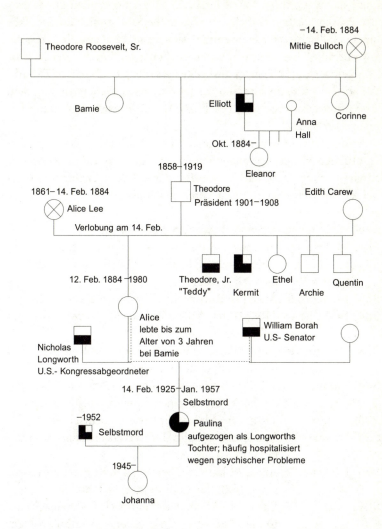

Mutter, aber sie hatte gelernt, nie von ihr zu sprechen. Innerhalb der Familie wurde Alice selbst gleichfalls unsichtbar. TR zählte sie kaum zu den Familienmitgliedern.

Ausgehungert nach Liebe und Aufmerksamkeit, wurde sie, trotz der ihr eigenen tief verwurzelten Schüchternheit, in der Adoleszenz zunehmend verhaltensauffällig. Als sie 20 Jahre alt war, machte sie ständig Schlagzeilen wegen ihres ungebührlichen Verhaltens: Sie trank, rauchte, liebte Autorennen und wettete beim Pferdesport. Man könnte sagen, sie zwang ihren Vater, ihr Beachtung zu schenken durch groteske Possen, die fast täglich den Weg in die Schlagzeilen fanden. Ihre jüngere Halbschwester sagte einmal, sie sei „ein Höllenweib ... fast die ganze Familie lebte nahezu ununterbrochen in der Furcht, welche Boshaftigkeiten sie als Nächstes aushecken würde" (Teichman 1979). Am 17. Februar 1906, im Alter von 22 Jahren, dem gleichen Alter, in dem ihre Mutter gestorben war, beschloss Alice, zu heiraten und ihre Familie zu verlassen.

Beides, die aktuellen Belastungen und die ihnen entsprechenden Erfahrungen in der Vergangenheit, trugen dazu bei, dass Roosevelt Schwierigkeiten damit hatte, seine Tochter ziehen zu lassen, und seine Tochter Schwierigkeiten, ihren Vater zu verlassen.

Einige wesentliche Daten in Roosevelts Lebenslauf

1880, 14. Februar	TR macht Alice Lee einen Heiratsantrag
1884, 12. Februar	Alice bringt ein Kind zur Welt, das wie sie den Namen Alice trägt
1884, 14. Februar	Alice Lee Roosevelt stirbt im Alter von 22 Jahren
1884, 14. Februar	TRs Mutter, Mittie Bulloch Roosevelt, stirbt im selben Haus
1884, 16. Februar	Doppelbeerdigung von Alice Lee Roosevelt und Mittie Bulloch Roosevelt
1884, Sommer	TR ertränkt seinen Schmerz in Affären im Westen der USA und in seinen Aufgaben als Präsident
1906	TR hat Probleme mit der Präsidentschaft
1906, Januar	Sein Lieblingssohn Teddy versagt beim Studium in Harvard
1906, 17. Februar	Alice, 22 Jahre alt, heiratet den Kongressabgeordneten Nicholas Longworth, 34 Jahre alt
1907	Ehe unglücklich, Alice und Nick sind meistens getrennt; Nick hat ein schweres Alkoholproblem und ist ein Schürzenjäger
1923	Alice beginnt eine Affäre mit Senator William Borah
1925, 14. Februar	Alice bringt ein Mädchen zur Welt; sie möchte sie Deborah nennen, aber Nick ist dagegen; Name:

	Paulina, nach dem Apostel Paulus (Alices und Williams Lieblingsgestalt in der Bibel)
1946	Paulina bekommt ein Kind; sie nennt es Johanna
1952, November	Paulinas Ehemann, Alexander Sturm, begeht Selbstmord
1957, 27. Januar	Paulina, 34 Jahre alt, begeht Selbstmord

Als Alice ihre Familie verließ, soll ihre Stiefmutter zu ihr gesagt haben: „Du sollst wissen, dass ich froh bin, wenn du gehst. Du hast immer nur Scherereien gemacht" (Felsenthal 1988). Die Ablösung von zu Hause gelang nicht, und im Verlauf des folgenden Jahres verbrachte Alice mehr Zeit mit ihrem Vater als mit ihrem Ehemann. Wahrscheinlich war es dies gewesen, was sie seit Jahren gesucht hatte, eine bessere Beziehung zu ihrem Vater.

Ihr einziges Kind, das zwölf Jahre später geboren wurde, am 14. Februar, wurde wahrscheinlich von William Borah gezeugt, einem wesentlich älteren verheirateten Senator, mit dem Alice eine Affäre gehabt hatte. Alice wollte dem Kind den Namen Deborah geben, aber Longworth weigerte sich; Alice nannte ihre Tochter deshalb Paulina, nach dem Apostel Paulus. Paulina war ein vernachlässigtes Kind und hatte ein unglückliches Leben; im College versuchte sie sich das erste Mal, das Leben zu nehmen. Sie heiratete später einen Mann, den ihre Mutter nicht akzeptierte, er war ein schwerer Alkoholiker und nahm sich das Leben, als ihre Tochter Johanna sechs Jahre alt war. Paulina nahm sich nach weiteren Anfällen von Depression, verschiedenen Selbstmordversuchen und mehreren Krankenhausaufenthalten das Leben, als Johanna zehn Jahre alt war. Zu diesem Zeitpunkt beschloss Alice, die sich nach dem Tod ihrer Tochter schwere Vorwürfe machte, alles wieder gutzumachen, indem sie eine enge Beziehung mit Johanna anknüpfte. Sie hatten eine glückliche Beziehung bis zu Alice' Tod im Jahre 1980, sie war 96 Jahre alt geworden.

Man könnte den Eindruck haben, dass Paulina die Rolle der „Verdammten" spielte, als Ersatzspielerin für eine andere Ersatzspielerin, als Tochter einer Mutter, die selbst Verlust und Vernachlässigung erlitten hatte, und die nun in der zweiten Generation dasselbe Schicksal erlitt – einer Frau, deren Leben durch unheimliche Koinzidenzen geprägt war, durch das Zusammenfallen von Geburts- und Todesdaten und anderer Jahrestage über drei Generationen hinweg. Ihre Geburt fiel unglückseligerweise nicht nur mit einem anderen emotional hoch besetzten Datum der Familiengeschichte zusammen, sie stand auch im Zusammenhang mit dem Geheimnis einer gescheiterten Ehe und einer außerehelichen Liebesaffäre. Ihr gesetzlicher Vater, Nick Longworth, liebte sie offenbar über alles, starb aber, als sie erst sechs Jahre alt war. Ihr biologischer Vater ignorierte sie vollkommen, obwohl ihre Mutter sehr wohl dafür sorgte, dass Paulina wusste, wer ihr Vater war. Ein sehr interessanter Aspekt der Geschichte ist die liebevolle und fruchtbare Beziehung, die sich zwischen Paulinas vernachlässigter Tochter Johanna und Paulinas Mutter Alice, die ihrerseits ihre Tochter schwer vernachlässigt hatte, allmählich entwickelte.

Die Marx-Familie

Die unsterblichen *Marx Brothers* (Genogramm 4.2), Söhne einer deutsch-jüdischen Einwandererfamilie, die um die Jahrhundertwende nach New York kam, haben mittlerweile drei Generationen mit den herrlichen Possen ihrer frühen Filmkomödien bezaubert. Jeder der Brüder hatte sein sehr genau definiertes Etikett und ganz bestimmte Charakterzüge: Groucho, der „Professor", mit seinen witzigen und stets beleidigenden Sprüchen, mit Brille, buschigen Augenbrauen, Schnurrbart, Zigarre und seinem komischen Gang, bildete die Folie für seine Brüder Chico und Harpo, die einander wie ein Ei dem andern glichen, und spielte Gummo und Zeppo, die nacheinander seine Stichwortgeber waren, an die Wand; Chico hatte die Rolle und den Dialekt des ungebildeten italienischen Einwanderers und war ein Zauberer am Klavier; Harpo spielte den Stummen, er trug eine rote Clownsperücke und zog, während er eine Autohupe betätigte, die verrücktesten, unglaublichsten Utensilien aus den Tiefen seines riesigen Regenmantels und mimte, Harfe spielend, den gar nicht so dummen „Dummen August". Gummo, der vierte Bruder, dessen Name von seinen Gummischuhen herrührte, spielte, wie später sein Bruder Zeppo, den Stichwortgeber, konnte die Rolle aber nicht ausstehen. Er ging später in den Textileinzelhandel und war danach der Manager seiner Brüder. Der jüngste Bruder, Zeppo, war das „Baby" (niemand weiß, wie er zu dem Namen kam); er sang und übernahm von seinem Bruder Gummo die Rolle des Stichwortgebers, bis auch er es nicht mehr ertragen konnte, ständig um die Aufmerksamkeit des Publikums zu buhlen. Es „widerte ihn an", wie er sagte, und er „war es müde, ständig der Stich-

Die Familie der Marx Brothers
Genogramm 4.2

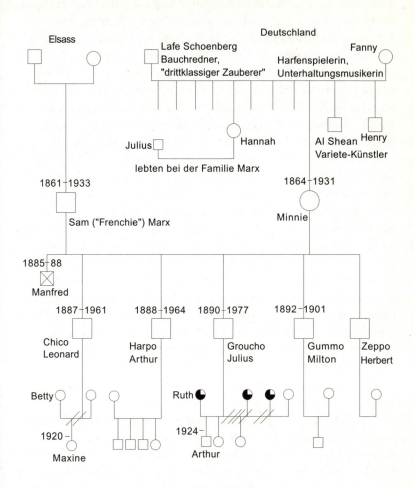

wortgeber zu sein" (Stables 1992); allerdings kehrte auch er später, wie sein Bruder Gummo, in der Rolle eines Managers zu seinen Brüdern zurück.

Die Marx Brothers waren von frühester Jugend an durch ihre Bühnenrollen charakterisiert: Chico, dessen Spitzname davon kam, dass er ständig hinter den Mädchen her war, war das älteste überlebende Kind. Er ersetzte seiner Mutter das erste Baby, das gestorben war, und war deshalb ihr Liebling. Er war ein unwiderstehlicher Charmeur, log, weil er lügen musste, und war unablässig damit beschätigt, Frauen zu verführen; außerdem war er ein unverbesserlicher Optimist. Obwohl er nicht einmal zwei Jahre lang die Schule besucht hatte, konnte er glänzend mit Zahlen umgehen, eine Begabung, von der er vor allem im Zusammenhang mit seiner zwanghaften Spielleidenschaft Gebrauch machte.

Harpo, dessen Name davon herrührte, dass er so fantastisch Harfe spielte, entwickelte sich zum solidesten Charakter in der Familie: Er war glücklich verheiratet, großzügig, freundlich und verständnisvoll. Sein Wesen war ruhig und friedlich, und so träumte er sich durchs Leben. Lächelnd und beobachtend, hatte er niemals das Bedürfnis, andere zu überflügeln, er war sich selbst genug, wenn er auf seiner Harfe übte; alles in allem war er der zufriedenste der fünf Brüder. Er hatte nur eine minimale Schulausbildung und trieb sich schon früh auf der Straße herum; seine ersten Jobs vermittelte ihm sein künstlerisch begabter älterer Bruder, der sich mit seiner Zungenfertigkeit so viele Jobs zu verschaffen verstand, dass er, wenn er sich versehentlich zweimal gleichzeitig verdingt hatte, oftmals Harpo an seiner Stelle schicken musste. Harpo sagte von sich selbst: „Die meisten Leute haben ein Bewusstsein und ein Unbewusstes. Ich nicht. Ich habe immer auf einer unbewussten und einer unter dem Unbewussten liegenden Ebene funktioniert" (Adamson 1973). Fast schien es so, als ob er genau das täte – durchs Leben zu schweben und Wärme und Zufriedenheit auszuströmen.

Groucho dagegen war ein Misanthrop, ein Pessimist und Geizkragen, ein Griesgram und ständiger Nörgler – er bekam deshalb auch den entsprechenden Spitznamen. Später schrieb er einmal, Harpo habe alle guten Eigenschaften ihrer Mutter geerbt, und er habe bekommen, was übrig war. Er war jedoch auch der Intellektuelle in der Familie und publizierte viele Artikel sowie fünf Bücher, obgleich er nur bis zur siebten Klasse in die Schule gegangen war. Groucho überwand seinen Groll darüber, dass Chico der Liebling der Mutter war, niemals. Vielleicht brauchte Harpo, der als Zweitgeborener altersmäßig genau zwischen ihnen stand, sein leises Lächeln und seine irrwitzigen Possen, um nicht zwischen den beiden festzusitzen.

Während Chico andere Menschen mühelos zu etwas überreden konnte, verzog Groucho nur höhnisch lächelnd das Gesicht und schüchterte sie ein. Während Chico ein Verschwender und ein Spieler war, war Groucho ein Geizkragen; er war launenhaft, mürrisch und verdrießlich und, anders als seine Brüder, kein sehr geselliger Mensch. Seine negativen Verhaltensweisen verstärkten die natürliche, in ihrem Temperament begründete Vorliebe der Mutter für Chico wahrscheinlich noch. Chicos Unbekümmertheit und Verantwortungslosigkeit wiederum wurden zum Teil erst durch Grouchos extreme Ernsthaftigkeit ermöglicht. Anders ausgedrückt, die Rolle, die ein jeder spielte, verstärkte die gegensätzliche Rolle des anderen und trieb sie auf die Spitze. Je mehr Minnie (die Mutter) und Chico sich gegen Groucho verbündeten, umso mürrischer und strenger wurde er. Seine Knickrigkeit und seine strenge Ernsthaftigkeit ermöglichten es den Brüdern, die sorglose, verschwenderische Seite ihres Charakters zum Ausdruck zu bringen; er war immer da und unterstützte sie finanziell, mochte er auch noch so sehr grollen und schelten. Der Gewinn, den Groucho aus dieser Komplementarität zog, bestand möglicherweise darin, dass er sich moralisch überlegen fühlen konnte. Chico dagegen erhielt auf diese Weise die Freiheit, keine Verantwortung übernehmen zu müssen.

Der vierte Bruder, in Anspielung auf seine Schuhe Gummo genannt, erhielt die Rolle des prosaisch-nüchternen Familienmitgliedes. Gummo und Zeppo waren offensichtlich umgängliche, humorvolle Burschen und ordentliche Schauspieler, aber damit kommt man nicht sehr weit, wenn man versucht, die Bühne mit drei begnadeten Komödianten zu teilen. Im alltäglichen Leben war Zeppo der lustigste von den Brüdern. Auch er war, wie alle seine Brüder außer Groucho, ein Spieler. Er war auch ein ziemlich kalter und hartgesottener Playboy. Mit Groucho, der es hasste, das Rampenlicht mit jemandem teilen zu müssen, hatte er besondere Schwierigkeiten.

Die Familie Marx, die deutsch-jüdischer Abstammung war, war im Jahre 1880 in die Vereinigten Staaten gekommen. Minnies Vater, Lafe, der vor seinen Enkelsöhnen gerne mit seinen sexuellen Eroberungen prahlte, war als Zauberer, Bauchredner und „starker Mann" aufgetreten. Ihre Mutter, Fanny, war eine zarte, fromme, stille Frau gewesen, die sich vor allem durch ihr Harfenspiel ausdrückte. In Deutschland waren sämtliche Familienmitglieder als Straßenkomödianten aufgetreten. In den Vereinigten Staaten wurde Lafe Hausierer und reparierte Schirme, während Minnies jüngerer Bruder Al Shean sich zu einem der ganz großen Varietékünstler seiner Zeit entwickelte.

Minnie heiratete Sam Marrix (er hatte den Spitznamen Frenchie, weil er aus dem Elsass stammte), der in die Vereinigten Staaten ausgewandert war, um der Einberufung zum Militärdienst zu entgehen. Er folgte dem Rat eines Cousins, der Schneider geworden war und seinen Namen in den Namen Marx umgewandelt hatte, und machte es ebenso. Er war ein wundervoller Tänzer, und Minnie war trotz aller Warnungen ganz vernarrt in ihn.

Minnie managte die Familie. Der Titel eines Broadway-Stücks über die Familie Marx, *Minnies Söhne*, gibt einen Hinweis darauf, wie zentral ihre Rolle als Mutter war. Sie sorgte dafür, dass jede Menge Verwandte bei ihnen aus und ein gingen, und brachte es mit allen möglichen Manövern fertig, ihrem Bruder, ihren Söhnen und verschiedenen anderen Verwandten Auftritte im Unterhaltungsgeschäft zu verschaffen. Ob man sie nun als Meisterin der Manipulation oder einfach als eine charmante Person betrachtete, der alles gelang, hing natürlich vom persönlichen Standpunkt ab.

Frenchie Marx war der Typ von Mensch, der über einen Witz auch dann lacht, wenn er ihn nicht versteht. Er war der Spielpartner seiner Söhne, wenn sie Karten spielten, aber sie schienen ihn in keiner anderen Rolle ernst zu nehmen als in der des Küchenchefs. Grouchos Geschichten über seine Eltern sind typisch für das Gefühl, das alle Söhne hatten(G. Marx 1959):

„Was immer die Besucher wollten, sie kamen immer zu meiner Mutter – nie zu meinem Vater … Sie organisierte Kredite, wenn sie Geld brauchten. Wie sie es machte, versetzte mich immer wieder in Erstaunen, aber sie schaffte es jedes Mal. Sie flickte Ehen zusammen, die am Auseinanderbrechen waren, und sie redete den Vermieter in Grund und Boden, den Lebensmittelhändler, den Metzger und jeden anderen, dem wir Geld schuldeten. Ihre Manöver waren ein Triumph der Raffiniertheit, des Verdrehens der Tatsachen und der Fantasie … Mein Papa war ein Schneider, aber er war kein gewöhnlicher Schneider. Sein Ruf als der unfähigste Schneider, den Yorkville je hervorgebracht hatte, ist bisher von keinem andern überboten worden … Der Gedanke, dass Papa ein Schneider war, bestand nur in seinem Kopf. Bei seinen Kunden war er als ‚Sam, bei dem nichts sitzt‘ bekannt. Er war der einzige Schneider, von dem ich je hört habe, der sich weigerte, ein Zentimeterband zu benutzen."

Einer von Harpos Söhnen sah Frenchies Schneiderkünste viele Jahre später unter einem anderen Aspekt; er verglich sie mit der Virtuosität seines eigenen Vaters auf der Harfe, der die Harfe spielte, obwohl er keine einzige Note lesen konnte und keinerlei Ausbildung gehabt hatte (M. Marx 1986):

„Er machte Musik, so wie sein Vater Frenchie das Schneiderhandwerk ausgeübt hatte, mit einem untrüglichen Gefühl für Gewebe und Farbe (Harmo-
nie), aber sehr wenig Gespür fürs Zuschneiden und Anpassen (Melodie und
Tempo)."

Auch angesichts von Frenchies offenkundigen Begrenzungen waren
Groucho und die anderen von seinen bemerkenswerten Fähigkeiten
überzeugt (G. Marx 1959):

„Es ist erstaunlich, wie tüchtig ein Mensch auf dem einen Gebiet sein kann
und wie inkompetent auf dem andern. Mein Vater hätte Küchenchef sein
sollen. Meistens kochte er für uns alle ... Er war in der Lage, zwei Eier zu
nehmen, ein wenig altbackenes Brot, ein paar verschiedene Gemüse und ein
Stück billiges Fleisch und daraus etwas zu machen, was selbst den Göttern
gemundet hätte, vorausgesetzt, es gibt noch welche. Meine Mutter hasste
das Kochen, wie die meisten Frauen, und pflegte einen riesigen Bogen um die
Küche zu machen. Aber die Geschicklichkeit meines Vaters in kulinarischen
Dingen versetzte meine Mutter in den späteren Jahren in die Lage, ein paar
ziemlich gerissene Geschäfte zu machen ... Wenn ihre Geschäftspartner erst
einmal gegessen hatten, was mein Vater gekocht hatte, dann waren sie so
mürbe geworden, dass meine Mutter ihre Geschäfte mit ihnen zu ihren Bedingungen abschließen konnte."

Harpo sah seinen Vater auf ähnliche Weise, auch er war der Auffassung, er sei ein Magier der Kochkunst gewesen; sein Misserfolg als
Schneider habe jedoch bedeutet, dass er häufig darauf angewiesen gewesen war, hausieren zu gehen, um das Familienbudget aufzubessern,
während seine Mutter, ohne dass je ein Wort der Klage über ihre Lip-
pen gekommen wäre, ihren Bruder um Geld anpumpte. Harpo sagte,
Frenchie habe nie gekniffen, wenn es um seine Pflicht als Ernährer
ging, auch wenn er, was seinen Ehrgeiz betraf, das genaue Gegenteil
seiner Frau war (H. Marx 1985).

„Frenchie war ein liebevoller, sanfter Mann, der alles so annahm, wie es war
– das Glück genauso wie das Unglück –, immer mit derselben unveränder-
lichen, gutmütigen Gelassenheit. Er strebte nach nichts anderem, als zu leben und das Leben von einem Tag auf den andern so anzunehmen, wie es
war. Er hatte nur zwei Laster: Loyalität gegen alle Menschen, die er kannte
(er hatte in seinem ganzen Leben keinen einzigen Feind, nicht einmal unter
den Spielbetrügern, die ihn ausplünderten) und das Binokelspiel. Ich würde
Frenchies Loyalität nicht schlecht machen. Das ist es, was unsere Familie zusammengehalten hat."

In den frühen Jahren gab es ein Bündnis zwischen Minnie und ihren
Söhnen, von dem der Vater ausgeschlossen war. Möglicherweise hät-

ten ohne dieses Bündnis, das zugleich ein Ventil war für Minnies Energie, die Spannungen zwischen ihr und ihrem Mann zum Bruch geführt. Es ist auch möglich, dass ohne die verschiedenen Bündnisse, die sie im Laufe der Jahre untereinander bildeten, die Marx Brothers nicht in der Lage gewesen wären, ein so phänomenales Comedy-Team zu bilden. Wenn man einen richtig guten gemeinsamen Feind hat, kann das sehr zur Bildung einer starken Gruppe beitragen. Es überrascht freilich nicht, dass, als das Team schließlich auseinander brach, dieser Prozess durch Grouchos zunehmendes Ressentiment gegen seine Rolle als derjenige, der in der Familie alle Verantwortung übernehmen musste, beschleunigt wurde. Derjenige in einem Beziehungssystem, der ständig perfekt funktionieren muss, steht häufig unter dem größten Druck, er fühlt sich schließlich ausgebrannt und entwickelt einen unterdrückten Groll, selbst wenn er wie Groucho die Rolle freiwillig übernommen hat. Sogar sein Witz war (anders als bei Harpo zum Beispiel) immer eine Form der „Triangulierung": Seine Späße bedeuteten immer, dass er sich, in der Absicht, jemand anderes lächerlich zu machen, mit dem Publikum verbündete. Es ist allerdings interessant, dass er der Einzige war, dem es gelang, seine Karriere auch alleine fortzusetzen.

Die in der Familie Marx festgeschriebenen Rollen setzten sich auch in der nächsten Generation fort. So verbündete sich Maxine Marx, das einzige Kind Chicos, mit ihrem Vater gegen ihre Mutter Betty, ganz besonders nachdem ihre Eltern beschlossen hatten, dass sie bei ihren Großeltern leben sollte, damit ihre Mutter Chico auf den vielen Reisen, die seine Karriere mit sich brachte, begleiten konnte. Wie es bei Kindern so oft der Fall ist, machte Maxine am Ende ihrer Mutter die Vorwürfe, die für sie greifbarer war als der ferne Vater, zu dem sie sich hingezogen fühlte und den sie stets in einem romantischen Licht sah. Als im Laufe der Jahre die Spannungen zwischen dem Paar wuchsen, versuchte Maxine unmittelbar, sich zwischen ihre Eltern zu drängen (M. Marx 1986).

> „Immer wenn Daddy, Mutter und ich abends zum Essen ausgingen, sauste ich in die Nische, in der wir Platz nahmen, und drängte mich zwischen sie. ‚Ihr beide seid gemein', pflegte Mutter zu sagen … Dann lachte Daddy nur. ‚Lass sie doch', sagte er zu ihr, ‚sie ist doch nur ein kleines Mädchen'."

Später gelang es Maxine, sich klar zu machen, was sie zu ihrem Vater hingezogen hatte, und ihre Äußerungen machen sehr anschaulich, wie im emotionalen Prozess der Familie die Tatsachen verkehrt werden (ebd.):

> „Mir widerstrebte das verzweifelte Bedürfnis meiner Mutter, Chico nahe zu sein. Ich begriff nicht, dass er ihr untreu war; ich dachte nur, sie wollte ihn ganz für sich haben … Er log Mutter an, er betrog sie und verschwendete all seine Ersparnisse … Er hatte immer das Gefühl, sein Charme würde ihm helfen, aus all seinen Schwierigkeiten herauszukommen. Ich wusste, dass er verantwortungslos war … und dass es in seiner Macht stand, mich wirklich zu verletzen, aber irgendwie war das egal."

Es wurde ihr auch bewusst, wie sie sich ihrer Mutter mit voller Absicht entfremdete (ebd.):

> „Als ich älter wurde, passte es mir nicht, wenn Mutter und ich eine Straße entlanggingen und alle Männer sich nach ihr umdrehten. Ich fühlte mich ganz und gar unzulänglich, und deshalb fing ich an, mich auf einem anderen Gebiet ihr gegenüber als Autorität aufzuspielen: auf dem Gebiet der Bildung … Ich zog verächtlich die Augenbrauen hoch, wenn sie mir von der Türe aus zurief: ‚Maxine, dein junger Schwanenritter ist da.‘ ‚Mutter‘, murmelte ich beim Hinausgehen vor mich hin, ‚es heißt Liebhaber, und außerdem sagt das heutzutage sowieso niemand mehr.‘"

Maxine verbündete sich auch mit ihrer Großmutter Minnie (bei der sie lebte) gegen ihre Mutter. Es wird niemanden überraschen, dass Minnie nicht viel für Betty übrig hatte; sie hatte vermutlich das Gefühl, für ihren Lieblingssohn sei keine Frau gut genug. Aber Minnie und Betty waren auch in ihrem Charakter sehr gegensätzlich. Seit Bettys Heirat mit Chico waren sie immer wieder aneinander geraten. Ja, im Grunde hatte die gesamte Familie Marx von Anfang an ein Problem mit Chicos Frau gehabt. Sie war eine Herausforderung für die Familie, für ihre Art, als Familie miteinander umzugehen. Sie hatte eine rasche Zunge und eine offene, direkte Art, was ihre anscheinend so unschlagbare Familie offensichtlich verwirrte. Obwohl der Witz der Marx Brothers im Kern wild und ungezügelt war – ein unverschämtes Aufbrechen einer Situation –, hatte die Familie doch ihren eigenen Kodex im Hinblick darauf, was als Ausgelassenheit akzeptiert war und was nicht. Betty wurde von ihrer Schwiegermutter, ihrer Tochter und den anderen in der Familie, die sie als Außenseiterin betrachteten, in die Rolle der „Bösen" gedrängt. Maxine sagte (M. Marx 1986):

> „Schon sehr früh war Mutter in meiner Familie zur Schurkin gemacht worden, und als ich ihrer Nörgelei und ihren beständigen Vorschriften entkom-

men war, hatte ich wirklich ein Gefühl der Freiheit. Minnie war alles andere als autoritär; sie war viel eher wie Chico.“

Da Minnie keine Töchter hatte, war es vielleicht ganz natürlich, dass sie sich mit Maxine, ihrem ersten Enkelkind, verbündete. Minnie sah ihre Aufgabe darin, aus Maxine eine Entertainerin zu machen – gerade so, wie sie es bei vielen anderen Verwandten gemacht hatte; sie brachte ihr bei, deutsche Gedichte zu rezitieren, noch bevor Maxine überhaupt wusste, was sie da aufsagte. Je stärker sich Großmutter und Enkelin zusammenschlossen, umso stärker wurde Betty zur Außenseiterin. Den Berichten Maxines zufolge jedoch fühlte Chico sich von Betty gerade wegen des neuen, anderen Elements angezogen, das sie in die Familie hineinbrachte (ebd.):

> „Chico empfand nicht jene Antipathie gegen jüdische Frauen, die seine Brüder Harpo und Groucho an den Tag legten. Betty war genau der Typ eines jüdischen Mädchens, vor dem sie zurückschreckten. Herrschsüchtig und von schneidender Schärfe, wusste sie sehr genau, was sie wollte, und hatte keine Angst, das auch zu sagen. Chico bewunderte ihren Schneid, während seine Brüder fügsame Shiksas[5] bevorzugten. Minnie manipulierte andere, aber sie gab sich nach außen hin nie herrschsüchtig, und ihre Söhne vergaßen gerne, dass sie auch eine Jüdin war. Nicht, dass Betty zänkisch gewesen wäre … sie war einfach von Natur aus direkt und geradeheraus, während die Marx-Söhne an Minnies leise, gewundene Art gewöhnt waren.“

Schon als Chico Betty das erste Mal mit nach Hause brachte, nahmen seine Mutter und seine vier unverheirateten Brüder Anstoß an ihr. Konflikte ergaben sich. Zum Beispiel von der Art (ebd.):

> „Minnie versuchte ständig, sehr jung auszusehen, mit ihrer riesigen blonden Perücke und ihren Chiffonkleidern. Wenn die Familie sich zum Essen setzte, pflegte sie mit großer Geste die Treppe herabzuschweben; sie hatte dann jedes Mal ihren großen Auftritt. Eines Abends musste Betty kichern, als die Grande Dame des Boulevards ihren Platz am Kopfende des Tisches einnahm, und flüsterte ein bisschen zu laut, dass Minnie aussehe wie die Königin von Saba. Minnie nahm diesen harmlosen Scherz ganz gut auf, aber die Brüder nahmen sogleich eine Verteidigungshaltung an.“

Wenn zwei Geschwister, die miteinander im Streit liegen, heiraten, dann geraten die beiden Ehepartner zwangsläufig mit in die Sache hinein. So waren auch die Feindseligkeiten zwischen Chicos Frau, der Frau des ewig sorglosen Charmeurs, der keinerlei Verantwortung

---

5 bei den Juden Christenmädchen und umgekehrt; A. d. Ü.

übernahm, und der Frau Grouchos, eines sich stets im Übermaß für alles verantwortlich fühlenden Pfennigfuchsers und Griesgrams, eher ein Spiegel der Spannungen zwischen den Brüdern bzw. der Schwierigkeiten innerhalb der beiden Ehen als ein Ausdruck der Probleme zwischen den beiden Frauen selbst. Grouchos Frau Ruth beneidete Chicos Frau um ihren Schmuck und ihre Pelze, weil Groucho ihr nicht einmal ein neues Kleid gönnte. Was Ruth nicht sehen wollte, war die Tatsache, dass Chicos Großzügigkeit und seine teuren Geschenke häufig ein Mittel waren, von seiner Spielleidenschaft und seinen Affären mit anderen Frauen abzulenken und so Bettys Nachsicht zu erkaufen. Und abgesehen davon, war keinesfalls ausgemacht, dass die luxuriösen Dinge, die Chico Betty schenkte, nicht eines Tages als Pfand herhalten mussten, um Chicos Spielschulden zu bezahlen – Schulden, die Groucho in tausend Jahren nicht gemacht hätte.

Kommunikation reguliert die Distanz

Im Allgemeinen halten Familien ein stabiles Verhältnis von Nähe und Distanz aufrecht, unabhängig davon, welchen Schwankungen ihre emotionalen Beziehungen unterworfen sein mögen. Dieser Prozess der Regulierung von Nähe und Distanz hat etwas damit zu tun, wer mit wem und aus welchem Grund in Beziehung tritt. Wir alle wissen, dass die Mitglieder einer Familie manchmal eine Menge miteinander sprechen, ohne dass sich so etwas wie Nähe oder Intimität zwischen ihnen entwickeln würde. In manchen Familien wird der Humor eingesetzt, um Distanz aufrechtzuerhalten; andere streiten und kämpfen miteinander. Manche Familien erscheinen außen Stehenden als warmherzig und freundlich; diejenigen, die sie besser kennen, wissen jedoch, dass das alles „Formsache" ist und Familienmitglieder, die sich nicht an die Regeln halten – nämlich an das, was die Familie für das richtige oder angemessene Benehmen hält – ausgeschlossen werden.

In Familien mit einem hohen Maß an Konflikten herrscht häufig auch ein hohes Maß an Intimität. Manche Familien bedienen sich einer ganz eigenen, privaten Sprache, voller Anspielungen und Witze, die niemand außer ihnen versteht. Andere bringen ihre Verbundenheit durch Rituale und Muster zum Ausdruck, die von einer Generation zur andern weitergegeben werden. Schauen Sie sich zum Beispiel an, wie James Baldwin (1957) das Ritual des Geschichtenerzählens in seiner Familie beschreibt, eine Situation, die lebhaft vermittelt, wie subtil die Dinge waren, die über Generationen hinweg in seiner Familie weitergegeben wurden.

> „Sonntagnachmittags, wenn nach einem ausgiebigen Sonntagsmahl die Älteren sich miteinander unterhielten ... hat vielleicht jemand ein kleines Kind auf dem Schoß und streicht dem Kind selbstvergessen über den Kopf ... Er hofft, dass niemals eine Zeit kommen wird, in der die Alten nicht im Wohnzimmer zusammensitzen und darüber sprechen, wo sie hergekommen sind und was sie alles gesehen haben und was sie und ihre Verwandten erlebt haben. Aber etwas Tiefes und Wachsames in dem Kind weiß, dass es zu Ende gehen muss und bereits am Ende angekommen ist. Einen Moment später steht jemand auf und macht das Licht an. Dann bemerken die Alten die Kinder wieder, und sie sprechen nicht mehr weiter an diesem Tag ... Das Kind weiß, dass sie nicht weitersprechen werden, denn wenn es zu viel darüber weiß, was ihnen widerfahren ist, dann weiß es zu einem zu frühen Zeitpunkt zu viel darüber, was ihm widerfahren wird."

Wenn irgendetwas die für alle angenehme Ebene der Distanz, wie sie sich in den Beziehungen der Familienmitglieder untereinander eingependelt hat, zu verändern droht, dann versucht die Familie für gewöhnlich, die Dinge auf die vertraute Ebene zurückzubringen. Gelegentlich kann man fast den Eindruck gewinnen, die Familienmitglieder seien durch eine unsichtbare Nabelschnur miteinander verbunden und funktionierten wie ein einziger Organismus, selbst dann, wenn sie durch tausende von Kilometern voneinander getrennt sind. Deshalb rücken, wenn ein Mitglied der Familie krank wird, die anderen näher zusammen, um die entstandene Leere zu füllen oder die Angst zu vermindern; es kann aber auch sein, dass sie zu streiten anfangen, um die vertraute Distanz einzuhalten und zu viel Intimität zu vermeiden. In Zeiten der Angst und der Veränderung versuchen Familien sich dadurch zu stabilisieren, dass sie das Maß der Distanz in ihren Beziehungen regulieren.

Dieser Prozess ist auf amüsante Weise an den Brüdern Wilbur und Orville Wright zu beobachten, insbesondere zu dem Zeitpunkt, als sie die Propellermaschine für das erste Flugzeug zu entwickeln versuchten (Genogramm 4.3). Die Brüder Wright waren, obgleich sie nach außen hin sehr gegensätzlich erschienen, so „unzertrennlich wie Zwillinge", wie ihr Vater sagte. Wilbur schrieb einmal (zit. nach Crouch 1989):

> „Seit früher Kindheit wuchsen mein Bruder Orville und ich gemeinsam auf, wir spielten gemeinsam, wir arbeiteten gemeinsam und, ja, wir dachten ge-

Die Familie von Wilbur und Orville Wright
Genogramm 4.3

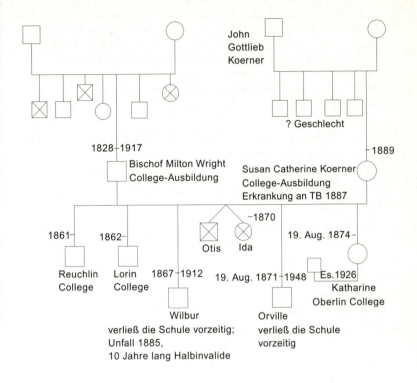

John Gottlieb Koerner

? Geschlecht

1828–1917
Bischof Milton Wright
College-Ausbildung

1889

Susan Catherine Koerner
College-Ausbildung
Erkrankung an TB 1887

–1870

1861–

1862–

Otis   Ida

19. Aug. 1874–

Reuchlin
College

Lorin
College

1867–1912

19. Aug. 1871–1948

Es.1926

Katharine
Oberlin College

Wilbur
verließ die Schule vorzeitig;
Unfall 1885,
10 Jahre lang Halbinvalide

Orville
verließ die Schule
vorzeitig

meinsam. Für gewöhnlich gehörten uns alle unsere Spielsachen gemeinsam, und wir sprachen unsere Gedanken und Ziele gemeinsam durch, sodass fast alles, was wir in unserem Leben gemacht haben, das Resultat von gemeinsamen Gesprächen ist, von Anregungen, die wir einander gaben, und Diskussionen zwischen uns."

Es wird berichtet, sie seien einander so nahe gewesen, dass häufig einer die Sätze des anderen vollendete. Mit dem Fortschreiten ihrer gemeinsamen Arbeit bei der Erfindung des Flugzeugs erhitzte sich der Innendruck ihrer ohnehin engen Beziehung. Sechs oder sieben Wochen lang arbeiteten sie Tag und Nacht zusammen und stritten sich dabei ununterbrochen. (Sehr wahrscheinlich regulierte das Streiten ihre emotionale Distanz, die sie als Gegengewicht zu der Intensität ihrer Zusammenarbeit brauchten.) Sobald die Brüder miteinander im gleichen Raum waren, begann das Geschrei im ganzen Haus widerzuhallen. Ihr Assistent erinnerte sich (Walsh 1975):

> „Eines Morgens, nach dem schlimmsten Streit, den ich je zwischen ihnen erlebt hatte, kam Orv herein und sagte, er glaube, er habe nicht Recht gehabt, und sie müssten es so machen, wie Will es vorgeschlagen hatte. Ein paar Minuten später kam Will herein und sagte, er habe darüber nachgedacht, und vielleicht habe Orv doch Recht. Ich wusste sofort, dass sie mit dem ganzen Streit von vorne anfangen würden, nur hatten sie jetzt die Positionen vertauscht."

Der Wechsel der Positionen war wahrscheinlich ein Versuch, die Eskalation ihres Streits aufzuhalten, die zu diesem Zeitpunkt zu weit gegangen war. Gemeinsame Übereinstimmung jedoch hätte sie einander zu nahe gebracht, deshalb kehrten sie schnell zu gegensätzlichen Positionen zurück.

Die Zusammenarbeit der Brüder bei der Entwicklung des Flugzeugs stellte eine der produktivsten Partnerschaften in der Geschichte dar, eine Beziehung, die sie womöglich stärker aneinander band als eine Ehe; das ging so weit, dass jeder von ihnen Zugang zu ihrem gemeinsamen Bankkonto hatte, ohne den andern zuvor fragen zu müssen. Oft begannen die Brüder bei der Arbeit in ihrem Fahrradgeschäft unvermittelt dieselbe Melodie zu pfeifen, so als ob es ein seelischgeistiges Band zwischen ihnen gegeben hätte. Und ihre Stimmen waren so ähnlich, dass sie nur auseinander zu halten waren, wenn man sie beide sah. Sie selbst führten dieses Phänomen auf eine geheime Verbundenheit ihrer Gedanken zurück, die in einem gemeinsamen Gedächtnis aufbewahrt waren (Howard 1987). Obwohl beide sehr intelligent waren und auf dem Gebiet der Mechanik große Fähigkeiten hatten, war es doch die Kombination der Fähigkeiten und Anstrengungen von beiden, die sie zum Erfolg führte und den menschlichen Traum vom Fliegen ermöglichte. Nur gemeinsam konnten sie ihr Genie erfahren.

Die Zusammenarbeit dieser außergewöhnlichen Brüder brachte eines der technischen Wunder unserer Zeit hervor. Oberflächlich betrachtet, mag diese außergewöhnliche „Zwillingsschaft" zunächst geheimnisvoll erscheinen. Andere Paarungen unter den Geschwistern wären vielleicht näher liegend gewesen. Beachten Sie zum Beispiel die Tatsache, dass zwischen Wilbur und Orville ein Altersunterschied von vier Jahren bestand, während ihre beiden älteren Brüder nur ein Jahr auseinander waren. Beachten Sie, dass beide Brüder die Highschool abbrachen, während sämtliche anderen Mitglieder der Familie, einschließlich ihrer Mutter, aufs College gegangen waren. Beachten Sie auch, dass Orville und seine Schwester Katherine bei einem Altersunterschied von drei Jahren am selben Tag Geburtstag hatten und also gleichfalls in gewisser Weise eine besondere Verbindung zwischen ihnen bestand. Wie ich bereits erwähnt habe, glaube ich, dass ihre Zwillingsschaft auf eine verborgene Verbindung zwischen ihnen zurückging, die mit der Geburt und dem frühen Tod ihrer Zwillingsgeschwister Otis und Ida zu tun hatte; Geburt und Tod der Zwillinge ereigneten sich zwischen der Geburt von Orville und der Geburt von Wilbur. Die Bedeutung dieser Zwillinge für die Familie zeigt sich an der Tatsache, dass ihr Vater die Erinnerung an ihren Geburtstag mehr als ein Vierteljahrhundert lang pflegte. Auch wenn uns nicht bekannt ist, ob es in früheren Zeiten noch weitere Zwillinge in der Familie Wright gegeben hat, frage ich mich doch, ob die Intensität des Wunsches nach Zwillingen nicht auch frühere Traumata im Zusammenhang mit anderen Zwillingen in der Familie spiegelt.

Wie wir gesehen haben, bildet sich bei Familien, die Kinder verloren haben, oft eine besondere Anhänglichkeit an die überlebenden Kinder heraus, die emotional zu einem Ersatz für das verlorene Kind werden und es schwer haben, sich von ihrer Familie zu lösen. Bischof Milton Wright, der Vater, brüstete sich geradezu mit der Tatsache, dass weder Orville noch Wilbur jemals heirateten oder das Dach des Elternhauses verließen. Die Gründe dafür, dass sie weder die Highschool beendeten noch sich von der Familie lösten, liegen im Dunkel; es stellt sich jedoch die Frage, ob es nicht eine geheime Botschaft an sie gab, die Familie nicht zu verlassen, denn es erscheint tatsächlich sehr merkwürdig, dass beide Eltern und sämtliche Geschwister aufs College gingen, nur diese beiden nicht.

Wilbur hatte im Alter von 16 Jahren eine schwere Verletzung erlitten, und er verließ die Schule, um seine Mutter zu pflegen, die an Tuberkulose erkrankt war, woran sie nach langer Leidenszeit starb. Nach dem Tod der Mutter war er lange Zeit unfähig, sich wieder aufzurappeln, und die anderen Familienmitglieder fragten sich schließlich, ob er eine Krankheit simuliere oder ob er depressiv sei. In der Familie Wright war die elterliche Botschaft, die Familie nicht zu verlassen, möglicherweise durch den Verlust der Zwillinge verstärkt worden. Dazu kam noch die Tatsache, dass Orville und die einzige Schwester, Katherine (die immer deutsch „Schwester" genannt wurde), am selben

Tag geboren wurden; auch diese beiden Geschwister hatten daher eine Art von Zwillingsbeziehung und lebten nach Wilburs Tod viele Jahre lang zusammen. Man könnte fast zu der Hypothese gelangen, dass diese Familie Zwillinge „brauchte". Nach dem Verlust der ersten Zwillinge fand sich ein Ersatz in Wilbur und Orville. Als Orville Wilbur nicht mehr hatte, trat die Beziehung zwischen Orville und Katherine an die Stelle der früheren Beziehung zwischen den Brüdern. Als Katherine sich im Alter von 52 Jahren endlich entschloss zu heiraten, nachdem sie mehr als ein Jahr lang gezögert hatte, Orville von ihrer Verlobung etwas zu sagen, sprach er nie mehr mit ihr. Einer der Biografen der Brüder Wright (Crouch 1989) hat es so formuliert:

> „Katherine hatte einen geheiligten Pakt gebrochen. Indem sie einen andern Mann in ihr Leben einließ, hatte sie ihren Bruder zurückgewiesen. Katherine war diejenige, die seinen Glauben an die Unverletzlichkeit der Familienbindungen erschüttert hatte, auf dem seine emotionale Sicherheit beruhte."

Aus systemischer Sicht zeigt sich an diesem Beispiel ein verbreitetes Familienmuster: Verschmelzung führt zu Ausstoßung und Verdrängung, und Ausstoßung und Verdrängung führen zu Verschmelzung. Anders ausgedrückt, wenn man die Gefühle, die in einer Beziehung gegenwärtig sind(in der Familie Wright zum Beispiel die Gefühle in Bezug auf die Zwillinge), verdrängt und vom Bewusstsein abschneidet, kann es sein, dass dadurch bei anderen (bei Wilbur und Orville) Gefühle intensiviert werden, die dann noch auf eine weitere Verschmelzung übertragen werden (zwischen Orville und Katherine) und schließlich zu einer weiteren Trennung führen (da Orvilles Wunsch nach Verschmelzung es nicht zuließ, dass Katherine eine andere intime Beziehung hatte).

Der Umgang mit Schmerz und Konflikten in der Familie

Es erfordert ziemlich viel Kraft und Mut, einen Konflikt anzupacken, und viele Familien geraten an diesem Punkt in eine Sackgasse. Familienmitglieder, für die der Zusammenhalt der höchste Wert ist, vermeiden es in der Regel, ihre unterschiedlichen Auffassungen zu diskutieren. Sie decken die Unterschiede zu, wechseln das Thema oder unterdrücken ihre eigenen Gefühle und tun so, als ob alle gleicher Meinung wären.

In anderen Familien kommt es, als Reaktion auf die Angst, immer wieder zu emotionalen Ausbrüchen. Unterschiedliche Auffassungen können zu Distanzierung, Entfremdung und unaufgelösten Ressentiments führen. Ständiger Aufruhr kann der grundlegende Beziehungsstil in diesen Familien sein, sie finden immer wieder ein neues Streitthema, ohne den Konflikt zu lösen. Das kann dann so aussehen:

Sobald eine Unstimmigkeit einen gewissen Grad erreicht hat, wechselt die Familie auf ein anderes Schlachtfeld. Zum Beispiel kann es zu einem Ehekonflikt kommen, weil der Ehemann zu stark von seinem Job in Anspruch genommen ist. Die Frau beklagt sich, dass er zu Hause nie hilft und ihre Arbeit nicht anerkennt, während er das Gefühl hat, sie habe keinerlei Verständnis für seinen beruflichen Stress. An einem gewissen Punkt werden sie das Thema möglicherweise wechseln und sich zum Beispiel wegen einer Meinungsverschiedenheit im Blick auf das Verhalten ihres Sohnes streiten. Wird auch dieser Konflikt zu heiß, dann wechseln sie das Schlachtfeld ein weiteres Mal. Der Ehemann sagt, seine Frau unterbreche ihn „immer", und die Frau sagt, ihr Mann höre ihr „nie" zu. Daraufhin lenkt der Sohn die beiden vielleicht ab, indem er einen Streit mit seiner Schwester anfängt. An diesem Punkt schließen sich die Eltern wieder zusammen, um die Streiterei der Kinder zu stoppen. Dieser beständige Wechsel kann den Angstpegel in der Familie innerhalb gewisser Grenzen halten, aber die Beziehungen bleiben die gleichen, und die Konflikte werden nicht gelöst. Auf diese Weise kann sich ein stabiles Gleichgewicht etablieren, obwohl die Situation natürlich für alle Beteiligten unbefriedigend ist.

Manchmal geraten Familienmitglieder, besonders Paare, in einen besonderen Kreislauf: Sie streiten sich, um sich dann wieder zu versöhnen. Es gibt eine heftige Meinungsverschiedenheit, vielleicht gehen die beiden Streitpartner sogar auseinander, und danach folgt eine liebevolle Versöhnung sowie eine erneuerte Erklärung und Versicherung ihrer gegenseitigen Liebe. Selbst wenn sich dadurch auf Dauer nicht viel ändert, kann die Intensität der Gefühle, die mit den Versöhnungen einhergeht, für manche Paare so wichtig sein, dass sie den Konflikt in Kauf nehmen. Es gibt sogar Leute, die einen Streit nur deshalb anfangen, um das Gefühl der Nähe, das sich aus der darauf folgenden Versöhnung ergibt, zu erfahren.

Andere Familien leben in einer Art von „kaltem Krieg" – es gibt keine Kämpfe, nur ständige Spannungen. Ein verächtlicher Blick kann das emotionale Äquivalent einer katastrophalen verbalen Attacke sein. Diese Art, sich voneinander zu distanzieren, löst zwar keine Probleme, aber sie kann die Angst auf einem erträglichen Niveau halten.

Charakteristischerweise wirken sich Konflikte zwischen zwei Familienmitgliedern auch auf andere in der Familie aus. In dem Maße, in dem die Angst zunimmt, haben Konflikte die Tendenz, sich fortzusetzen und auf andere überzugreifen. Die Mitglieder der Familie polarisieren sich. Es ist schwierig, sich in einer solchen Situation nicht auf die eine oder die andere Seite zu schlagen. Selbst diejenigen, die versuchen, neutral zu bleiben und sich aus dem Kampf herauszuhalten, geraten in Verdacht, Partei ergriffen zu haben, und sei es auch nur, weil sie schweigen.

Als zum Beispiel Kathleen Kennedy, die Tochter von Joseph und Rose Kennedy, gegen den Willen und die Religion ihrer Eltern in England einen Protestanten heiratete, zog sich Rose Kennedy völlig zurück, sie verließ ihr Zimmer nicht mehr. Joe Kennedy, der zwischen seiner Frau und seiner Tochter hin und her gerissen war, ließ seine Frau in ein Krankenhaus einweisen, um sie vor der Zudringlichkeit der Öffentlichkeit zu schützen und vielleicht auch davor, sich durch eine öffentliche Reaktion zu kompromittieren; Kathleen musste die Reaktion ihrer Familie aus den Zeitungen erfahren und daraus ihre Schlüsse ziehen. Joe jr., der älteste Sohn, telegrafierte schließlich im Namen von Kathleen an die Eltern: „Die Macht des Schweigens ist groß" (Goodwin 1987).

Derartige Reaktionen können eine Familie wohl für eine gewisse Zeit stabilisieren, aber sie tragen ganz gewiss nicht dazu bei, die Familie darauf vorzubereiten, zukünftige Veränderungen und die damit einhergehenden Ängste bewältigen zu können.

Verzerrungen der Kommunikation

Im Allgemeinen ist die Klarheit der Kommunikation am ehesten dann gewährleistet, wenn die Menschen sich sicher fühlen. Gibt es unter Mitgliedern einer Familie ein Problem, dann verzerren sie ihre Botschaften für gewöhnlich, um sich oder andere zu schützen. Manchmal sprechen sie überhaupt nicht, manchmal klagen sie sich selbst an, manchmal klagen sie andere an, oder sie wechseln das Thema und sprechen über etwas anderes.

Das Maß der Verzerrung ist ein guter Indikator für den Grad der Angst und die Rigidität der Familienbeziehungen. Wenn zwei Familienmitglieder immer einer Meinung sind, dann ist das wahrscheinlich eher eine Reaktion auf die Angst als ein Ausdruck davon, dass zwischen ihnen eine große Seelenverwandtschaft bestünde. Wenn umgekehrt zwei Familienmitglieder ständig miteinander im Streit liegen, dann geht es in Wirklichkeit vermutlich gar nicht um den jeweiligen Gegenstand ihrer Konflikte. Sie werden immer entgegengesetzte Positionen einnehmen, ganz egal, worum es in ihren Diskussionen gerade geht.

Dysfunktionale Beziehungs- und Kommunikationsmuster entwickeln sich für gewöhnlich in Zeiten großer Belastungen. Denken Sie daran, wie häufig es vorkommt, dass die Menschen nach einem Todesfall in der Familie oder beim Eintritt einer finanziellen Krise aufhören, miteinander zu sprechen. Wenn viele Belastungen – Todesfall, Umzug, Geburt, Scheidung oder Wiederverheiratung – auf einmal zusammenkommen, dann ist die Familie verständlicherweise von der Situation überfordert und wird wahrscheinlich nicht wirksam kommunizieren, zumindest für eine gewisse Zeit. Gestörte Beziehungen und eine gestörte Kommunikation werden dann zum Problem, wenn die Kommunikation in der Familie über einen längeren Zeitraum hinweg verzerrt ist. Chronisch schlecht angepasste Formen der Beziehung setzen sich fort und zerstören das System.

Verschmelzung und Ausstoßung

Bei Belastungen entsteht ein Druck auf die Familienmitglieder, gleich zu denken und gleich zu handeln – das heißt, ihre eigene Identität im Namen der Familienloyalität zu opfern. Die einzelnen Mitglieder der Familie werden gezwungen, einen Teil von sich selbst zugunsten der Gruppe aufzugeben. Jedes unabhängige Verhalten wird zu einer Bedrohung. Solche Beziehungen verlangen von den Familienmitgliedern, dass sie einen hohen Grad an Illusion in Bezug auf ihre Angehörigen aufrechterhalten. Unterschiede müssen ignoriert oder verkleinert werden. Diese Art der Nähe bezeichnet man als Verschmelzung. Die Grenzen der einzelnen Personen gehen verloren, und jeder passt sich den Bedürfnissen der anderen an.

Es besteht ein großer Unterschied zwischen Verschmelzung und einer von echter Nähe geprägten Beziehung, denn letztere respektiert und bestätigt die individuellen Unterschiede. Familien, in denen die einzelnen Mitglieder miteinander verschmolzen sind, nehmen häufig die Haltung „Wir gegen die ganze Welt" ein und schränken so von vornherein ihre Fähigkeit ein, mit dem Leben zurechtzukommen. Wenn die Familienmitglieder immer der „Parteilinie" ihrer Familie folgen müssen, fällt es ihnen schwer, sich an Veränderungen anzupassen. Sie schließen sich gegen äußere Einflüsse und Gedanken ab und betrachten die anderen in erster Linie als Gegner und nicht als mögliche Ressourcen. Zu viel Verbundenheit und Gemeinsamkeit kann zu Verstrickung führen und schließlich zu zerstörerischen Trennungen und Ausstoßungen, nämlich dann, wenn die Illusion des vollkommenen Einsseins erschüttert wird.

Die Familie O'Neill

Eines langen Tages Reise in die Nacht, Eugene O'Neills (1955) autobiografisches Theaterstück, bietet ein beeindruckendes Beispiel familiärer Verschmelzung (Genogramm 4.4). Das Genogramm der Familie O'Neill und das Genogramm der Familie Tyrone in diesem Stück sind in jedem Detail identisch, abgesehen davon, dass O'Neills erste Frau und sein Sohn weggelassen und die Namen zwischen Eugene O'Neill (der im Stück Edmund genannt wird) und seinem Bruder Edmund (der im Stück Eugene genannt wird), der im Alter von vier Jahren gestorben war, ausgetauscht wurden. Die Angst der Familie kreist in erster Linie um die Drogenabhängigkeit der Mutter. Sie ist gerade von einem Sanatoriumsaufenthalt zurückgekehrt, bei dem sie einen Morphiumentzug gemacht hat, und die Familie fürchtet, sie werde rückfällig werden. Die einzelnen Familienmitglieder belügen die Mutter hinsichtlich ihrer Ängste, sie belügen sich untereinander, und sie machen sich selbst oder, noch häufiger, untereinander Vorwürfe wegen der Probleme. Zwischendurch lenken sie sich mit anderen Konflikten oder mit Alkohol ab. Das Paradoxon ist dies: Gerade ihr verzweifeltes Bedürfnis, sich immer wieder ihrer gegenseitigen Nähe zu vergewissern, verhindert, dass sie wirklich mit einander verbunden sind. Sie sind gefangen in ihrem Bemühen, vorzutäuschen, dass alles in Ordnung ist, und versuchen, ihre scheinbare Verbundenheit aufrechtzuerhalten, obwohl ihre Unfähigkeit, ehrlich zu sein gegen sich selbst und gegeneinander, dazu führt, dass sie tief voneinander isoliert sind. Eugene O'Neill sagte einmal über seine Familie: „Wir waren eine Familie, deren einzelne Mitglieder einander sehr nahe waren – zu nahe."

Die Familie O'Neill
Genogramm 4.4

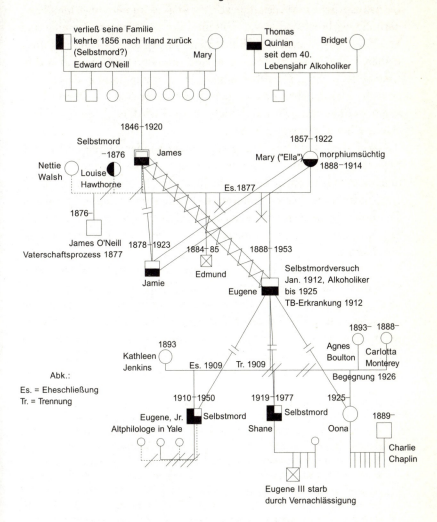

verließ seine Familie kehrte 1856 nach Irland zurück (Selbstmord?)
Edward O'Neill

Mary

Thomas Quinlan seit dem 40. Lebensjahr Alkoholiker

Bridget

1846–1920

Selbstmord –1876 James

1857–1922

Mary ("Ella") morphiumsüchtig 1888–1914

Nettie Walsh

Louise Hawthorne

Es. 1877

1876–

James O'Neill Vaterschaftsprozess 1877

1878–1923

Jamie

1884–85

Edmund

1888–1953

Selbstmordversuch Jan. 1912, Alkoholiker bis 1925 TB-Erkrankung 1912

Eugene

1893–   1888–

Agnes Boulton

Carlotta Monterey

1893

Kathleen Jenkins

Es. 1909 / Tr. 1909

Begegnung 1926

Abk.:
Es. = Eheschließung
Tr. = Trennung

1910–1950

Eugene, Jr. Altphilologe in Yale

Selbstmord

1919–1977

Shane

Selbstmord

1925–

Oona

1889–

Charlie Chaplin

Eugene III starb durch Vernachlässigung

O'Neill löste das Problem der Verschmelzung in seiner Ursprungsfamilie nie auf. Er suchte Nähe und lief im gleichen Moment vor der Nähe davon. Schon wenige Wochen nach seiner ersten Heirat floh er und legte jede Verantwortung für seine Frau Kathleen und den Sohn, mit dem sie schwanger war, ab (dieser Sohn, Eugene jr., begegnete O'Neill zum ersten Mal, als er acht Jahre alt war). Nach einer qualvollen Affäre mit der Frau eines engen Freundes heiratete O'Neill noch einmal. Seiner zweiten Frau, Agnes, gegenüber stellte er extreme Besitzansprüche und verlangte von ihr (was er immer von seinen Partnerinnen verlangte), dass sie frei sein sollte von Kindern, Familie und Freunden. Als Agnes O'Neill heiratete, verließ sie ein Kind aus ihrer früheren Ehe, genauso wie er sein Kind verlassen hatte. Er war wahnsinnig eifersüchtig, sobald er Agnes einmal mit jemand anderem sah; er sagte: „Ich möchte, dass es nicht heißt, du und ich, sondern wir ... in einem Alleinsein, das durch nichts gestört wird. Nicht einmal durch eigene Kinder" (Sheaffer 1968).

Trotzdem hatte das Paar zwei weitere Kinder, Shane und Oona. Eugene ignorierte die Kinder, und als diese zweite Ehe am Ende war, machte er Agnes dafür verantwortlich. Ein Zustand der Verschmelzung führt, sobald er sich auflöst, zu Desillusionierung und radikaler Trennung. In den Jahren nach der Scheidung verstieß O'Neill nicht nur Agnes, sondern auch seine Kinder, er erwähnte nicht einmal mehr ihre Namen.

In seiner dritten Ehe – mit Carlotta Monterey – verstärkte sich O'Neills Muster der Verschmelzung und Ausstoßung noch mehr. Seine erste Begegnung mit Carlotta fand nur wenige Wochen nach dem Tod seiner Mutter im Jahre 1922 statt, was sein Bedürfnis nach Nähe wahrscheinlich noch erhöhte. Die Beziehung zwischen ihnen begann noch, während er mit Agnes verheiratet war. Über ihre erste Begegnung sagte Carlotta später (Gelb a. Gelb 1987):

> „Er fing an, über seine Knabenzeit zu sprechen. Er sprach immer weiter, so als ob er mich schon immer gekannt hätte, aber mir selbst schenkte er die gleiche Aufmerksamkeit, die er auch einem Stuhl geschenkt hätte. Er redete davon, dass er kein Zuhause gehabt habe, keine Mutter im echten Sinne des Wortes, keinen wirklichen Vater, und wie depriviert seine Kindheit gewesen sei. Nun, das ist es gewesen, was mir die Probleme einbrachte; mein mütterlicher Instinkt gewann die Oberhand – um diesen Mann muss man sich kümmern, dachte ich. Er brach mir das Herz. Ich konnte es nicht ertragen, dass dieses Kind, das ich gleich adoptiert hatte, all das erlitten haben sollte."

Es ist interessant, dass Carlotta ihre gegenseitigen Projektionen so früh erkannte. Sie war ein „Objekt", das seine Leere füllte, und er war ein „Kind", um das sie sich kümmern konnte. Carlotta hatte, genauso wie O'Neill, das verzweifelte Bedürfnis, zu jemandem zu gehören. Ihre vorausgegangen Ehe war an der ständigen Untreue ihres Mannes gescheitert.

Um sich dafür zu rechtfertigen, dass er seine Familie wegen einer Frau verließ, die sich ihm vollkommen hingeben würde, redete O'Neill sich ein, seine zweite Ehe sei ein Fiasko gewesen und Agnes' Abneigung gegen seinen Wunsch, sich von ihr scheiden zu lassen, sei völlig ungerechtfertigt. Sobald er und Carlotta jedoch frei waren und nur füreinander da sein konnten, da Carlotta ihre Tochter nicht zu sich genommen hatte, wurde Eugene von Schuldgefühlen gequält, weil er seine Familie verlassen hatte. Carlotta entwickelte zunehmend feindselige Gefühle gegen Freunde, die Sympathie für Agnes zeigten, und bald schon waren alle früheren Beziehungen abgebrochen.

Im Laufe der Zeit entwickelten O'Neill und Carlotta die Haltung „Wir zwei gegen den Rest der Welt". Sie isolierten sich darüber hinaus noch stärker, indem sie im Ausland lebten. Selbst nachdem sie in die Vereinigten Staaten zurückgekehrt waren, setzte Carlotta alles daran, O'Neills Kontakt mit seinen Kindern auf das geringstmögliche Maß zu beschränken. Sie pflegten in den folgenden 26 Jahren ein romantisches Märchen: das Märchen von dem schönen, unerreichbaren O'Neill in seinem Schloss, fernab der Welt in seine Arbeit versunken und mit seiner ergebenen Carlotta in Liebe vereint. In den späteren Jahren war O'Neill aufgrund einer Parkinson ähnlichen Krankheit nicht mehr fähig zu schreiben, und Carlottas beschützende Haltung verstärkte sich noch. O'Neill, der von allen seinen drei Kindern abgeschnitten war, hat seine Enkelkinder nie gesehen. Seine beiden Söhne begingen am Ende Selbstmord. O'Neill lehnte jeden Kontakt mit seiner Tochter Oona ab, nachdem sie im Alter von 18 Jahren den Filmkomiker und Produzenten Charlie Chaplin geheiratet hatte, der so alt war wie er selbst. In ihren letzten Jahren waren beide, O'Neill und Carlotta, schwer depressiv; nach seinem Tod blieb sie allein, sie versuchte, die Legende über sich und O'Neill aufrechtzuerhalten, solange sie lebte.

Der Symptomträger

In Zeiten der Belastung kann es sein, dass ein Familienmitglied als Patient oder Symptomträger identifiziert wird. Diese Person, die von den Therapeuten oft als IP, das heißt als identifizierter Patient, bezeichnet wird, kann tatsächlich als eine Art Notsignal für die ganze Familie dienen. Der Symptomträger bildet den Fokus für die emotionale Energie der Familie und lenkt die Familienmitglieder von ihrer eigenen Angst ab. Es kann sogar ein unbewusstes Arrangement zwischen den Familienmitgliedern geben, dem zufolge einer von ihnen zum Symptomträger wird, damit die anderen jemanden haben, um den sie sich kümmern können. Es kann sogar so sein, dass ein Familienmitglied nach dem andern zum Symptomträger wird, wobei eine Person in der Familie alle ihre Kräfte zusammennimmt, um für einen andern zu sorgen. In rigiden Familiensystemen jedoch bleiben die Rollen in der Regel festgelegt, wie es bei O'Neill und Carlotta der Fall war. Sogar als Carlotta einmal ins Krankenhaus musste und die Rollen sich hätten umkehren sollen, gelang es O'Neill, seinerseits zur selben Zeit und in derselben Einrichtung eingewiesen zu werden, nur um sich in seiner Rolle als Patient nicht ausstechen zu lassen.

Kopfschmerzen, Depression, Angstanfälle, Schulversagen oder Verhaltensprobleme bei Kindern sind häufig ein Schlüssel zu Familienproblemen, die so schwer sein können, dass im Verhältnis zur eigentlichen Kernfrage die Symptome des identifizierten Patienten fast nebensächlich sind. Oft sind es die schwächsten Familienmitglieder, die Symptome entwickeln. Wenn die Eltern Probleme in ihre Ehe haben, sind sehr wahrscheinlich die Kinder die Symptomträger, besonders dann, wenn die Eltern mit ihren Problemen nicht selbst fertig werden. Häufig sind auch die Frauen diejenigen in der Familie, die ein Symptom entwickeln, da sie im Allgemeinen weniger Macht haben, das System zu verändern als die Männer, die ihrerseits dazu erzogen sind, ihre eigenen Bedürfnisse nicht wahrzunehmen oder um Hilfe zu bitten.

Was ich damit sagen will, ist dies: Wenn wir lediglich auf das Symptom reagieren, ohne den Gesamtkontext zu untersuchen, in dem es auftritt, kann es sein, dass wir nicht verstehen, was vorgeht. Wenn man einem Kind mit Magenschmerzen lediglich eine Medizin gibt oder auf Schulversagen nur mit Strafen oder Förderunterricht reagiert, kann es sein, dass man damit am wirklichen Problem vorbeigeht, das möglicherweise in dem Kummer des Kindes zu suchen ist, das unter Familienproblemen leidet.

Krankheitssymptome sagen oft mehr über die Ängste in der Familie als Ganzes aus als über das kranke Individuum für sich genommen. Untersuchungen haben gezeigt, dass der Zeitpunkt, zu dem eine Familie für ein Kind medizinische Hilfe sucht, unter Umständen mehr mit Veränderungen bezüglich der Ängste der Eltern zu tun hat als mit Veränderungen im Gesundheitszustand des Kindes.

Ein Beispiel dafür ist die Familie O'Neill im Jahre 1912, als bei Eugene Tuberkulose festgestellt wurde. Einige Zeit zuvor, im selben Jahr, hatte er, schwer alkoholabhängig, ohne Geld und ohne irgendwelche Karriereaussichten, nach seiner ersten demütigenden Scheidung einen Selbstmordversuch unternommen. Es war eine Zeit, in der das gesamte Familiensystem tief gestört war. Seine Mutter war schwer morphiumsüchtig, sein Bruder Jamie schwer alkoholabhängig, und sein Vater war äußerst frustriert, weil er in seiner Karriere nicht weiterkam. Dazuhin war die Familie zunehmend in die Isolation geraten. Wir wissen zwar, dass die Tuberkulose eine biologische Ursache hat, aber genauso gut wissen wir, dass wir stärker für Krankheiten anfällig sind, wenn unser Immunsystem unter Stress steht.

Die äußeren Anzeichen der Tuberkulose führten schließlich dazu, dass Eugene Aufmerksamkeit von außen bekam: Er war gezwungen, ein Sanatorium aufzusuchen, wo er Unterstützung fand, was ihm half, sein Leben zu verändern. Als er einige Monate später nach Hause zurückkehrte, hatte er sich das Ziel gesetzt, Schriftsteller zu werden, und bald schon befand er sich auf dem Weg, dieses Ziel zu erreichen. Nach Ablauf eines Jahres hatte auch seine Mutter ihr Leben verändert; sie war in ein Kloster eingetreten, wo sie ihre seit 28 Jahren bestehende Morphiumsucht schließlich überwand. Die spätere Lebensgeschichte O'Neills zeigt zwar, dass diese Verwandlungen nicht die gesamte Familie erfassten, aber es ist doch offenkundig, dass sich neue, schöpferische Kräfte entwickeln können, wenn ein geschlossenes System genügend in Unruhe versetzt wird, um sich neuen Einflüssen von außen zu öffnen.

Dreiecke

Stress kann auch die Ursache dafür sein, dass Dreiecksbeziehungen sich verfestigen – zum Beispiel dann, wenn zwei Leute gegen einen Dritten verbündet sind. Die Distanz oder das Ausgeschlossensein, wodurch die Beziehung zu dem einen gekennzeichnet ist, fördert in der Regel das Bedürfnis nach Verschmelzung mit dem anderen. Und die Nähe der Beziehung zwischen zwei Personen führt häufig zu einem Konflikt, wenn eine dritte Person die Szene betritt. Solche Dreiecksbeziehungen sind in der menschlichen Interaktion etwas ganz Normales, ja Unvermeidliches, obwohl sie tatsächlich immer wieder Probleme verursachen. Molly Haskell (1990), eine New Yorker Journalistin, beschreibt die gar nicht ungewöhnliche Dreiecksbeziehung, die sich zwischen ihr, ihrer Mutter (die nach einer Verschmelzung mit ihr strebte) und ihrem Ehemann entwickelte, mit dem ihre Mutter heftig rivalisierte. Obwohl Haskell mit dem Kopf sehr wohl wusste, wie verbreitet derartige Dreiecksbeziehungen mit Schwiegermüttern sind – so sehr, dass sie für manchen Witz und manchen Comic gut sind –, ließ sie sich doch von der „Wildheit" dieser Dreiecksbeziehung in die Falle locken:

> „Es war eine Tragödie für mich, dass die beiden Menschen, die ich am meisten liebte, nicht miteinander auskamen, doch es war eine Situation, die ich in meiner eigenen Zerrissenheit selbst geschaffen hatte. Nur Kinder … erwarten, dass diejenigen, die sie lieben, einander gleichfalls lieben, und das Kind in mir bestand weiter, nachdem die Erwachsene längst hätte das Ruder übernehmen und das Unvermeidliche akzeptieren müssen. Und doch, wie sollte es uns, die wir in Dreiecksbeziehungen geliebt werden, die wir schon durch unsere Geburt solche Dreiecke schaffen, möglich sein, sie nicht immer wieder zu erschaffen und unser vermittelndes, Schwierigkeiten hervorrufendes Selbst da hineinzudrängen?"

Haskell beschreibt mit großer Klarheit, wie schwierig es ist, der dritte Mitspieler zu sein, wenn die beiden anderen miteinander entzweit sind, wie mühsam, sich nicht selbst in das Muster zu verstricken (ebd.):

> „Im Grunde gingen ihre gequälten Blicke und die Laute, die sie von sich gaben, aneinander vorbei und trafen mich, wie magnetische Pfeile, und senkten sich mir in den Magen. Die Cocktail-Stunde war unser Armageddon, der Augenblick, in dem die Dämonen, die Vernunft und Nüchternheit und die Anwesenheit außen Stehender bis dahin unterdrückt hatten, an die Oberfläche kamen. Der erste Drink wurde noch unter Aufrechterhaltung einer angestrengten Fassade zivilisierter Wohlanständigkeit eingenommen, aber dann pflegte Andrew, der sowieso etwas schwerhörig war und dessen Stimme sich bei der geringsten Erregung hob, meine Mutter unabsichtlich zu unterbrechen. Meine Mutter zuckte zusammen; ich spürte, wie sie zusammenzuckte, und zog den Kopf ein; ich war wütend auf sie wegen ihrer Überempfindlichkeit, wütend auf Andrew wegen seines flegelhaften Benehmens, und wir wurden zu einer Tennessee-Williams-Parodie unserer selbst. Andrew, der reine Unmensch; Mutter, die unsäglich feine, vornehme Gastgeberin; und ich, vollkommen erstarrt in dem Gefühl, in zwei Teile auseinander zu brechen, und mich für das alles auf unbestimmte Weise verantwortlich fühlend."

Wenn solche Muster sich verfestigen, sprechen wir von „Dreiecken", da sie gewöhnlich zwei Personen umfassen, die einander „nahe" sind und miteinander „übereinstimmen", und eine dritte, die den Part des zurückgewiesenen Außenseiters spielt – die Rolle des „Schurken" oder des „hilflosen Opfers". Die Gesetzmäßigkeiten solcher Dreiecke kann man mit geradezu mathematischer Exaktheit beschreiben: (A) Der Freund meines Freundes ist mein Freund; (B) der Freund meines Feindes ist mein Feind; (C) der Feind meines Feindes ist mein Freund.

Wie Molly Haskell es so eindrucksvoll beschreibt, ist es außerordentlich schwierig, mit zwei Menschen befreundet zu sein, die miteinander im Streit liegen. Die Seiten des Dreiecks sind mehr durch die emotionalen Bedürfnisse des Systems bestimmt als durch die Charaktereigenschaften der Mitspieler. Nicht Andrews „flegelhaftes Benehmen" war das Problem, sondern die Bedrohung, die er für die Verschmelzungsphantasien von Haskells Mutter im Hinblick auf ihre Tochter darstellte. Haskell beschreibt, dass Andrew das genaue Gegenteil von dem repräsentierte, was ihre Mutter aus ihr hatte machen wollen (ebd.):

> „… eine vornehme Tochter des ‚alten Amerika‘, die dem Garden Club beitreten, sich in ihrer Nähe niederlassen und Kinder aufziehen würde. In Andrew starrte ihr meine Zurückweisung dieses Traums ins Gesicht."

Eine Person, die zwischen zwei anderen gefangen ist, wird dazu neigen, Symptome zu entwickeln und das Dreieck zu verändern, sodass die beiden „Feinde" gezwungen sind, sich zusammenzutun und sich gemeinsam um den Symptomträger zu kümmern.

Viele Familien reagieren auf Stress mit der Entwicklung triangulärer Beziehungen. Zwei Familienmitglieder fangen an, über ein drittes Familienmitglied zu lästern. Indem die beiden sich ihre Ansicht gegenseitig bestätigen – wie „abscheulich" oder „inkompetent" die dritte Person doch ist –, stützt einer die Wahrnehmung des anderen ab, sie gewinnen ein Gefühl der moralischen Überlegenheit und vermindern so wahrscheinlich die Angst, die beide im Umgang mit dem dritten Familienmitglied empfanden.

Familiäre Dreiecke sind dann besonders problematisch, wenn sie sich zu dauerhaften Beziehungen verfestigen. Im Allgemeinen sind Beziehungen zwischen zwei Personen ihrem Wesen nach instabil und haben die Tendenz, sich unter Stresseinwirkung als Dreiecksbeziehungen neu zu formieren. Die Menschen neigen dazu, sich von jedem, der ihre Meinung nicht teilt, bedroht zu fühlen und dann jemand anderen zu suchen, der oder die ihre Auffassung der Dinge bestätigt. Sie betrachten sich selbst und die diejenigen, die ihre Meinung teilen, als die „Guten" im Verhältnis zu einer dritten bzw. zu mehreren anderen Personen, die allesamt als böse, krank oder hilflos in einen Topf geworfen werden.

Solche Dreiecke in Familien sind durchaus vorhersehbar. Eltern-Kind-Dreiecke können einen Ehekonflikt lösen, indem die Aufmerksamkeit der Eltern nun auf das Kind gerichtet ist, das von ihnen als „krank" oder „böse" etikettiert wird. In anderen Fällen ist die Nähe der Kinder zu einem Elternteil sehr groß, während sie dem andern Elternteil distanziert gegenüberstehen. Dreiecksbeziehungen im Rahmen einer Ehe beziehen im Allgemeinen ein Kind mit ein oder ein angeheiratetes Familienmitglied, einen Freund, einen Liebhaber bzw. eine Geliebte oder einen Job, der im Mittelpunkt der Aufmerksamkeit des Paares steht. Dreiecksbeziehungen über drei Generationen hinweg umfassen, wie vorauszusehen, einen Großelternteil und ein Enkelkind, die sich miteinander verbünden, während ein Elternteil die Außenseiterposition einnimmt und als „inkompetent", „krank", „gemein", als „im Irrtum" oder „böse" etikettiert wird. Und in Dreiecksbeziehungen unter Geschwistern haben wir es meistens mit „guten" und „missratenen Sprösslingen" zu tun, mit einem „Star" und einem „Versager" oder mit einer Tochter, einem Sohn, die sich um die Eltern kümmern und anderen, die dazu nicht in der Lage sind.

In diesem Prozess sucht immer eine Person als Reaktion auf eine andere die Unterstützung von Dritten, und jede Beziehung ist mit Blick auf diese andere Person entweder *reaktiv* oder *von ihr abhängig*. Der Betroffene kann es sich nicht leisten, eine Meinungsverschiedenheit mit seinen Verbündeten aufkommen zu lassen, aus Angst, er oder sie könnte sich dann mit dem „Feind" verbünden. Auf diese Weise verfestigen sich solche Dreiecksbeziehungen und werden starr, und die eigentlichen Schwierigkeiten zwischen den Beteiligten werden nicht durchgearbeitet. Dreiecksbeziehungen kommen in allen menschlichen Beziehungen vor: in Arbeitssystemen, Netzwerken freundschaftlicher Art, auf kommunaler Ebene und natürlich auch in der internationalen Politik. In der Familie können solche Dreiecksbeziehungen besonders grausam und schmerzlich sein, weil Familienmitglieder so abhängig voneinander sind und ihr Leben lang die Unterstützung und Bestätigung durch die anderen brauchen; gewiss auch deshalb, weil man die

Zugehörigkeit zur eigenen Familie, anders als bei allen anderen Systemen, nur durch Geburt, Heirat oder Adoption erreichen kann und sie nur, wenn überhaupt, mit dem Tode aufgibt.

Die Familie Beethoven

Die Familie des Komponisten Ludwig van Beethoven war durchweg von Dreiecksbeziehungen dominiert (Genogramm 4.5). Ludwigs Großvater väterlicherseits und sein einziger überlebender Sohn, Johann, bildeten eine enge Einheit, unter Ausschluss der Mutter, die wegen ihrer Alkoholabhängigkeit in ein Kloster geschickt worden war. Ludwigs Mutter, Maria Magdalena Keverich, wiederum schloss nach dem frühen Tod ihres Vaters ein Bündnis mit ihrer Mutter. So waren beide Eltern Beethovens jeweils an ihren gleichgeschlechtlichen Elternteil gebunden; in beiden Fällen hatten die betreffenden Elternteile Angst davor, ihre Kinder zu verlieren, und widersetzten sich einer Heirat unter dem Vorwand, die Partner seien ihrer nicht wert. (Maria hatte mit 16 Jahren zum ersten Mal geheiratet, aber ihr erster Ehemann und ein kleiner Sohn waren nach kurzer Ehe gestorben.) Die Heirat von Ludwigs Eltern fand also im Kontext zweier elementarer Dreiecksbeziehungen mit ihren eigenen Eltern statt.

Maria und Johann van Beethoven hatten sieben Kinder, von denen nur drei überlebten. Das erste Kind, Ludwig Maria, starb mit sechs Tagen im Jahre 1769. Das zweite, das gleichfalls den Namen Ludwig Maria van Beethoven trug, wurde am 16. Dezember 1770 geboren, aber dieses Kind verwechselte sein Geburtsdatum immer mit dem seines toten älteren Bruders, der den gleichen Namen getragen hatte wie es selbst. Beethoven hatte demnach offenbar von Geburt an das Gefühl, Teil eines Geschwisterdreiecks zu sein, das seine Eltern und seinen kleinen toten Bruder umfasste, dessen Namen er trug und dem er niemals gleichkommen würde (Abb. 4.2).

Beethoven war auch Teil eines Drei-Generationen-Dreiecks, das seinen Vater und seinen Großvater väterlicherseits, der gleichfalls Ludwig hieß, umfasste (Abb. 4.3). Der Großvater war ein begabter Sänger, er war Chordirigent in Bonn und ein erfolgreicher Weinhändler. Er starb, als der kleine Ludwig erst drei Jahre alt war, aber der Junge machte ihn fortan zum Idol, er idealisierte ihn in einer Weise, die fast schon an Heldenverehrung grenzte. Der Großvater war tatsäch-

Die Familie Beethoven
Genogramm 4.5

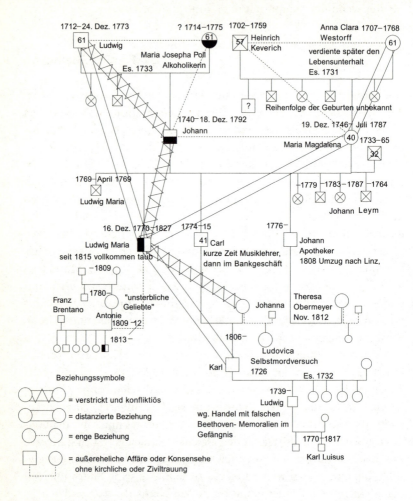

lich sehr begabt und erfolgreich, aber auch sehr dominierend und hatte sich allzu sehr in das Leben seines einzigen überlebenden Sohnes Johann eingemischt, der in seiner Jugend liebenswert und gehorsam, aber ohne größeres Talent oder Unternehmungsgeist gewesen war. Und er machte alles noch schlimmer, indem er immer wieder seine verächtliche Meinung über Johann zum Ausdruck brachte, der in seinen Augen nichts wert war und den er „Johann, den Läufer" nannte, den Johann mit dem „flüchtigen Geist", der, wenn sein Vater verreist war,

Abb.4.2

Dreiecksbeziehung zwischen Beethoven,
seinen Eltern und seinem toten Bruder

Eltern

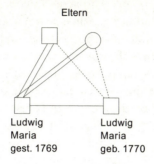

Ludwig	Ludwig
Maria	Maria
gest. 1769	geb. 1770

dessen Abwesenheit dazu benutzte, in der Gegend herumzufahren. Johann erfüllte die Prophezeiung seines Vaters und wurde ein schändlicher Trunkenbold, der, was die musikalische Erziehung und das Üben betraf, grausame und willkürliche Forderungen an den kleinen Ludwig stellte; seine Existenz war der ganzen Familie peinlich.

In seiner Kernfamilie geriet Beethoven als das älteste Kind schließlich in eine schmerzliche Dreiecksbeziehung mit seinen Eltern. Obgleich er seinen Vater heftig gegen außen Stehende verteidigte und sich verzweifelt wehrte, wenn die Polizei kam, um ihn wegen Trunkenheit festzunehmen, war es gar nicht zu vermeiden, dass er Teil eines Dreiecksverhältnisses wurde, in dem er auf der Seite seiner traurigen, sanftmütigen, leidgeprüften Mutter stand, eines Dreiecksverhältnisses, aus

Abb. 4.3

Dreiecksbeziehung zwischen Beethoven,
seinem Vater und seinem Großvater

Großvater
(Ludwig)

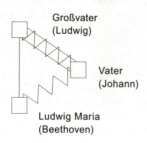

Vater
(Johann)

Ludwig Maria
(Beethoven)

dem er als Kind zu entkommen versuchte, indem er sich isolierte. Nachdem seine Mutter an Tuberkulose gestorben war, als er gerade 17 Jahre alt war, musste er die Verantwortung in der Familie übernehmen. Zu diesem Zeitpunkt hatte sein Vater den Bezug zur Realität weitgehend verloren und sich gänzlich dem Alkohol überlassen. Ludwig wurde zum Vormund seines Vaters. Sogar die Pension seines Vaters wurde an ihn ausbezahlt, was ihm peinlich war und seinen Vater außerordentlich demütigte. An keiner Stelle seiner ausgedehnten Korrespondenz bezieht Beethoven sich namentlich auf seinen Vater, und als Johann starb, ging Beethoven von zu Hause weg.

Auch die Beziehungen in Beethovens Erwachsenenleben waren durch Dreiecksverhältnisse charakterisiert. Schon früh ließ er sich mit einer Reihe von unerreichbaren Frauen ein (die entweder verheiratet oder anderweitig gebunden waren), sodass er in diesen Beziehungen naturgemäß der Außenseiter war. Manchmal hat es gewisse Vorteile, wenn man der Außenseiter in einem Dreiecksverhältnis ist, denn dann kann man die Rolle des romantischen Helden spielen, ohne eine wirkliche Verpflichtung eingehen zu müssen; es mag sein, dass das auch für Beethoven galt.

Dieses Muster setzte sich fort, bis er im Jahre 1812 ein Verhältnis mit einer verheirateten Frau einging, Antonie Brentano, die Mutter von vier Kindern war (Abb. 4.4). Als sie schließlich bereit war, alles für ihn aufzugeben, zog Beethoven sich zurück.[6] Seit Beethoven das Verhältnis mit Antonie Brentano abgebrochen hatte, hatte er nie wieder eine ernsthafte Beziehung zu einer Frau. Er kehrte stattdessen zu

6 Für Antonie Brentano scheint das komplexe Verhältnis zu Beethoven auch Teil eines komplizierten Netzes von Dreiecksbeziehungen gewesen zu sein, das seinen Ursprung in ihrer Kindheit hatte. Sie hing mit zärtlicher Liebe an ihrem Vater, den sie nur selten sah. Als sie sich schließlich verliebte, verlangte ihr Vater von ihr, dass sie einen wohlhabenden älteren deutschen Geschäftsmann heiratete und von Österreich nach Deutschland übersiedelte; für sie war das so, als ob man sie ins Exil geschickt hätte. Elf Jahre später, als ihr geliebter Vater starb, kehrte sie nach Wien zurück. Während dieser Zeit voll wehmütiger und schmerzlicher Erinnerungen begegnete sie Beethoven, der offenbar der einzige Mensch war, der sie aus ihrer Depression herausführen konnte. Nachdem sie die Rückkehr nach Deutschland so lange wie nur möglich hinausgeschoben hatte, machte sie Beethoven schließlich das verzweifelte Angebot, ihre Familie für ihn aufzugeben. War Beethoven ein Ersatz für ihren Vater oder ihre frühe Liebe und also seinerseits Teil der ineinander greifenden Dreiecksbeziehungen in ihrer Familie? Das erscheint zumindest nicht unwahrscheinlich.

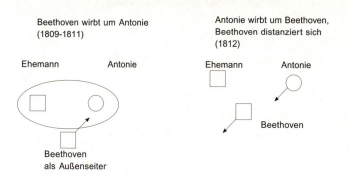

Abb 4.4
Verschiebung des Dreiecks mit der „unsterblichen Geliebten"

Beethoven wirbt um Antonie (1809-1811)

Antonie wirbt um Beethoven, Beethoven distanziert sich (1812)

Ehemann Antonie

Beethoven als Außenseiter

Ehemann Antonie

Beethoven

seiner Ursprungsfamilie zurück und verwickelte sich in verschiedene destruktive Dreiecksbeziehungen, mit denen er sich in die Familien seiner Brüder eindrängte. Seine Beziehungen zu seinen zwei jüngeren Brüdern waren über Jahre hinweg angespannt, und mehr als einmal kam es zu gewalttätigen Auseinandersetzungen, denen jedes Mal stark emotional geprägte Versöhnungsszenen folgten.

Seinen jüngsten Bruder, Johann, erwähnte er fast niemals namentlich; für gewöhnlich bezog er sich auf ihn, indem er beim Schreiben einfach eine leere Stelle ließ oder Attribute wie „Pseudo-Bruder", „Kains-Bruder", „Gehirnfresser", „meinen eselhaften Bruder" oder „Sig. Fratello" gebrauchte. Unmittelbar nachdem er die Beziehung mit Antonie Brentano beendet hatte, reiste Beethoven nach Linz, wo Johann mit einer Geliebten, Theresa Obermeyer, zusammenlebte. In einem Zustand moralischer Entrüstung verlangte er, dass Johann diese Beziehung abbrechen sollte (Abb. 4.5). Als Johann sich weigerte, informierte Beethoven die Behörden und erreichte eine polizeiliche Verfügung, die Theresa zwang, Linz zu verlassen, sollte die Beziehung weiterbestehen. Johann machte diese Einmischung zunichte, indem er Theresa heiratete.

Die Dreiecksverhältnisse zwischen Beethoven und der Familie seines anderen Bruders, Carl, waren noch stürmischer. Die Ehe zwischen Carl und seiner Frau Johanna war seit Jahren voller Zwist und Hader gewesen. Ludwig hatte offensichtlich versucht, auch diese Ehe zu hintertreiben, was ihn jedoch nicht daran hinderte, sich später zum Beschützer Johannas aufzuschwingen, der sie gegen die Gewalttätigkei-

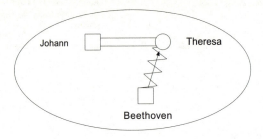

ten Carls verteidigte. Carl schlug wie sein Vater seinen eigenen Sohn häufig, um ihn zum Gehorsam zu zwingen, und auch Johanna bekam ihr Teil ab. Im Jahre 1811 hatte Carl seine Frau angezeigt und behauptet, sie habe ihm Geld gestohlen. Sie wurde für schuldig erklärt und zu einem Monat Hausarrest verurteilt, obwohl das Geld, das sie hätte „stehlen" können, wegen ihrer großen Mitgift und des Erbes, das sie in die Ehe mitgebracht hatte, ohnehin ihr gehört hätte.

Beethoven ließ nichts auf diesen Bruder kommen, obwohl einige seiner Freunde den Eindruck hatten, dass Carl ihn ausnutze und sogar ausgesprochen unehrlich gegen ihn sei. Als einer seiner Freunde es schließlich auf sich nahm, das schlechte Verhalten des Bruders Beethoven gegenüber offen anzusprechen, verschloss dieser die Augen vor den Tatsachen, ja, er redete zehn Jahre lang kein Wort mehr mit diesem Freund.

Im Jahre 1815, am Tag bevor er starb, schrieb Carl ein Testament, in dem er festsetzte, dass Johanna und Ludwig gemeinsam die Vormundschaft für seinen Sohn Karl übernehmen sollten. Als Beethoven davon erfuhr, intervenierte er und zwang seinen Bruder zu folgender Abänderung: „Bestimme ich zum Vormunde meinen Bruder Ludwig van Beethoven." Plötzlich begriffen Carl und Johanna zu ihrer Bestürzung, dass Beethoven die Mutter ganz von der gemeinsamen Vormundschaft auszuschließen wünschte. Carl verfasste daraufhin einen Nachtrag, den er noch am gleichen Tag unterschrieb und der folgendermaßen lautete (Solomon 1977):

„Da ich bemerkt habe, dass mein Bruder Hr. Ludwig van Beethoven meinen Sohn Karl nach meinem allfälligen Hinscheiden ganz zu sich nehmen und denselben der Aufsicht und Erziehung seiner Mutter gänzlich entziehen will, da ferner zwischen meinem Bruder und meiner Gattin nicht die beste Einigkeit besteht, so habe ich für nötig gefunden, nachträglich zu meinem Testamente zu verfügen, dass ich durchaus nicht will, dass mein Sohn Karl von seiner Mutter entfernt werde, sondern dass derselbe immerhin und in so lange es seine künftige Bestimmung zulässt, bei seiner Mutter zu verbleiben habe, daher denn dieselbe so gut wie mein Bruder die Vormundschaft über meinen Sohn Karl zu führen hat."

Trotzdem unternahm Beethoven unmittelbar nach dem Tode Carls sämtliche Schritte, um die alleinige Vormundschaft über seinen Neffen zu erhalten und Johanna jeden direkten Umgang mit dem Knaben zu untersagen (Abb. 4.6). Er behauptete, Johanna fehlten die „moralischen und intellektuellen Eigenschaften" zur Wahrnehmung der Vormundschaft. Der Streit ging jahrelang weiter, wobei der Neffe gefangen war in dem Widerstreit zwischen seiner Loyalität und Zuneigung zu seiner Mutter und seinem pflichtschuldigen Respekt vor seinem sonderbaren, aber berühmten und offenbar wohl meinenden Onkel. Ludwig war in dieser Zeit ein ungepflegter, exzentrischer Junggeselle von 45 Jahren, der ganz dem Komponieren hingegeben war, auch wenn er es sich mittlerweile mit fast allen seiner Gönner verdorben hatte. Er war vollkommen taub, hatte häufig Schmerzen und war generell in einem schlechten Gesundheitszustand – nicht gerade die beste Voraussetzung, die Verantwortung für einen Neunjährigen zu übernehmen.

Abb. 4.6

Dreieck, das Beethovens Neffen einschließt

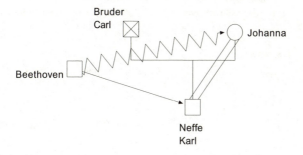

Im Verlauf verschiedener gerichtlicher Auseinandersetzungen gewann Johanna die Obhut über ihren Sohn zurück, während Beethoven sein Ziel, die alleinige Vormundschaft für den Jungen zu bekommen, weiterhin zäh verfolgte und es schließlich auch erreichte. Ludwig mischte sich in ungehöriger Weise in das Leben seines Neffen ein, er benutzte ihn in niederträchtiger Weise für seine Ziele, war inkonsequent und widersprüchlich und zugleich extrem überbehütend. Er benutzte die frühere, unbewiesene Beschuldigung seines Bruders, dass Johanna Geld unterschlagen habe, als Rechtfertigung für seinen Wunsch, den Neffen in seine Obhut zu nehmen. Am Ende war er davon überzeugt, dass sie über unheimliche, destruktive Kräfte verfüge, betrachtete sich selbst als von Gott eingesetzten heldenhaften Retter seines armen, unglücklichen Neffen und applaudierte diesem immer dann, wenn er respektlos gegen seine Mutter handelte.

Es ist interessant, aber vielleicht nicht weiter verwunderlich, dass Karl negativ reagierte, als Beethoven sich bei einigen Gelegenheiten Johanna wieder anzunähern versuchte (Abb. 4.7). Es liegt im Wesen von Dreiecksbeziehungen, dass die Beteiligten, so schmerzlich und zerstörerisch die Situation auch sein mag, jeder Veränderung Widerstand entgegensetzen. So quälend es für Karl gewesen sein muss, zwischen seiner Mutter und seinem Onkel hin und her gerissen zu sein, er fühlte sich dennoch bedroht, sobald sie einander näher zu rücken schienen. Als Johanna im Jahre 1822 krank wurde und ihre Medikamente nicht bezahlen konnte, übernahm Beethoven einen Teil ihrer Schuldverschreibung, und im darauf folgenden Jahr beschloss er, ihr finanziell unter die Arme zu greifen.

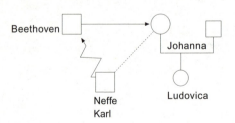

Abb. 4.7

Dreiecksbeziehung mit dem Neffen,
nachdem Beethoven sich Johanna angenähert hatte

Karl, der damals 16 Jahre alt war, protestierte lebhaft gegen diesen großzügigen Vorschlag Beethovens seiner Mutter gegenüber, er zog über sie her und ließ es nicht an Verleumdungen fehlen, in dem Versuch, jeder Annäherung zwischen ihr und seinem Onkel vorzubeugen. Seine Angst vor einer Annäherung zwischen ihnen ist verständlich. Solange sie sich wegen ihm stritten, drehte sich alles um ihn. Sobald sie sich zusammenschlossen, wäre er vielleicht der Außenseiter gewesen.

Im Jahre 1820 brachte Johanna eine uneheliche Tochter zur Welt, deren Vater eine „bekannte, sehr vermögende Persönlichkeit" war. Vielleicht als Reaktion auf dieses traumatische Ereignis lief Karl – der seinem Onkel erst jüngst versichert hatte, er mache sich nichts mehr aus seiner Mutter – zu seiner Mutter zurück. Er wurde aber rasch zu Beethoven zurückgebracht. Johanna gab dem Kind den Namen Ludovica – eine wirklich interessante Namengebung! Es ist zu vermuten, dass sich hinter den heftigen Feindseligkeiten zwischen Ludwig und Johanna eine starke gegenseitige Anziehung verbarg. Während Beethoven auch weiterhin versuchte, sich Johanna wieder anzunähern, scheint Karls Gefühl der Bedrohung allmählich schwächer geworden zu sein, und eine Zeit lang war ein Ton der Versöhnung zwischen ihnen spürbar. Der Zeitpunkt dieser versöhnlichen Annäherung fiel mit der Komposition der „Ode an die Freude" in der Neunten Sinfonie zusammen. Diese Zeit war auch die harmonischste Phase in der Beziehung zwischen Karl und Ludwig. Karl arbeitete als Sekretär seines Onkels und verbrachte alle Wochenenden und auch den Sommer mit ihm.

Im Jahr 1825 jedoch begann Beethoven, einen Verdacht gegen Karl zu schöpfen, und fürchtete, er habe wieder Kontakt zu seiner Mutter aufgenommen. Eine ganze Reihe von Faktoren mögen dazu beigetragen haben, dass das Dreiecksverhältnis gerade zu diesem Zeitpunkt wieder besonders angespannt war. Vielleicht machte die gute Beziehung, die eine Zeit lang zwischen den dreien geherrscht hatte, Beethoven Angst, denn Nähe – so sehr er sich auch danach sehnte – ließ ihn offenbar erstarren. Vielleicht stellte auch die Tatsache, dass Karl ein junger Mann wurde, für Beethoven eine Bedrohung dar, oder vielleicht verstärkte Beethovens Taubheit sein Gefühl der Isolation und Hilflosigkeit, ganz abgesehen davon, dass er außerordentlich viel trank. Vielleicht gab es auch Veränderungen in Johannas Leben, von denen wir nichts wissen.

Die Konflikte zwischen Onkel und Neffen erreichten einen Höhepunkt, als Beethoven anfing, Karl, der mittlerweile 19 Jahre alt war, finanziell äußerst knapp zu halten und ihn überallhin zu verfolgen. Damals begann Karl, heimliche Besuche bei seiner Mutter zu machen, und übertraf damit Beethovens schlimmste Befürchtungen. Von diesem Zeitpunkt an ließ Beethoven Karl nicht mehr aus den Augen und verfolgte ihn auf Schritt und Tritt. Am Ende des Sommers versuchte Karl, der keine andere Lösung mehr sah, sich eine Kugel in den Kopf zu schießen. Er überlebte und wurde in ein Hospital gebracht. Jetzt kam sein Gefühl, von Beethoven gequält zu werden, an die Öffentlichkeit. Die Krise scheint dem System etwas von seinem Druck genommen zu haben. Für Beethoven war der Traum von einer Verschmelzung mit Karl – der Traum, sein Vater zu sein – zerstört. Aber der Selbstmordversuch ebnete äußeren Einflüssen den Weg, vor allem vonseiten der Ärzte, die Beethoven mit den Gefühlen seines Neffen konfrontierten. Auch wenn Beethoven andere Erklärungen für den Selbstmordversuch suchte, war Karls Erklärung doch eindeutig, er sagte, „es war bloß Lebensüberdruss" und „die Gefangenschaft". Vor der Polizei sagte er aus, „Beethoven habe ihn zu viel ‚sekirt'". Als Karl mit der Kugel im Kopf aufgefunden wurde, bat er, zu seiner Mutter nach Wien gebracht zu werden, und später im Spital machte er endlich seine Rechte als Sohn geltend (Forbes 1969):

> „Ich wünsche über sie nichts zu hören, was ihr nachteilig ist, es kommt mir auch gar nicht zu, über sie zu urteilen. Wenn ich die wenige Zeit, die ich noch hier bin, bei ihr zubrächte, so würde es nicht mehr als ein kleiner Ersatz für alles sein, was sie um meinetwillen gelitten hat … In keinem Falle aber werde ich ihr kälter begegnen, als es bisher der Fall war, mag man auch davon sagen was, man will."

Karl entschloss sich, zum Militär zu gehen, und das tat er einige Monate später auch, und zwar mit Beethovens Hilfe.

Vielleicht in Vorahnung seines eigenen Todes scheint Beethoven seinem Leben während der letzten Monate eine etwas bessere Richtung gegeben zu haben. Er hatte am Ende ein gutes Verhältnis zu Karl, den er zu seinem einzigen Erben machte, und er versöhnte sich auch mit Johanna, die als Einzige aus der Familie bei seinem Tod anwesend war. Drei Tage, bevor er starb, schrieb er einen Nachtrag zu seinem Testament, in dem er festlegte, dass sie sein gesamtes Vermögen erben würde, falls Karl unverheiratet sterben sollte, was angesichts der Tatsache, dass er zum Militär gegangen war, durchaus möglich erschien.

Beethovens Leben weist zwei klassische Muster der Triangulation auf. In der Zeit vor 1812 spielte er in seinen romantischen Beziehungen zu Frauen den Außenseiter, den „anderen" Liebhaber – eine flüchtige, aber ungefährliche Rolle, die ihn sowohl vor der Verantwortung als auch vor der gefährlichen Macht der Dreiecksverhältnisse bewahrte, die seine Kindheit bestimmt hatten. Nachdem er den Traum, eine eigene Familie zu gründen, aufgegeben hatte, drängte er sich aggressiv in die Beziehungen anderer Leute, vor allem in die Familien seiner beiden Brüder; für ihn bedeutete das den Versuch, mit anderen zu verschmelzen, ein Versuch, der in seiner Umgebung nur zu Konflikten und Ausstoßung führte, obwohl er doch nichts anderes im Sinn gehabt hatte, als sich eine liebende Familie zu schaffen. Am Ende scheint er, möglicherweise durch den heilenden Einfluss von Johanna und Karl, zum ersten Mal in seinem Leben ein Gefühl der Verbundenheit entwickelt zu haben, ohne die Fantasie der Verschmelzung oder den Versuch der Triangulierung.

Ohne Kenntnis der Geschichte der Dreiecksbeziehungen in der Familie Beethoven wäre es außerordentlich schwierig, Karls Selbstmordversuch oder das stürmische Muster von Beethovens Beziehung zu seinem Neffen in der Tiefe zu verstehen. Wenn Sie die Muster der Kommunikation in Ihrer Familie verfolgen, die Muster der Verschmelzung, Ausstoßung und Symptomentwicklung, dann eröffnen Sie sich vielleicht neue Perspektiven nicht nur auf Ihre Familie, sondern, hoffentlich, auch auf Ihre eigene Rolle in den Dreiecksbeziehungen in Ihrer Familie.

Hier sind einige Fragen, die zu bedenken sind, wenn Sie versuchen wollen zu verstehen, wie Kommunikation und Beziehungen in Ihrer Familie funktionieren. Diese Fragen sollen, wie in den anderen Kapiteln auch, lediglich Anregungen geben und nicht alle möglichen Bereiche abdecken.

– Wie waren die Regeln der Kommunikation in Ihrer Familie? Wer sprach mit wem und worüber?
– Welche Themen waren tabu? Wie wurden die Regeln der Kommunikation weitergegeben? Wer vermittelte sie? Waren sie offen oder verdeckt?
– Welche Familienmitglieder standen einander ganz besonders nahe?
– Welche Familienmitglieder lagen ständig miteinander im Streit? Wer sprach nicht mit wem? Wie reagierten andere, wenn zwei miteinander stritten oder überhaupt nicht miteinander sprachen?

- Wer waren für gewöhnlich die Symptomträger? Welche Symptome zeigten sie? Wie reagierte die Familie auf die Symptome?
- Wie waren die Geschlechterrollen in Ihrer Familie definiert? Welches Bild hatte Ihre Familie vom idealen Mann und von der idealen Frau? Gab es Familienmitglieder, die aus den überkommenen Geschlechterrollenklischees ausbrachen? Gab es Männer oder Frauen, deren Symptome möglicherweise darauf hinwiesen, dass sie Schwierigkeiten hatten, die Zwänge, die ihnen ihre Geschlechterrolle auferlegte, zu akzeptieren (zum Beispiel ein poetisch veranlagter, weicher Mann, der zum Alkoholiker wurde, oder eine besonders lebhafte, besonders intelligente Frau, die erschöpft und ausgehöhlt war, weil sie außer Kindererziehung und Haushalt kein Ventil für ihre Energie hatte)?
- Welche Spaltungen und Bündnisse gab es in Ihrer Familie? Gab es Beziehungen zwischen Familienmitgliedern, die für andere die Verantwortung übernahmen, und anderen, die sich betreuen und beschützen ließen? Gab es Beziehungen zwischen einem Verfolger und einem Familienmitglied, das Distanz zu wahren oder zu flüchten versuchte? Gab es intensive Liebe-Hass-Beziehungen?
- Wie reagierten die Familienmitglieder auf Veränderung? Mit Schweigen? Mit Erstarrung? Indem sie sich nach außen hin abschlossen? Oder indem sie versuchten, sich an die Vergangenheit zu klammern? Indem sie hinsichtlich der Zukunft Luftschlösser bauten? Anderen Vorwürfe machten? Indem sie sich selbst Vorwürfe machten?
- Welche Etikettierungen hatten die einzelnen Familienmitglieder? „Xanthippe" oder „Hausdrachen", „Trauerkloß", „Geizkragen", „Sonderling", „Tunichtgut"?
- Gab es bestimmte Zeiten, in denen Ihre Familie unter besonderem Stress stand oder größere Veränderungen zu bewältigen hatte? Ist die Geschichte (oder die Geschichten), die in der Familie darüber erzählt wird, auffindbar? Wer könnte Ihnen helfen, über solche Zeiten Informationen zu erhalten?
- Wie hat Ihre Familie auf Stress reagiert? Rückten die Familienmitglieder enger zusammen? Rückten sie stärker auseinander? Zeigten bestimmte Familienmitglieder sehr starke Reaktionen? Zogen sie sich zum Beispiel in vollkommenes Schweigen zurück? Oder redeten sie ununterbrochen? Wechselten sie ständig das Thema? Oder wurden sie in ihrem Verhalten autoritär?

– Welcher Art waren die wichtigsten Dreiecksbeziehungen in der Familie? Gab es bestimmte Arten von Dreiecksbeziehungen, die sich über die Generationen hinweg wiederholten: Ehemann – Ehefrau – Schwiegermutter; Ehemann – Ehefrau – außereheliche Affäre; Vater – Mutter – krankes oder „böses" oder besonderes Kind; zwei Geschwister, die besonders eng miteinander verbunden waren, während ein drittes der Außenseiter war?

5 Verlust

Die zentrale menschliche Erfahrung

„Das eine, was man über Amerikaner wissen muss und was das Wichtigste ist … ist, dass …[sie] glauben, der Tod sei etwas, was man frei wählen kann."

Jane Walmsley, *Brit-Think; Ameri-Think*

„Wenn ich keine Verbindung mit meiner eigenen Vergangenheit habe … werde ich neben ihr her treiben. Diejenigen, die ich in der Vergangenheit geliebt habe, können mich nicht festhalten, denn sie sind tot. Ich bin es, die sie festhalten muss."

Audre Lorde, *Sister Outsider*

Mehr als jede andere menschliche Erfahrung bringt ein Verlust uns in Kontakt mit dem, was wirklich zählt in unserem Leben. Dass wir uns mit dem Tod arrangieren müssen, ist die schwierigste Erfahrung, die uns im Leben begegnet.

Manchmal erscheint es uns schwerer, einen anderen Menschen zu verlieren, als selbst zu sterben, denn was bedeutet unser Leben ohne diesen andern? Wenn jemand stirbt, der wichtig für uns ist, stellen wir vielleicht erst fest, wie nichtig alles ist, was wir wollen und wünschen, im Vergleich mit den Menschen in unserem Leben – ganz besonders mit unserer Familie. Dem Tod gegenüberzutreten kann eine Erfahrung sein, die unser Leben tief greifend verändert, die uns einen Anreiz gibt, unser Leben voller auszukosten und unsere Prioritäten klarer zu definieren.

Wir alle hoffen, dass wir zu einem Zeitpunkt sterben werden, wenn wir miteinander im Frieden sind und im Blick auf unsere Beziehungen ein Gefühl der Vollendung haben. Aber wir wissen, dass das häufig nicht der Fall ist. Wenn jemand von den Menschen, die wir lieben, zur Unzeit stirbt, dann ist dieser Tod besonders schwer zu verarbeiten. Die Trauer über eine unvollendete Beziehung kann einen Menschen ein Leben lang verfolgen, und wenn die Konten nicht ausgeglichen sind, kann es sein, dass eine große Leere zurückbleibt. Der Protagonist in Robert Andersons (1968) Stück *I Never Sang for My Father* sagt:

„Der Tod beendet ein Leben, aber er beendet nicht die Beziehung, die im Geist des Überlebenden weiterkämpft, auf der Suche nach einer Lösung, die sie vielleicht niemals finden wird."

Die Untersuchung der über viele Generationen hinweg wirksamen Einflüsse von Verlusten gibt uns eine Menge Informationen darüber, wie Familien funktionieren, was passiert, wenn sie in eine Sackgasse geraten, und wie wir diese Muster verändern können. Ein Verlust kann die Überlebenden stärker machen, ihre schöpferische Kraft zum Leben bringen und sie anspornen, etwas zu vollbringen; er kann aber auch ein zerstörerisches Erbe hinterlassen, das umso machtvoller wirkt, wenn die Betroffenen sich nicht damit auseinander setzen. Es kann sein, dass wir im Umgang mit Verlusten Mustern folgen, die von früheren Generationen ausgebildet wurden und von denen wir nichts wissen.

Die Bilder von Beerdigungen und die Bilder der Toten, die wir mit uns tragen, sind ein wichtiger Teil unseres inneren Erbes und unserer Identität. Wie unsere Familie mit dem Tod umgeht, ist vielleicht der beste Schlüssel zum Verständnis ihrer grundlegenden Werte, ihrer Stärken und ihrer Verletzbarkeit. Wir haben gesehen, welche zentrale Rolle Todesfälle im Hinblick auf die Rollen, die Benjamin Franklin und die Brüder Wright in ihren Familien einnahmen, gespielt haben. Wir haben am Beispiel von Königin Victoria gesehen, welche entscheidenden Auswirkungen der frühe Todes eines Elternteils haben kann, und wir haben an Franklin den bedeutsamen Einfluss gesehen, den das Zusammentreffen von Todesfällen auf andere Familienbeziehungen hatte. Wir haben die Dreiecksbeziehungen gesehen, die sich, als Nachwirkung des Verlustes, in der Familie Beethoven entwickelten. In diesem Kapitel werden wir uns mit einigen berühmten Familien beschäftigen – mit der Familie Freud, den Kennedys, der Familie Hepburn und Elizabeth Barrett Browning – und an ihrem Beispiel darstellen, wie schwere Verluste sich über Generationen auf die Familie auswirken können.

In gewisser Weise sind alle Familien dadurch gekennzeichnet, wie sie mit ihren gemeinsamen Verlusten umgehen. Wenn ein Verlust eingetreten ist, erfordert es die Situation im Allgemeinen, dass die Familienmitglieder auf sehr intime Weise miteinander zu tun haben, und das gerade in einer Zeit, in der sie besonders verletzlich sind. Das kann für Familien, in denen es wenig Nähe gibt, besonders schwierig sein. Geschwister, die jahrelang wenig miteinander zu tun hatten, sind nun plötzlich gezwungen, Erfahrungen zu teilen, die sehr an den Nerven zerren. Darin liegt die Chance, dass die Familie zueinander findet, die Situation kann aber auch dazu führen, dass alte Konflikte wieder an die Oberfläche treten. Zwar ist ein Todesfall in der Familie eine Gelegenheit, sich wieder auf die wesentlichen Bindungen zu besinnen, Beziehungen, die abgeschlossen schienen, wieder neu anzuknüpfen, alte Beziehungen neu durchzuarbeiten und den Mut aufzubringen zu sagen, was bis dahin ungesagt geblieben ist – aber solche Gelegenheiten können auch alte Wunden wieder aufreißen oder vertiefen. Es ist auch mit anderen wichtigen Familienerfahrungen so – wenn die Dinge nicht besser werden, werden sie für gewöhnlich schlechter.

Der Tod ist natürlich nicht der einzige Verlust. Trennung vom Ehepartner oder Scheidung, chronische Krankheit, Arbeitslosigkeit oder Wohnungslosigkeit oder das Auftreten einer Behinderung – all das sind Verlusterfahrungen, Verluste unserer Träume und Erwartungen. Jede Veränderung im Leben setzt einen Verlust voraus. Wir müssen bestimmte Beziehungen, Pläne, Möglichkeiten aufgeben, um andere an ihre Stelle treten zu lassen. Und alle Verluste müssen betrauert werden, ein Prozess, in dessen Verlauf wir akzeptieren, dass wir etwas aufgeben müssen, und der die Erfahrung des Verlustes verwandelt, sodass wir das, was wesentlich für uns ist, nun in uns hereinnehmen können, ein Prozess also auch, der es uns ermöglicht, weiterzugehen.

Trauern ist gesund. Wenn Familien ihre Verluste nicht richtig betrauern, kommen sie mit dem Leben nicht mehr zurecht. Die Gefühle gehen in den Untergrund. Die Familienmitglieder machen sich dann vielleicht gegenseitig für den Tod eines Angehörigen verantwortlich, oder sie machen sich selbst Vorwürfe; sie versuchen vielleicht, andere so umzuformen, dass sie ihnen als Ersatz für den verlorenen Menschen dienen können, oder sie versuchen von nun an, jede Erfahrung von Nähe zu vermeiden. Nicht der Tod an sich ist problematisch, sondern das, was passiert, wenn Familien diese Erfahrung zu verdrängen suchen. Familien können selbst äußerst traumatische Verluste verarbeiten. Nur wenn sie den Verlust nicht akzeptieren und sich nicht neu organisieren können, geraten sie in eine Sackgasse.

Die Verdrängung des Todes in unserer Kultur bedeutet, dass wir häufig gar nicht darüber sprechen, wie wir sterben möchten und wie wir uns unsere Trauerfeier vorstellen. Sehr viele Menschen machen überhaupt kein Testament, obwohl sie wissen, in welche Bedrängnis sie die Überlebenden durch dieses Versäumnis bringen. Die Qualität des Sterbens wird ignoriert zugunsten des Versuchs, das Leben mithilfe jeder nur möglichen medizinischen Maßnahme zu verlängern. Das Ende des Lebens findet oft in einem kalten, medizinischen Rahmen statt, der keine Rücksicht darauf nimmt, dass der Tod für die Angehörigen eine tiefe, einschneidende persönliche Erfahrung bedeutet. Oft sind die Familien durch große Entfernungen voneinander getrennt, und sie sind deshalb nach einem Todesfall häufig der Erfahrung, dass ihr Leben einen tiefen Riss bekommen hat, sowie dem Schmerz des Alleinseins noch stärker ausgesetzt.

Wenn man die Todesumstände kennt, kann das ein wichtiger erster Schritt dazu sein, den Todesfall zu verarbeiten. Wenn Informationen über die Fakten im Zusammenhang mit einem Todesfall nicht zugelassen werden, entwickeln die Familienmitglieder diesbezüglich ihre eigenen Mythen.

Es ist auch wichtig, die Erfahrung des Verlustes mit anderen zu teilen und ihn in einen Zusammenhang mit dem Leben der Familie zu bringen. Dazu gehört, dass die Familienmitglieder einander Geschichten über Leben und Tod des Verstorbenen erzählen. Solche gemeinsamen Erfahrungen helfen den Familien, den Verlust zu integrieren, weil sie das Gefühl ihrer familiären, kulturellen und menschlichen Verbundenheit stärken und ihnen die Kraft geben, auch gefühlsmäßig zu begreifen, dass sie alle sich gemeinsam durch die Zeit bewegen und auf dem Weg sind von der Vergangenheit durch die Gegenwart in die Zukunft. Wenn die einzelnen Familienmitglieder das Gefühl entwickeln wollen, mit der Situation fertig zu werden und sich nicht überwältigen zu lassen, also fähig sein wollen, auch angesichts des Verlustes zu überleben, dann ist es unter Umständen notwendig, neue Beziehungen mit den Lebenden anzuknüpfen und mehr über die Familie als Ganzes in Erfahrung zu bringen: über ihre Geschichte, ihre Kultur und über die Sichtweisen und Geschichten verschiedener Familienmitglieder. In einigen afrikanischen Kulturen gibt es ein Ritual, dem zufolge jedes Familienmitglied die Geschichte seiner Beziehung zu dem sterbenden Angehörigen mit allen dazugehörenden Konflikten noch einmal an sich vorüberziehen lässt, als eine Form des Abschiednehmens. Ich glaube, es wäre gut, wenn wir einen derartigen Prozess auch bei uns institutionalisieren könnten, weil wir auf diese Weise die Komplexität unserer nahen Beziehungen konkret erfahren und als Normalität begreifen könnten – das heißt, wir würden lernen anzuerkennen, dass Nähe und Konflikt immer miteinander verwoben sind.

Die gemeinsame Erinnerung und das Erzählen von Geschichten über einen Verstorbenen kann den Familienmitgliedern helfen, eine hilfreichere, weniger traumatische Sichtweise in Bezug auf die Verluste in ihrem Leben zu entwickeln. Es ist offenbar wichtig, dass die einzelnen Familienmitglieder die Freiheit haben, sich sowohl den Erinnerungen überlassen zu können als auch, diese Erinnerungen abzulegen. Einer der schwierigsten Aspekte verleugneter oder ungelöster Trauer besteht darin, dass unverarbeitete Trauer den Familien keine Möglichkeit lässt, ihre Erfahrung einzuordnen und ihr einen Sinn zu geben. Wenn Ereignisse nicht erwähnt werden können oder wenn man sich nicht über die „Parteilinie" der Familie erheben kann, dann hat die nächste Generation kein Vorbild und keine Richtlinien, wie sie mit ihren Verlusten fertig werden soll. Familiengeschichten fördern und bestärken die Integration von Verlusten in entscheidender Weise (Laird 1989).

Die Familien müssen einen Weg finden, ihr System ohne den Verstorbenen neu zu organisieren, ein komplexer und oft schmerzlicher Prozess der Neuorientierung. Er kann eine Veränderung der Rollenverteilung mit sich bringen, sei es nun, dass neu ausgehandelt werden muss, wer in der Familie jetzt die Verantwortung oder die Führungsrolle übernimmt, sei es mit Blick auf Veränderungen des sozialen Netzwerks der Familie oder des bisherigen Aufmerksamkeitsfokus, zum Beispiel beim Tod eines einzigen Kindes, etwa weil jetzt eine emotionale Neuorganisation der Hierarchie in der Generationen notwendig ist, wenn zum Beispiel der einzige bisher noch lebende Großvater/ die Großmutter gestorben ist.

Schließlich bedeuten der Entschluss und die Fähigkeit, den Verlust zu überwinden, dass die Betroffenen neue Energie in andere Beziehungen und Lebensziele stecken. Überlebende Familienmitglieder, die aus der gemeinsamen Erfahrung des Verlustes gestärkt hervorgegangen sind, können sich klarer auf das konzentrieren, was sie aus ihrem Leben und ihren Beziehungen machen wollen.

Die meisten Bestattungsrituale, die Ausdruck von Traditionen sind, welche die vorausgegangenen Generationen mit der gegenwärtigen verbinden, bieten den Familienmitgliedern ein Gefühl oder, anders ausgedrückt, ein „Polster" der Zugehörigkeit, gerade in einer Zeit, in der sie einen schmerzlichen Verlust erfahren. Sie bieten den Trauernden eine besondere Zeit außerhalb der Zeit – einen eigenen, aus dem Alltag herausgelösten Zeitrahmen, der ihnen die Möglichkeit gibt, die überwältigenden Gefühle, die der Tod auslöst, zu erleben, und der doch zugleich dem Ausdruck dieser Gefühle eine Struktur und einen Halt gibt. Die Teilnahme an Familienbeerdigungen ist, wie die Teilnahme an anderen Übergangsritualen, eine der besten Möglichkeiten, etwas über die Familie zu erfahren. Beerdigungen können Ihnen zeigen, wie Familiengeschichte geschrieben wird, wenn nämlich die Geschichten über den gegenwärtigen Todesfall sowie über andere Todesfälle immer wieder aufs Neue erzählt werden. Während sich die Familienmitglieder aus fern und nah versammeln, können Sie sich ein Bild davon machen, wer in Ihrer Familie die Schlüsselfiguren sind, die diese Geschichten definieren, und Sie sind Zeuge, wie einzelne Beziehungen funktionieren, die ansonsten vielleicht gar nicht wahrnehmbar sind, weil sie nicht aktiviert werden.

Es gibt eine Geschichte von einem chinesischen Arbeiter, der seinen amerikanischen Chef um die Erlaubnis bat, die Beerdigung eines Cousins zu besuchen. Der Chef gab ihm frei, damit er die Beerdigung besuchen konnte, fragte ihn aber verächtlich, ob er denn auch dem alten chinesischen Brauch folge, eine Schüssel Reis ans Grab zu stellen. „Natürlich" antwortete der Chinese. Der Chef lachte und fragte ihn, wann sein Cousin den Reis denn essen würde. „O", sagte der Chinese, „etwa zur selben Zeit, zu der ihre Tante, die letzte Woche gestorben ist, den Duft der Blumen riecht, den Sie auf ihr Grab gestellt haben" (Schiff 1970).

Die verschiedenen Kulturen unterscheiden sich stark voneinander, was die Muster und Rituale des Trauerns betrifft sowie die Zeitdauer, die man für angemessen hält, um den Trauerprozess zu „vollenden". In manchen Mittelmeerländern, wie zum Beispiel in Griechenland oder Italien, trugen die Frauen nach dem Tod ihres Mannes traditionellerweise für den Rest ihres Lebens nur schwarze Kleidung. In Italien ist es ganz und gar nichts Ungewöhnliches, dass Familienangehörige in das Grab hineinspringen, sobald der Sarg hinuntergelassen wird. In Indien erwartete man von den Frauen noch bis ins 20. Jahrhundert hinein, dass sie sich auf den Scheiterhaufen warfen, auf dem die Leiche ihres Mannes verbrannt wurde, als Opfer für das Leben ihrer Ehemänner nach dem Tode.

Das andere Extrem verkörpern Amerikaner britischer Abstammung, die es vorziehen, den Verlust von Familienangehörigen nach dem Motto „Nur keine Umstände" zu erfahren. Bei solchen Gruppen verfährt man mit allem, was mit Tod und Sterben zu tun hat, recht pragmatisch. Die Sterbenden verbringen ihre letzten Tage in Krankenhäusern, wo sie ihren Familien keine Ungelegenheiten machen und sie sich niemandem aufgrund ihrer Abhängigkeit emotional verpflichtet fühlen müssen. In anderen ethnischen Gruppen dagegen würde ein Tod in einer Umgebung außerhalb der emotional und körperlich stützenden Welt der Familie als doppelte Tragödie empfunden.

Die amerikanische Kultur hat sich zunehmend in eine Richtung bewegt, die darauf hinausläuft, sämtliche mit Tod und Trauer in Zusammenhang stehenden Rituale auf ein Mindestmaß zu reduzieren. Gesetzgebung, Herkommen, Rücksichtnahme auf die öffentliche Gesundheit und die Arbeitsbestimmungen wirken so zusammen, dass insgesamt eine beachtliche soziale Kontrolle über den Prozess des Sterbens und Trauerns ausgeübt wird. Die Bestattungsrituale wurden von der Bestattungsindustrie übernommen und kommerzialisiert. Weil der zulässige Urlaub am Arbeitsplatz bei Trauerfällen für gewöhnlich nicht mehr als ein bis drei Tage umfasst, werden die Familien davon abgehalten, sich an das traditionelle Verhalten und die Gebräuche ihrer kulturellen Gruppe zu halten. Wenn eine Familie nicht die Möglichkeit hat, die ihr vertrauten Rituale durchzuführen, kann das dazu beitragen, dass sie den Verlust nicht verarbeiten kann, was eine Gefahr sowohl für die Gesundheit des Einzelnen als auch für die Beziehungen innerhalb der Familie darstellt.

Die normale Erfahrung akuter Trauer umfasst ein breites Spektrum von Symptomen: das Gefühl, wie betäubt zu sein, Müdigkeit, Schwäche, Verdauungsprobleme, Appetitlosigkeit, ganz allgemein das Gefühl der Unwirklichkeit, das Gefühl emotionaler Distanz zu den anderen, die intensive Beschäftigung mit Bildern des Verstorbenen, Reizbarkeit, Wut, Schuldgefühle, Ruhelosigkeit, das Gefühl, ohne Ziel und Aufgabe zu sein bzw. ein beständiges Suchen danach und ein quälender Verlust der Fähigkeit, die alltägliche Routine aufrechtzuerhalten. All diese Symptome sind normal. Nur wenn sie nicht auftreten oder wenn sie nicht mehr zurückgehen, sollten wir uns Sorgen machen. Wie wir in Kapitel 4 gesehen haben, tauchen diese Symptome allerdings nicht im luftleeren Raum auf. Die Beziehungen innerhalb der Familie beeinflussen die Symptome, und die Symptome beeinflussen die Beziehungen innerhalb der Familie. Wir alle reagieren auf die Symptome anderer Familienmitglieder, und in Stresssituationen reagieren wir nur allzu heftig darauf.

Manche Menschen vermeiden Kontakte, die sie an den Verstorbenen oder die Verstorbene erinnern. Insbesondere Männer entwickeln oft eine starke innere Spannung und Härte, weil sie versuchen, auf keinen Fall „zusammenzubrechen". Wenn die Erinnerungen und Gefühle dann am Ende doch hervorbrechen, ist der Schmerz nur umso heftiger. Als zum Beispiel die Kennedys ihren ältesten Sohn, Joe, verloren, erledigte Joe sen. sämtliche Formalitäten, „beschützte" Rose und hielt die Familie zusammen. Einige Zeit später, als er den letzten Frontbrief seines Sohnes erhielt, zerbrach die Maske äußerer Ruhe. Rose sagte viele Jahre später, so lange bis der Brief eintraf, sei er fähig gewesen, den Tod aus seinem Kopf zu verdrängen. Danach wechselten sie die Rollen. Während sie sich von ihrer Trauer zu erholen begann, rutschte Joe immer tiefer in die Depression. Ihr Glaube half ihr, einen Weg zu finden, aber sein Glaube war nicht stark genug, ihn zu trösten. Er schloss sich monatelang ein und weigerte sich, eine Zeitung zu lesen, Radio zu hören oder mit seinen Freunden und seiner Familie zu sprechen.

Die emotionale und physische Last, die mit einem Todesfall einhergeht, scheint auch heute noch „Frauenarbeit" zu sein. Normalerweise nehmen Frauen die sozialen und emotionalen Aufgaben auf sich, die ein schwerer Verlust mit sich bringt: Sie sind diejenigen, die Schmerz und Trauer zum Ausdruck bringen, die das schwer kranke oder sterbende Familienmitglied pflegen und schließlich die Bedürfnisse der überlebenden Familienmitglieder, mit Nahrung und emotionaler Unterstützung versorgt zu werden, befriedigen; die Männer treffen unterdessen die Vorkehrungen für die Beerdigung, wählen den Sarg aus, bezahlen die Gebühren und übernehmen ganz allgemein die „administrativen" Aufgaben, die bei einem Todesfall zu erledigen sind, abgesehen von der Beschaffung und Zubereitung des Essens. Während es den Frauen zugestanden wird, offen zu weinen, ziehen die Männer sich zurück und verleugnen oder vermeiden den Schmerz, weil sie fürchten, die Kontrolle zu verlieren. Jede Reaktion der anderen bereitet ihnen Unbehagen. Die Männer suchen im Allgemeinen

Zuflucht in ihrer Arbeit und distanzieren sich von der offenen Trauer ihrer Frauen, während die Frauen beim Ausscheren der Männer einen doppelten Verlust empfinden. Dieses verdrehte Muster des Trauerns, das in unserer Kultur die Norm ist, führt die Familienmitglieder in die Isolation; sie können ihre Verlusterfahrung mit niemandem teilen und entbehren eine der wichtigsten Ressourcen, die zur Heilung beitragen könnten: Sie entbehren einander. Eine Frau drückte den Schmerz, den der Verlust eines ihrer drei Söhne für die gesamte Familie bedeutete, einmal so aus: „Durch meine Augen fließen die Tränen der ganzen Familie." Wenn ein Familienmitglied die Trauer allein zum Ausdruck bringen muss, dann ist der Schmerz nur umso größer.

Der Film *Magnolien aus Stahl* gibt ein anrührendes Beispiel für den typischen Geschlechterunterschied im Umgang mit dem Tod. Bei der Beerdigung ihrer Tochter erzählt die Mutter ihren Freundinnen die Geschichte, wie ihre Tochter gestorben ist; die Männer sind bereits gegangen: „Sie schalteten die Apparate ab. Drum [der Vater] ging hinaus. Er konnte es nicht ertragen. Jackson [der Ehemann] ging hinaus. Es ist merkwürdig. Man erwartet, dass die Männer aus Stahl oder etwas Ähnlichem gemacht sind. Ich saß einfach dort. Ich hielt einfach Shelbys Hand. Es gab kein Geräusch. Kein Zittern. Nur Frieden. Ich sehe jetzt, wie gut ich es habe als Frau. Ich war da, als dieses wundervolle Wesen in mein Leben hereinwehte, und ich war da, als sie davongetrieben wurde. Es war der kostbarste Moment in meinem Leben." Das Erzählen dieser eindrücklichen Geschichte hilft der Mutter und den anderen Frauen, den Tod im Kontext des Lebenszyklus zu sehen. Dass die Mutter das Gefühl hat, privilegiert zu sein, weil sie beim Tod ihrer Tochter anwesend sein konnte, gibt, so qualvoll diese Erfahrung auch für sie ist, ihrem Leben einen Sinn und eine Bedeutung. Die Männer in den Familien sind aufgrund unserer kulturellen Traditionen oft ausgeschlossen vom Reichtum dieser Lebenserfahrungen an den Knotenpunkten unseres Daseins; wir betrachten sie als Domäne der Frauen. Die gesellschaftliche Verleugnung der Verletzlichkeit der Männer und ihrer Abhängigkeitsbedürfnisse sowie die Sanktionen, mit denen die Gesellschaft die Äußerung von Gefühlen bei den Männern belegt, tragen zweifellos dazu bei, dass nach dem Verlust eines Familienmitglieds so häufig Eheprobleme auftreten, sie aber auch in Zusammenhang mit der großen Zahl von schweren Erkrankungen und Selbstmordversuchen bei Männern, die nach dem Tod ihrer Frauen zu beobachten sind.

Die unterschiedlichen Bewältigungsstrategien von Männern und Frauen beim Umgang mit Verlusten erhöhen die Spannungen in der Ehe, selbst bei Paaren, die eine gute, stabile Beziehung haben (Videcka-Sherman 1982). Wenn unsere Kultur erst einmal das ganze Spektrum menschlicher Erfahrungen im Zusammenhang mit schweren Verlusten wie auch in anderen Bereichen des Familienlebens zulässt, werden wir gewiss alle einen Gewinn davon haben.

Die Reaktionen von Familien auf Verlusterfahrungen

Wenn Sie Ihre Familie verstehen wollen, müssen Sie erkunden, wie die einzelnen Mitglieder Ihrer Familie mit Verlusterfahrungen umgegangen sind und wie Verluste die Beziehungen in Ihrer Familie beeinflusst haben.

Die Auswirkungen, die ein Todesfall in der Familie auf die einzelnen Mitglieder hat, hängt von vielen Faktoren ab. Der zu frühe Tod junger Menschen, besonders der Tod eines Kindes, ist ganz offenkundig der katastrophalste Verlust, den eine Familie erfahren kann und der sich dem Versuch, ihn zu verstehen, zunächst vollkommen entzieht. Ein solcher Tod kann eine umstürzende Wirkung auf die ganze Familie haben, auf die Gesundheit der Eltern und auf ihre Ehe, und er kann bei den Geschwistern lebenslang Narben hinterlassen. Weil kleine Kinder so ganz und gar abhängig sind, sind die Schuldgefühle der Überlebenden in einem solchen Fall besonders groß. Das verstorbene Kind erscheint in der Erinnerung oft als vollkommen, es wird zum Gefäß aller Hoffnungen und Träume der Eltern, was ein idealisiertes Bild entstehen lässt, mit dem es die überlebenden Kinder nur schwer aufnehmen können. Es ist für die Eltern wahrscheinlich der größte Verlust, den man sich denken kann, ein Verlust, den ein Mensch kaum ertragen kann. Man sagt, wenn Vater oder Mutter sterben, dann hat man die Vergangenheit verloren, aber wenn ein Kind stirbt, verliert man die Zukunft. Joe Kennedy sagte über den Tod seines erstgeborenen Sohnes, Joe jr. (Goodwin 1987):

> „Jetzt ist alles vorbei, weil alle meine Pläne für meine eigene Zukunft an Joe geknüpft waren, und jetzt ist alles zunichte gemacht ... Wenn die Jungen die Alten begraben, heilt die Zeit den Schmerz und den Kummer; aber wenn es umgekehrt ist, bleibt das Leid für immer bestehen."

Der Tod eines Kindes, egal in welchem Alter, ist etwas Unnatürliches. Aber auch ein Tod „in der Blüte des Lebens" bringt grausame Härten mit sich; ganz besonders schwierig kann es sein, jemanden zu ersetzen, der den Lebensunterhalt der Familie bestritten und die Rolle des Ernährers eingenommen hat. Der Ehepartner verliert seine wesentliche Stütze und seinen Lebensgefährten; die Kinder verlieren Vater oder Mutter, vielleicht denjenigen in der Familie, der sie ernährt und versorgt hat; die Geschwister verlieren einen Altersgenossen und einstigen Spielkameraden, von dem sie gehofft hatten, dass sie mit ihm altern würden; die alternden Eltern erleben den „unzeitigen" Tod als etwas Gewalttätiges, wodurch ihnen ihr Liebstes entrissen wird.

Nicht jeder Todesfall ist gleichermaßen traumatisch. Auch die Art, wie jemand stirbt, hat einen Einfluss auf die Reaktion der Familie. Wenn wir so gut vorbereitet sind, wie es nur möglich ist, wenn der Verstorbene ein langes, fruchtbares Leben gehabt hat und wenn sein Tod „leicht" und friedlich gewesen ist, ohne viele Schmerzen, Anklagen oder Beschuldigungen und ohne dass noch „Rechnungen offen geblieben" sind, kann die Familie den Tod leichter akzeptieren.

Ein plötzlicher Tod lässt einem wenig Gelegenheit, sich vorzubereiten oder Abschied zu nehmen. Es ist fast so, als ob der Betroffene aus dem System herausgerissen worden wäre. Ein Mord, ein Selbstmord oder ein Unfall, für den andere sich verantwortlich fühlen, hinterlässt tiefe Wunden bei der Familie. Je plötzlicher oder traumatischer der Verlust erfahren wird, ganz besonders wenn der Tod aufgrund bestimmter Umstände noch zusätzlich stigmatisiert ist, umso weiter reichend sind die Auswirkungen. Solche Todesfälle sind für die Überlebenden wie ein Schandfleck, sie hinterlassen bei ihnen Gefühle der Schuld und der Scham und verursachen ihnen oft lebenslange Pein.

Selbstmorde wirken sich besonders katastrophal aus. Die wirklichen Umstände des Todes werden häufig geheim gehalten. Diese Geheimhaltung macht die Gefühle, mit denen die Familie ohnehin fertig werden muss, wenn jemand sein Leben absichtlich beendet hat, noch komplizierter und isoliert die Familie noch mehr (vgl. Dunne et al. 1987; Bolton 1983; Gutstein 1991).

Am andern Ende des Spektrums stehen die Todesfälle, bei denen die Ressourcen der Familie vollständig erschöpft sind, weil die Angehörigen keine Kraft mehr haben, den Kranken zu versorgen und zu pflegen, und schon über lange Zeit in einem Zustand der Sorge und Unsicherheit gelebt haben. In solchen Fällen kommen die Angehörigen manchmal an den Punkt, dass sie wünschen, das schwer kranke oder sterbende Familienmitglied wäre tot, sodass Schmerz und Pein ein Ende hätten und die Familie von ihrer Last befreit wäre. Die Anspannung, die solche Situationen den Familien abverlangen, entzieht allen anderen Beziehungen die Energie und hinterlässt nach dem Tod oft einen Bodensatz von Schuld- und Ambivalenzgefühlen.

Zu den Verlusten, die für die Angehörigen am schwierigsten zu verarbeiten sind, gehören solche, die dunkel und unklar bleiben, zum Beispiel wenn ein Familienmitglied verschwindet. Besteht auch nur die vage Hoffnung, dass die betreffende Person noch am Leben sein könnte, dann ist sie psychisch oft noch jahrelang präsent. Es werden Fantasien entwickelt, wie der/die Angehörige überlebt haben könnte, und die Hoffnung, dass er/sie eines Tages vielleicht doch wieder zurückkehren könnte, hört nie ganz auf. Eine ähnliche Situation entsteht, wenn ein Familienmitglied an Alzheimer erkrankt oder an irgendeiner anderen unheilbaren degenerativen Krankheit oder etwa einer Schädelverletzung leidet; solche Krankheiten bedeuten oft, dass der Betreffende zwar körperlich anwesend, psychisch aber schon viele Jahre vor dem Tod „weggetreten" ist (Boss 1991). Unbestimmte Verluste wie diese sind außerordentlich schwer zu betrauern und zu verarbeiten.

Der Kontext, in dem der Todesfall eintritt – und dazu gehören auch der Zustand der Beziehungen in der Familie zum Zeitpunkt des Todes sowie andere damit zusammenhängende Stressfaktoren –, hat einen Einfluss auf die Reaktion der Familie. Wenn es zum Zeitpunkt des Todes einen Konflikt oder eine Entfremdung in der Familie gibt, können die Hinterbliebenen ein bitteres Erbe übernehmen, das nur schwer zu bewältigen ist.

Auch die historischen Umstände können von Bedeutung sein. So ereignete sich der Tod von Robert Kennedy im Jahre 1968 zu einem Zeitpunkt großer gesellschaftlicher Umwälzungen und heftiger Unruhen in den Vereinigten Staaten, die besonders die Jugend erfassten. Viele der Kinder in der Kennedy-Familie waren damals gerade in der Adoleszenz, einer Phase, in der sie aufgrund ihrer Anfälligkeit für Drogen und andere Formen unbesonnenen Verhaltens viel größeren Risiken ausgesetzt waren als zum Zeitpunkt des Todes von John Kennedy.

Wenn zwei oder mehr bedeutungsvolle Ereignisse zur selben Zeit eintreten, verstärkt sich das Trauma, unter dem die Betroffenen leiden, proportional dazu. Die Geburt von Alice Roosevelt Longworth zum Beispiel traf, wie in Kapitel 4 dargestellt, mit dem Tod von Roosevelts Frau und von Roosevelts Mutter zusammen, die beide zwei Tage zuvor gestorben waren, wodurch mit Sicherheit jedes dieser Ereignisse in seiner Bedeutung verstärkt wurde; und die Situation wurde noch komplexer, als Alice Roosevelts Tochter 41 Jahre später genau am Todestag ihrer Mutter und Großmutter geboren wurde.

Manchmal scheint der Umstand, dass Ereignisse mit bestimmten Jahrestagen zusammenfallen, eine geradezu mystisch-geheimnisvolle Bedeutung zu haben. Beide, Thomas Jefferson und John Adams, starben am fünfzigsten Jahrestag der Unabhängigkeitserklärung, am 4. Juli 1826. John Kennedy wurde genau an dem Tag erschossen, an dem sowohl sein Großvater mütterlicherseits als auch sein Großvater väterlicherseits gestorben waren. Der mittlere Bruder des Anthropologen Gregory Bateson beging am Geburtstag seines ältesten Bruders, der im Ersten Weltkrieg den Heldentod gestorben war, Selbstmord. Solche Koinzidenzen verstärken die Bedeutung des Todes und können dazu führen, dass in der Familie stets in der Zeit um diesen Jahrestag herum Ängste auftauchen. Auch als Einzelnen kann es uns passieren, dass wir fürchten, wir könnten im selben Alter oder in der gleichen Jahreszeit sterben wie unsere Eltern oder Geschwister, mit denen wir uns identifiziert haben. Todesfälle in der Weihnachtszeit oder zum Zeitpunkt anderer wichtiger Familienfeste können die Erfahrung dieser Tage auf Jahre hinaus beeinflussen und verbiegen.

Die Rolle, die eine verstorbene Person in der Familie gespielt hat, und die Funktion, die sie innegehabt hat, sowie die Frage, welche Ressourcen es gibt, sie zu ersetzen – all dies wird die Fähigkeit der Familie, den Verlust zu verarbeiten und anzunehmen, zusätzlich beeinflussen. So kann es sehr schwer sein, eine Person, die in der Familie der Sündenbock für alles gewesen ist, zu betrauern. Ein trunksüchtiger Vater, der bei einem Autounfall ums Leben kommt, hinterlässt bei seiner Familie nicht nur Schuldgefühle, sondern auch Groll; sein Tod vermischt sich mit der Erinnerung an die qualvollen Jahre, die seine Familie mit ihm durchgemacht hat. Aber genauso schwierig kann es für die Überlebenden sein, sich mit dem Geist eines toten Helden messen zu müssen – einem erfolgreichen Sohn oder Bruder oder einer Übermutter –, oder sonst jemand, der in der Familie ein zentrale Rolle gespielt hat.

Der Tod von Mutter oder Vater oder sonst einer wichtigen Betreuungsperson stellt eine besonders schwierige Herausforderung dar. Die

Fürsorgepflichten müssen von jemand anderem übernommen werden. Der zurückbleibende Elternteil muss eine Person finden, die, während er (oder sie) bei der Arbeit ist, auf die Kinder aufpassen und für sie sorgen kann, und er (oder sie) muss überlegen, wie die wirtschaftliche Situation mit nur einem Gehalt zu meistern ist. Und abgesehen davon, gilt es, den emotionalen Verlust, den der Tod eines Elternteils für die Kinder in jedem Fall bedeutet, auf irgendeine Weise zu ersetzen. Manchmal kann ein Onkel oder eine Tante die Lücke füllen, manchmal auch die Großeltern. Stehen jedoch keinerlei praktische oder emotionale Ressourcen zur Verfügung, dann kann die Situation sehr kompliziert werden.

So hinterließ der Tod von Robert Kennedy in der Kennedy-Familie ein viel größeres Führungsvakuum als der Tod seines Bruders John. Nach Johns Tod übernahm Robert die Fürsorgepflicht für seine Eltern, seine Schwägerin und deren Kinder und noch für viele andere in der Familie. Robert Kennedy brachte sogar so etwas wie Erleichterung darüber zum Ausdruck, dass er jetzt, in dieser Situation, die Chance hatte, aus eigener Kraft etwas zustande zu bringen (Collier a. Horowitz 1984):

„Jetzt endlich habe ich das Gefühl, aus dem Schatten meines Bruders herauszukommen. Jetzt endlich habe ich das Gefühl, dass ich selbst etwas bin. Während all der vergangenen Jahre konnte ich nie wirklich glauben, dass ich es war, der etwas zustande gebracht hatte, und nicht Jack.“

Aber als Robert fünf Jahre später selber starb, während Ethel mit dem elften Kind schwanger war, gab es niemanden, der ihn hätte ersetzen können – bei seinen Kindern, bei den Kindern seiner Schwester Pat (die sich von ihrem Mann, Peter Lawford, an dem Tag getrennt hatte, als John erschossen wurde) oder bei den anderen Familienmitgliedern, die Unterstützung brauchten. Ted Kennedy war immer das Baby gewesen, der „verwöhnte kleine Bruder“. Obwohl er später tatsächlich in seine Führungsrolle in der Familie hineinwuchs, war er zum damaligen Zeitpunkt darauf nicht vorbereitet, und die Tragödie hinterließ in der gesamten weit verzweigten Familie ein großes Vakuum. Ted selbst wusste, eine wie dürftige Stütze er war. Er sagte einmal zu einem Helfer (ebd.): „Ich darf mich nicht gehen lassen. Wenn ich mich gehen lasse, verliert auch Ethel den Halt, und meine Mutter verliert den Halt, und meine Schwestern verlieren den Halt …“ Das gesamte Familiensystem war ein Kartenhaus geworden, und er konnte die Führung in der Familie nicht übernehmen. Einer seiner Neffen sagte später (ebd.):

> „Wir empfanden ihm gegenüber große Bitterkeit. Es war wahrscheinlich ungerecht. Eigentlich gab es keinen wirklichen Grund dafür, außer dass er die Schuhe von Onkel Bobby nicht ausfüllen konnte und es auch gar nicht versuchte."

Für die Kennedys folgten viele Jahre des inneren Aufruhrs und großer Probleme für die nachfolgende Generation.

Wenn die Familienmitglieder nicht miteinander oder mit anderen Menschen außerhalb der Familie sprechen können, wenn ein Tod von Mythenbildungen, Geheimnissen und Tabus umgeben ist, dann entwickeln sie eine größere Verwundbarkeit im Hinblick auf spätere Verluste. Kommunizieren sie dagegen offen miteinander (ganz egal, von welchen Umständen der Tod begleitet war), und nehmen sie gemeinsam an wesentlichen Ritualen teil (zum Beispiel an Bestattungsritualen und Besuchen am Grab), dann können sie den Tod leichter akzeptieren. Versuche, Kinder oder andere „verletzbare" Familienmitglieder vor der Erfahrung zu schützen, machen die Trauer sehr wahrscheinlich noch komplizierter.

Die Familie Hepburn

Die Familie Hepburn (Genogramm 5.1) ist ein beeindruckendes Beispiel dafür, wie eine Familie auf einen in besonders starkem Maß stigmatisierten Tod kreativ reagieren kann, nämlich auf einen Selbstmord; und dies, obwohl eine solche Tragödie die Möglichkeiten der Familie, weiter zu funktionieren, tatsächlich stark einengt. Katharine Hepburn stammte aus einer alten amerikanischen Familie, die ihre Wurzeln in Neu-England und Virginia hatte. Ein Zweig ihrer Familie begründete *Corning Glass* („feuerfestes Glas"), ein anderer Zweig den Verlag *Houghton Mifflin*. Es handelte sich um eine der erfolgreichsten und sehr unabhängig denkenden Familien von Neu-England.

Katharine Hepburn war noch nicht ganz 14 Jahre alt, als ihr älterer Bruder, Tom, sich erhängte; es war während der Osterferien, und sie und ihr Bruder waren damals gerade bei Freunden der Familie zu Gast. Kate war diejenige, die den Leichnam ihres Bruders fand. Sie versuchte, ihn zu halten, wie um zu verhindern, dass die zusammen-gezogene Schlinge ihn tötete, was freilich bereits geschehen war. An diesem Morgen sagte der Vater, ein erfolgreicher Urologe, zu den Reportern (Anderson 1988):

> „Mein Sohn war körperlich wie seelisch völlig normal. Die Tatsache, dass er sich selbst das Leben genommen hat, lässt sich nur medizinisch erklären, mit plötzlich auftretendem jugendlichem Irresein."

Kate war offensichtlich davon besessen, ihren Bruder von jedem Ver-dacht auf Selbstmord freizusprechen, und erinnerte ihren Vater daran, dass er seinen Kindern einmal eine Geschichte über einen Schwarzen erzählt hatte, der seine Nackenmuskeln so anspannen konnte, dass es ihm gelang, einen Lynchangriff zu überleben. Sie erinnerte sich, dass Tom von der Geschichte offenbar ganz fasziniert gewesen war und selbst einige Tage lang damit experimentiert hatte, die Nackenmus-keln ganz fest zusammenzuziehen, es dann aber aufgegeben hatte. Nachdem Kate ihren Eltern das erzählt hatte, gab Dr. Hepburn gegen-über den Presseleuten eine neue Stellungnahme ab, in der er den Selbstmord als einen Unfall darstellte, der sich aufgrund eines dum-men Schuljungenstreichs ereignet habe (ebd.):

> „Ich hatte vollkommen vergessen, dass er sich als einen Experten darin be-trachtete, sich zur Belustigung seiner Geschwister so aufzuhängen, dass es aussah, als ob er stürbe."

Dr. Hepburn sagte weiterhin, sein Sohn müsse für eine Vorführung am selben Abend „geübt" haben. Allein schon die Tatsache, dass Toms Tod gegen 3 Uhr in der Nacht erfolgte, macht deutlich, welch un-glaubliche Verrenkungen eine Familie unternehmen kann, um einer schmerzlichen Realität auszuweichen. In ihrer Autobiografie, die sie 70 Jahre später geschrieben hat, macht Kate immer noch geltend, er sei „unter merkwürdigen Umständen" gestorben, und sein Tod sei „nie wirklich geklärt" worden. Sie lässt sich darüber aus, wie sehr Toms Tod ihre Eltern gequält haben müsse, aber Katharines Mutter erwähnte Tom nie wieder, und auch ihr Vater sprach nicht ein einziges Mal mit ihr über den Tod ihres Bruders. Katharine Hepburn (1991) sagte, der Tod scheine sie von der Welt, wie sie ihr bis dahin vertraut gewesen sei, abgeschnitten zu haben.

Toms Selbstmord führte dazu, dass die Familie sich in sich selbst zurückzog. Die Unzeitigkeit dieses Todes muss unerträglich peinigend

Die Familie Hepburn
Genogramm 5.1

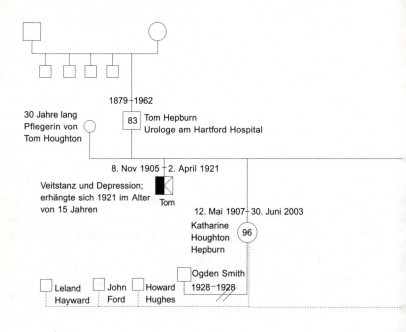

30 Jahre lang
Pflegerin von
Tom Houghton

1879 – 1962

83 Tom Hepburn
Urologe am Hartford Hospital

8. Nov 1905 – 2. April 1921

Veitstanz und Depression;
erhängte sich 1921 im Alter
von 15 Jahren

Tom

12. Mai 1907 – 30. Juni 2003

Katharine
Houghton
Hepburn

96

Leland
Hayward

John
Ford

Howard
Hughes

Ogden Smith
1928 – 1928

gewesen sein. Tom hatte in der Familie immer eine besondere, aber auch eine verletzliche Rolle innegehabt. Zugleich war er die große Hoffnung der Familie. Sein Vater hatte ihn gedrängt, in seine Fußstapfen zu treten und vom Herbst an die *Yale Medical School* zu besuchen, aber Tom hatte gezögert, dieser Aufforderung Folge zu leisten. Er hatte von Kindheit an unter verschiedenen körperlichen und emotionalen Problemen gelitten, auch an Anfällen von Verwirrtheit und Depression.

Die Eltern hatten Tom schon früh aus der Schule herausgenommen, um ihn zu schützen, und sie hatten auch Katharine herausge-

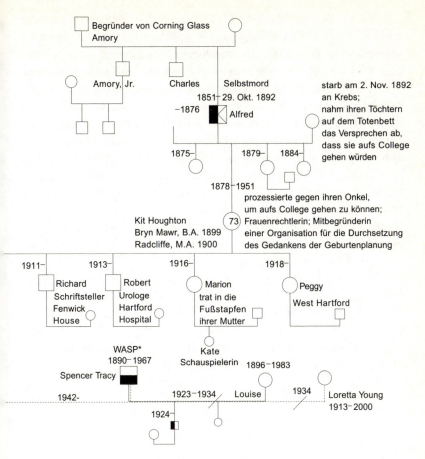

*WASP = White Anglo-Saxon Protestant

nommen, weil sie ihm Gesellschaft leisten sollte. Dies bedeutete, dass Katherine auf ihren Bruder aufpassen und für ihn sorgen musste (obwohl sie die Jüngere war), und ein entsprechendes Verhaltensmuster sich etablierte. Viele Jahre lang sagte sie, sie habe zufälligerweise am gleichen Tag Geburtstag wie er. Nach dem Selbstmord wurden alle fünf Geschwister aus der Schule herausgenommen und zu Hause unterrichtet. Sie scheinen sich in ihrem Schmerz verständlicherweise ganz nach innen gerichtet zu haben.

Toms Selbstmord war nicht der erste in der Familie. Der Vater von Katharines Mutter, Alfred Augustus Houghton, hatte sich in den Kopf

157

geschossen, als seine Tochter 14 Jahre alt war. Kit (Katharines Mutter) und ihre Tochter Kate erlebten also ungefähr im gleichen Alter einen Selbstmord in der Familie. Der Großvater litt sehr unter den geschäftlichen Schwierigkeiten, die er in jener Zeit hatte, und außerdem stand er unmittelbar davor, seine zweite Frau, Kits Stiefmutter, die an Krebs erkrankt war, zu verlieren. Die Frau starb fünf Tage später. Kit und ihre Schwestern, die nach dem Tod der Eltern völlig verwaist waren, wurden in die Obhut eines Onkels gegeben, der Kit verachtete und sich weigerte, die Ausbildung der Schwestern zu bezahlen. Kit wurde zu einer Kämpferin, sie ging so weit, dass sie ihren Onkel vor Gericht brachte, um ihr Recht durchzusetzen, das College zu besuchen – ein Wunsch, den ihre Mutter noch auf dem Todesbett geäußert hatte. Sie wurde später eine der führenden Gestalten der Suffragettenbewegung und Mitbegründerin einer Organisation für die Durchsetzung des Gedankens der Geburtenplanung.

Die Familie Hepburn vermittelte ihren Mitgliedern verschiedene Botschaften. Eine davon lautete natürlich: „Werde unabhängig und erfolgreich und kämpfe für deine Ziele!" Dazu kam die Botschaft: „Verlass deine Familie niemals!" Und in gewisser Weise sagte die Familie auch: „Wir wollen so tun, als ob." Später sagte Katharine Hepburn über den Tod ihres Bruders (Anderson 1988):

> „Es war ein schrecklicher Schlag … Verständlicherweise drückte mich der Tod meines Bruders emotional nieder. Es war eine große Tragödie. Trieb sie mich noch weiter in die Heuchelei? Wer weiß. Ich glaube schon, dass es so war."

Wie so oft bei Familien, die durch eine Tragödie zu Boden geworfen werden, scheinen auch Katharine und ihre Geschwister Möglichkeiten gefunden zu haben, beide Anweisungen ihrer Familie zu befolgen: Sei erfolgreich und unabhängig, aber geh niemals von zu Hause fort. Katharine wurde eine der erfolgreichsten Filmschauspielerinnen aller Zeiten, aber in gewisser Weise ging sie niemals von zu Hause fort. Nach dem Tode Toms wurden sie und die anderen Kinder der Hepburns zu einem sich selbst genügenden System, wobei Katharine, die nun die Älteste war, sehr viel Verantwortung für ihre jüngeren Brüder und Schwestern übernahm. Sie sagte, der Tod ihres Bruders habe sie mit ihrer Mutter und ihrem Vater „sehr eng zusammengeschmiedet, sehr eng". Bald nach dem Selbstmord machte sie eine Phase schwerer Verhaltensprobleme durch (Vandalismus und Einbruchsdelikte) – was nicht weiter überrascht, wenn man bedenkt, welcher außerordentlichen Zerreißprobe die Familie ausgesetzt gewesen war und welcher Druck auf ihr als dem ältesten hinterbliebenen Geschwister gelastet hatte. Kate ging dann jedoch – vielleicht aufgrund des für sie so bedeutungsvollen Vermächtnisses ihrer Großmutter, die ihrer Tochter auf dem Totenbett das Versprechen entlockt hatte, dass sie das College besuchen würde – auf das Mädchen-College *Bryn Mawr* (Pennsylvania), auf das schon ihre Mutter gegangen war. Dort begann sie, ihrem Leben eine völlig neue Wende zu geben. Am Ende erfüllte sie nicht nur die Forderungen ihrer bemerkenswerten Familie, die verlangte, dass sie hohe Leistungen erbrachte, sie übertraf sie sogar noch, während sie zugleich (genau wie ihre Geschwister) dem Bedürfnis der Familie, einander sehr nahe zu bleiben, entsprach.

Bis zum heutigen Tage lebt einer der Brüder in dem einstigen Sommerhaus der Familie. Der andere wurde der Nachfolger seines Vaters in der urologischen Praxis am *Hartford Hospital* und wohnte nur wenige Blocks von seinem Elternhaus entfernt. Eine Schwester trat als Nonkonformistin unmittelbar in die Fußstapfen der Mutter, sie zeigte zunächst großes Interesse an der Politik und schrieb später Bücher über die Geschichte von Connecticut. Die andere, eine Bibliothekarin, lebt heute noch in West Hartford, kaum zehn Minuten vom ehemaligen Haus der Familie entfernt.

Obgleich Katharine Hepburn tatsächlich einmal verheiratet war (sie war damals in ihren Zwanzigern, und die Ehe dauerte nur wenige Monate) und damals 3000 Meilen von ihrer Familie entfernt lebte, schickte sie das Geld, das sie verdiente, fast während ihres gesamten Erwachsenenlebens nach Hause, an ihren Vater, der sie, solange er lebte, mit Taschengeld versorgte. Ein enger Freund und Biograf von Katharine Hepburn sagt, er könne sich an kein einziges Gespräch mit ihr erinnern, in der sie ihre Eltern und den großen Einfluss, den sie auf ihr Leben hatten, nicht erwähnt hätte. In ihrer Autobiografie schrieb sie (1991):

„Wir waren eine glückliche Familie. Wir sind eine glückliche Familie. Mutter und Papa waren fantastische Eltern."

Über ihren Einfluss auf ihr Leben sagte sie (ebd.):

„Das Einzige, das Allerwichtigste, was man über mich wissen muss, ist, dass ich ganz und gar, dass ich vollkommen das Produkt von zwei verdammt faszinierenden Individuen bin, die zufällig meine Eltern waren."

Zugleich aber muss ihre Loyalität gegenüber ihren Eltern auch einen Preis in ihrem persönlichen Leben gefordert haben. Sie selbst sagte: „Ich habe meine Familie nie wirklich verlassen – nicht wirklich." Sie hatte bis weit ins Erwachsenenalter hinein Puppen und Kuscheltiere auf ihrem Bett. Und noch im Alter von 80 Jahren sprach sie vom Haus ihrer Familie (das nun ihrem Bruder gehört) als von ihrem Zuhause und sah sich selbst als eine gehorsame Tochter.

Katharine Hepburns 25-jährige Beziehung mit Spencer Tracy scheint gut zu den Mustern gepasst zu haben, die sie früher in ihrem Leben entwickelt hatte. Tracy war Alkoholiker, er war 17 Jahre älter als sie und litt bereits an Leber- und Nierenschäden, als sie sich das erste Mal begegneten. Man könnte sagen, er war ein Verlorener, er war sehr schwermütig und ruft Erinnerungen an die Beschreibung der Persönlichkeit von Katharines Bruder wach. Abgesehen davon, war er nie bereit gewesen, sich von seiner Frau scheiden zu lassen, obgleich er bereits viele Jahre von ihr getrennt lebte. Die Tatsache, dass er sich nicht scheiden lassen wollte, ging zum Teil auf seine Schuldgefühle zurück, weil er seine Frau und ihren gemeinsamen Sohn, der gehörlos war, verlassen hatte, sie hatte aber auch mit seinem irischen Katholizismus zu tun. Tracys Frau, Louise, hatte sich, was die Fürsorge für den Jungen betraf und die Hingabe, mit der sie sich für die Sache der Gehörlosen einsetzte, heldenmütig verhalten und viele öffentliche Auszeichnungen für ihr öffentliches Engagement erhalten. Die Beziehung mit Tracy war für Kate vielleicht geradezu ideal: Der heimliche Charakter dieses Verhältnisses erlaubte ihr eine größere Zurückgezogenheit und Ungestörtheit ihres privaten Lebens, als es Stars normalerweise möglich ist, und gab ihr auch die Möglichkeit, weiterhin allein zu leben und die Loyalität gegenüber ihrer Ursprungsfamilie aufrechtzuerhalten.

Die Kombination von Tracys harter Männlichkeit und seiner Verwundbarkeit erschien unwiderstehlich. Während der gesamten Dauer ihrer Beziehung wurde Katharines Karriere stets der Karriere Tracys untergeordnet, und sein Name stand auf jedem Filmplakat immer an erster Stelle. Zwischen 1942 und 1950 drehte sie zehn Filme – vier ohne und sechs mit Tracy. Die vier Filme, die Katharine ohne ihn machte, waren Kompromisse, um ihm nahe zu sein. Man spürt darin eine Wiederauflage der pragmatisch ausgerichteten, fürsorglichen älteren Schwester. In diesem Sinne war Tracy wahrscheinlich ein Ersatz für ihren Bruder, auch wenn er ihr offensichtlich wesentlich mehr bedeutete als das.

Nichts von alledem soll die Liebe zwischen Katharine Hepburn und Spencer Tracy herabmindern. Sicher gibt uns der bemerkenswerte Charakter ihrer Leinwandpartnerschaft eine Ahnung davon, dass wir es hier mit einer archetypischen Beziehung zwischen einer starken Frau und einem starken Mann zu tun haben. Aber das Dilemma, in dem sie ihrer Familie gegenüber steckte, weist doch auch darauf hin, dass die äußere Manifestation von Kraft, Erfolg und Leistung ein inneres Zögern im Hinblick auf ihre eigene Familie verdeckte. Ganz offenkundig war die Frage, wie stark sie sich auf die Vergangenheit fokussieren und in welchem Maß sie sich der Zukunft zuwenden sollten, für alle Kinder der Familie Hepburn ein Problem.

Dysfunktionale Anpassung an einen Verlust

Der Prozess des Trauerns dauert im Allgemeinen Jahre, wobei jede neue Jahreszeit, jeder Urlaub und jeder Jahrestag den erlittenen Verlust wieder neu in Erinnerung ruft. Noch während dieses Prozesses muss sich die Familie mit der Abwesenheit des Verstorbenen abfinden und ihr Leben neu einrichten. Rollen und Aufgaben in der Familie werden neu verteilt, es werden neue Bindungen hergestellt, und die früheren Bündnisse haben sich verschoben. Schließlich kommt eine Zeit, in der die meisten Familien sich im Wesentlichen mit dem Verlust arrangiert haben, auch wenn der Trauerprozess niemals ganz abgeschlossen ist. Es wird immer Ereignisse geben, die die Erinnerung an den Verstorbenen wachrufen, aber mit der Zeit und wenn alle Betroffenen wirklich entschlossen sind, mit dem Verlust zu leben, wird der Schmerz weniger intensiv und quälend, sodass wieder Kräfte für neue Bindungen frei werden.

Wenn Familien nicht trauern können, bleiben sie eingeschlossen in der Zeit – in ihren Träumen von der Vergangenheit, ihren gegenwärtigen Gefühlen oder in der Angst vor der Zukunft. Sie machen sich dann vielleicht so viele Gedanken über mögliche zukünftige Verluste, dass sie gar nicht mehr fähig sind, sich auf die gegenwärtigen Beziehungen einzulassen; sie fürchten sich vor einem neuerlichen Verlust, wenn sie wieder jemanden lieben. Andere konzentrieren sich ausschließlich auf ihre Träume von der Zukunft und versuchen, die Lücke, die durch den Verlust entstanden ist, mit neuen Beziehungen zu füllen, die sie aufgrund von Fantasie- und Wunschvorstellungen eingehen und um dem Schmerz und der Trauer zu entgehen. Diejenigen, die ihre Trauer abzukürzen versuchen, indem sie sich überstürzt der Zukunft zuwenden, stellen dann meistens fest, dass der Schmerz wiederkehrt und sie verstärkt heimsucht, sobald die Träume der Realität der neuen Beziehungen weichen müssen.

Probleme, die in anderen Übergangsphasen auftreten, wie zum Beispiel, wenn es ums Heiraten geht oder um die Entscheidung, eigene Kinder zu bekommen, oder später auch darum, die Kinder loszulassen – all diese Probleme sind ein Ausdruck dieses Stillstands in der Zeit. So können Eltern Schwierigkeiten damit haben, die Heirat eines Kindes zu akzeptieren, weil sie einen anderen Verlust noch nicht integriert haben. Ehen, die im zeitlichen Zusammenhang mit einem Todesfall geschlossen werden, sind gleichfalls häufig von ungelösten emotionalen Problemen beeinflusst im Zusammenhang mit einem Verlust. Manche Menschen heiraten dann in erster Linie aus einem Gefühl der Einsamkeit heraus oder aus Schmerz über den Verlust oder weil sie versuchen, den geliebten Menschen zu ersetzen und die Leere auszufüllen, die sein Tod hinterlassen hat. Eltern klammern sich manchmal in besonderer Weise an Kinder, die in einer Zeit geboren wurden, in der sie einen geliebten Menschen verloren haben, und oft tun sie das mehr aus Schmerz und aufgrund ihrer Angst als aus Liebe und Zärtlichkeit für das Kind. Verluste, die nicht richtig verarbeitet werden konnten, werfen ihre Schatten oft noch über mehrere nachfolgende Generationen.

Flucht und Verleugnung haben gleichfalls häufig mit unverarbeiteten Verlusten zu tun. In manchen Familien gehen die Mythen, Geheimnisse und Erwartungen, die sich um einen bedeutsamen Verlust ranken, in die Familiengeschichte ein und werden von den Eltern an die Kinder weitergegeben. In anderen Familien werden, wie wir es bei Teddy Roosevelt gesehen haben und wie wir es bei den Barretts noch sehen werden, die Verstorbenen nie mehr erwähnt, ganz so, als ob der Schmerz dadurch ausgelöscht werden könnte. Manche Familien machen das Zimmer des Toten zu einer Gedächtnisstätte oder zu einem Mausoleum. Die Mythenbildung, die mit solchen wahnhaften Reaktionen einhergeht, bindet die Familienmitglieder in pathologischer Weise aneinander, kann aber zugleich heftige psychische Spaltungen zwischen ihnen zur Folge haben. Solche Mythen wirken sich natürlich auch auf die Kinder aus, die häufig zu Ersatzpersonen für die verstorbenen Familienmitglieder werden. Oft sind sie sich dieser Verknüpfung überhaupt nicht bewusst, sie müssen das Geheimnis hinter ihrer

Identität erst entdecken und einen Weg finden, den Geist, der ihre Seele besetzt, „auszutreiben".

Viele der starren Verhaltensmuster, die wir täglich in den Familien beobachten – ihre Getriebenheit in dem, was sie tun, außereheliche Affären, ständige ungelöste Konflikte, Entfremdung voneinander, Isolation und Angst vor Außenseitern, häufige Ehescheidungen, Depression, Besessensein von der Arbeit, die Sucht, exzessiv fernzusehen und in die Sportberichterstattung oder irgendwelche Seifenopern zu entfliehen –, all dies kann eine Kompensation sein für die Unfähigkeit der Menschen, mit Verlusten fertig zu werden, eine Unfähigkeit, die schließlich dazu führt, dass sie nicht mehr in der Lage sind, mit irgendjemand eine enge Verbindung aufrechtzuerhalten, aus Furcht, wieder einen Verlust zu erleiden.

Die Familie Barrett Browning

Die romantische Geschichte von Elizabeth Barrett Browning (Genogramm 5.2), der leidenden, stets kränklichen Dichterin, deren Liebesaffäre mit dem schönen Robert Browning in der Dichtung bereits ihre Blüten trieb, bevor sie sich überhaupt begegnet waren, und die sich aus dem Krankenbett von ihm nach Italien entführen ließ, spielte sich im Kontext einer Familie ab, die vollkommen unfähig war, mit Verlusten umzugehen. Eine entfernte Verwandte von Robert Browning, die ausgiebig über die Familie geforscht hat, beschreibt ihre Liebe als etwas, das durch eine geheimnisvolle, mystische Verknüpfung ihrer beiden Lebensgeschichten vorherbestimmt war (Browning 1979):

> „Ich war vollkommen davon überzeugt, dass die Saat einer Liebe, die in einem früheren Leben nicht hatte wachsen und Früchte tragen können, bereits in die beiden, Robert und Elizabeth, gelegt war. Ich stellte mir die Frage, ob sich nicht bereits Vorfahren aus den beiden Ahnenlinien ineinander verliebt hatten und dann auseinander gerissen worden waren. Dies würde die magnetische Seelenanziehung, wie sie zwischen Robert und Elizabeth zu beobachten ist, erklären."

Mag das Muster, das diese Verwandte entwirft, auch noch so mystisch-geheimnisvoll erscheinen, die Vorstellung, dass ihre Beziehung von Kräften beeinflusst war, die ihr persönliches Leben weit überstiegen, liegt auf der Hand.

Die Familie von
Elizabeth Barrett
und Robert Browning

Genogramm 5.2

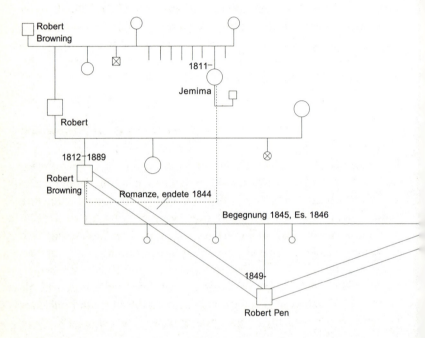

In all ihren Schriften schrieb Elizabeth Barrett Browning nur einen einzigen Absatz über ihre Mutter Mary, die starb, als Elizabeth 21 Jahre alt war, und die zwölf Kinder zur Welt gebracht hatte (Marks 1938):

> „Kaum war ich zu einer Frau geworden, als ich meine Mutter verlor – meine liebste Mutter, und so zart ... aber von einer Natur, die durch den Druck der Umstände gemartert wurde ...: Denn wir verloren mehr an ihr, als sie durch den Tod verlor, meine liebe, liebste Mutter. Ein süßes, sanftes Wesen, das durch die Unbilden des Lebens etwas von seiner süßen Sanftmut verlor – so wie ein Gewitter die Milch sauer werden lässt. Eine von diesen Frauen, die

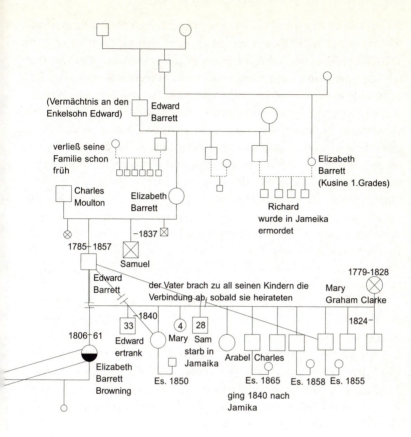

niemals Widerstand leisten können; aber eine Frau, die, indem sie sich unterwirft und sich in sich selbst verkrümmt, ein Zeichen setzt, eine innere Falte – ein Zeichen des Leidens. Sie war zu sehr Frau – das war ihr einziger Fehler. Gut, gut und lieb – und auch fein!"

Diese eindrucksvolle, dichte, schmerzliche Beschreibung lässt sehr wohl ahnen, welchen Kampf es für die Familie bedeutete, nicht nur mit dem Leben fertig zu werden, sondern auch mit dem Tod. Es ist geradezu qualvoll, sich vorzustellen, wie sich die Unterwerfung der Mutter, die solche inneren Zeichen des Leidens hervorbrachte, auf ihre glänzend begabte Tochter ausgewirkt haben muss, die am Ende Medikamente und Drogen einnahm, um ihren eigenen Schmerz zu vertreiben. Aber wir haben nur wenige Informationen über die Mutter, über die man in der Familie nie mehr sprechen konnte. Die Barretts schienen das Gefühl zu haben, es würde sie vollkommen vernichten, wenn sie sich dem Verlust direkt konfrontierten. Als Mary starb, weigerte ihr Mann sich, über seine Trauer und seinen Schmerz zu sprechen. Er schloss die Zimmer seiner Frau einfach ab, er ließ sie genau so, wie sie zu jenem Zeitpunkt waren, und niemand betrat sie jemals wieder oder änderte etwas darin, bis die Familie nach vielen Jahren umzog. Die Familie wich der Realität, dass die Mutter gestorben war, einfach aus, genauso wie sie schmerzlichen Realitäten auszuweichen versucht hatte, als die Mutter noch am Leben war. „Gemartert", wie sie durch die Umstände ihres Lebens war, bestand ihre Botschaft darin, dass wir nicht hoffen dürfen, die Schwierigkeiten des Lebens zu bewältigen.

Ihr Ehemann scheint gleicher Ansicht gewesen zu sein. Selbst in den besten Zeiten war der Vater für seine Familie stets so etwas wie ein gütiger Diktator gewesen. Er nannte ihr Haus *Hope End*, und tatsächlich repräsentierte es alles, was ihm an Hoffnung übrig geblieben war. Mit jedem neuen Verlust wandte er sich noch mehr nach innen. Er war entschlossen, die Familie zusammenzuhalten, und wurde zum Tyrannen in seinem eigenen Heim. Er war der Auffassung, dass seine Kinder ihn niemals verlassen sollten, und die drei, die heirateten, wurden sofort enterbt und behandelt, als ob sie tot wären.

Das Familienmuster, allem, was zu schmerzlich war, auszuweichen, lässt sich bis in die Kindheit von Edward Barrett, dem Vater der Dichterin, zurückverfolgen. Er kam aus einer vornehmen Familie, hatte aber eine sehr schwierige Kindheit gehabt. Zwei seiner Geschwister waren schon als Kinder gestorben, worüber die Mutter untröstlich war. Sein Vater verließ die Familie, als Edward noch ein kleines Kind war, und kompromittierte sie noch weiterhin, indem er sechs weitere uneheliche Kinder mit anderen Frauen hatte.[7] Edward sprach

7 Der Vater hatte verschiedene Beziehungen zu Frauen, darunter auch zu einer Schwarzen und einer Jüdin. Es ist interessant, dass Edward, der die Beziehung seiner Tochter mit Robert Browning ablehnte, seine Missbilligung offenbar unter anderem mit der Vermutung begründete, dieser habe afrikanisches und jüdisches Blut in den Adern, was jedoch gar nicht der Fall war.

sein ganzes Leben lang nicht mehr über seinen Vater, der ihn verlassen hatte.

Schließlich war er der älteste und dann der einzige überlebende Sohn und der einzige legitime Enkel seiner Großeltern mütterlicherseits. Seine Rolle in der Familie wurde noch wichtiger, als seine drei Onkel mütterlicherseits allesamt früh starben und nur uneheliche Kinder hinterließen; jetzt drehte sich alles um ihn, und er war der Erbe, der das gesamte Vermögen seines Großvaters mütterlicherseits erbte, auch wenn einige seiner Cousins dies später anfochten. Die Familie erwartete natürlich, dass Edward das Vermächtnis der Familie weitertragen würde, und der Druck, im Leben erfolgreich zu sein, war sehr groß. Er wuchs in dem Gefühl heran, die Verantwortung zu tragen, und damit auch mit einem Gefühl der eigenen Bedeutung, was zu einer gewissen Steifheit und Feierlichkeit im Umgang mit anderen führte. Seine Art, die Dinge anzugehen, war immer die richtige. Da er die ganze Last des Familienvermächtnisses trug, hatte er wahrscheinlich das Gefühl, er könne es sich nicht leisten, in seiner Führungsrolle auch nur die kleinste Schwäche zu zeigen. Trat ein Verlust ein, dann konnte er sich den Luxus, zu trauern und seinen Schmerz zum Ausdruck zu bringen, einfach nicht gestatten.

Mit 20 Jahren heiratete Edward die sechs Jahre ältere Mary Graham Clarke. Sie hatten zwölf gemeinsame Kinder. Seine Familie bedeutete ihm alles. Sie entschädigte ihn für die Verluste in seiner frühen Kindheit. Als das vierte Kind, das wie seine Mutter den Namen Mary trug, im Alter von vier Jahren starb, hielt die Familie ihren Schmerz streng zurück und erwähnte das Kind nie mehr. Schließlich starb Edwards Frau, als das jüngste Kind drei Jahre alt war. Zu dieser Zeit war Edwards Reaktion bereits voraussehbar geworden: Wie er es beim Tod seiner Tochter 14 Jahre zuvor gehalten hatte, war der Tod seiner Frau ein absolutes Tabuthema.

Vermeidung und Geheimhaltung – das war der Lebensstil der Familie Barrett (siehe die Reihe der Schlüsselerlebnisse in Abb. 5.1). Als die Familie von einer finanziellen Katastrophe bedroht war, hielt Edward Barrett die Verluste auf ihren Plantagen in Jamaika, die die Quelle ihres Einkommens bildeten, vor seiner Frau und seiner Familie geheim. Als sie ihr Anwesen, *Hope End* schließlich verloren, weigerte Edward sich bis zur letzten Minute, darüber zu sprechen. Nachdem sie fortgezogen waren, durfte niemand den Namen jemals wieder erwähnen.

Davor waren mehrere Familienmitglieder, die sich auf Jamaika um die Geschäfte der Familie gekümmert hatten, tragisch ums Leben gekommen, was die Schwierigkeiten der Familie, Verluste zu verarbeiten, noch verstärkte. Edwards einziger Bruder, Samuel, starb auf Jamaika. Später wurde Richard Barrett, ein Cousin des Vaters, ein Mann, der eine glänzende Karriere gemacht und die Verwaltung des Familienvermögens übernommen hatte, auf mysteriöse Weise in Jamaika ermordet; sein Leichnam wurde beiseite geschafft, ohne dass die Familie jemals einen Grabstein für ihn errichten konnte. Trotzdem schickte Edward zwei seiner Söhne an diesen gefährlichen Schauplatz, denn die Erhaltung dieser Einkommensquelle war die wesentliche Voraussetzung dafür, dass die Familie zusammenbleiben konnte. Zuerst schickte er den zweitältesten Sohn, Samuel, der im Jahre 1840 in Jamaika starb. Danach schickte er den drittältesten Sohn, Charles. Edward war nicht bereit, das Risiko einzugehen und seinen Lieblingssohn, Edward jr., zu schicken, seinen Ältesten, der eigentlich am besten qualifiziert gewesen wäre, die Geschäfte der Familie in die Hand zu nehmen.

Aber er konnte diesen Sohn nicht retten, dadurch dass er ihn davon zurückhielt, die Familie zu verlassen: Edward jr. ertrank noch im selben Jahr (1840), ganz in der Nähe seines Elternhauses, im Alter von 33 Jahren bei einem merkwürdigen Bootsunfall. Auch in diesem Fall bestand die Reaktion der Familie auf den Verlust in einer strikten Vermeidung jeder Trauerreaktion, und die Familie rückte noch näher zusammen. Weder die Tatsache des Ertrinkens noch Edwards Name durften jemals wieder erwähnt werden, und die ganze Familie hielt sich an dieses Schweigeabkommen.

Abbildung 5.1 Schlüsselereignisse in der Familie Barrett

1814 Mary Barrett, Elizabeths Schwester, stirbt im Alter von vier Jahren und wird nie wieder erwähnt.

1828 Mary Graham Clarke, Elizabeths Mutter, stirbt und wird nie wieder erwähnt.

1832 Geschäftliche Verluste zwingen Edward, sein geliebtes Domizil, *Hope End*, zu verkaufen, das danach nie wieder erwähnt werden durfte.

1837 Elizabeth wird krank. Sie leidet an Tuberkulose und anderen Beeinträchtigungen.

1839   Elizabeths Cousin, Richard Barrett, wird in Jamaika auf mysteriöse Weise ermordet.

1840   Samuel Barrett, der älteste Sohn, wird von seinem Vater nach Jamaika geschickt, um die Geschäfte der Familie in die Hand zu nehmen, und kommt im Alter von 28 Jahren ums Leben.

1840   Edward Barrett schickt seinen dritten Sohn, Charles, nach Jamaika, der sich nun um die Geschäfte der Familie kümmern soll.

1840   Juli: Edward jr. ertrinkt im Alter von 33 Jahren während eines Besuchs bei seiner Schwester Elizabeth.

1840   Elizabeth erleidet einen Zusammenbruch.

1844   Dezember: Robert Brownings geliebte Kusine Jemima verlobt sich.

1845   Januar: Browning schreibt seinen ersten Brief an Elizabeth, in dem er ihr seine Liebe erklärt, ohne ihr jemals begegnet zu sein.

1845   Mai: Robert Browning, 33 Jahre alt, begegnet Elizabeth Barrett, 39 Jahre alt, zum ersten Mal.

1846   Das Paar brennt durch. Elizabeths Vater spricht nie mehr mit ihr.

Dieser Tod war für Elizabeth besonders schwer, sie war nur ein Jahr älter war als Edward und stand ihm sehr nahe. Viele Jahre später schrieb sie, dieser Tod sei das einzige Ereignis in ihrem Leben gewesen, das nie an Bitterkeit verloren habe, sondern wieder und wieder zurückgekommen sei „wie eine zurückweichende Welle, die immer aufs Neue geht und kommt" (Marks 1938). Was den Verlust noch schwerer zu ertragen machte, war das Elizabeths Gefühl, die Verantwortung zu tragen und an dem Tod des Bruders schuldig zu sein. Sie selbst hatte ihren Bruder eingeladen, sie in einem Erholungsort am Meer, wo sie nach ihrer Tuberkuloseerkrankung wieder zu Kräften zu kommen versuchte, zu besuchen. Der Vater hatte gewünscht, dass der Bruder nach London zurückkehrte, aber Elizabeth hatte inständig darum gebeten, dass er sie besuchen durfte. Da es bis dahin niemand in der Familie gewagt hatte, dem Vater offen zu widersprechen, hatte Elizabeth nun das Gefühl, schuldig zu sein, weil sie sich den Wünschen des Vaters widersetzt hatte. Auf einer tieferen Ebene könnte es jedoch auch sein, dass Elizabeth stellvertretend das Schuldgefühl ihres Vaters übernommen hatte – denn er war es ja gewesen, der versucht hatte, Edward zu schützen, indem er ihn nicht nach Jamaika geschickt hatte.

Von diesem Zeitpunkt an erledigte der Vater jede offene Meinungsverschiedenheit damit, dass er sich vollständig von dem betreffenden Familienmitglied abwendete.

Die Kinder entwickelten komplizierte Geheimhaltungsmuster, um den Vater vor Informationen zu schützen, die ihn aufregen oder aus der Fassung bringen könnten. Es gab zwischen ihnen eine Komplizenschaft des Schweigens. Sie hielten die Details ihres alltäglichen Verhaltens vor ihrem Vater geheim, und der Vater war bereit, wegzusehen. Als Elizabeth sich mehr als ein Jahr lang täglich in ihrem Schlafzimmer mit ihrem zukünftigen Ehemann, Robert Browning, traf, beliebte der Vater, es nicht zu bemerken. Dies erlaubte es ihm, als die beiden schließlich miteinander durchbrannten, sich in selbstgerechter Empörung als Betrogener aufzuführen, ganz so, als ob er nicht gewusst hätte, was vorging.

Elizabeth war jahrelang in dem Netz der Illusion gefangen, das ihre Familie gesponnen hatte. Als älteste Tochter erwartete man von ihr, dass sie unter der Führung ihres Vaters die Zügel in die Hand nehmen und für ihre Geschwister sorgen würde. Ihr einziges Mittel, ihre Individualität zum Ausdruck zu bringen, war ihre schöpferische Kraft, ihre Dichtkunst. Aber selbst in diesem Bereich spielte ihr Vater eine zentrale Rolle: Er ließ ihre Gedichte auf seine Kosten drucken, und sie widmete ihre Gedichte ihrem Vater. Sie blieb für immer die ergebene Tochter. Sie wurde krank; wegen einer mysteriösen Krankheit war sie unfähig zu gehen und verließ ihr Bett oft tagelang nicht. In ihrer ausgedehnten Korrespondenz mit den großen Schriftstellern ihrer Zeit führte sie ein geheimes Leben, aber sie blieb aufgrund ihrer Unfähigkeit, ihr Zimmer zu verlassen, fest an ihre Familie gebunden. Jahrelang lebte die kränkliche Elizabeth allein in ihrem Zimmer und schuf dabei einige der größten Dichtungen der Weltliteratur, während sie ganz im Stillen allmählich morphiumsüchtig wurde.

Der Versuch, Verluste nicht wahrhaben zu wollen, kann eine Art Belagerungsmentalität hervorrufen. Und obwohl Elizabeth einen tiefen Groll hegte gegen den Anspruch ihres Vaters, sie in seinem Herrschaftsbereich festzuhalten, entwickelte sie selbst eine ähnliche Haltung, wenn es darum ging, andere Familienmitglieder gehen zu lassen. Wenn ihre Brüder fortgingen, flehte sie sie an, wieder nach Hause zu kommen, und klagte, das Vergnügen, das ihnen ihre kurze Abwesenheit verschaffe, stehe „in keinem Verhältnis zu der lang anhaltenden Angst derer, die zu Hause blieben" (Marks 1938).

Als Elizabeth das Haus ihres Vaters schließlich verließ, um Robert Browning zu heiraten, einen weltläufigen, attraktiven Dichter, der sechs Jahre jünger war als sie und sie sehr bewunderte, planten sie ihre Flucht mit der größten Geheimhaltung. Allem Anschein nach war es die perfekte Liebesgeschichte. Ihre Liebe begann mittels Briefen, monatelang bevor sie einander persönlich begegneten.

Der Beginn ihrer Romanze stand auch im Zusammenhang mit einem Verlust, den Browning erlitten hatte – dem Verlust seiner Kusine Jemima[8], in die er seit Jahren heimlich verliebt gewesen war. Obwohl er jeden konkreten Hinweis darauf, dass das Gedicht in irgendeinem Zusammenhang mit Jemima (V. Browning 1979) stehen könnte, sorgfältig zerstörte, handelte das geheimnisvolle Liebesgedicht *Pauline: A Fragment of a Confession* (1833), das er heimlich und anonym auf seine eigenen Kosten veröffentlichte, ganz offensichtlich von ihr. Jahrzehntelang unternahm er die größten Anstrengungen, die Anonymität des Gedichtes zu wahren. Browning konnte Jemima nicht vergessen. Im Sommer 1844 ging er schließlich nach Italien, in der Hoffnung, so der Verlockung dieser Beziehung zu entkommen. Er kehrte im Dezember des gleichen Jahres nach London zurück und erfuhr, dass sie sich mit einem anderen Mann verlobt hatte. Im Januar 1845 schrieb er seinen ersten Brief an Elizabeth und erklärte ihr, ohne sie jemals gesehen zu haben, dass er sie liebe: „Ich liebe Ihre Verse von ganzem Herzen, liebe Miss Barrett … Ich liebe diese Bücher, wie gesagt, von ganzem Herzen – und ich liebe auch Sie" (Karlin 1987). Schließlich begegnete Browning Elizabeth Barrett in ihrem Krankenzimmer und pflegte und umhegte sie so lange, bis sie gesund wurde. Am Ende, als sie wieder gehen konnte und ihre Abhängigkeit von Drogen und Medikamenten überwunden zu haben schien, floh Elizabeth mit ihm nach Italien. Aber obgleich sie zu dieser Zeit 39 Jahre alt war, wartete sie mit ihrer „Flucht" ab, bis ihr Vater einmal auf einer Geschäftsreise war, und dieser sprach danach nie mehr ein Wort mit ihr. Er konnte es nicht akzeptieren, dass irgendeines seiner Kinder die Kühnheit besaß, ihn zu verlassen. Elizabeth schrieb viele flehentliche Briefe voller Liebe und hatte das Bild ihres Vaters immer gegenüber ihrem Bett stehen, aber all ihre Bitten um Versöhnung stießen auf taube Ohren. Als ihr Vater im Sterben lag und sie von Italien zurück-

8 Genau gesagt, der Tochter seines Großvaters Robert Browning, die nur ein Jahr älter war als er; A. d. Ü.

kehrte, fand sie alle ihre Briefe ungeöffnet in einem Stapel zusammengebunden vor.

Als zwei der anderen Kinder von Edward Barrett es wagten zu heiraten – wenn auch nur ihre Cousins, sodass sie die Familie eigentlich nicht wirklich verließen –, wurden auch sie verbannt. Drei andere Kinder warteten mit dem Heiraten, bis ihr Vater gestorben war, sie waren zu jener Zeit im mittleren Lebensalter angelangt.

Nicht einmal in Italien war Elizabeth fähig, ihre Familie wirklich hinter sich zu lassen. Sie dachte ständig an sie und kam nicht über ihre Schuldgefühle hinweg, Schuldgefühle sowohl mit Blick auf den Tod ihres Bruders als auch, weil sie ihren Vater verlassen hatte. Sie fühlte sich in ihrer ehelichen Beziehung niemals hundertprozentig wohl und stellte sich fortwährend die Frage, ob sie ihren Ehemann wert sei oder nicht (Karlin 1987):

> „Es schmerzt mich hin und wieder, daran zu denken, dass es besser für dich gewesen wäre, wenn du mich nie gekannt hättest … Möge Gott das Übel von mir abwenden … Wenn ich nur ganz sicher wüsste … mit größerer Sicherheit, als du oder ich es wissen können; – dass nichts in mir in irgendeiner Weise dazu beitragen könnte, dich unglücklich zu machen – denn alles, womit ich in Berührung komme, wendet sich zum Bösen."

Elizabeth und Robert Browning hatten einen Sohn, Pen, der geboren wurde, als Elizabeth 42 Jahre alt war. Sie hatte auch vier Fehlgeburten. Elizabeth starb, als ihr Sohn erst zwölf Jahre alt war, nachdem sie bereits lange vor ihrem Tod in ihre Kränklichkeit und ihre Abhängigkeit von Medikamenten und Drogen zurückgefallen war und Pen in ihre Isolation mit hereingezogen hatte. Das Produkt einer der größten Romanzen aller Zeiten, Pen, konnte die Erwartungen, die seine Eltern und die Welt an ihn hatten, nicht erfüllen. Er blieb sein Leben lang eher ein Kind, er wurde nie ein Mann und war unfähig, sich für irgendeinen Lebensstil, einen Beruf oder eine Frau zu entscheiden. Seine Mutter hatte ihn als eine Erweiterung ihrer selbst betrachtet und ihn entgegen den Wünschen des Vaters bizarrerweise in Mädchenkleider gesteckt.

Robert hatte, wie die Familie seiner Frau, eine ritualisierte Art, mit Verlusten umzugehen. Er besuchte sein eigenes Elternhaus nicht mehr, nachdem seine Mutter kurz nach Pens Geburt gestorben war. Später dann konnte er es nicht ertragen, an dem Haus vorüberzugehen, in dem seine geliebte Schwägerin Arabel in seinen Armen gestorben war. Und vor allem waren ihm die Erinnerungen an die gemeinsame Wohnung mit Elizabeth in Florenz ganz unerträglich. Er kehrte in all den Jahren, die ihm noch verblieben, nie mehr nach Florenz zurück. Nach dem Tod Elizabeths widmete Robert sich ganz und gar seinem Sohn, den er als eine Reinkarnation seiner angebeteten Frau behandelte.

Das Bemühen, Dinge geheim zu halten, setzte sich in der Familie Barrett Browning fort. Viele Jahre nach Pens Tod verbrannten seine Cousins die Briefe von Elizabeth Barrett Browning an ihren Vater, die niemals geöffnet worden waren. Das Verbrennen dieser Briefe lief Elizabeths Überzeugung vollkommen zuwider (Marks 1938):

„Wenn die Geheimnisse unseres alltäglichen Lebens und unserer tiefinneren Seelen anderen noch lebenden Seelen eine Lehre sein können, dann legt sie vor den nach uns kommenden Menschen offen dar, so offen, wie sie jetzt vor Gott daliegen."

Man hat den Eindruck, dass das Muster, den Schmerzen, die mit Verlust einhergehen, auszuweichen, in der Familie Barrett von einer Generation zur nächsten weitergegeben wurde.

Die Familie Kennedy

Eine andere Familie, in der die über viele Generationen hinweg wirksamen Muster, mit allzu frühen Verlusten umzugehen, offenbar tief greifende Auswirkungen gehabt haben, ist die Familie Kennedy (Genogramm 5.3). Kein Amerikaner, der das Jahr 1963 bewusst erlebt hat, kann das Bild von John F. Kennedy jr. vergessen, wie er an jenem kalten, klaren Novembertag vor dem Sarg seines Vaters salutierte. Der kleine dreijährige Junge, der nun keinen Vater mehr hatte und der am Thanksgiving Day, zwei Wochen nach der Wahl seines Vaters zum Präsidenten der Vereinigten Staaten, geboren worden war, war für uns alle eine Mahnung, wie zerbrechlich und verletzbar unser Leben ist. Vor unserem inneren Auge stehen auch die Bilder anderer Situationen, in denen die Kennedy-Familie einen Toten zu betrauern hatte: Wie in der *St. Patrick's Cathedral* Mozarts *Requiem* für Robert Kennedy gespielt wird, seine zehn Kinder in tiefer Trauer, seine Frau Ethel schwanger mit dem elften Kind, und Teds brechende Stimme beim Nachruf auf noch einen Bruder, den die Familie verloren hatte.

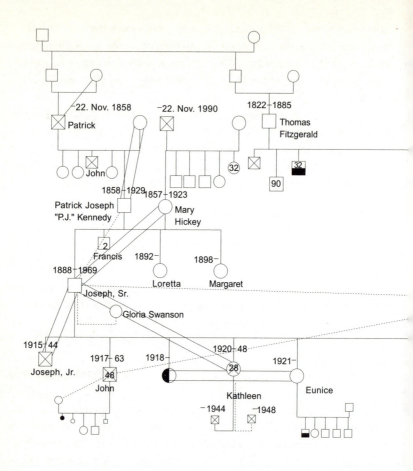

John Kennedy selbst war der „Ersatzspieler" für seinen älteren Bruder, Joseph jr., gewesen, der im Zweiten Weltkrieg ums Leben gekommen war. Wir erinnern uns an Teds verworrene Erklärung bezüglich der Rolle, die er beim Tod von Mary Jo Kopechne in Chappaquiddick gespielt haben könnte, ein Jahr nachdem der „Königsmantel", die Führung der Familie, an ihn übergegangen war. In der nächsten Generation folgte der schreckliche, ruhmlose Tod von David Kennedy, dessen Drogensucht so offensichtlich der Niederschlag früherer Verlusterfahrungen war.

Wir sind mit den Todesfällen in der Familie Kennedy, so weit sie sich während unserer eigenen Lebenszeit ereignet haben, ziemlich ver-

Die Familien Kennedy und Fitzgerald
Genogramm 5.3

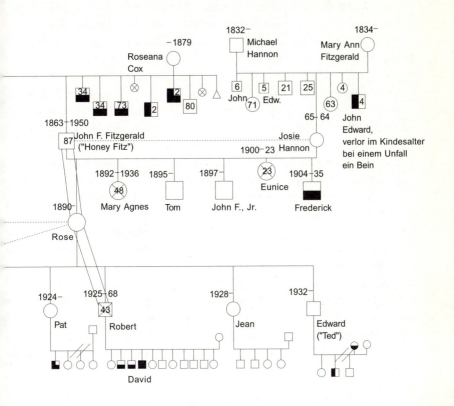

traut, genauso, wie wir mit den Verlusten in unserer eigenen Familie vertraut sind. Über die vorausgegangenen Verlusterfahrungen, die die Mythen und Haltungen der Familie zu einem großen Teil geformt haben, wissen wir normalerweise weniger. Betrachtet man die Geschichte der Kennedys, dann wird deutlich, dass diese Familie über viele Generationen hinweg – weit über die Generationen der Kinder und Enkel von Joe und Rose Kennedy hinaus – von tragischen Verlusten gezeichnet ist.

Joe Kennedys Vater, Patrick Joseph („J. P."), war der einzige überlebende männliche Nachkomme seiner Familie. Ein älterer Bruder, John, war im Alter von einem Jahr gestorben, und der Vater, Patrick, war gestorben, als P. J. sechs Monate alt war. Diese Verluste müssen bei P. J.s Mutter besondere Gefühle für ihren einzigen überlebenden Sohn und ein verstärktes Gefühl für die Zerbrechlichkeit des Lebens – besonders des männlichen Lebens – hervorgerufen haben. P. J., der also nicht gerade auf der Sonnenseite des Lebens aufgewachsen war – ohne Vater und als Ersatz für seinen toten Bruder –, entwickelte sich zu einem hart arbeitenden, aber eher vorsichtigen und zurückhalten-den Mann. Er heiratete „über seine Verhältnisse", eine kluge und ge-schäftstüchtige Frau, Mary Hickey, die aus einer erfolgreichen Familie stammte. Auch P. J. war klug und geschäftstüchtig, aber seine innere Unsicherheit machte es ihm schwer, anderen gegenüber Nein zu sagen. Er stieg ins Branntweingeschäft ein und ging dann, wie so viele seiner irischen Landsleute in jener Zeit, in die Politik. Er kümmerte sich stets in besonderer Weise um die Familien in seinem Distrikt und war wäh-rend acht Legislaturperioden im Amt. Mary gefiel es nicht, dass es ihm als Distriktschef so wichtig war, anderen zu helfen, denn diese Hal-tung vertrug sich schlecht mit dem Erfolg seiner eigenen Familie. Aber es muss ihm ein Bedürfnis gewesen sein, etwas für andere zu tun, weil er sich mit ihnen identifizierte, war er doch selbst als vaterloses Kind in großer Bedrängnis aufgewachsen.

Das erste Kind von P. J. und Mary war Joseph P. Kennedy, der wie-derum der einzige überlebende Sohn seiner Eltern war. Seine ohnehin privilegierte Position als ältester Sohn wurde noch bestärkt, als sein jüngerer Bruder, Francis, mit zwei Jahren an Diphtherie starb. Eine Enkelin von P. J. und Mary sagte später:

> „Der Tod des kleinen Kindes war so unerwartet und sinnlos, dass die einzige Möglichkeit, damit fertig zu werden [für Joes Mutter], die war, Joe mit noch mehr Liebe zu überschütten."

Obwohl Joe noch zwei Schwestern hatte, stand stets er im Mittelpunkt der Aufmerksamkeit. Vielleicht führte gerade dieses Gefühl – dass nämlich der überlebende männliche Nachkomme etwas ganz Beson-deres ist –, das in der Familie von Generation zu Generation weiter-gegeben wurde und die allgemeine kulturelle Tendenz, Söhnen den Vorrang einzuräumen, noch verstärkte, später dazu, dass Joe selbst sei-ne Erwartungen in so starkem Maße auf seine eigenen Söhne richtete.

Als Joe heranwuchs, übernahm er zunehmend die Haltung seiner Mutter, für die immer die eigene Familie an erster Stelle stand; die Nei-gung seines Vaters, anderen zu helfen, betrachtete er als ein Zeichen von Schwäche. Am Ende unterlag P. J. der politischen Führungsriege Bostons (sehr wahrscheinlich wurde er vom zukünftigen Schwiegervater seines Sohnes, Honey Fitz selbst, hintergangen!). Auch wenn er seine Niederlage mit gefasster Würde hinnahm, litt er im Grunde doch sehr darunter, wie ein Kind, das ungerechterweise bestraft worden ist. Die Lehre, die sein Sohn Joe daraus zog, war die, dass politische Loyalität und Großmut nichts anderes als eine Handelsware seien. Für sich selbst traf er die Entscheidung, niemandem zu vertrauen als sich selbst. Er entwickelte einen stahlharten Willen und eine berechnende, manipulierende Art im Umgang mit anderen.

Man bekommt den Eindruck, dass Joe den heftigen Drang hatte, der ihm in seiner Karriere hinderlichen und peinlichen Identifizierung mit seinem weichherzigen Vater zu entkommen, dessen Freundlichkeit – die ganz offensichtlich darauf zurückging, dass er sich mit anderen Menschen, die Niederlagen und Verluste erlitten hatten, identifizierte – in seinen Augen nur dazu geführt hatte, dass er ausgenutzt und abgelehnt wurde. Bezeichnend für Joes Beziehung zu seinem Vater ist die Tatsache, dass er, als P. J. im Jahre 1928 starb, nicht zur Beerdigung erschien, sondern bei seiner Geliebten, Gloria Swanson, in Kalifornien blieb. So sehr P. J. sich auch danach sehnte, seinem Sohn nahe zu sein, es gelang ihm nicht, eine solche Beziehung herzustellen. So wie P. J. selbst, der überhaupt keinen Vater hatte, zu seiner Mutter hingezogen wurde, stand auch Joe seiner Mutter besonders nahe.

Auch die Familie von Rose Fitzgerald Kennedy hatte überwältigende, traumatische Verluste zu verarbeiten, die sie in besonders schwierigen Zeiten getroffen hatten. Ihr Vater, John Francis, genannt Honey Fitz, war das vierte von zwölf Kindern. Die beiden einzigen Töchter starben wie der älteste Sohn schon im Kleinkindalter. Drei andere Geschwister führten ein vom Alkoholismus vollkommen zerstörtes Leben. Zwei weitere, Michael und Edward, hatten gleichfalls schwere Alkoholprobleme. Das neunte Kind, Joseph, hatte aufgrund einer Malariaerkrankung einen Gehirnschaden und war stark behindert. Von den zwölf Kindern dieser Familie überlebten also nur drei, Honey Fitz eingeschlossen, bei guter Gesundheit. Honey Fitz wurde der Lieblingssohn seiner Eltern. Nach dem Tod seiner Mutter, als er 16 Jahre alt war, entwickelte sein Vater mit Blick auf ihn einen besonderen Ehrgeiz: Honey sollte Arzt werden, weil Krankheit in ihrer Familie zu solch schmerzlichen Verlusten geführt hatte. Aber der Vater starb, nachdem Honey gerade ein Jahr auf der *Harvard Medical*

School verbracht hatte, und Honey richtete seinen Ehrgeiz nun auf die Politik, wo er rasch ein gutes Einkommen erwarten durfte und auch die Chance hatte, seinen Brüdern Jobs zu verschaffen. Als er Bürgermeister von Boston wurde, sagten viele, eigentlich hätten die Gebrüder Fitzgerald jetzt die gesamte Verwaltung übernommen. Honey hatte das Gefühl, für seine Brüder sorgen zu müssen, und das tat er auch. Seine Enkel taten viele Jahre später natürlich das Gleiche.

Honey Fitz begegnete seiner späteren Frau, Josephine Hannon, eine extrem schüchterne junge Frau und seine Kusine zweiten Grades, wenige Monate vor dem Tod seiner Mutter. Viele sagten später, die Grundlage für die Verbindung zwischen ihnen seien die Verluste gewesen, die sie beide erlitten hätten. Josie war das fünfte von neun Kindern, von denen nur vier überlebten. Ein Bruder starb im Alter von sechs Jahren an einem Fieber, während seine Mutter mit Josie schwanger war. Ein anderer Bruder war vier Jahre zuvor an Lungenentzündung gestorben. Zwei weitere Brüder starben aufgrund von Alkoholismus schon früh. Dem einzigen überlebenden Sohn wurde im Alter von 13 Jahren bei einem Zugunfall ein Bein zerquetscht. Der schlimmste Verlust jedoch war der der kleinsten Schwester, die zusammen mit ihrer besten Freundin ertrank, während Josie eigentlich hätte auf sie aufpassen sollen. Der schreckliche Verlust, den natürlich jede Familie beim Tod eines Kindes empfinden würde, wurde noch verstärkt durch ein kompliziertes Netz von Schuldgefühlen und Selbstvorwürfen der Art, dass alle in der Familie, und besonders Josie, an dem Tod mitschuldig waren, weil sie nicht richtig auf die Kinder aufgepasst hatten. Die Familie erholte sich nie mehr. Alle, die die drei überlebenden Schwestern kannten, sagten später, ihr ganzes restliches Leben sei von Rückzug, Kummer und Leid überschattet gewesen.

Es ist nicht schwer zu verstehen, dass der selbstsichere, kraftvolle, abenteuerlustige und begeisterungsfähige Honey Fitz – schon sein Spitzname weist darauf hin, dass es ihm immer wieder gelang, andere durch seine Worte zu bezaubern – Josie anziehen musste. Die lange Zeit des Werbens um Josie schien zugleich darauf gerichtet gewesen zu sein, sie mit seinem Humor, seiner magnetischen Anziehungskraft und seiner Ungezwungenheit aus sich herauszulocken. Wie so viele der nachfolgenden Generationen seiner Familie versuchte er, mit Verlusten fertig zu werden, indem er in hektische Aktivität ausbrach und möglichst nicht zurückzublicken. Sobald jedoch die Herausforderung, Josie für sich zu gewinnen, bestanden war, wurden die Unterschiede in ihrer Wesensart nur zu offenkundig. Oder vielleicht empfand Honey gerade Josies Traurigkeit, die ihn zuerst zu ihr hingezogen hatte, jetzt wie ein Gift, vor dem er sich hüten musste. Im Lauf der Jahre richtete Honey Fitz seine Kräfte immer stärker nach außen, während Josie sich immer weiter nach innen kehrte. Es war seine geliebte erstgeborene Tochter, Rose, die ein Ersatz für Honeys Mutter und für seine Schwestern zu sein schien. Sie wuchs zu seiner Begleiterin heran und war in der erregenden politischen Arena seines bunt bewegten Lebens überall an seiner Seite.

Bis in die Adoleszenz führte sie ein Leben, das unverwundbar zu sein schien, aber dann änderte sich alles. Der wesentliche Charakterfehler ihres Vaters – selbstsüchtiger Ehrgeiz, der nicht davor zurückschreckte, andere für seine Zwecke zu manipulieren, als Folge und Ausdruck seiner frühen Verlusterfahrungen – scheint ihn dazu getrieben zu haben, seine Tochter zu verraten. Vielleicht spürte er auch einen gewissen Zwang, die Erfahrung zu wiederholen, die er selbst als 16-jähriger gemacht hatte, als er seine Pläne aufgeben und an die *Harvard Medical School* hatte gehen müssen. Er opferte ihre Träume und Wünsche seinen eigenen politischen Ambitionen. Sie war eine glänzende Schülerin und hatte einen leidenschaftlichen, ungezähmten Geist, und es war ihr Traum, nach Wellesley zu gehen, wo sie gerade angenommen worden war; aber Honey Fitz war in Schwierigkeiten. Seine politischen Schwenkungen und Geschäfte führten dazu, dass man ihm Unterschlagung vorwarf und ihn aus seinem Amt als Bürgermeister von Boston verdrängte. Er machte einen Handel mit den Führern der katholischen Kirche und traf eine Abmachung, die vorsah, dass Rose statt nach Wellesley auf eine katholische Schule ging.

Rose wurde ohne Vorwarnung auf eine Klosterschule im Ausland geschickt. Sie wurde völlig von ihrer Familie und ihrem erregenden gesellschaftlichen Leben abgeschnitten und in ein strenges Reglement gezwängt, in dem Schweigen gefordert war und das jede spontane Sympathiebezeigung unterband. Wie es für die repressive Haltung kirchlicher Schulen in jener Zeit typisch war, gab es sogar eine Regel, die es untersagte, dass Mädchen „besondere Freundschaften" schlossen. Rose reagierte auf eine Weise, die sie in ihrem langen Leben noch viele Male zeigen sollte: Sie erstickte jedes Gefühl des Widerstands in sich, beugte sich dem Willen ihres Vaters und zwang sich, ihre Energien durch Beten zu kanalisieren, der einzige ihr offen stehende Weg, an den sie sich streng hielt. Sie gelangte in dieser Zeit zu einer Art von

Losgelöstheit von menschlichen Beziehungen, die ihr gesamtes späteres Leben kennzeichnen sollte. Was sie verlor, war der Glaube an ihre besondere Beziehung zu ihrem Vater sowie das Gefühl, ihr Leben selbst bestimmen zu können. Sie musste sich dem Willen eines männlichen Wesens beugen, das stärker war als sie. Die Religion half ihr, diese bittere Pille zu schlucken und viele andere bittere Pillen, die noch folgen sollten.

Wir kennen die Verluste, die der Tod ihrer Kinder Rose und Joe Kennedy auferlegte, nur zu gut; aber den ersten Verlust, den sie zu erleiden hatten, hatte ihnen nicht der Tod zugefügt. Es geht um den Verlust ihrer ältesten Tochter, Rosemary, die seit 50 Jahren weit weg von ihren Angehörigen, und (abgesehen von Eunice) gänzlich von ihnen abgeschnitten, in einer psychiatrischen Anstalt untergebracht war. Ein solches Kind bedeutet für die Eltern in der Regel einen Verlust von Träumen, häufig wird es als peinlicher Makel für die Familie empfunden, und es bereitet einen Schmerz, der nie vergeht. Die Kennedys, die Rosemary bei sich in der Familie behalten wollten, hielten ihre Probleme viele Jahre lang geheim und unternahmen jede nur mögliche Anstrengung, dass sie ein Leben führen konnten, das nach außen hin so normal wie nur möglich erschien.

Als Rosemary Anfang zwanzig war, wurde ihr Verhalten für die Familie immer beunruhigender. Sie hatte periodisch wiederkehrende Wutanfälle, und die Familie brachte sie schließlich in einem abgelegenen Kloster unter; aber Rosemary fand Mittel und Wege, aus dem Kloster davonzulaufen und nächtens auf den Straßen herumzuirren. Die Gefahr, dass sie die Familie auf die eine oder andere Weise kompromittieren könnte, wurde immer größer. An einem bestimmten Punkt, als er es nicht mehr ertragen konnte, beschloss Joe, während einer längeren Abwesenheit Roses, bei Rosemary eine Lobotomie[9] vornehmen zu lassen – obgleich Lobotomien bis dahin nur bei sehr schweren chronischen geistigen Erkrankungen vorgenommen wurden, nicht jedoch bei geistiger Zurückgebliebenheit (Leamer 1994). Die Operation, die absolut geheim gehalten wurde, verschlechterte Rosemarys Zustand beträchtlich. Offenbar schickte Joe sie daraufhin in eine Einrichtung im Mittleren Westen. Er erzählte seiner Frau nie etwas über die Lobotomie, weder damals noch später. Rose wurde le-

---

9 Heute nicht mehr üblicher operativer Eingriff in die weiße Gehirnsubstanz bei bestimmten psychiatrischen Erkrankungen.

diglich mitgeteilt, es sei besser, wenn sie ihre Tochter einige Zeit nicht besuche. Nach allem, was von Freunden und Verwandten zu erfahren war, begann Rose erst 20 Jahre später, nach Joes Schlaganfall im Jahre 1961, sich die Geschichte nach und nach wie ein Puzzle zusammenzusetzen (Goodwin 1987). Warum hatte sie nicht darauf bestanden, diese Tochter zu besuchen, der sie sich doch so viele Jahre lang mit großer Hingabe gewidmet hatte? Wie kam es, dass sie niemals fragte? Wie kam es, dass die anderen in der Familie das Verschwinden einer ihrer Angehörigen einfach hinnahmen und niemals nachfragten? Machte Joe sich Vorwürfe wegen dieser Sache? Machten andere ihm Vorwürfe, oder hatten sie selbst ein schlechtes Gewissen, weil sie Rosemary so viele Jahre lang einfach ignoriert hatten? Wir wissen nur, dass Rose in ihren 33 Jahre später geschriebenen Lebenserinnerungen behauptet, sie habe die Entscheidung für die Lobotomie gemeinsam mit ihrem Mann getroffen, dass sie aber nicht erwähnt, dass sie Rosemary 20 Jahre lang nicht besucht und auch keine Fragen nach ihr gestellt hatte.

In der Familie Kennedy sprach man nie über Rosemarys geistige Zurückgebliebenheit; diese Tatsache wurde erst im Jahre 1960 erstmals öffentlich erwähnt. Eine Vorstellung davon, wie sich die Unfähigkeit der Familie, sich offen mit diesem „Gespenst" auseinander zu setzen, langfristig auswirkte, bekommen wir allerdings durch einen Vorfall, der über den Enkel David Kennedy, der an einer Überdosis Drogen starb, berichtet wird. Eines Tages, als David bereits selbst große Schwierigkeiten hatte, fand er in einer Zeitschrift einen Bericht über Lobotomie, in dem ein Bild seiner Tante Rosemary abgedruckt war. Er soll gesagt haben (Collier a. Horowitz 1984):

> „Sie hatte neue weiße Schuhe an, und sie lächelte. Mir schoss der Gedanke durch den Kopf, dass dasselbe, was ihr passiert ist, auch mir hätte passieren können, wenn mein Großvater noch am Leben gewesen wäre. Ihre Existenz war peinlich für die Familie; ich bin peinlich für die Familie. Sie war im Weg; ich bin im Weg. Als ich dieses Bild sah, begann ich meinen Großvater und sie alle zu hassen, wegen allem, was sie ihr angetan hatten, und wegen allem, was sie mir antaten."

Scham und Schuldgefühle hatten zur Folge, dass um Rosemarys Behinderung, die Lobotomie und ihr Verschwinden ein großes Geheimnis gemacht und die Umstände stark mystifiziert wurden, und dies wiederum gab diesem Verlust eine anhaltende Macht über die Familie. In einer solchen Situation bekommen andere Familienmitglieder das

Gefühl, „wenn sie auf diese Weise verschwinden konnte, könnte auch ich so verschwinden". Und ihre Fantasien besorgen den Rest, indem sie den Elementen der Geschichte, die sie kennen, irgendeine Bedeutung anheften.

Die Mehrdeutigkeit dieses Verlusts muss deshalb besonders belastend gewesen sein, weil er nicht wie ein Todesfall betrauert werden konnte. Rosemary blieb am Leben, aber sie war weder körperlich noch geistig präsent. In ihren Lebenserinnerungen schreibt Rose, Rosemary habe sich immer gefreut, sie alle zu sehen, und habe sie auch erkannt, aber sie sei „vollkommen glücklich in ihrer Umgebung, und es würde sie beunruhigen und verwirren, irgendwo anders zu sein" (R. Kennedy 1975). Aber ganz sicher fragten sich andere Familienmitglieder, wie zum Beispiel David, ob das wirklich stimmte, und zweifelten an der Richtigkeit der Entscheidung, sie aus der Familie zu vertreiben.

Unglückseligerweise war Rosemary nur das erste von vielen Kindern, deren Verlust die Familie zu beklagen hatte. In jedem einzelnen Fall war dieselbe Tendenz zu beobachten: die Tendenz, jeden Umstand, der nicht in das positive Bild der Familie passte, geheim zu halten. Joe jr., der „Goldjunge", der von seinem Vater darauf programmiert worden war, Präsident zu werden, kam bei einem unnötig leichtfertigen Fliegereinsatz im Juni 1944 ums Leben. Nur sein Heldenmut wurde erwähnt, nicht aber sein Draufgängertum oder der Umstand, dass er am gleichen Tag von seinem technischen Offizier eine Warnung bekommen hatte, sein Flugzeug könne den geplanten Einsatz unmöglich schaffen (Davis 1984). Auch erwähnten die Kennedys niemals, dass er zur Zeit seines Todes mit einer verheirateten Frau, Pat Wilson, zusammenlebte. Als Pat Wilson ein Beileidsschreiben an Rose schickte, antwortete die um ihren Sohn trauernde Mutter nicht.

Man kann sich nur schwer des Eindrucks erwehren, dass es in der Kennedy-Familie immer wieder zu Schicksalsschlägen kommt, in denen Tragik, Zufall und die Neigung, das Schicksal herauszufordern, eine eigenartige Mischung eingehen. Joe Kennedy junior hatte wiederholt gefährliche Bombeneinsätze geflogen, bei denen er wusste, dass seine Überlebenschancen weniger als 50 Prozent betrugen. Nachdem er seine Pflichteinsätze bereits hinter sich gebracht hatte, suchte er nun eine Mission, von der er als Held zurückkehren würde – vielleicht weil sein jüngerer Bruder John gerade eine militärische Auszeichnung für seine Heldentaten im Pazifik bekommen hatte. (Bei dieser Gelegenheit war John anfänglich als vermisst gemeldet worden, und die überlebenden Mannschaftsmitglieder hatten ein Bestattungszeremoniell abgehalten. Man hatte Joe sen. diese Nachricht mitgeteilt, aber er hatte sie eine Woche lang vor seiner Frau und seinen Kindern geheim gehalten, und nach Ablauf dieser Zeit erfuhr er dann, dass John tatsächlich überlebt hatte.)

Dieser Vorfall ist nur eines von zahlreichen Beispielen für die Vermeidungshaltung der Kennedys, wenn es darum ging, mit Verlusten umzugehen. Als die Nachricht vom Tode Joes eintraf, gab der Vater sie den Kindern bekannt, mahnte sie alle, „besonders liebevoll zu eurer Mutter" zu sein, und zog sich dann in sein Arbeitszimmer zurück, während Rose in ihr Zimmer ging. Rose sagte, sie und ihr Mann hätten „innerlich geweint, im Stillen". Joe sagte damals: „Wir müssen weitermachen. Wir müssen uns um die Lebenden kümmern. Es gibt viel zu tun" (R. Kennedy 1975). Rose suchte Trost in der Religion, betete unzählige Male den Rosenkranz und überließ es ihrem Mann, die nötigen Vorkehrungen zu treffen und die Korrespondenz zu beantworten. In der Anfangszeit wurde sie von ihrem Schmerz und ihrer Trauer fast verzehrt, während Joe sofort in Bewegung geriet und handelte – die übliche Reaktion der männlichen Mitglieder der Kennedy-Familie, wenn Verluste zu beklagen waren, und absolut in Übereinstimmung mit der in unserer Kultur üblichen Erwartung an die männliche Geschlechterrolle.

Die zweite Tochter, Kathleen, zu der ihre Mutter die Beziehung abgebrochen hatte, weil sie im Mai 1944 einen protestantischen britischen Adligen geheiratet hatte, verlor ihren Mann gleichfalls durch den Krieg im September desselben Jahres. Als die Nachricht von seinem Tode kam, hielt sie sich gerade bei ihrer Familie in den Vereinigten Staaten auf, denn ihr Bruder Joe war kurz zuvor ums Leben gekommen. Sie machte Einkäufe und hatte sich mit ihrer Schwester Eunice verabredet. In der für die Kennedys typischen Manier beglückwünschte Eunice ihre Schwester zu ihren Einkäufen und sagte nichts, bis sie all ihre Besorgungen erledigt hatten; zu diesem Zeitpunkt sagte Eunice, Kathleen solle doch, bevor sie zum Lunch nach Hause gingen, ihren Vater anrufen. Da teilte Joe ihr die Nachricht vom Tod ihres Mannes mit. Am darauf folgenden Abend und während der Nacht bemühte sich die Familie zwar sehr um Kathleen, aber alle ihre Angehörigen vermieden es sorgfältig, den Tod ihres Mannes zu erwähnen! Ein Freund, der sie in dieser Zeit besuchte, war entsetzt über das geradezu verrückte Bedürfnis der Familie weiterzumachen, als ob nichts geschehen wäre (McTaggart 1983).

Einem anderen Freund erzählte Kathleen einmal, man habe ihr schon früh beigebracht, dass „Kennedys nicht weinen". Als nach dem Tode ihres Bruders Joe dessen Zimmergenosse sie anrief, um zu kondolieren, brach sie in Schluchzen aus. Später schrieb sie ihm einen Brief, in dem sie sich entschuldigte: „Es tut mir Leid, dass ich heute Abend die Fassung verloren habe. Das macht die Dinge niemals leichter" (Goodwin 1987). Nach dem Tod ihres Mannes verließ Kathleen ihre Eltern und kehrte nach England zurück, wo sie es sich gestattete, monatelang offen zu trauern; sie wohnte in dieser Zeit bei ihren Schwiegereltern, bei denen sie Trost und Halt suchte.

Nach vier Jahren verliebte sich Kathleen erneut in einen Protestanten, dieses Mal in einen verheirateten britischen Adligen, Peter Fitzwilliam, der berüchtigt war für seinen Hang zum Wohlleben, seine Spielleidenschaft und seine Affären. Dieses Mal sagte Rose Kennedy, wenn Kathleen diesen Mann heirate, würde sie nicht nur nichts mehr mit ihr zu tun haben wollen, sondern auch dafür sorgen, dass Joe ihr die regelmäßigen Zuwendungen streichen würde. Rose schwor, sie würde Joe verlassen, wenn er nicht so handelte, wie sie es verlangte. Kathleen wollte die Beziehung trotz der Drohungen ihrer Mutter nicht aufgeben. Sie verabredete deshalb während eines Wochenendausflugs an die Riviera, den sie mit Fitzwilliam unternehmen wollte, ein Treffen mit ihrem Vater, in der Hoffnung, doch noch Hilfe bei ihm zu finden. Was dann folgte, mutet geradezu gespenstisch an, so vertraut kommt einem die Szenerie mittlerweile vor: Fitzwilliam bestand darauf, mit einem kleinen Flugzeug zu fliegen, obgleich der Wetterbericht so schlecht war, dass sämtliche kommerziellen Flüge abgesagt worden waren und sein Pilot dringend dazu riet, die Reise zu verschieben. Das Flugzeug stürzte während des vorausgesagten Unwetters ab, und Kathleen und Fitzwilliam kamen beide ums Leben.

Der Vater, der den Leichnam identifizierte, sagte, Kathleen habe wunderschön ausgesehen, ganz so, als ob sie schliefe – während sie in Wahrheit durch den Absturz grässlich entstellt war. Die Umstände ihres Todes und die Tatsache, dass sie gemeinsam mit Fitzwilliam ums Leben gekommen war, wurden verschwiegen, und sie wurde als Witwe ihres ersten Mannes beerdigt. Ihr Vater war der Einzige aus der Familie, der an ihrer Beerdigung teilnahm. Allerdings hatte er keinerlei Anteil an den Vorkehrungen für die Beerdigung, die von Kathleens früherer Schwiegermutter getroffen wurden; sogar die Grabinschrift stammte von ihr: „Sie hat Freude gegeben, und sie hat Freude gefunden." Die Kennedys und die Familie von Kathleens verstorbenem Mann verschworen sich, über die genaueren Todesumstände Stillschweigen zu bewahren.

Freunde der Familie waren entsetzt, als Rose Kennedy in großer Menge Trauerkarten verschickte mit einem Gebet für diejenigen, die nicht in den Himmel gekommen waren. John und Bobby Kennedy besuchten Kathleens Haushälterin, nahmen alle Erinnerungen an sie mit und sagten dann: „Wir wollen nie wieder von ihr sprechen." Sie scheinen Wort gehalten zu haben, obwohl Bobby seiner ältesten Tochter ihren Namen gab. 24 Jahre später schrieb Rose (R. Kennedy 1975) in ihren Lebenserinnerungen:

> „Im Jahre 1948 machte [Kathleen] einen kurzen Frühjahrsurlaub an der Riviera, sie flog in einem Privatflugzeug mit ein paar Freunden nach Paris, wo sie sich mit ihrem Vater treffen wollte. Unterwegs – auf einer Route, die entlang der französischen Alpen führte – verschlechterte sich das Wetter, die Flugausrüstung war unzulänglich, und das Flugzeug zerschellte an einem Bergabhang, wobei alle, die an Bord waren, ums Leben kamen. Man verständigte Joe, der sofort an den Schauplatz des Unglücks eilte. Er war dabei, als der Leichnam seiner Tochter den Berg herabgetragen wurde. Wir verloren unsere geliebte Kathleen am 13. Mai 1948."

Jeder Hinweis auf den Verlobten war getilgt, als ob er nie existiert hätte, genauso wie die Tatsache, dass Rose sich von ihrer Tochter losgesagt hatte.

Seit jener Zeit haben die Kennedys noch viele andere Verluste und Beinaheverluste zu ertragen gehabt. Dreimal hatte man John Kennedy bereits aufgegeben und ihm die Sterbesakramente gereicht. Zweimal wäre Ted fast ums Leben gekommen: ein Jahr nach dem Tode Johns, als er bei einem Flugzeugabsturz am Rücken verletzt wurde, und ein Jahr nach Roberts Tod, als er fast ertrunken wäre (und seine Begleiterin, Mary Jo Kopechne, in Chappaquiddick tatsächlich ertrank). War es bloß ein zufälliges Zusammentreffen, dass diese fast tödlich verlaufenen Unfälle so dicht auf den tragischen Tod seiner Brüder folgten, oder handelt es sich dabei um Beispiele für einen Sachverhalt, der in der Stressforschung wiederholt dokumentiert worden ist: dass nämlich Verluste und andere schwere Belastungen unsere Anfälligkeit für emotionale Verwirrung, Krankheit und Unfälle erhöhen? Der letzte Familienskandal, der Vorwurf der Vergewaltigung, den Willie Smith vor Gericht gegen Edward Kennedy erhob, ereignete sich nur sieben Monate nach dem Tod seines Vaters.

Was treibt eine Familie zu einem so leichtfertigen und selbstzerstörerischen Verhalten? Viele Leute haben in dem leichtfertigen, die Gefahr bewusst in Kauf nehmenden Verhalten von Kathleen und ihrem Bruder Joe, in dem extrem promiskuösen sexuellen Verhalten von Joseph und John Kennedy und den politisch gefährlichen Liebschaften, die einige der Kennedys unterhielten (vor allem John), eine Reaktion auf ihre Angst vor dem Tode gesehen – sie lebten sozusagen immer an der äußersten Grenze und „forderten das Schicksal heraus", um sich zu beweisen, dass sie noch am Leben waren.

Als die Nachricht eintraf, dass John Kennedy erschossen worden war, beschloss Rose, nach dem Prinzip zu handeln, das sie und Joe bereits viele Jahre zuvor für sich übernommen hatten: Schlechte Nachrichten teilten sie einander nur morgens mit, niemals zu später Stunde, weil dies ihren Schlaf gestört hätte. Sie arrangierte deshalb eine „Verschwörung der Freundlichkeit", die gewährleisten sollte, dass Joe, der damals bereits einen Schlaganfall hinter sich hatte, die Nachricht vom Tode Johns erst am nächsten Tag erfuhr. Sämtliche Fernsehgeräte wurden vom Netz genommen, man erzählte alle möglichen Geschichten den Verwandten und Freunden, die nach und nach eintrafen, und alle spielten ihm eine Komödie vor, indem sie den ganzen Nachmittag und Abend Konversation machten, als ob nichts geschehen wäre. Von John Kennedys Tod erfuhr er am nächsten Morgen.

Rose war der Auffassung, dass Jackies Ruhe und Gelassenheit in jener Zeit der ganzen Welt ein Beispiel dafür gab, wie man sich in einer solchen Situation zu verhalten habe. Rose erzählt, in der folgenden Woche „hat die Familie den Thanksgiving Day gefeiert, wobei wir alle den Schmerz, der an uns nagte, verbargen und unser Bestes gaben, ihn zu einem Tag des Friedens, des Optimismus und des Dankes zu machen für all das Gute, das uns immer noch blieb." Rose zitiert dann Jackies anerkennende Worte für die Art, wie die Kennedy-Familie mit tragischen Ereignissen umgeht (R. Kennedy 1975):

> „Man setzt sich mit ihnen zum Dinner, und jeder von ihnen hat so viel Trauriges erlebt, und – mein Gott – vielleicht ist gerade an diesem Tag etwas Trauriges passiert, und man spürt, dass jeder von ihnen das Leid des anderen wahrnimmt. Und so sitzen sie also in einer ziemlich traurigen Gemütsverfassung am Tisch. Und dann macht jeder von ihnen eine bewusste Anstrengung, fröhlich oder lustig zu sein oder die anderen aufzumuntern, und

man stellt fest, dass es ansteckend ist, dass alle es so machen ... [Sie] geben einander Schwung und Auftrieb. Sie haben alle ein gutes Stück Humor ... Sie tauschen ein paar Belanglosigkeiten aus, es ist ein bisschen Selbstironie dabei, ein bisschen Sinn für das Lächerliche, und wenn sie sehr traurig sind, ein böser, respektloser, schwarzer Humor ... Sie bringen das Beste zum Vorschein. Niemand sitzt herum und schwelgt in Selbstmitleid."

Mit Blick auf den Tod ihres dritten Sohnes fast fünf Jahre später sagte Rose, die erbarmungslose Realität des zweiten Mordes sei so unfassbar, dass niemand auf die Idee käme, sich etwas Derartiges auszudenken. Sie erzählt, dass andere sich über ihre Ruhe und Gelassenheit, ihre Tapferkeit und ihre Selbstbeherrschung bei der Beerdigung gewundert hätten und manche es „unpassend" fanden, dass sie anderen Menschen zugewinkt habe. Sie fasst dann zusammen (ebd.):

„Wenn ich ruhig und gefasst gewesen bin – ich musste es sein. Wenn ich verzweifelt zusammengebrochen wäre, hätte ich das Leid der anderen nur noch größer gemacht und vielleicht sogar eine Kettenreaktion des Schluchzens und Weinens hervorgerufen. Aber tatsächlich war nicht nur ich es, die ein Beispiel der Tapferkeit gab. Sie alle waren einander ein Beispiel."

Trauer und Schmerz sind etwas ganz Persönliches. Jede Familie muss ihren eigenen Weg finden, damit umzugehen. Wie die Kennedys mit einer Kette unfassbar tragischer Ereignisse in ihrer Familie umgingen, war Ausdruck einer großen Stärke; es wurden aber auch eklatante Schwächen deutlich, besonders wenn es darum ging, Verlusten ins Auge zu sehen, die für die Familie beschämend oder peinlich waren und nichts Heroisches hatten. Aber das Bemerkenswerte an dieser Familie ist ihre Fähigkeit, auch bei den schrecklichsten, niederschmetterndsten Verlusten standzuhalten.

Familien wie die Kennedys, in denen so viele Familienmitglieder viel zu früh oder unter traumatischen Umständen sterben, entwickeln manchmal das Gefühl, „verflucht" zu sein; sie glauben, sie könnten die erlittenen Schicksalsschläge niemals überwinden, oder sie gelangen allmählich dahin, dass sie sich als Überlebende betrachten, die zwar niedergeschlagen, aber niemals besiegt werden. Trotz all ihrer Schwierigkeiten, mit Gefühlen umzugehen, haben die Kennedys eine erstaunliche Lebenskraft und großen Mut bewiesen, wenn es darum ging, tragische Ereignisse zu überwinden. Man hat fast den Eindruck, dass das Gefühl, ihre Familie habe eine besondere Mission zu erfüllen, sie trägt.

Die Familie Freud

Die Familie Freud (Genogramm 5.4) bietet ein weiteres interessantes Beispiel für die Wiederholung von Familienmustern, die das Vermächtnis von Verlusterfahrungen zu sein scheinen. Sigmund, der älteste von den acht Kindern seiner Mutter, wurde 1856 in Freiberg in Mähren geboren. Abgesehen davon, dass er das älteste Kind war, war er einige Jahre lang der einzige Sohn. Er hatte eine sehr intensive Beziehung zu seiner Mutter Amalia, die ihn immer ihren „goldenen Sigi" nannte. Allen Berichten zufolge war er der Mittelpunkt der Familie. Ihm folgte später ein Bruder, der jedoch früh starb, dann kamen fünf Schwestern und schließlich ein Bruder, der zehn Jahre jünger war als er.

Dass Sigmund für seinen Vater etwas so Besonderes war, hing zum Teil damit zusammen, dass sein Großvater väterlicherseits drei Monate vor seiner Geburt gestorben war. Dieser Großvater, Schlomo, war ein Rabbi gewesen, und auch Sigmund wurde später, da er sich so glühend für sein neues Glaubenssystem, die Psychoanalyse, einsetzte, mit einem religiösen Führer verglichen und ist insofern auf seine Art in die Fußspuren seines Großvaters getreten. Sigmunds Vater, Jakob, hatte in seiner ersten Ehe zwei Kinder verloren, allerdings wissen wir über sie nichts Genaueres. Solche Verluste geben den später geborenen Kindern häufig eine besondere Bedeutung, vor allem dem Nächstgeborenen, in diesem Falle also Sigmund.

Sigmunds Bruder Julius, der geboren wurde, als er 17 Monate alt war, lebte nur sieben Monate. Sigmunds enge Beziehung zu seiner Mutter ist vermutlich nach dem Tod ihres zweiten Sohnes noch bedeutsamer geworden. Der Verlust dieses Kindes war für die Mutter besonders schmerzlich, weil genau einen Monat vor seinem Tod Amalias jüngster Bruder, der gleichfalls Julius hieß, im Alter von 20 Jahren an Lungentuberkulose gestorben war. Wahrscheinlich hatte Amalia gewusst, dass ihr Bruder sterben würde, als sie ihrem zweiten Sohn ein halbes Jahr zuvor den Namen Julius gegeben hatte, denn es ist bei jüdischen Familien für gewöhnlich nicht üblich, ein Kind nach einem lebenden Familienmitglied zu nennen. Ernest Jones (1953–55; vgl. auch Krüll 1979) berichtet in diesem Zusammenhang:

> „In einem Brief an Fließ (1897) gesteht er [Freud] die bösen Wünsche, die er gegen seinen Rivalen hegte, und setzt hinzu, ihre Erfüllung durch dessen Tod hätte ‚den Keim zu Selbstvorwürfen' gelegt, eine Neigung, die er seither beibehalten habe."

Dazuhin wurde in dieser Zeit Sigmunds Kindermädchen entlassen, und die Familie zog zweimal um, offenbar wegen finanzieller Schwierigkeiten. Sein Neffe John und beide Halbbrüder emigrierten kurz danach nach England. Schließlich musste er die Zärtlichkeit der Eltern bald danach auch noch mit einem neuen Geschwisterchen teilen, mit Anna, mit der er sich auch später nie richtig vertrug. Freuds Gefühl, etwas ganz Besonderes zu sein, und sein religiöser Eifer, wenn es um die Verteidigung seiner Überzeugungen ging, wie auch die besonderen Beziehungen, die sich innerhalb der Familie Freud herausbildeten – all das war zweifellos durch diese Ansammlung von Verlusten beeinflusst, die allesamt kurze Zeit vor oder nur wenige Monate nach seiner Geburt eingetreten waren.

Eine andere kritische Periode erlebte Freud im Alter von 40 Jahren, als sein Vater starb. Er starb kurz nach der Geburt von Freuds Tochter Anna (die übrigens nicht nach Freuds Schwester, sondern nach der Tochter seines Hebräischlehrers und Mentors, Samuel Hammerschlag, genannt wurde; Gay 1990). Vielleicht muss es nicht überraschen, dass dieses letzte Kind, Anna, die im selben Jahr geboren wurde, in dem Freuds Vater starb, seine Lieblingstochter wurde, seine erste und wichtigste Schülerin und dasjenige seiner Kinder, das emotional am stärksten mit ihm verbunden war. Freud knüpfte damals eine engere Beziehung zu seiner Schwägerin Minna, die in dieser Zeit in den Haushalt seiner Familie zog. Minna wurde für viele Jahre seine Weggefährtin, sowohl in intellektueller wie in gefühlsmäßiger Hinsicht. In einem Brief an seinen damals engsten Freund, Wilhelm Fließ, beschreibt Freud in diesen Jahren Minna als seine ansonsten engste Vertraute (Masson 1985). Oft unternahm er Reisen mit ihr allein, während seine Frau bei den Kindern zu Hause blieb, und es gibt Spekulationen, dass er auch eine sexuelle Beziehung mit ihr hatte (Swales 1982, 1986, 1987), ein Muster, das in Familien, die einen Verlust erlitten haben, nichts Ungewöhnliches ist, auch wenn die Verbindung zwischen dem Todesfall und der Affäre den Betroffenen nicht bewusst ist (Paul a. Paul 1975). Noch faszinierender ist der Gedanke, dass dieses Muster – die Neigung, eine Affäre mit einer Schwägerin einzugehen – möglicherweise in der nächsten Generation eine Wiederholung fand, nämlich in der Affäre zwischen Freuds ältestem Sohn, Martin, und der Schwester seiner Frau (D. Freud 1988).

Jakob Freud war wie sein Sohn Sigmund 40 Jahre alt gewesen, als sein Vater starb. Auch wenn es sich hier um einen bloßen Zufall han-

Die Familie Freud
Genogramm 5.4

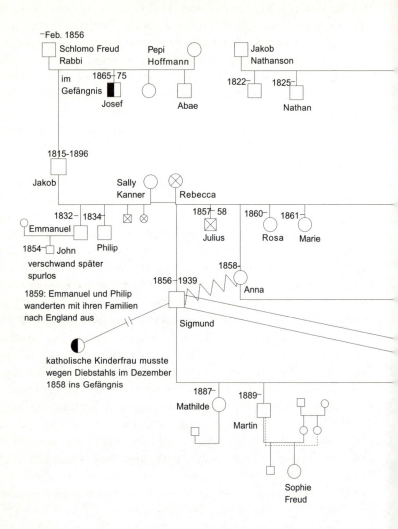

deln mag – die Erforschung der Familiengeschichte führt häufig zur Feststellung solcher Koinzidenzen. Auf jeden Fall scheint Freud in besonderer Weise mit seinem Vater identifiziert gewesen zu sein. Er bezeichnete den Tod seines Vaters als „das bedeutsamste Ereignis, den einschneidendsten Verlust im Leben eines Mannes" (Jones 1953–55). Als sein Vater im Jahre 1896 starb, schrieb Freud in Beantwortung des

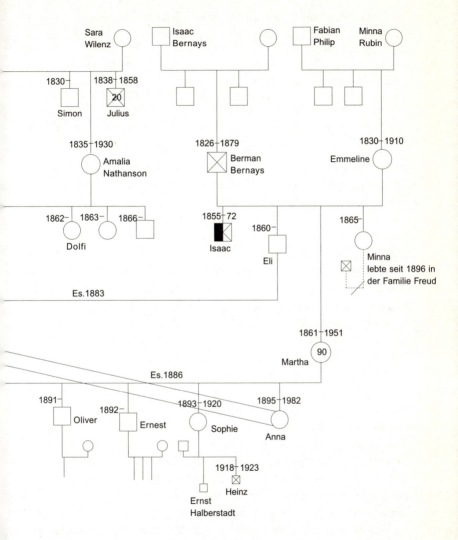

Kondolenzbriefes von Wilhelm Fließ (Masson 1985, zit. nach Jones 1953–55):

> „Auf irgendeinem der dunklen Wege hinter dem offiziellen Bewusstsein hat mich der Tod des Alten sehr ergriffen. Ich hatte ihn sehr geschätzt, sehr genau verstanden, und er hat viel in meinem Leben gemacht, mit der ihm eigenen Mischung von tiefer Weisheit und fantastisch leichtem Sinn. Er war

lange ausgelebt, als er starb, aber im Innern ist wohl alles Frühere bei diesem Anlass aufgewacht. Ich habe nun ein recht entwurzeltes Gefühl. "

Seine Reaktion auf diesen Tod steht in scharfem Gegensatz zu seiner Reaktion auf den Tod seiner Mutter, die 1935 im Alter von 95 Jahren starb (Jones 1953-55):

> „Kein Schmerz, keine Trauer, was sich wahrscheinlich aus den Nebenumständen, dem hohen Alter, dem Mitleid mit ihrer Hilflosigkeit am Ende, erklärt, dabei ein Gefühl der Befreiung, der Losgesprochenheit, das ich auch zu verstehen glaube. Ich durfte ja nicht sterben, solange sie am Leben war, und jetzt darf ich. "

Bei ihrem Tod empfand er Erleichterung darüber, dass sie nun keine Schmerzen mehr hatte. An Ernest Jones schrieb er, er empfinde „die Befriedigung, dass ihr endlich die Befreiung geworden ist, auf die sie sich in einem so langen Leben ein Recht erworben hatte". Freud selbst litt bereits seit sieben Jahren an Krebs, und er war froh, dass durch den Tod seiner Mutter ihm und ihr eine Verkehrung des normalen Lebenszyklus erspart blieb. Im selben Brief heißt es: „… es war mir immer ein abschreckender Gedanke, dass sie von meinem Tod erfahren sollte. " Er räumt allerdings ein, dass der Tod seiner Mutter ihn „in tieferen Schichten" seines Bewusstseins berührt haben könnte, und wir wissen, dass er nicht zur Beerdigung ging, sondern sich durch seine Tochter Anna vertreten ließ, was durchaus auch den Grund gehabt haben könnte, dass er seine Gefühle verdrängen musste.

Allerdings darf nicht vergessen werden, dass er, als seine Mutter starb, 75 Jahre alt und selbst bereits dem Tode geweiht war, während er beim Tode seines Vaters erst 40 Jahre alt gewesen war und gerade eine große Lebenskrise durchmachte, mit depressiven Symptomen, scheinbaren Herzproblemen, Interesselosigkeit, Migräneanfällen und verschiedenen anderen emotionalen Schwierigkeiten. Er begann damals mit seiner berühmten Selbstanalyse und entwarf das Gebäude einer neuen Theorie, die zur Veröffentlichung der *Traumdeutung* führte. Es war auch die Zeit, in der er seine Verführungstheorie erstmals formulierte und dann widerrief. Viele sehen in diesem Widerruf eine Reaktion auf ein Schuldgefühl bei dem Gedanken daran, dass diese Theorie sich auch auf seinen Vater beziehen könnte.

Sigmund Freud ist ein interessantes Beispiel dafür, wie unterschiedlich die Reaktionen auf einen Verlust sein können, je nachdem zu welchem Zeitpunkt des Lebenszyklus der Verlust eintritt, welche

Rolle der Verstorbene im Leben der Hinterbliebenen gespielt hat und welches die Todesumstände gewesen sind. Manche Todesfälle haben stärkere Auswirkungen auf eine Familie als andere. Besonders traumatisch wirkt sich ein allzu früher Tod aus, wie zum Beispiel der frühe Tod von Sigmunds Bruder Julius. Ein ähnlicher Fall war zwei Generationen später der Tod von Freuds vierjährigem Enkelsohn Heinz, der seine Mutter, Freuds Tochter Sophie, schon als Kleinkind verloren hatte. Ernest Jones berichtet, Freud habe den Jungen, den er „das intelligenteste Kind nannte, dem er je begegnet sei", „ganz besonders ins Herz geschlossen" und sei tief erschüttert gewesen von seinem Tod.

„Es war die einzige Gelegenheit, bei der man Freud je hat Tränen vergießen sehen. Später sagte er mir, dass dieser Verlust eine andere Wirkung gehabt habe als alle bisherigen. die anderen hatten ihn einfach geschmerzt, dieser tötete etwas in ihm für immer … Er hatte den Schlag ganz unerträglich gefunden, viel schrecklicher als seinen Krebs" (Jones 1953-55).

Freud litt offenbar mehr als drei Jahre lang an Depressionen und hatte keinerlei Freude mehr am Leben. Seine starke Reaktion scheint zumindest teilweise auch damit zu tun gehabt zu haben, dass der Tod seines geliebten Enkels zeitlich mit der Diagnose seiner Krebserkrankung zusammenfiel, die schließlich zu seinem eigenen Tode führte. Drei Jahre später schrieb er an den Vater des Kindes (Clark 1980):

> „Ich habe hier einige der schwärzesten Tage meines Lebens in Trauer um das Kind verbracht. Endlich habe ich mich aufgerafft und kann jetzt ruhig an ihn denken und ohne Tränen von ihm reden. Alle vernünftigen Tröstungen haben versagt, geholfen hat mir nur das mir allein angemessene Argument, dass ich bei meinem Alter doch nicht viel von ihm gesehen hätte."

Verluste in Ihrer eigenen Familie

In Anbetracht der Anomie und Zersplitterung unserer Gesellschaft kann die Erfahrung, einen Verlust gemeinsam zu erleiden und zu verarbeiten, den Kontext erweitern, in dem Familien sich erleben – es kann bedeuten, eine zeitliche Kontinuität von der Vergangenheit in die Zukunft zu erfahren und zu erkennen, dass die Mitglieder einer Familie nicht nur untereinander, sondern auch mit den vorausgegangenen Generationen sowie mit ihrer eigenen Kultur und allen anderen Menschen verbunden sind. Jeder Einzelne kann so den Tod und sein ganzes Leben unter einer besseren Perspektive betrachten und geht mit Blick auf die Zukunft gestärkt aus der gemeinsamen Erfahrung hervor. Familienrituale sind eine ausgezeichnete Möglichkeit, heilende Kräfte zu wecken und Verwandlung zu fördern. Ein Toast, der bei einer Hochzeit oder zur Feier eines Jahrestages ausgebracht wird, und auch ein Nachruf beim Tod eines Familienangehörigen kann dazu beitragen, dass der Verstorbene seinen Platz im Kontext der Familienbeziehungen behält. Ein junger Mann, der am Thanksgiving Day einen Toast auf seine Schwägerin ausbrachte und ihr für die freundlichen Erinnerungen dankte, die ihn und die ganze Familie mit ihr verbanden, beendete damit ein zweijähriges Schweigen. Die Schwägerin war zwei Jahre zuvor bei einem Autounfall ums Leben gekommen, und die Familie war durch den Schmerz, den der Verlust für sie bedeutete, so blockiert gewesen, dass all ihre Beziehungen daran fast erstickt wären. In einem anderen Fall ließ eine Frau 25 Jahre nach dem Selbstmord ihres Bruders einen Gedenkgottesdienst für diesen Bruder abhalten. Auf diese Weise leitete sie einen Prozess der Versöhnung ein – im Hinblick auf einen Verlust, der ein Vierteljahrhundert lang nicht anerkannt und gewürdigt worden war. Ein solches aktives Evozieren von Erinnerungen an längst vergangene Ereignisse mit dem Ziel, einen Verlust zu verarbeiten, kann lang nach dem Tod der betreffenden Person, ja, noch eine oder zwei Generationen später erfolgen. Der Heilungsprozess, der sich daraus ergeben kann, ist für die Familie ein weit reichender Gewinn.

Auch in diesem Zusammenhang sind Fragen das eindrücklichste Mittel, um ein neues, besseres Verständnis für die Bedeutung der Verluste zu gewinnen, die Ihre Familie zu erleiden hatte. Denkt man in Ihrer Familie an die Todestage der Familienangehörigen, oder werden sie kaum beachtet? Können die Familienmitglieder relativ entspannt über die Verstorbenen und die Umstände ihres Todes sprechen? Gibt es einen Zugang sowohl zu den guten als auch zu den schlechten Erinnerungen?

Überlegen Sie, wie man in Ihrer Familie mit den Vertretern von Beerdigungsinstituten umgeht, welche Rituale beachtet werden, wer beim Beerdigungsgottesdienst spricht und wer nicht. All diese Informationen geben einen Hinweis darauf, welcher Art die Beziehungen der Familienmitglieder untereinander sind, woran sie glauben, was sie fürchten und was für sie wichtig und wertvoll ist. Sie könnten auch über die folgenden Fragen nachdenken:

- Wie haben die verschiedenen Familienmitglieder auf den Tod reagiert? Mit Tränen? Rückzug? Depression? Hektischer Aktivität? Haben sie miteinander über den Verlust gesprochen?
- Wer war im Augenblick des Todes anwesend? Wer war nicht anwesend, der „hätte da sein sollen"?
- Welcher Art waren die Familienbeziehungen zum Zeitpunkt des Todes? Gab es ungelöste Probleme im Zusammenhang mit dem Verstorbenen?
- Wer hat die Beerdigung ausgerichtet? Wer war bei der Beerdigung dabei? Wer nicht? Wer hat einen Nachruf gesprochen?
- Wurde der Leichnam verbrannt oder begraben? Falls er verbrannt wurde, was geschah mit der Asche? Gibt es ein bezeichnetes Grab für die Urne?
- Gab es in der Zeit, als der Angehörige starb, Konflikte in der Familie, oder waren zu einem Familienmitglied die Beziehungen gänzlich abgebrochen worden?
- Gab es ein Testament? Wem wurde was vermacht? Gab es Spaltungen in der Familie, die mit den Verfügungen des Testaments zu tun hatten?
- Besuchen die Familienmitglieder das Grab und wie oft? Wer spricht von dem Verstorbenen und wie häufig? Was geschah mit dem Besitz des Verstorbenen?
- Wurde über die Todesursache oder die Todesumstände Stillschweigen bewahrt? Wurden bestimmte Fakten vor irgendjemandem innerhalb oder außerhalb der Familie geheim gehalten?
- Welcher Mythos über den Verstorbenen bildete sich in der Familie heraus? Wurde er oder sie zu einem Heiligen/einer Heiligen gemacht?
- Wie hätte sich die Geschichte der Familie entwickelt, wenn die verstorbene Person länger gelebt hätte?
- Haben Familienmitglieder das Gefühl, der Tod werfe einen Makel auf sie (zum Beispiel weil es sich um einen Selbstmord handelte oder einen Aidstod)?
- Auf welche Weise ist das Leben der Hinterbliebenen durch ihre Beziehung zu dem Verstorbenen geprägt worden? Was tragen sie mit sich aufgrund der Beziehung zu ihm bzw. zu ihr?
- Welche Überzeugungen hegt die Familie hinsichtlich eines Lebens nach dem Tode, und wie haben diese Überzeugungen ihre Auffassung von der Bedeutung des Verlustes beeinflusst?

– Welche anderen Überzeugungen haben die Familienmitglieder, die ihnen helfen könnten, dem Tod standzuhalten – zum Beispiel das Gefühl, als Familie oder als Angehörige einer bestimmten Kultur eine besondere Aufgabe bzw. einen Auftrag zu haben, oder das Gefühl, überlebt zu haben?

6 Woher kommen wir?

Eltern und Kinder

„Meine Mutter ... ist großartig, wirklich ... Wahrscheinlich ist sie genau wie ich; sonst würden wir uns nicht so sehr nacheinander sehnen, sobald wir einmal klug genug sind, Abstand voneinander zu halten. Ihre Briefe sind etwas, wovor ich mich fürchte, und sie verlangt von mir ständig mehr davon (ich versuche. einmal im Monat zu schreiben; aber es gibt kein Thema, bei dem wir es wagen würden, Intimität aufkommen zu lassen)."

T. E. Lawrence (aus einem Brief an Mrs. G. B. Shaw)

„Meine Mutter ist 72. Wir besuchen einander oft. Ich muss mich um sie kümmern, und sie denkt, sie muss sich um mich kümmern. Aber es ist etwas Merkwürdiges, weil man mich meiner Mutter weggenommen hat, als ich drei Jahre alt war, und ich bei meiner Großmutter aufgewachsen bin, und weil ich sie, abgesehen von einem unglückseligen, bitterbösen Besuch, als ich sieben Jahre alt war, bis zu meinem 13. Lebensjahr nicht mehr gesehen habe. Ich werde oft gefragt, wie ich darüber hinweggekommen bin, ohne einen tiefen Groll zu behalten. Ich betrachte sie als eines der größten menschlichen Wesen, denen ich jemals begegnet bin. Sie ist witzig und wirklich ganz unerhört."

Maya Angelou (aus einem Gespräch mit Stephanie Stokes Oliver)

Niemand kann Ihnen ihre Eltern jemals ersetzen. Sie haben für Sie gesorgt, als sie ein kleines, hilfloses Kind waren, und Ihr ganzes Leben lang sind Sie auf die eine oder andere Weise von ihnen abhängig. Es gibt da eine Schuld, die Sie nie zurückzahlen können. Doch angesichts des verschlungenen Netzes, das eine Familie nun einmal ist, haben viele Menschen nur wenig Freude an der Verbindung zu ihren Eltern. Und nur wenige von uns lernen ihre Eltern als Menschen kennen wie andere auch. Vielleicht sind wir zu sehr damit beschäftigt, uns „abzugrenzen" gegen das, was uns als unzulässiges Eindringen unserer Eltern in unsere persönliche Sphäre erscheint, oder wir sehnen uns nach einer Verbindung, die wir niemals hatten.

Wenn Sie Ihre Eltern jedoch im Kontext *ihres* Lebens betrachten – als Kinder, Bruder oder Schwester, Geliebte oder Freunde –, und wenn sie versuchen, die Muster der Eltern-Kind-Beziehungen in Ihrer Familie zu erforschen, kommen sie vielleicht zu einer anderen Auffassung. Je umfassender Ihre Beziehung zum Leben Ihrer Mutter und zum Leben Ihres Vaters ist, umso besser werden Sie begreifen – und vielleicht auch mitfühlen –, welcher Art der Einfluss ist, den sie auf Ihr Leben haben.

Sie können damit anfangen, ganz einfach mit Ihren Eltern über ihr Leben zu sprechen. Welche Träume hatten sie? Konnten sie diese Träume verwirklichen? Welches Verhältnis hatten sie zu ihren eigenen Eltern? Welche Erinnerungen haben sie an ihre Kindheit? Sie können auch andere Mitglieder der Familie über Ihre Eltern interviewen: Welche Eindrücke hatten sie von Ihren Eltern als Kindern, welche Eindrücke hatten sie von ihnen als Geschwistern, Freunden, Mitarbeitern, Liebhabern, Geliebten (obwohl dies unter Umständen heikel sein kann)?

Für manche Menschen ist das Verhältnis zu ihren Eltern die schwierigste Beziehung, die sie je gehabt haben und je haben werden. Sie fühlen sich selbst als Opfer, sie fühlen sich missverstanden, schlecht behandelt, sie haben das Gefühl, verlassen und ausgesetzt worden zu sein, als es für sie gefährlich war, und glauben, man habe in einem zu frühen Alter von ihnen verlangt, die Aufgaben von Erwachsenen zu übernehmen – ganz wie bei *Schneewittchen*, *Aschenputtel* oder *Hänsel und Gretel*. Sie haben die Fantasie, sie seien adoptiert worden und hätten einst einen gesünderen, gütigeren, „normaleren" Vater bzw. eine entsprechende Mutter gehabt. Und manchen Menschen ist es unmöglich, über diese Kindheitserfahrungen des Eingeschüchtertwerdens und der Hilflosigkeit hinauszuwachsen.

Später kehrt sich die Eltern-Kind-Beziehung manchmal um: Wenn die Eltern alt werden, sind sie mehr auf ihre Kinder angewiesen, sie werden abhängig, und die Kinder übernehmen immer mehr Verantwortung. Dies kann eine sehr befriedigende Zeit sein, weil Eltern und Kinder eine tiefe menschliche Verbundenheit erleben; wenn jedoch die früheren negativen Gefühle nicht überwunden wurden, können die Probleme auch zunehmen. Für Kinder ist es selbst dann noch, wenn sie längst erwachsen sind, oft schwierig, ein klares Bild von ihren Eltern zu entwickeln – ein Bild, das über die frühen überlebensgroßen Erwartungen an „Mutter" und „Vater" hinausgeht. Es ist aber genauso wichtig, sich klar zu machen, dass wir als Kinder eine gewaltige Macht haben, unsere Eltern zu verletzen. Als Maya Angelous Sohn sie tadelte: „Mutter, ich weiß, ich bin dein einziges Kind, aber du musst daran denken, das ist mein Leben und nicht deines", schrieb sie: „Der Dorn an den jungen Pflanzen, die man selbst gesetzt, gehegt und beschnitten hat, sticht am schärfsten und fordert mehr Blut" (Angelou

1986). Wir dürfen nicht vergessen, dass das, was wir zu unseren Eltern sagen, ihre tiefsten Gefühle sich selbst gegenüber wie auch ihre Gefühle in Bezug auf das, was wir ihnen bedeuten, berührt und möglicherweise verletzt.

Die meisten von uns wachsen mit sehr unterschiedlichen Gefühlen in Bezug auf Mütter und Väter auf, weil in unserer Kultur „erwartet wird", dass sie zutiefst unterschiedliche Rollen übernehmen. In ganz typischer Weise kommen die unterschiedlichen Erwartungen in einem Dialog zwischen dem Sohn und der Tochter in Robert Andersons (1968) Stück *I Never Sang for My Father* zum Ausdruck:

Sohn: Ich möchte einfach nicht, dass mein Vater wie ein Fremder stirbt.
Tochter: Du suchst etwas, was es nicht gibt, Gene. Du suchst die Liebe einer Mutter in einem Vater. Mütter sind weich und nachgiebig. Väter sind hart und streng, sie zeigen uns, wie die Welt ist, sie ist hart, sie ist gemein, sie ist selbstsüchtig und voller Vorurteile.
Sohn: Was bedeutet es schon, wenn ich ihn nie geliebt habe oder er mich nie geliebt hat? Und doch, wenn ich das Wort „Vater" höre, dann bedeutet es etwas.

Vielleicht sollten wir uns auch darüber Gedanken machen, dass Töchter und Söhne, Mütter und Väter unterschiedliche Probleme und unterschiedliche Rollen haben. Väter sind traditionellerweise eher unbekannte Wesen, die kennen zu lernen gar nicht möglich ist, während die Mütter, die offenkundiger präsent sind, die ganze Wucht unseres Zorns und auch mehr von unserer Liebe abbekommen. Wir haben oft das Gefühl, dass die Mütter allzu sehr präsent und zu oft mit ihrem Rat zur Stelle sind, dass sie zu viel Nähe und Intimität verlangen. Eine junge Frau (Kleiner in Vorb.) hat es einmal so beschrieben:

„Unsere Väter arbeiteten sechs Tage in der Woche und zwölf Stunden am Tag, und wenn sie nach Hause kamen, waren sie zu müde für unsere Überschwänglichkeit und unsere Bedürfnisse. Oder sie waren nicht da oder auf Reisen, oder sie waren tot. Wenn wir an sie denken, dann erinnern wir uns, dass wir uns furchtbar danach sehnten, sie besser kennen zu lernen, aber wenn sie heute bei uns sind, dann halten wir uns zurück und stellen die harten Fragen nicht, die aus unseren Herzen ein Schlachtfeld machen. Diese Fragen bewahren wir für unsere Mütter auf, mit denen wir auf Armeslänge eingeschlossen sind, in einem nie endenden Menuett leidenschaftlicher, mit wilder Wut besetzter Liebe."

Wenn wir Eltern richtig verstehen wollen, müssen wir der Tatsache nachgehen, dass die Kultur häufig eine Distanz zwischen Vätern und

Kindern und zwischen Müttern und Söhnen vorgegeben hat. Wir müssen uns mit den Einengungen auseinander setzen, die die traditionellen Geschlechterrollen für unsere Familien bedeuteten. Das heißt aber auch, dass wir unsere Sicht von den Männern erweitern und über die Vorstellung von der Dominanz des Mannes und der Selbstlosigkeit der Frau hinausgehen müssen. Wir müssen so weit kommen, dass wir die Leistung der Männer in unseren Familien anerkennen, die fähig und bereit waren, Zweifel am Vorgegebenen zuzulassen oder eine fürsorgliche Rolle zu übernehmen, und die Leistung der Frauen, die es wagten, der Konvention die Stirn zu bieten, indem sie ihre Stärke offen auslebten.

Wir alle haben die Idealvorstellung einer entspannten, vertrauensvollen Beziehung sowohl zum Vater als auch zur Mutter. Aber dieses Ideal wird selten erreicht. Da zwei Erwachsene nötig sind, um ein Kind zu zeugen, nehmen wir alle unseren Anfang als Teil eines Drei-Personen-Systems (später umfasst das System häufig auch mehr als drei Personen), und diese Dreiergruppe wird zu der zentralen Dreiecksbeziehung unseres Lebens. Wenn alle miteinander zurechtkommen, ist alles gut, tauchen jedoch Konflikte auf, kann dieses triadische Muster problematisch werden. Im „wirklichen" Leben gelingt es dieser ursprünglichsten und grundlegenden Triade oft nicht, das zu bleiben, was idealerweise von ihr erwartet wird. Aktuelle Schätzungen laufen darauf hinaus, dass mehr als ein Drittel derer, die heute Kinder sind, noch vor ihrem 18. Lebensjahr in einem Haushalt mit nur einem Elternteil leben werden und viele andere von den Großeltern, von schwulen oder lesbischen Paaren oder von Pflege- und Adoptivfamilien aufgezogen werden oder in allen möglichen anderen Arten von Haushalten und Wohngemeinschaften leben.

Die klassische Eltern-Kind-Triade umfasst ein oder mehrere Kinder, die auf der Seite eines Elternteils stehen, während der andere Elternteil außerhalb steht. Häufig fühlen die Kinder sich eng mit der Mutter verbunden, die von ihnen als fürsorglich und vernünftig empfunden wird, während sie den Vater als versagend und unvernünftig betrachten. Es kann aber auch sein, dass sie das Gefühl haben, die Mutter versuche ständig, in ihre Intimsphäre einzudringen, oder nörgle unablässig an ihnen herum, während der Vater stets „nett", „großzügig" oder „lässig" ist. Es ist schwer, beiden Eltern gegenüber gleichermaßen freundliche Empfindungen zu haben, wenn der eine ständig wütend auf den anderen ist. Kinder ergreifen immer die eine oder die andere Partei, ohne zu merken, was sie tun.

Diese klassische Dreiecksbeziehung zwischen den Kindern und einem „lieben" und einem „bösen" Elternteil lässt sich sehr gut an der Familie von Eleanor Roosevelt beobachten (Genogramm 6.1). Beide Eltern starben, als sie noch ganz jung war, und vermutlich war gerade dies der Grund dafür, dass sie auf ihre kindliche Sicht des Dreiecks fixiert blieb, da es ja keine Erfahrungen im Erwachsenenalter gab, die zu jenen intensiven frühen Erinnerungen hätten ein Gegengewicht bilden können. Hätte Eleanors Vater weitergelebt, dann hätte sie vielleicht eine ganz andere Beziehung zu ihm entwickelt und eine andere Art von Liebe verlangt – eine beständige, verantwortliche Liebe. Sie hätte möglicherweise genug gehabt von seinem unzuverlässigen Verhalten. Im besten Falle hätte Eleanor eine realistischere Sicht auf Mutter und Vater entwickelt und beides akzeptieren können, ihre Fehler und ihre Tugenden. Nun, ihre Entwicklung verlief anders, und sie wurde eine bemerkenswerte Frau, die eine erstaunliche Kraft und Tapferkeit an den Tag legte, wenn es darum ging, schwierige Umstände und Beziehungen zu bewältigen. Aber es ist bekannt, dass sie ihr Leben lang am Anfang einer persönlichen Beziehung stets überaus enthusiastisch war, um dann später häufig desillusioniert zu sein.

Eleanors Beziehung zu ihrem Vater, Elliott, war sehr eng. Sie war sein erstes Kind – „ein Himmelswunder", wie er zu sagen pflegte –, und sie wurde acht Monate nach der doppelten Tragödie geboren, die seine Familie durchmachte und von der wir in Kapitel 4 berichtet haben: Ihr Onkel Theodore Roosevelt hatte in ein und derselben Nacht nicht nur seine Mutter, sondern auch seine Frau verloren. Vielleicht war Eleanor für ihren Vater ein Trost in dieser Zeit der Trauer. Ganz sicher identifizierte er sich mit ihr, denn er gab ihr denselben Kosenamen, nämlich Nell, den er selbst als Kind gehabt hatte; und sie vergötterte ihn dafür. Elliott starb, als Eleanor erst zehn Jahre alt war, aber sie trug die Briefe, die er ihr geschrieben hatte, ihr ganzes Leben lang bei sich. In ihrer Autobiografie, die sie schrieb, als sie schon in den Siebzigern war, heißt es (E. Roosevelt 1984):

> „Er beherrschte mein Leben so lange er lebte, und er war die Liebe meines Lebens, noch viele Jahre über seinen Tod hinaus. Mit meinem Vater war ich vollkommen glücklich … Er war der Mittelpunkt meiner Welt … Mit seinem Tod verlor ich all die Möglichkeiten des zukünftigen Zusammenseins, von denen er gesprochen hatte, aber … er lebte in meinen Träumen und lebt dort bis zum heutigen Tag."

Die Familie von Eleanor Roosevelt
Genogramm 6.1

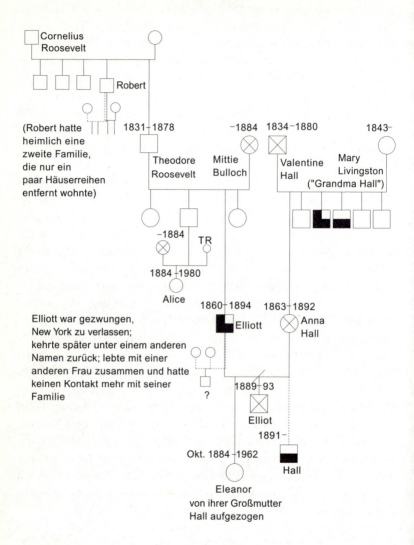

Im Gegensatz zu der starken Bindung an ihren Vater war Eleanors Beziehung zu ihrer Mutter nicht sehr eng. Sie erlebte ihre Mutter als fern und wenig mitfühlend. Sich selbst betrachtete sie als hässlich und hausbacken, und sie war sicher, dass ihre Mutter in dieser Hinsicht einer Meinung mit ihr war. In ihrer Autobiografie erinnert sie sich (ebd.):

„Meine Mutter war eine der schönsten Frauen, die ich je gesehen habe. Ich hatte das Gefühl, dass zwischen mir und … [meiner Mutter] eine merkwürdige Barriere bestand … Ich erinnere mich noch heute daran, wie ich an der Tür stand, häufig mit dem Finger im Mund, und ich sehe den Blick in ihren Augen und höre den Ton in ihrer Stimme, wenn sie sagte: ‚Komm herein, Großmama.‘ Wenn gerade jemand zu Besuch da war, drehte sie sich manchmal um und sagte: ‚Sie ist ein so sonderbares Kind, so altmodisch, dass wir sie immer ‹Großmama› nennen.‘ Ich wäre vor Scham am liebsten in den Boden gesunken.“

Eleanors Welt hatte bereits angefangen, auseinander zu brechen, bevor ihr Vater starb. Als sie fünf Jahre alt war, verließ Elliott, ein psychisch gestörter, exzentrischer, alkoholabhängiger Mann, die Familie ganz plötzlich. Er stammte aus einer sehr wohlhabenden, erfolgreichen Familie, aber er schöpfte seine eigenen Möglichkeiten nie aus und verließ die Schule schon im Teenageralter. Obgleich er den Ruf eines Abenteurers hatte, gelang es ihm aufgrund seiner Liebenswürdigkeit, seines guten Aussehens und seiner sozialen Position, Anna Hall, eine stark umworbene Debütantin, für sich zu gewinnen und sie zu heiraten. In den ersten Jahren ihrer Ehe kamen ihm sein Charme, seine Intelligenz und sein ererbter Reichtum gut zustatten, obwohl er selbst nicht viel zum Einkommen seiner Familie beitrug. Dann aber, nach einer schmerzhaften Verletzung am Knöchel, verfiel Elliott ziemlich rasch der Sucht und verwandelte sich in einen depressiven Alkoholiker. Gelegentlich war er feindselig und auch suizidal, dann verschwand er einfach und ließ seine junge Frau und seine kleinen Kinder allein zurück, in tiefer Ungewissheit darüber, wo er sich gerade aufhielt. Wenn er dann schließlich wieder auftauchte, gab es wüste Zechgelage und gewalttätige Auseinandersetzungen. Selbst dann hielt Eleanor weiterhin zu ihrem Vater. In der Erinnerung an eine solche Rückkehr schreibt sie, fast so, als ob sie sich selber schuldig fühlte (ebd.):

„Mein Vater war nach Hause gekommen … und ich muss leider sagen, er machte uns große Angst, aber er war der Einzige, der mich nicht wie eine Verbrecherin behandelte.“

Die Familie unternahm alle möglichen Versuche, ihrem ungeratenen Sohn zu helfen, und überredete ihn zu mehreren Sanatoriumsaufenthalten. Am Ende ließ ihn die Familie für verrückt erklären, um sein Vermögen zu retten, und er durfte nicht mehr bei seiner Frau und seinen Kindern leben. Für einige Zeit erholte er sich partiell und arbeitete, als Rehabilitationsmaßnahme, in einer kleinen Industriestadt in den Südstaaten. In dieser Zeit lebte er mit verschiedenen Frauen zusammen, und seine Familie wusste nicht, wo er sich aufhielt. (Es gibt dazu eine interessante Parallele in der vorausgegangenen Generation: Auch Elliotts Onkel Robert unterhielt zwei getrennte Familien mit Kindern, die in unmittelbarer Nachbarschaft voneinander lebten. Als seine Frau gestorben war, zog seine zweite Familie offenbar in das Haus seiner ursprünglichen Familie mit ein.) Dann erkrankte Eleanors Mutter an Diphtherie und starb ganz plötzlich. Aber selbst in dieser Situation dachte Eleanor zuallererst an ihren Vater (ebd.):

> „Der Tod bedeutete nichts für mich, und eine Sache löschte alles andere aus – mein Vater würde zurückkommen, und ich würde ihn sehr bald wiedersehen."

Es gab jedoch kein gutes Ende wie im Märchen. Elliott trank weiter und konnte nicht für seine zwei kleinen Kinder sorgen, die schließlich zu ihrer wohlwollend gesinnten, aber strengen Großmutter Hall gegeben wurden, die ihren Vater ablehnte. Elliott schrieb Eleanor Briefe voller Versprechungen, die ihre Hoffnung auf ein gemeinsames Leben mit ihrem Vater nährten, besuchte sie aber nur selten. Als er sie dann wirklich einmal besuchte, nahm er sie mit in seinen Club, ließ sie aber im Vestibül zurück. Stunden später machte sie die demütigende Erfahrung, miterleben zu müssen, wie er betrunken herausgetragen wurde. Trotz solcher schmerzlichen Erfahrungen glaubte Eleanor auch weiterhin daran, dass sie und ihr Vater eines Tages glückselig miteinander in die Welt hinausziehen würden. Sie dachte immer an seine Versprechungen (ebd.):

> „Er begann ... mir zu erklären, dass ... er und ich fest zueinander halten müssten. Eines Tages würde ich wieder ein Zuhause für ihn schaffen, wir würden gemeinsam reisen und viele andere Dinge machen. Irgendwie ging es immer um ihn und mich. Ich wusste nicht, ob meine Brüder unsere Kinder sein würden, oder ob er dachte, sie würden in die Schule und aufs College gehen und später unabhängig sein."

Mit den Briefen, die er ihr schrieb, weckte er ihre Hoffnung, dass er heimkommen würde, immer aufs Neue, nur um sie dann immer wieder zu enttäuschen, wenn er doch nicht kam. Nach kurzer Zeit zog er unter einem neuen Namen wieder nach New York und hatte keinen Kontakt mehr zu seiner Familie. Im Jahre 1894, als Eleanor zehn Jahre alt war und nur zwei Jahre nach dem Tod seiner Frau, starb er an seiner Trunksucht.

Später schrieb Eleanor im Rückblick auf ihre Kindheit (ebd.):

„Ich entwickelte eine seltsame und verzerrte Vorstellung von den Schwierigkeiten, die ich um mich herum erlebte. Etwas stimmte nicht mit meinem Vater, aber von meinem Standpunkt aus konnte es nicht sein, dass etwas mit meinem Vater nicht stimmte. Wenn die Leute nur begreifen würden, welch ein Kampf in einer solchen Situation im Geist und im Herzen eines Kindes stattfindet, ich glaube, sie würden versuchen, mehr zu erklären, aber niemand sagte etwas zu mir."

Als sie im Teenageralter war, sagte eine Tante ihr im Verlauf eines Streits die Wahrheit über ihren Vater, über seine Trunksucht und seine Affären, aber ihre Liebe zu ihm war nicht zu erschüttern. Das, was sie gehört hatte, schien sie in ihrer Überzeugung sogar noch zu bestärken, dass sie und er einander gebraucht hatten und dass er so verwundbar gewesen war wie sie.

Eleanors einseitige Parteinahme ist ein gutes Beispiel dafür, wie schon früh im Leben der Grund für eine unrealistische Sicht der Eltern gelegt werden kann, die dann ein Leben lang beibehalten wird, wenn das Bedürfnis, sie zu bewahren, nur stark genug ist. In Eleanors Fall war es so, als ob sie die Abwesenheit des Vaters mit ihren Fantasien ausgefüllt hätte – Fantasien über den Vater, den sie so gerne gehabt hätte. Auf diese Weise konnte sie den Vater, den sie hatte, natürlich nie wirklich kennen lernen.

Aber sie hatte auch nie ein klares Bild von ihrer Mutter. Da sie für ihren Vater einen so gewaltigen Vorrat an Zärtlichkeit reserviert hatte, blieb für ihre Mutter nur wenig übrig. In ihren Augen mag die urteilende und wertende Haltung ihrer Mutter für die Probleme ihres Vaters verantwortlich gewesen sein. Kleine Kinder sehen die Dinge oft in dieser Weise. Je deutlicher sie ihre Loyalität gegenüber ihrem Vater zum Ausdruck brachte, umso stärker fühlte sie sich vermutlich von ihrer Mutter zurückgewiesen, die gespürt haben muss, dass Eleanor ihren Vater mehr liebte als sie. Umgekehrt war ihr die besondere Beziehung zu ihrem Vater umso wichtiger, je mehr sie sich von ihrer Mutter entfernte. Am Ende konnte sie weder Vater noch Mutter so sehen, wie sie wirklich waren.

Viele Jahre lang war Eleanors Tochter Anna, die den Namen ihrer Großmutter trug, in einer ähnlichen Dreiecksbeziehung gefangen; für sie war ihr Vater, Franklin Roosevelt, der Held, und ihre Mutter war „die Böse". Sie schreibt (Asbell 1982):

„Es ist kein Wunder, dass mein Vater der Held meiner Kinderjahre war ...
Er sprach mit mir über alle möglichen Dinge, von denen ich gerne etwas hören wollte – über die Bücher, die ich gerade las, eine Kreuzfahrt, die wir vielleicht machen wollten ...[Meine Mutter] hatte ein ungeheures Pflichtgefühl uns gegenüber ... aber sie begriff nicht, dass ein Kind ein ursprüngliches Bedürfnis nach Nähe zu Vater und Mutter hat, und konnte dieses Bedürfnis auch nicht befriedigen."

Eleanors Sohn James schreibt (J. Roosevelt 1976):

„Da sie in ihrer eigenen unglücklichen Kindheit nichts erfahren hatte, was ihr in diesem Zusammenhang nützlich hätte sein können, stand Mutter voller Entsetzen vor der Situation, dass sie nun selbst die Elternrolle innehatte ... [Ihre] Angst, als Mutter zu versagen, tat ihr dementsprechend weh. Viele Jahre lang – bis es für sie zu spät war, eine wirkliche Mutter zu werden – schob sie unserer Großmutter die Rolle unserer Mutter zu."

Eleanor selbst scheint, was ihre Schwierigkeiten als Mutter angeht, einer Meinung mit ihren Kindern gewesen zu sein. Angesichts ihrer eigenen traurigen Kindheit war das nicht weiter überraschend (ebd.):

„Kleine Kinder zu verstehen oder mich an ihnen zu freuen war für mich nichts, was sich natürlich entwickelte ... denn Spielen war nicht gerade ein wesentlicher Teil meiner Kindheit gewesen."

Annas Ehemann berichtete später, Anna habe immer wieder zu ihm gesagt, ihre Mutter sei unberechenbar und unbeständig: in der einen Minute weich und sanft und in der andern kritisch und fordernd. Zum Glück für beide, für Mutter und Tochter, lebten sie lange genug und arbeiteten hart daran, ihre Konflikte und Probleme zu überwinden. Eleanor hat später einmal geschrieben (Asbell 1982):

„Heute ist Anna für mich und ich bin für sie eine so gute Freundin, dass niemand sich eine bessere wünschen könnte. Vielleicht ist die Verbindung zwischen uns deshalb umso stärker, weil sie so langsam gewachsen ist. Niemand kann einer von uns irgendetwas über die andere erzählen, und auch wenn wir nicht immer das Gleiche denken oder das Gleiche tun, respektiert doch jede von uns die Motive der anderen, und zwischen uns schwingt eine Form des Verstehens, die ein wirkliches Missverständnis vollkommen unmöglich machen würde."

Viele Kinder erreichen niemals diese Art einer reifen Verständigung mit ihren Eltern. Sie geben den Versuch, ihre Eltern nach dem Bild des bedingungslos liebenden und alle Sorge auf sich nehmenden Übervaters/der Übermutter zu formen, den/die sie niemals hatten, nicht auf.

Das zeigt sich darin, dass sie auch im Erwachsenenalter noch die Zustimmung der Eltern suchen oder so handeln, als ob sie weiterhin der Hilfe bedürftig wären. In beiden Fällen ist zu erwarten, dass sie enttäuscht werden.

Die Familie Franz Kafkas

Manche Menschen, wie der tschechisch-jüdische Schriftsteller Franz Kafka (Genogramm 6.2), bleiben ein Leben lang dem Grübeln darüber verhaftet, was in ihren Beziehungen zu ihren Eltern schief gelaufen ist. Kafka war sein ganzes Leben lang besessen von den Problemen, die er in der Beziehung zu seinem Vater hatte. Er machte einen berühmt gewordenen, aber vergeblichen Versuch, sich mit seinem Vater zu versöhnen wie auch ihn zu ändern, und zwar in einem Brief, den er nie abschickte. In diesem Brief schreibt er (Kafka 1919): „Mein Schreiben handelte von dir, ich klage dort ja nur, was ich an deiner Brust nicht klagen konnte." Es überrascht angesichts dieses Briefes nicht, dass Kafka über Menschen schrieb, die in Schrecken erregenden Situationen gefangen sind, wo sie zu Opfern einer sinnlosen, unpersönlichen, allmächtigen, verfolgenden Welt werden.

Kafka sah seinen Vater als einen lärmenden, auftrumpfenden, jähzornigen Mann, egozentrisch, selbstgefällig und unfähig, seinen Kindern emotionalen Halt zu geben, deren Versuche, sich von der Familie zu lösen, er jedoch zugleich sabotierte. Der Sohn war überzeugt, sein Vater habe ihm absichtlich Angst eingeflößt, um aus ihm einen kräftigeren und mutigeren Jungen zu machen, eine Taktik, die überhaupt nicht funktionierte. Kafka hatte vor seinem Vater stets große Angst und machte ihn dafür verantwortlich, dass er selbst so wenig Selbstvertrauen hatte und sein Leben lang unter quälenden Schuldgefühlen litt.

In seiner Mutter sah Kafka nur Gutes – sie war in seinen Augen die Friedensstifterin, gütig und voller Rücksichtnahme, und versuchte, die Spannungen zwischen Vater und Sohn zu dämpfen. Aber am Ende hatte er doch das Gefühl, dass sie auf der Seite des Vaters stand und ihn nicht schützen konnte; er sagte, sie habe ihren Mann zu sehr geliebt, „als dass sie in dem Kampf des Kindes eine selbstständige geistige Macht für die Dauer hätte sein können" (ebd.). In Kafkas Augen war sein Vater der Bösewicht, und seine Mutter war, obwohl sie es gut

Die Familie von Franz Kafka
Genogramm 6.2

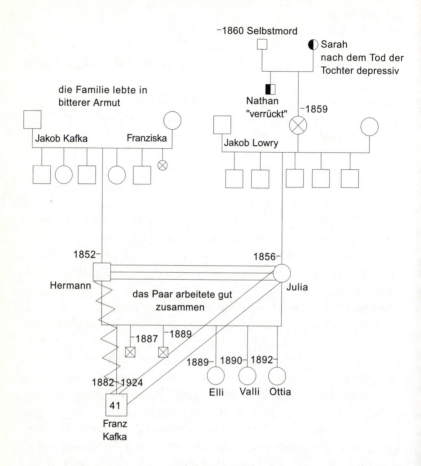

meinte, unwissentlich seine Komplizin; er hatte allerdings ein flüchtiges Bewusstsein davon, dass er selbst seinen Teil zu diesem Muster beitrug, indem er sich stets an seine Mutter als Vermittlerin wandte und sich niemals direkt mit seinem Vater auseinander setzte.

Im Brief an seinen Vater, den Kafka im Alter von 36 Jahren schrieb, versuchte er geltend zu machen, dass für das Fehlschlagen ihrer Beziehung niemand die Schuld trug – von Anfang an war es so, dass sie ihrem Wesen und ihrer Natur nach einfach nicht zusammenpassten (ebd.):

„… auch ich glaube, du seist gänzlich schuldlos an unserer Entfremdung. Aber ebenso gänzlich schuldlos bin auch ich. Könnte ich dich dazu bringen, dass du das anerkennst, dann wäre – nicht etwa ein neues Leben möglich, dazu sind wir beide viel zu alt, aber doch eine Art Friede, kein Aufhören, aber doch ein Mildern deiner unaufhörlichen Vorwürfe."

Kafka zählt dann sämtliche Vorfälle auf, die deutlich machen sollen, wie gefühllos sein Vater gewesen war. Er gab seinem Vater die Schuld daran, dass er stotterte, weil dieser keinen Widerspruch geduldet hatte; und er machte geltend, sein Vater habe nichts anderes erwartet, als dass er schlechte Leistungen erbringen würde (ebd.):

„Wenn ich etwas zu tun anfing, was dir nicht gefiel, und du drohtest mir mit dem Misserfolg, so war die Ehrfurcht vor deiner Meinung so groß, dass damit der Misserfolg, wenn auch vielleicht erst für eine spätere Zeit, unaufhaltsam war."

Er behauptete, sein Vater habe von ihm erwartet, dass er heirate, aber keine Frau, die er heiraten wollte, sei gut genug gewesen. Kafka sagte sogar voraus, dass sein Vater den Brief mit den Worten abtun werde (ebd.):

„Im Grunde aber hast du … nichts anderes bewiesen, als dass alle meine Vorwürfe berechtigt waren und dass unter ihnen noch ein besonders berechtigter Vorwurf gefehlt hat, nämlich der Vorwurf der Unaufrichtigkeit, der Liebedienerei, des Schmarotzertums."

Kafkas Brief bietet eine scharfsinnige Analyse der Rolle, die der „gute" Elternteil spielt, in diesem Fall Kafkas Mutter, indem sie dafür sorgt, dass das Dreieck zwischen Eltern und Kind dauerhaft erhalten bleibt (ebd.):

„Die Mutter hatte unbewusst die Rolle eines Treibers in der Jagd. Wenn schon deine Erziehung in irgendeinem unwahrscheinlichen Fall mich durch Erzeugung von Trotz, Abneigung oder gar Hass auf eigene Füße hätte stellen können, so glich das die Mutter durch Gutsein, durch vernünftige Rede … durch Fürbitte wieder aus, und ich war wieder in deinen Kreis zurückgetrieben, aus dem ich sonst vielleicht, dir und mir zum Vorteil, ausgebrochen wäre. Oder es war so, dass es zu keiner eigentlichen Versöhnung kam, dass die Mutter mich vor dir bloß im Geheimen schützte, mir im Geheimen etwas gab, etwas erlaubte, dann war ich wieder vor dir das lichtscheue Wesen …"

Aus seiner Sicht führten die Bemühungen seiner Mutter, Frieden zu stiften, nur dazu, dass der Konflikt zwischen ihm und seinem Vater ungelöst blieb. Dass es ihr nicht gelang, den Vater mit der Situation zu konfrontieren, gab diesem das Gefühl, er sei im Recht. Und indem Kafka nur über die Mutter mit seinem Vater kommunizierte, hinderte er sich selbst daran, eine Lösung für seine Schwierigkeiten mit dem Vater zu finden. Er konnte seinen Vater immer nur als einen Tyrannen wahrnehmen, als jemanden, der ihn einschüchterte und unterdrückte, und es gelang ihm auch später nicht, unter die Oberfläche zu blicken und wenigstens ein gewissen Maß an Verständnis für den Standpunkt seines Vaters zu entwickeln.

Hermann Kafka war das vierte von sechs überlebenden Kindern, und er stammte aus einer Familie, die so arm war, dass sie alle miteinander in einer Hütte mit nur einem Raum hausten. Mit 14 Jahren verließ er seine Familie, um seinen eigenen Weg zu finden, was ihm aufgrund seiner Entschlossenheit und Zielstrebigkeit auch gelang. Er heiratete Julia Löwy, deren Familie zwar in vermögenderen Verhältnissen lebte, die jedoch eine andere Last zu tragen hatte: Ihre Mutter war gestorben, als sie drei Jahre alt gewesen war, und sie war es, die später die ganze Verantwortung für ihre jüngeren Geschwister übernehmen musste. Wie ihr Mann war sie kraftvoll, ehrgeizig und zielstrebig. Jeder von ihnen suchte beim andern die Liebe und Zuwendung, die sie beide in der Kindheit vermisst hatten. Nach allem, was von der Familie überliefert ist, führten sie eine gute Ehe und waren einander treu ergeben; beide arbeiteten im gemeinsamen Kurzwaren- und Modegeschäft, abends traf man sich im Kreis der Familie.

Aus der Sicht Franz Kafkas, der der älteste von den sechs Geschwistern war, fühlten die Kinder sich in diesem Arrangement weder verstanden noch uneigennützig geliebt. Sie wurden von verschiedenen Kindermädchen aufgezogen, während die Eltern damit beschäftigt waren, das Geschäft des Vaters aufzubauen. Vermutlich fühlte Kafka sich nach dem Tod von zweien seiner Brüder, die an Kinderkrankheiten gestorben waren, hilflos und ohnmächtig, denn er hatte das Gefühl, er könne seinen Eltern diese Verluste nie ersetzen. Kinder sehen die Dinge oft nur auf *eine* Art – jedenfalls so lange, bis sie selbst Eltern sind, erst dann gelingt es ihnen manchmal, eine Neubewertung vorzunehmen und das Verhalten ihrer Eltern in einem anderen Licht zu sehen.

Egal, wie wohlhabend er wurde, Hermann Kafka sorgte sich lebenslang um den Lebensunterhalt seiner Familie. Er konnte die Klagen seiner Kinder, besonders die seines empfindsamen, allzu verletzbaren

Sohnes, nicht verstehen. Seine Hauptsorge war es, seiner Familie ökonomische Sicherheit zu geben, und seine Kinder erkannten das überhaupt nicht an.

Franz Kafka, der mit 41 Jahren starb, konnte sich nie dazu überwinden zu heiraten. Er fürchtete, Ehe und Elternschaft könnten ihn seinem Vater ähnlich machen. Schlimmer noch, er könnte Kinder haben, die ihn genauso ablehnen würden, wie er seinen Vater abgelehnt hatte. In seinem Brief an den Vater räumt er ein, dass er ein schwieriges, eigensinniges, zur Überempfindlichkeit neigendes Kind gewesen war und dass er seinen Vater gelegentlich bewusst provozierte, indem er einen ihm entgegengesetzten Standpunkt einnahm.

Der Schluss des Briefes ist bemerkenswert, insofern als Kafka, die Einwände seines Vaters vorausnehmend, seine eigenen Argumente detailliert widerlegte. Er war sich sicher, dass sein Vater den Brief voller Misstrauen betrachten, darin lauter verschleierte Anschuldigungen sehen und ihm vorwerfen würde, dass er ihn zwar kritisiere, sich aber gleichzeitig körperlich und geistig von ihm „durchs Leben schleifen" lasse.

Trotz des erklärten Wunsches nach Versöhnung war der Ton des Briefes bitter. Der Brief hätte die Beziehung zwischen Vater und Sohn vermutlich nicht verbessert, auch wenn er sicherlich das ehrlichste Stück Kommunikation gewesen wäre, das es jemals zwischen ihnen gegeben hatte. Getreu dem Familiendreieck, wie es sich in seiner Familie etabliert hatte, übergab Kafka seinem Vater den Brief jedoch nicht selbst, sondern er übergab ihn seiner Mutter, die ihn an den Vater weitergeben sollte. Die Mutter aber gab ihrem Sohn den Brief zurück, der ihn dann für sich behielt. Der Familientherapeut Tom Fogarty bezeichnet dieses Muster als einen „Two-Step" – einen „Tanz", bei dem wir in dem Moment, in dem wir einen Versuch machen, die Tanzordnung zu verändern, zurückgepfiffen werden und den Rüffel auch ohne weiteres akzeptieren. Die Frage bleibt, was geschehen wäre, wenn Kafka den Brief seinem Vater direkt übergeben hätte.

Das Gegenstück zum „bösen" Elternteil ist der Elternteil, den wir zum „Heiligen" machen. Wenn das idealisierte Bild des einen Elternteils einer enttäuschenden Realität weichen muss, wird häufig der zuvor ausgeschlossene Elternteil als „nur gut", der zuvor bevorzugte Elternteil als „nur böse" erlebt. Auch dies ist dann wiederum eine völlig unrealistische Sichtweise, an der sich ein weiteres Mal zeigt, wie derartige Familiendreiecke Beziehungen verzerren können. Egal, ob ein

Elternteil nun herabgesetzt oder idealisiert wird – notwendig ist ein Wandlungsprozess, in dessen Verlauf die Betroffenen Verständnis für die Geschichte beider Elternteile entwickeln, sodass neue Sichtweisen entstehen können.

Die Ehe von Charles Dickens und Catherine Hogarth Dickens

Als Charles Dickens (Genogramm 6.3) sich nach 22-jähriger Ehe, in deren Verlauf zwölf Kinder geboren wurden, entschloss, seine Frau Catherine Hogarth Dickens zu verlassen und mit seiner 18-jährigen Geliebten Ellen Ternan zusammenzuleben, rechtfertigte er sein Verhalten, indem er seiner Frau die Schurkenrolle zuwies. Er erklärte, er habe sie niemals geliebt, und warf ihr vor, sie habe die Ehe zerstört, während die eigentliche Ursache, die den Anlass zu ihrer Trennung gegeben hatte, seine Affäre mit Ellen Ternan war. In diesem Zusammenhang gab er ein Resümee der vielen Jahre seiner Ehe (Rose 1984):

> „Ich glaube, meine Ehe ist seit vielen, vielen Jahren so schlecht, wie eine Ehe nur sein kann. Ich glaube, dass noch nie zwei Menschen über diese Erde gegangen sind, deren Interessen so weit auseinander gingen und für die es so schwer gewesen wäre, Sympathie, Vertrauen, Gefühl und eine zärtliche Verbindung welcher Art auch immer zu entwickeln, wie es bei meiner Frau und mir der Fall gewesen ist."

Es überrascht nicht, dass seine Frau depressiv und ohne jedes Selbstvertrauen war. Sein erster Schritt zur Trennung war, die Verbindungstüre zwischen ihrem Schlafzimmer und seinem Ankleideraum zuzumauern, den er nun als sein Schlafzimmer benutzte. Daraufhin fing er an, sie zum Sündenbock für alles zu machen, was nach seiner Meinung in ihrer Ehe schlecht gelaufen war; er sagte, wenn seine Schwägerin Georgina nicht bei ihnen gelebt hätte und den Kindern eine energische, intelligente, einfallsreiche und attraktive „Mutter" geworden wäre, hätten seine Kinder überhaupt keine Mutter gehabt. Er behauptete, seine Frau sei das einzige menschliche Wesen, das ihm je begegnet sei, mit dem er absolut keine gemeinsamen Interessen finden und mit dem er nicht auskommen könne; ja, er sagte, niemand, nicht einmal ihre eigene Mutter, könne es mit ihr aushalten.

Dickens' Affäre und seine plötzliche Trennung von seiner Frau führte zu einem Bruch mit Verwandten, Freunden und Kollegen. Ob-

Familie Dickens
Genogramm 6.3

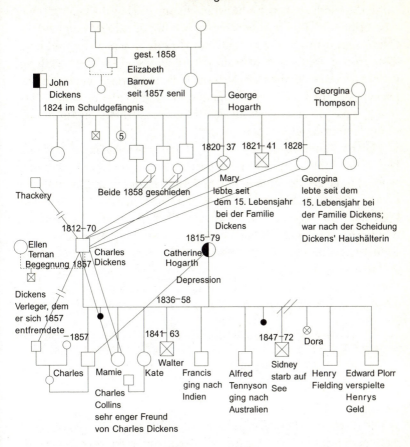

gleich er seiner Frau an allem die Schuld zu geben versuchte und gewaltige Anstrengungen unternahm, seine Affäre geheim zu halten, hatte seine Handlungsweise doch starke Auswirkungen auf das Verhältnis zu seinen Kindern. Ein Sohn, Walter, ging nach Indien, kurz bevor Dickens sich mit seiner Geliebten zusammentat, er kehrte nie zurück. Alle bis auf eines seiner Kinder standen zunächst auf seiner Seite. Das war nicht weiter verwunderlich, denn Dickens war amüsant, berühmt und übte einen großen Zauber auf die Menschen aus. Auch besaß er ein großes Geschick, wundervolle Feste im Familienkreis zu organisieren. Bald jedoch veränderte sich die Situation.

Im Unterschied zu ihrem Mann war Catherine Dickens passiv und still und nicht leicht zugänglich (sie litt vermutlich an einer Depression). Die Kinder gaben ihr die Schuld daran, dass sie die Liebe des Vaters verloren hatte. Zu Anfang stellte sich nur der älteste Sohn auf die Seite seiner Mutter, er sprach nicht mehr mit seinem Vater und kündigte trotzig an, dass er sich mit der Tochter von Dickens' Verleger verloben werde, mit dem sein Vater sich damals gerade entzweit hatte. Dickens bekam das Sorgerecht für alle anderen Kinder und richtete es so ein, dass sie bei seiner Schwägerin Georgina lebten, die für die gesamte Familie sorgte.

Aber schon nach wenigen Monaten schickte Dickens seinen Sohn Henry, der damals erst acht Jahre alt war, ins Internat, wo bereits drei seiner älteren Brüder untergebracht waren. Zum ersten Mal in ihrem Leben ließ er seine Söhne über die Weihnachtsferien nicht nach Hause kommen – also gerade in der Zeit, die bis dahin immer die schönste und festlichste in der Familie Dickens gewesen war! Was das für die Kinder bedeutet haben muss, beschreibt Dickens in seiner Erzählung *A Christmas Carol* (dt.: *Ein Weihnachtslied*) eindrucksvoll genug: Für Ebenezer Scrooge ist es eine der traurigsten Kindheitserinnerungen, am Weihnachtstag allein in der Schule zurückgelassen worden zu sein:

> „Was bedeuteten fröhliche Weihnachten für Scrooge? Der Henker hole die fröhlichen Weihnachten! Was hatten sie ihm je Gutes gebracht?
> ,Die Schule ist nicht ganz verwaist', sagte der Geist; ,ein Kind, von seinen Angehörigen vernachlässigt, ist darin zurückgeblieben.'
> Scrooge sagte, er kenne es, und brach in Tränen aus."

Später sorgte die ältere Tochter, Mamie, für ihren Vater, sie blieb immer bei ihm. Ihre jüngere Schwester, Kate, unterstützte sie zunächst, heiratete dann aber relativ bald, ganz offenkundig, um von zu Hause wegzukommen. Interessant ist, dass Kate den jüngeren Bruder eines der engsten Freunde ihres Vaters heiratete, Wilkie Collins, der seinerseits mit einer jungen Geliebten noch einen zweiten Haushalt hatte.

Viele Jahre später gab Catherine Dickens ihrer Tochter Kate die Briefe, die Dickens ihr geschrieben hatte; sie hoffte, dass ihre Tochter sie nach der Lektüre der Briefe besser verstehen und erkennen würde, wie sehr ihr Unrecht geschehen war, und sie wollte beweisen, dass Dickens sie wirklich geliebt hatte. Kate zeigte die Briefe George Bernard Shaw, und er half ihr, ihre Auffassung von ihren Eltern, besonders ihre Ansichten über ihre Mutter, zu revidieren. Shaw äußerte später einmal, Kates Auffassung von der Ehe ihrer Eltern – die sie nach dem Motto beschrieb: „Genialer Mann ist an gewöhnliche Frau gebunden" – sei durch einen Schriftsteller namens Ibsen ins Wanken gekommen. Er sagte voraus, dass spätere Biografen und Berichterstatter in viel stärkerem Maße mit Catherine sympathisieren würden, mit der Frau, die Dickens ihr Leben geopfert hatte, indem sie ihm in 15 Jahren zwölf Kinder geboren hatte. Von Shaw stammt auch der Ausspruch, Catherines einzige wirkliche Sünde sei gewesen, „dass sie kein weiblicher Charles Dickens war". Kate arbeitete schließlich an der Veröffentlichung der Vorgänge um die Scheidungsaffäre ihrer Eltern mit; dabei machte sie sich zunehmend den Standpunkt ihrer Mutter zu Eigen (Storey 1939), und ihrem Andenken widmete sie die Publikation.

Die Ehe von Charles und Catherine Dickens bestand von Anfang an aus einer Dreiecksbeziehung, da Catherines jüngere Schwester, Mary, schon gleich nach der Hochzeit bei ihnen einzog. Nach Marys Tod, die im darauf folgenden Jahr starb, idealisierte Dickens sie so sehr, dass er schrieb (Mackenzie a. Mackenzie 1979):

> „Ich habe die liebste Freundin verloren, die ich je hatte … Die allerletzten Worte, die sie flüsterte, galten mir … Ich glaube in vollem Ernst, dass noch niemals ein so vollkommenes Wesen auf dieser Erde geatmet hat … Sie hatte nicht einen einzigen Fehler."

Er kaufte ein Doppelgrab, in der Hoffnung, neben Mary begraben zu werden, und beging ihren Todestag, solange er lebte. Einige Jahre später zog Catherines jüngere Schwester Georgina zur Familie; Georgina hatte auffallende Ähnlichkeit mit Mary, sowohl was ihre Persönlichkeit als auch was ihr Aussehen betraf, und war damals 15 Jahre alt – genauso alt, wie Mary gewesen war, als sie zu den Dickens' gezogen war. Georginas Ähnlichkeit mit ihrer toten Schwester war so groß, dass ihre Mutter sagte (ebd.):

> „So viel von Marys Geist und Wesen geht von dieser Schwester aus, dass zeitweise die Vergangenheit zurückkehrt und ich sie kaum von der Gegenwart unterscheiden kann."

Im Lauf der Jahre fühlte Dickens sich dazu berechtigt, andere Frauen in seine Ehe einzuschließen. Zweimal, als Catherine Verdacht schöpfte und ihn auf seine Affären hin ansprach, warf er ihr vor, sie sei pathologisch eifersüchtig, und zwang sie, sich bei seiner Geliebten zu entschuldigen. Mit der Zeit gelangte er immer mehr zu der Überzeugung, dass seine Frau langweilig, unattraktiv und nutzlos sei. Eine unserer scharfsichtigsten Kritikerinnen der Ehe, Phyllis Rose, hat in ihrem Buch *Parallel Lives* (1984) geschrieben:

> „Es ist viel eher so, dass Ehe und Karriere, Familie und Arbeit, die eine Frau so häufig in verschiedene Richtungen ziehen, in den Augen eines Mannes einander stützen und bestätigen."

Dickens war dafür ein schlagendes Beispiel. Er, dessen Vater im Schuldgefängnis gesessen war, heiratete „über seinem Stand", denn Catherine Hogarth Dickens war die Tochter eines erfolgreichen Journalisten. In den ersten Jahren seiner Ehe scheint Dickens außerordentlich glücklich mit ihr gewesen zu sein. Er schrieb über diese erste Zeit seiner Ehe (ebd.):

> „Ich werde nie wieder so glücklich sein … niemals, auch dann nicht, wenn ich in Geld und Ruhm schwimmen würde."

Das Dilemma der Rolle der Frau in der Familie

Beachten Sie bei der Betrachtung Ihres Stammbaums, welche Rollen die Frauen in Ihrer Familie über die Generationen hinweg gespielt haben, und vergessen Sie nicht, sie im Kontext der vorherrschenden kulturellen Zwänge ihrer Zeit zu sehen. Früher wurden die Frauen in erster Linie nach ihrer Schönheit beurteilt und nach ihrer Fähigkeit, eine gute Mutter und Hausfrau zu sein. Ihre schöpferische Arbeit mussten sie häufig, wie Mary Catherine Bateson es ausgedrückt hat, „auf einem winzigen Stück Raum" leisten, „in ganz kurzer Zeit, die sie sich fast gewaltsam nehmen mussten, und in Außenseiterrollen, die immer aufs Neue erfunden werden müssen" (M. C. Bateson 1990).

Eine Frau, die nicht dafür gemacht ist, stets für andere zu sorgen, hat noch nie ein leichtes Leben gehabt. In der Vergangenheit inszenierten Frauen, die ein eigenes Leben führen wollten, ein Leben mit seinen eigenen Wagnissen und eigenen Zielen, sich oft als Exzentrikerinnen, um sich von den Einengungen durch Ehe und Familie zu befreien (Heilbrun 1988). George Eliot zum Beispiel stellte sich durch ihre Entscheidung, mit einem Mann zusammenzuleben, der sich von seiner ihm gesetzlich angetrauten Frau nicht scheiden lassen konnte, außerhalb der Konvention. Durch einen Akt, der von ihrer Umwelt als ungeheuerlich betrachtet wurde, entzog sie sich den Forderungen der Gesellschaft und entschädigte sich damit zugleich für ihre Verzweiflung darüber, dass sie von ihrer Umwelt als unattraktiv empfunden wurde.

Krankheit bis hin zu Invalidität war für Frauen manchmal der einzige Ausweg aus der „Sklaverei" der traditionellen Rolle. Wir haben das bei Elizabeth Barrett Browning gesehen, deren ständige Kränklichkeit sie von den konventionellen Erwartungen an ihre Rolle als Frau befreite und ihr einen gewissen Spielraum gab, sich auf ihre Dichtung zu konzentrieren, wenn auch um den Preis, dass sie auf ihr Zimmer beschränkt war.

Sonja Tolstoi stellt ein anderes Beispiel für die „weibliche" Rolle dar. Nach 40 Jahren, in denen sie dem „Genie" ihres Mannes, Leo Tolstoi, gedient hatte, schrieb sie (Smoluchowski 1987):

> „Genies müssen ihrer schöpferischen Tätigkeit in friedlichen, erfreulichen, angenehmen Verhältnissen nachgehen; ein genialer Mann muss essen, sich waschen, sich anziehen, er muss sein Werk unzählige Male umschreiben; man muss ihn lieben, man darf ihm keinen Grund zur Eifersucht geben, damit er in Frieden leben kann, und man muss die unzähligen Kinder aufziehen, die einem genialen Mann geboren werden, für die er aber keine Zeit hat."

Ihrem genialen Mann eine solche Atmosphäre zu bieten war ein beständiger Kampf für Sonja Tolstoi, weil sie, genau wie ihr Mann, glänzend begabt, leidenschaftlich, unbeständig, empfindsam und leicht eifersüchtig war und eine Neigung zur Selbstanalyse hatte. Sie fragte ironisch (ebd.): „Aber wozu sollte ich, eine unbedeutende Frau, ein intellektuelles oder künstlerisches Leben brauchen?" Und sie antwortete: „Auf diese Frage kann ich nur antworten, ich weiß es nicht. Aber meine eigenen Bedürfnisse immer zu unterdrücken, um für die irdischen Bedürfnisse eines Genies zu sorgen, ist sehr hart." Die Art, wie Sonja ihr Leben und den Sinn ihres Lebens hier infrage stellt, wird auch vielen Frauen heute vertraut vorkommen.

Weil man die Frauen fast zu allen Zeiten in erster Linie in ihrer Rolle als fürsorgliche Mütter und Hausfrauen geschätzt hat, müssen wir die Geschichten, die in unseren Familien erzählt werden, neu schreiben, wenn wir sie im Kontext verstehen wollen. In der Familie Tolstoi dauerte es lange Zeit, bis Sonjas Sohn Sergej dazu in der Lage war, ihre Bedeutung richtig einzuschätzen (ebd.):

> „Ich verstehe heute besser als damals, wie wichtig meine Mutter für unsere Familie war, und auch die große Bedeutung, die ihre Fürsorge für uns und für meinen Vater hatte. Damals kam es mir so vor, als ob alles in unserem

Leben wie von selbst immer so weitergehen müsse. Wir nahmen die Fürsorge unserer Mutter als etwas Selbstverständliches hin. Ich bemerkte nicht, dass sie, angefangen beim Essen und bei der Kleidung bis hin zur Organisation unseres Unterrichts und den Abschriften für Vater, für alles sorgte."

Seine Eltern finden, wenn man sie verliert

Unsere Erfahrung sagt uns, dass unsere Eltern aller Wahrscheinlichkeit nach zu unseren Lebzeiten sterben werden; es sind jedoch zwei verschiedene Dinge, ob man das nur so weiß oder ob man es sich auch wirklich klar macht. Wenn die Beziehung zu einem Elternteil sehr distanziert gewesen ist oder sehr stürmisch und wenn vieles ungesagt oder ungelöst geblieben ist, wird der Verlust dieses Elternteils nur umso schwerer empfunden werden. Es kann aber auch sein, dass wir in dem Bewusstsein, dass unser Vater und unsere Mutter sterben werden, zu einer Verständigung zwischen den Generationen fähig sind.

Simone de Beauvoir (Genogramm 6.4) hatte ihre Mutter fast ihr ganzes Leben lang abgewertet, als nörglerisch, weltfremd, bieder und bürgerlich und als eine Frau, die anderen Schuldgefühle machte. Sie ging ihrer Mutter aus dem Weg. Aber als ihre Mutter im Sterben lag, begann Simone, ihr Leben und ihr Verhalten neu zu bewerten, und sie stellte fest, dass ihre Mutter so erzogen worden war, dass sie „gegen sich selbst lebte". Simone erkannte, dass in ihrer Mutter eine starke, lebhafte und kühne Frau lebte, die ihr selbst jedoch ganz fremd war. Ihre Mutter hatte ihre ganze Kraft dafür verbraucht, ihre Wünsche zu unterdrücken, und ihr Herz und ihren Geist in einen Panzer von Grundsätzen und Verboten gepresst, geradeso wie man ihr beigebracht hatte, die Schnürbänder eng um den Leib zu ziehen.

Simone de Beauvoir erkennt außerordentlich scharfsichtig, wie es gekommen war, dass ihre Mutter sich in dieser Weise selbst einschnürte. Simones Vater hatte Jura studiert; allerdings hatte er die meiste Zeit das Leben eines Dandys geführt, und seine Heirat diente ihm dazu, seine gesellschaftliche Position zu verbessern. Kurz nach der Hochzeit jedoch kam der Vater seiner jungen Frau, der ein wohlhabender Bankier gewesen war, wegen Betrugs ins Gefängnis, und die Familie musste seinen öffentlichen, sehr demütigenden Bankrott miterleben.

Als Simone anfing, über das Leben ihrer Mutter nachzudenken, erkannte sie, dass die Rücksichtnahme auf die Konvention und der Wunsch zu gefallen bei ihrer Mutter eine Kompensation waren für die

Die Familie De Beauvoir

Genogramm 6.4

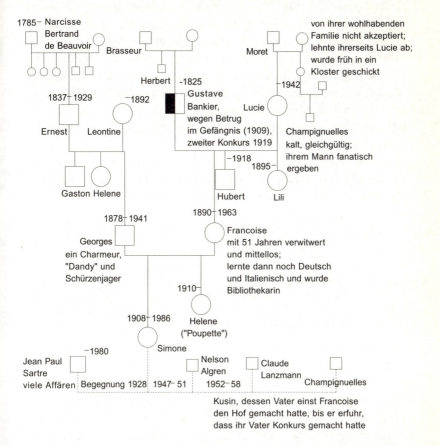

Scham, die sie wegen ihres Vater empfand. Sie fühlte sich ihr ganzes Leben lang schuldig, weil ihr Mann die Mitgift, die er erwartet hatte, nie bekam. Und sie empfand ihren Mann als nobel, weil er ihr die Armut ihrer Familie nach dem Bankrott des Vaters nicht zum Vorwurf machte; freilich trug auch er nicht gerade üppig zum Unterhalt der Familie bei, und viele Jahre lang kämpfte die junge Familie ständig ums Überleben.

Angesichts der außerehelichen Affären ihres Vaters begann Simone de Beauvoir, allmählich zu begreifen, wie schwierig das Leben für ihre Mutter gewesen sein musste und wie stark sie gewesen war. Sie begann auch zu begreifen, was es bedeutet hatte, dass ihre Mutter sich nach dem Tod ihres Mannes, als sie im Alter von 51 Jahren völlig mittellos dastand, nicht hatte unterkriegen lassen. Françoise hatte sich offenbar nicht von ihrer Vergangenheit „einholen" lassen, sie nutzte vielmehr die Freiheit, die sich ihr nun, im vorgerückten Alter, bot: Sie belegte Kurse, machte eine Prüfung, die es ihr ermöglichte, als Bibliothekarin beim Roten Kreuz zu arbeiten, lernte Rad fahren und Fremdsprachen, nämlich Deutsch und Italienisch, und sie knüpfte wieder Verbindungen zu Freunden und Verwandten, die das mürrische Wesen ihres Mannes fern gehalten hatte; schließlich gelang es ihr, sich einen ihrer ältesten und sehnlichsten Wünsche zu erfüllen: den Wunsch zu reisen.

Als Simone anfing, ihre Mutter in einem neuen Licht zu sehen, erkannte sie mit ergreifender Klarheit die Tragik ihres Lebens; ihre Mutter hatte nur sehr begrenzte Optionen gehabt (de Beauvoir 1963):

> „Schade, dass Vorurteile sie von der Lösung abhielten, die sie zwanzig Jahre später annahm: außer Hause zu arbeiten. Ausdauernd, gewissenhaft und mit einem guten Gedächtnis ausgestattet, konnte sie Buchhändlerin oder Sekretärin werden: Sie wäre in ihrer Selbstachtung gestiegen, statt sich herabgesetzt zu fühlen. Sie hätte eigene Bekannte gehabt. Sie wäre einer Abhängigkeit entronnen, die zwar die Tradition sie natürlich finden ließ, die aber keineswegs ihrem Charakter entsprach. Und sicherlich hätte sie so die Enttäuschungen, die sie erleiden musste, besser ertragen."

Obwohl Simone de Beauvoir als Kind mit ihrer Mutter sehr eng verbunden gewesen war, führte sie in der Adoleszenz einen heftigen Kampf um ihre Unabhängigkeit, und der Konflikt setzte sich bis ins Erwachsenenalter fort. Die Nachricht, dass ihre Mutter Krebs im Endstadium hatte, traf sie völlig unerwartet. Dass ihre Mutter eines Tages sterben würde, war eine Tatsache, die für Simone mit keinerlei Bedeutung gefüllt war – es war eines von den Dingen, die wir zwar alle wissen, von denen wir aber glauben, sie fänden „irgendwann einmal", in einer ganz anderen, „legendären" Zeit statt. Als sie anfing, sich der Realität des drohenden Todes zu stellen, beschloss sie, den Versuch zu machen, sich mit ihrer Mutter zu versöhnen. Aber als sie ihre Mutter dann im Krankenhaus liegen sah, fühlte sie nur noch den Wunsch, sich zu distanzieren (ebd.):

> „… ihr Nachthemd stand offen, und gleichgültig stellte sie ihren verrunzelten, von winzigen Falten überzogenen Bauch und ihre kahl gewordene Scham zur Schau. ,Ich schäme mich gar nicht mehr', sagte sie überrascht.

‚Daran tust du recht', bemerkte ich. Doch ich wandte mich ab und vertiefte mich in die Betrachtung des Gartens. Das Geschlechtsteil meiner Mutter zu sehen hatte mir einen Schock versetzt. Kein Körper existierte für mich weniger – er existierte für mich nicht mehr. Als Kind hatte ich ihn lieb gehabt, als junges Mädchen hatte ich ihn als quälend und abstoßend empfunden, wie es üblicherweise geschieht; ich fand es normal, dass er seinen Doppelcharakter des Heiligen und des Anstößigen bewahrt hatte: Er war ein Tabu. Dennoch wunderte ich mich über die Heftigkeit meines Missbehagens."

Simone de Beauvoir fand noch rechtzeitig zu einer anderen Sicht der Dinge und fühlte sich dann von der Nacktheit ihrer Mutter nicht mehr bedrängt und abgestoßen, sie hatte bloß noch Angst, ihr nicht wehzutun. Und was noch viel wichtiger war – sie begann, ihre Mutter als Person wahrzunehmen (ebd.):

„Für meinen Vater und uns Kinder konnte sie sich selbstlos vergessen. Doch niemand kann sagen: ‚Ich opfere mich', ohne Bitterkeit zu empfinden. Einer von Mamas Widersprüchen war, dass sie an die Größe der Selbstverleugnung glaubte und dabei Neigungen, Antipathien und Wünsche hatte, die zu gebieterisch waren, als dass sie nicht doch verwünscht hätte, was sie ärgerte. Ständig begehrte sie gegen den Zwang und die Entbehrungen auf, denen sie sich unterwarf ... Sie stürzte sich auf den einzigen Ausweg, der sich ihr bot: sich von den jungen Leben zu nähren, die ihrer Obhut unterstanden. ‚Ich bin wenigstens nie egoistisch gewesen; ich habe für andere gelebt', sagte sie später zu mir. Ja, aber auch *durch* sie. Besitz ergreifend und herrschsüchtig, wie sie war, hätte sie uns am liebsten in ihrer hohlen Hand gehabt."

Nach und nach sah Simone ihren eigenen Anteil an der früheren Entfremdung von ihrer Mutter, aber es war schwer für sie, ihre eigenen negativen Reaktionen zu überwinden. Sie schwor sich immer wieder, irgendetwas Gemeinsames zu suchen, etwas, das sie mit ihrer Mutter verband, aber gleich war sie wieder davon irritiert, wie ungeschickt ihre Mutter mit der Sprache umging. Trotzdem gelang es ihr nach und nach, genügend Geduld aufzubringen, um der Geschichte ihrer Mutter zum ersten Mal in ihrem Leben wirklich zuzuhören, und sie bewunderte ihren Mut (ebd.):

„Sie lehnte sich gegen ihre Kissen, sah mir in die Augen und sagte mit Bestimmtheit: ‚Siehst du, ich habe des Guten zu viel getan, ich habe mich überanstrengt; ich war am Ende meiner Kräfte. Ich wollte nicht zugeben, dass ich alt bin. Man muss aber den Dingen ins Auge sehen können; in ein paar Tagen werde ich 78 Jahre alt, das ist ein hohes Alter. Danach muss ich mich richten. Ein neuer Lebensabschnitt beginnt.' Ich betrachtete sie voller Bewunderung."

Während Simone die Geschichte ihrer Mutter in sich aufnahm, wurde ihr klar, dass es nicht in ihrer Macht stand, das frühe Elend ihrer Mutter auszuradieren, das dazu geführt hatte, dass sie ihre eigenen Kinder unglücklich machte und dann wiederum darunter litt, dass das so war. Sie erkannte, wenn ihre Mutter ihr die Kindheit vergällt hatte, dann hatte sie es ihr mehr als heimgezahlt.

Françoise hatte selbst eine unglückliche Kindheit gehabt. Auch sie war in ihrer Familie die ältere Schwester gewesen und in dem Gefühl aufgewachsen, dass ihre Mutter kalt und emotional distanziert gewesen war und ihr Vater die jüngere Schwester, Lili, bevorzugte. Simone begriff, dass Françoise von ihren Kindern zu bekommen gehofft hatte, was ihre eigenen Eltern ihr nicht gegeben hatten, und sie begann daher die Heftigkeit, mit der ihre Mutter sie als „die intellektuelle ältere Schwester" besetzte, zu verstehen.

Am Ende gelang es Simone de Beauvoir, die Beziehung zu ihrer Mutter, die vor so vielen Jahren unterbrochen worden war, wiederherzustellen (ebd.):

> „Ich war an diese Sterbende gebunden. Während wir im Halbdunkel miteinander sprachen, beschwichtigte ich einen alten Selbstvorwurf: Ich nahm das Zwiegespräch wieder auf, das während meiner Jugend abgebrochen war und das wir aufgrund unserer Gegensätze und unserer Ähnlichkeit nie wieder hatten aufnehmen können. Und die frühere Zärtlichkeit, die ich für immer erloschen geglaubt hatte, erwachte wieder …"

Leider warten sehr viele Menschen so lange, bis es für eine solche Verständigung zu spät ist. Aber es ist natürlich viel leichter, sich mit seinen Eltern zu versöhnen, solange sie noch am Leben sind. Doch selbst dann, wenn Ihre Eltern nicht mehr leben, werden Sie sich selbst und ihre Familie besser verstehen, wenn Sie versuchen, so viel wie möglich über sie in Erfahrung zu bringen.

Das Ziel Ihres Bemühens, wieder eine Verbindung zu Ihren Eltern herzustellen, besteht darin, dass Sie Ihre Eltern teilnehmen lassen an Ihrer Person und an Ihrem Leben; es geht nicht einfach darum, ein paar Fakten über das Leben Ihrer Eltern herauszubekommen. Eltern widersetzen sich den Fragen Ihrer Kinder, wenn sie das Gefühl haben, dass sie „ausgefragt" werden und die Befragung eine einseitig ist. Wenn Sie ein wirkliches Interesse an den Geschichten zeigen, die in Ihrer Familie erzählt werden, haben Sie eine größere Chance, dass Ihre Eltern auf Ihre Fragen eingehen werden. Die Bereitschaft, selbst etwas von sich preiszugeben, in Verbindung mit genauen Fragen, die für Ihre Eltern nichts Bedrohliches haben, wird sie ermutigen, die puren Fakten mit Substanz auszufüllen; und nur so bekommen Sie die Möglichkeit, Ihre Eltern als Menschen zu sehen wie andere auch – als Menschen, die versuchen, irgendwie durchs Leben zu kommen.

Viele Menschen denken: „Nicht mit meinem Vater, er schüchtert einen viel zu sehr ein", oder: „Ich könnte nie mit meiner Mutter sprechen; sie ist viel zu dominierend und versucht viel zu sehr in mich einzudringen." Wenn Sie so denken, dann besteht die Herausforderung für Sie darin, ganz unabhängig davon, wie Ihre Eltern sich verhalten, zu begreifen, wie und warum sie so geworden sind. Eltern, die sich kontrollierend verhalten, sind auf irgendeine Weise so geworden. Dieses Verhalten ist viel eher Ausdruck eines Gefühls der Unsicherheit oder auch der Unzulänglichkeit als ein willkürlicher Versuch, einem Kind Steine in den Weg zu legen. In dem Maße, in dem Eltern spüren, dass auch sie noch etwas zu bieten haben, wie zum Beispiel die Erzählungen über ihr eigenes Leben und ihre persönlichen Lebenserfahrungen, wird das Bedürfnis, ihre Kinder zu kontrollieren, zurückgehen.

Die eigenen Eltern annehmen – das heißt, die Anstrengung aufzugeben, sie zu ändern. Der Familientherapeut Tom Fogarty sagt: „Es hilft Ihnen, Ihre Beziehung zu Ihren Eltern zu verbessern, wenn Sie Ihre Erwartungen auf null herunterschrauben." Das heißt nicht, dass Sie nicht weiterhin daran arbeiten sollten, Ihre Eltern zu verstehen und effizienter mit ihnen zu kommunizieren. Aber die Basis Ihrer Beziehung sollte nicht die Erwartung sein, dass Ihr Bemühen sich „auszahlt", Sie sollten den Schwerpunkt vielmehr darauf legen, welche Art von Beziehung *Sie* mit Ihren Eltern aufbauen wollen.

Fragen, die Ihre Eltern betreffen

– Welcher Art waren die Beziehungen Ihres Vaters zu seinem Vater und zu seiner Mutter, und welcher Art waren die Beziehungen Ihrer Mutter zu ihrem Vater bzw. zu ihrer Mutter? Welche Beziehungen hatten sie zu ihren Geschwistern? Zu ihren Großeltern? Zu ihren Tanten und Onkeln? Wie gefiel es ihnen in der Schule? Waren sie gut in der Schule? Hatten sie Freunde? Wie verbrachten sie ihre Zeit? Was machte die Familie an Feiertagen und in den Ferien?

– Gab es kritische Lebenserfahrungen, die alles veränderten: einen Todesfall, eine Krankheit, einen Umzug, eine Veränderung der finanziellen Verhältnisse? Was ist ihnen von diesen Ereignissen im Gedächtnis geblieben?

– Wie war das, als Ihre Eltern selbst Heranwachsende waren? Wie erlebten sie ihre Adoleszenz? Waren ihre eigenen Eltern mit ihren Freunden einverstanden? Welche Träume hatten sie?

– Als Ihr Vater und Ihre Mutter sich kennen lernten, wie reagierten ihre Eltern darauf? Gab es Konflikte im Zusammenhang mit der Hochzeit? Waren ihre eigenen Eltern mit der Art, wie sie ihre Kinder erzogen, einverstanden oder nicht?

– Was bedeutete es für sie, selbst Eltern zu werden? Was wollten sie anders machen als ihre eigenen Eltern? Was ist ihnen von Ihrem Verhalten als Kind im Gedächtnis geblieben? War es für Ihre Eltern sehr schwierig, ihre Kinder dazu zu bringen, dass sie gehorchten? Welche positiven Erinnerungen haben Ihre Eltern an Ihre Kindheit? Was war am schwierigsten für sie in ihrer Funktion als Eltern? Woran erinnern sie sich, wenn sie an Zeiten zurückdenken, in denen Sie oder Ihre Geschwister Probleme hatten?

– Gab es in der Zeit, in der Sie herangewachsen sind, Zeiten, die für Ihre Eltern besonders schwierig waren? War Ihre Adoleszenz eine besonders schwierige Zeit? Gab es Zeiten, die finanziell besonders schwierig waren?

– Entsprach Ihre Mutter oder entsprachen andere Frauen in der Familie in manchen Punkten nicht den gängigen Vorstellungen von einer Mutter? Arbeitete Ihre Mutter außer Haus? Wollte sie das? Wie war das bei Ihren Tanten und bei Ihren Großmüttern? Welche Träume hatten sie? Wie kamen sie mit den gesellschaftlich anerkannten Rollen der Frau in ihrer Zeit klar, bzw. wie haben sie darauf reagiert? Wie regierten andere darauf?

– Entsprach Ihr Vater oder entsprachen andere Männer in der Familie in manchen Punkten nicht den gängigen Vorstellungen von einem Vater bzw. von Männern? Waren sie zärtlich? Waren sie fürsorglich? Übernahmen sie Erziehungsaufgaben? Waren sie gesprächig? Waren sie Geschichtenerzähler? Waren sie mit anderen Familienmitgliedern emotional verwickelt? Waren diese Männer fähig, ihre Schwächen zu zeigen? Wie wurden sie mit den Begrenzungen fertig, die ihnen durch die Rollen des Mannes in ihrer Zeit auferlegt wurden?

– Welches waren die Vorbilder für die Eltern-Kind-Beziehung in Ihrer Familie? Warum glauben Sie das? Welches waren die typischen Muster der Eltern-Kind-Beziehungen bei den männlichen Familienmitgliedern? Bei den weiblichen Familienmitgliedern? Welche Regeln gab es hinsichtlich der Eltern-Kind-Beziehungen in jeder Phase des Lebenszyklus: in der frühen Kindheit, in der späteren Kindheit, der Pubertät und Adoleszenz, in der Zeit der Loslösung vom Elternhaus, im jungen Erwachsenenalter, im reifen Erwachsenenalter? Gibt es in Ihrer Familie klare Erwartungen in Bezug darauf, wie nahe Eltern und Kinder einander idealerweise sein sollten? Erwartet man in Ihrer Familie, dass Eltern und Kinder ihre freie Zeit miteinander verbringen? Dass sie die Feiertage miteinander verbringen? Erwartet man, dass sie Intimitäten austauschen?

– Könnten Sie Ihren Eltern sagen, was Ihnen im Rückblick auf Ihre Erziehung und das, was Sie von Ihren Eltern bekommen haben, besonders wertvoll ist? Wären Sie in der Lage, ihnen zu verzeihen, dass sie Ihnen manches vielleicht nicht geben konnten? Was müssten Sie Ihren Eltern verzeihen?

7 Schwestern und Brüder

„Ich glaube nicht daran, dass der Zufall der Geburt aus Menschen Brüder und Schwestern macht. Er macht Geschwister aus ihnen. Gibt ihnen eine gemeinsame Abstammung. Schwesterlichkeit und Brüderlichkeit sind etwas, woran man arbeiten muss. Es ist eine ernste Angelegenheit. Man sucht nach Kompromissen, man gibt, man nimmt, man bezieht einen festen Standpunkt, und man ist unnachsichtig … Und man investiert etwas. Schwesterlichkeit heißt: Wenn du gerade in Burma bist, und ich bin gerade in San Diego, und ich bin mit jemandem verheiratet, der sehr eifersüchtig ist, und du bist mit jemandem verheiratet, der sehr besitzergreifend ist, und du rufst mich mitten in der Nacht an, dann muss ich kommen."

Maya Angelou

„Du musst deinen Bruder festhalten und darfst ihn nicht fallen lassen, egal, was kommen mag … es kann sein, du bist nicht in der Lage, irgendetwas zu verhindern, aber du musst ihm klar machen, du bist da."

James Baldwins Mutter in *Sonny's Blues*

„Meine liebste Freundin und bitterste Rivalin, mein Spiegelbild und meine Feindin, meine Vertraute und diejenige, die mich verrät, meine Schülerin und meine Lehrerin, mein Bezugspunkt und mein Kontrapunkt, meine Stütze und diejenige, die von mir abhängig ist, meine Tochter und meine Mutter, meine Untergebene, meine Vorgesetzte und, was das Erschreckendste ist, du, die du gleich bist wie ich."

Elizabeth Fishel, *Sisters*

Mit unseren Geschwistern verbinden uns im Allgemeinen die längsten Beziehungen in unserem Leben. Unsere Eltern sind diejenigen, die als Erste für uns sorgen und uns beschützen und von denen wir lernen, was Vertrauen ist und was Unabhängigkeit; aber unsere Brüder und Schwestern sind die Ersten, zu denen wir eine Beziehung unter Partnern und Gleichen haben. In gewisser Hinsicht haben wir mit unseren Brüdern und Schwestern mehr Gemeinsamkeiten als mit irgendjemandem sonst – angefangen bei der Tatsache, dass wir die gleichen Eltern haben und die gleiche Familiengeschichte. In manchen Familien bleiben die Geschwisterbeziehungen ein Leben lang die wichtigsten Beziehungen überhaupt. In anderen Fällen führen Rivalität und Konflikte zwischen den Geschwistern dazu, dass die Familie auseinander bricht. Katherine Hepburn (1991) sagte von ihren Schwestern und Brüdern:

„Sie sind so sehr ein Teil von mir, dass ich ganz einfach weiß, ich hätte ohne sie nicht ich sein können. Sie sind mein ‚Gehäuse‘, mein Schutz.“

Geschwister können die Vorbilder für spätere Beziehungen zu Freunden, Geliebten und anderen Menschen derselben Generation werden. Ehepartner kommen und gehen, Eltern sterben, Kinder wachsen auf und verlassen uns, aber Geschwister sind immer da, wenn wir an unseren Überzeugungen festhalten.

Erstaunlicherweise hat man die wichtige Rolle der Geschwister in der psychologischen Literatur weitgehend außer Acht gelassen. Freud hat die Geschwisterbeziehungen vollständig ignoriert. Sein früher Kollege und Schüler Alfred Adler dagegen konzentrierte sein Interesse ganz und gar auf die Muster der Geschwisterbeziehungen und untersuchte ihren Einfluss auf die Persönlichkeitsentwicklung; als aber ihre Wege sich trennten, gewannen Freuds Vorstellungen die Oberhand. Freud sah in Adlers Abfall übrigens den Akt eines undankbaren jüngeren Bruders.

Es spricht alles dafür, dass Geschwisterbeziehungen von großer Bedeutung sind. Nach einer wichtigen Langzeitstudie mit erfolgreichen, gut ausgebildeten Männern (die Harvard-Jahrgänge der Jahre 1938 bis 1944) ließ sich mithilfe der Frage, ob der Proband während seiner College-Zeit eine enge Beziehung zu einem seiner Geschwister gehabt hatte, am sichersten voraussagen, wie es um seine emotionale Gesundheit im späteren Lebensalter (im Alter von 56 Jahren) bestellt sein würde – ein einzelner Faktor, der eine größere Voraussagekraft hatte als die Nähe zu den Eltern, emotionale Probleme in der Kindheit oder eine Ehescheidung der Eltern, sogar eine größere Voraussagekraft als die Frage, ob jemand auf eine gute Ehe oder eine erfolgreiche Karriere zurück blicken konnte (Valliant 1977).

Wir haben uns bereits mit einem berühmten Geschwisterpaar, den Brüdern Wilbur und Orville Wright, beschäftigt, die so eng miteinander verbunden waren, dass niemals von dem einen ohne den anderen die Rede ist. Ganz offensichtlich stehen sich nicht alle Geschwister so nahe wie diese beiden. Rivalitäten und Verletzungen in der Kindheit leben im Erwachsenenalter fort. Bei Familienzusammenkünften versucht jeder, zumindest am Anfang, freundlich und herzlich zu sein. Aber unter der Oberfläche schwelen die alten Konflikte fort. Die älteste Schwester, die früher auf ihre Geschwister aufpassen musste, hat vielleicht immer noch etwas gegen ihren „ungezogenen, unachtsamen kleinen Bruder", der mittlerweile ein erfolgreicher Manager von 1,85 Meter ist. Schon bald stellt sie fest, dass sie wieder in das alte Muster zurückgefallen ist und ihm Ratschläge erteilt. Und er geht sofort in Verteidigungsstellung, weil das alte Familienskript Erinnerungen weckt, wie er als kleiner Junge herumkommandiert wurde und sich dabei hilflos und ohnmächtig fühlte. Eine jüngere Schwester wiederum hat vielleicht immer das Gefühl gehabt, von ihrem älteren Bruder, der sie in der Kindheit erbarmungslos aufgezogen und schikaniert hat, dominiert und schlecht behandelt worden zu sein, und fühlt sich auch noch im fortgeschrittenen Alter unbehaglich, wenn sie nur am gleichen Tisch mit ihm sitzen muss. All die unangenehmen Erinnerungen kehren zurück. Zwei Brüder, die ihre Kindheit damit zugebracht haben, beim Sport, in der Schule und wenn es um die Aufmerksamkeit der Eltern ging, zu rivalisieren, werden auch nach vielen Jahren – wenn sie sich vielleicht in den Ferien wieder einmal treffen – auf subtile Weise darum kämpfen, wer in den Gesprächen bei Tisch die größere Aufmerksamkeit erringt. Auch wenn es zu keinem größeren Eklat kommt, kann es doch sein, dass die anderen Familienmitglieder das Essen gelangweilt oder mit einem vagen Unbehagen verlassen, froh, dass derartige Situationen nicht allzu häufig vorkommen.

Leider machen die Eltern die Sache manchmal noch schlimmer. Das ist besonders dann der Fall, wenn Geschwister einander nur im Hause der Eltern sehen oder wenn erwachsene Geschwister nur über die Eltern voneinander hören, besonders über die Mutter, bei der alle Fäden zusammenlaufen und die zur „Schaltstation" der familiären Kommunikation geworden ist. Eltern können bewusst oder unabsichtlich alte Muster in den Geschwisterbeziehungen verfestigen. Vielleicht vergleicht die Mutter eines ihrer Kinder immer wieder mit einem Bruder/einer Schwester und macht ihm Vorwürfe, weil er oder sie nicht so oft anruft wie diese/r. Ein Vater betont vielleicht immer wieder, wie stolz er auf seinen Sohn ist, und merkt gar nicht, dass er seine Tochter dabei völlig ignoriert. Es kommt auch vor, dass Vater oder Mutter eines der Kinder geradezu darum bitten, ihnen zu helfen, ein anderes ihrer Kinder „zur Räson zu bringen". Und manchmal fordern die Geschwister selbst diese elterliche Einmischung heraus, weil dies ihr übliches Familienmuster ist.

Die Erfahrungen, die wir mit unseren Geschwistern machen, können sehr verschieden sein. Dabei spielt die Frage, wie viel Zeit die Geschwister als Kinder und Heranwachsende miteinander verbracht haben, eine wichtige Rolle. Zwei Kinder, die einander altersmäßig nahe stehen, verbringen für gewöhnlich viel Zeit miteinander, besonders wenn sie das gleiche Geschlecht haben, sie müssen sich die Zuwendung und Aufmerksamkeit der Eltern teilen und wachsen in der Regel unter ähnlichen Bedingungen heran. Geschwister, die altersmäßig weiter auseinander sind, verbringen eindeutig weniger Zeit miteinander und haben weniger gemeinsame Erfahrungen. Sie wachsen zu ganz unterschiedlichen Phasen in der Entwicklung der Familie auf und sind in mancherlei Hinsicht eher mit Einzelkindern zu vergleichen.

Heutzutage, da die Menschen sich so häufig scheiden lassen und wieder verheiraten, finden wir immer öfter die Kombination von Geschwistern, Stiefgeschwistern und Halbgeschwistern, die in verschiedenen Haushalten aufwachsen und nur bei besonderen Gelegenheiten zusammenkommen. Es gibt auch mehr Einzelkinder, deren engste geschwisterähnliche Beziehungen ihre Spielkameraden sind. Und es gibt auch mehr Familien mit zwei Kindern, bei denen die Beziehung zwischen den Geschwistern enger ist, weil keine anderen Geschwister da sind. Eines ist unbestreitbar: Je mehr Zeit die Geschwister miteinander verbringen, umso intensiver werden ihre Beziehungen sein.

Geschwister, die wenige Kontakt außerhalb der Familie haben, sind stark aufeinander angewiesen, besonders wenn die Eltern abwesend oder nicht verfügbar sind oder ihrer Rolle nicht gerecht werden. Charlie Chaplin und sein Halbbruder Sydney, der vier Jahre älter war, sind ein solches Beispiel für eine ungewöhnlich enge, lebenslange Verbindung (Genogramm 7.1). Sydney war noch nicht einmal drei Monate alt, als seine Mutter Charles Chaplin sen. heiratete, der nun für seinen Unterhalt aufkommen musste, was er freilich nur unzulänglich tat. Er trennte sich früh von der Mutter der beiden Jungen, wurde zum Alkoholiker und ließ seine Familie mehr oder weniger im Stich. Bei der Mutter kam eine geistige Krankheit zum Ausbruch, sie hatte mehrere Anfälle von Geisteskrankheit, als die Jungen noch recht klein waren, und wurde schließlich hospitalisiert. Die Tante der beiden Brüder sagte über ihre Beziehung einmal (Robinson 1985):

> „Es kommt mir merkwürdig vor, dass man über Charlie Chaplin schreiben kann, ohne seinen Bruder Sydney zu erwähnen. Sie sind ihr ganzes Leben lang unzertrennlich gewesen … Syd, der eine ruhige Art hatte, ein kluges Köpfchen und gute Nerven, war Vater und Mutter für Charlie. Charlie schaute stets zu Syd auf, und Sydney nahm alles auf sich, um Charlie zu beschützen."

Die Familie Chaplin
Genogramm 7.1

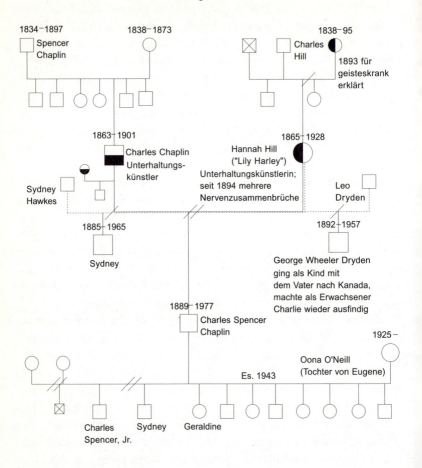

Als die Kinder einmal getrennt waren, machte Sydney sich große Sorgen, weil Charlie nicht auf seine Briefe antwortete; zum Teil hing das damit zusammen, dass Charlie noch nicht richtig buchstabieren konnte. Sydney machte ihm Vorwürfe und rief ihm in rührender Weise in Erinnerung, wie viel Elend sie gemeinsam erduldet hatten (Chaplin 1964):

> „Seit Mutters Krankheit haben wir nichts anderes mehr in der Welt als uns beide. Deshalb musst du mir regelmäßig schreiben, damit ich weiß, dass ich einen Bruder habe."

Seit ihrer frühen Kindheit mussten sie sich allein durchschlagen und ständig von einem Ort zum anderen ziehen – ins Armenhaus, ins Waisenhaus und immer wieder in eine andere Wohnung –, wobei manchmal die beiden Kinder dafür sorgen mussten, dass ihre Mutter betreut wurde. Im Alter schrieb Sydney, der mit seinem Bruder auf der Bühne gestanden hatte und der dann sein Manager geworden war, an Charlie (Robinson 1985):

> „Mein unglückseliges – oder sollte ich sagen, mein glückliches? – Dilemma ist gewesen, dass ich mich immer abgemüht habe, dich zu beschützen. Das hängt mit meinem brüderlichen oder vielleicht eher väterlichen Instinkt zusammen."

Tatsächlich hatte Charlie Chaplin noch einen anderen Halbbruder, der drei Jahre jünger war als er, Wheeler Dryden, den Chaplin in keiner seiner Autobiografien jemals erwähnte. Drydens Vater nahm ihn schon als Kleinkind seiner Mutter weg, und er begegnete Chaplin erst im Jahre 1918 wieder; zu diesem Zeitpunkt musste Wheeler große Anstrengungen unternehmen, bis Chaplin bereit war, auch nur mit ihm zu sprechen, geschweige denn sich mit ihm zu treffen. Chaplin brachte ihn offensichtlich dazu, die Tatsache, dass sie Halbbrüder waren, in der Öffentlichkeit zu verschweigen; möglicherweise war ihm das so wichtig, weil er das Andenken ihrer Mutter schützen wollte, denn auch die Tatsache, dass sein Bruder Sydney einen anderen Vater hatte als er, wurde von ihm nie erwähnt. In den späteren Jahren arbeitete Dryden für seinen Halbbruder und wurde zu einem äußerst ergebenen Anhänger von Charlie Chaplin. Er scheint ihn tief verehrt zu haben, folgte Charlie überallhin in ehrerbietigem Abstand und bewahrte jedes winzige Stück der Erinnerung an ihn auf.

Auch die außergewöhnliche Familie der Brontës, mit der wir uns in Kapitel 3 beschäftigt haben und die drei der weltweit bemerkenswertesten Autorinnen hervorgebracht hat – Charlotte, Emily und Anne Brontë –, ist ein anrührendes Beispiel für die kompensatorische Kraft von Geschwisterbeziehungen in einer Familie, in der sämtliche anderen Beziehungen höchst problematisch waren. Charlotte Brontë schrieb einmal: „Der hohe Wert der Zuneigung der Schwestern untereinander: Es gibt nichts Vergleichbares auf der Welt." Die Brontës bewiesen eine unglaubliche schöpferische Kraft angesichts der Einengungen, denen die Frauen in ihrer Zeit unterworfen waren. Die Schwestern waren, jede für die anderen, die wichtigste Quelle des Trostes und der Unterstützung füreinander. Hätten sie einander nicht gehabt, dann wäre die Welt vielleicht nie in den Genuss ihrer großartigen Werke gekommen.

Ihre Mutter war sehr früh gestorben, was dazu führte, dass die Kinder ganz aufeinander angewiesen waren. Als auch ihre ältere Schwester gestorben war, übernahm Charlotte, die damals neun Jahre alt war, die Führung und die Verantwortung für die jüngeren Geschwister (Genogramm 7.2). Sie war es, die wilde und gefährliche Spiele erfand und in den späteren Jahren zur wichtigsten Sprecherin der Familie wurde, sie war es, die ihre Schwestern zum Schreiben und Veröffentlichen ermutigte und den geschäftlichen Verkehr der Familie mit der Außenwelt regelte. Als Nächster in der Geschwisterreihe kam das „Genie und Wunderkind" der Familie, Branwell, der im Mittelpunkt der elterlichen Bemühungen und Erwartungen stand und der von vornherein dazu ausersehen war, der Familie Ruhm und Ehre einzubringen, der jedoch die Erwartungen der Familie nicht erfüllen konnte. Die beiden jüngeren Schwestern, Emily und Anne, wuchsen, was die Nähe ihrer Beziehung betraf, fast wie Zwillinge auf, obwohl sie ein Jahr auseinander und charakterlich sehr verschieden waren. Emily war heftig in ihren Gefühlen, sie war sportlich und kräftig, hatte oft schlechte Laune, und ihre Fantasie kannte keine Grenzen. Anne, die Jüngste, fühlte sich weniger zur Welt der Fantasie hingezogen als ihre älteren Schwestern und verbarg hinter einem sanften Äußeren

Rollen der Geschwister Brontë
Genogramm 7.2

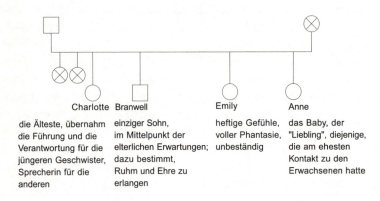

Charlotte

die Älteste, übernahm die Führung und die Verantwortung für die jüngeren Geschwister, Sprecherin für die anderen

Branwell

einziger Sohn, im Mittelpunkt der elterlichen Erwartungen; dazu bestimmt, Ruhm und Ehre zu erlangen

Emily

heftige Gefühle, voller Phantasie, unbeständig

Anne

das Baby, der "Liebling", diejenige, die am ehesten Kontakt zu den Erwachsenen hatte eine tiefe Traurigkeit. Die Rollen, die die Schwestern Brontë spielten, waren Rollen, die unter Schwestern weit verbreitet sind: Charlotte war die Anführerin, diejenige, die das gesellige Leben der Schwestern organisierte und deren dramatische Fantasie das Spiel der anderen Kinder dirigierte; Emily war die Einzelgängerin, die Eigensinnige, Unabhängige; und Anne, der kleine Liebling, war die Sanfte; sie war aber auch diejenige, die (sie war beim tragischen Tod der Mutter noch ein Baby) später die tiefste Anhänglichkeit an einen erwachsenen Menschen zeigte, nämlich an ihre Tante Elizabeth. Man sagte, die anderen Geschwister hätten ausschließlich an die Wirklichkeit ihrer Kinderwelt geglaubt, während Anne ihren romantischen Fantasien etwas skeptisch gegenüberstand.

Zwillinge

Die extremste Form einer gemeinsamen Geschwistererfahrung ist die Beziehung zwischen eineiigen Zwillingen. Sie haben eine besondere Beziehung, von welcher der Rest der Familie ausgeschlossen ist. Es ist bekannt, dass Zwillinge oft ihre eigene Sprache entwickeln und eine unheimliche, fast telepathisch anmutende innere Verbindung miteinander haben. Selbst Zwillingsbrüder zeigen aufgrund ihrer gemeinsamen Lebenserfahrungen oft eine bemerkenswerte Ähnlichkeit in Verhalten und Auffassungen.

Die wichtigste Herausforderung für Zwillinge ist es, eine individuelle Identität zu entwickeln. Da ein Zwilling in der Geschwisterreihe keine einzigartige Position innehat, neigt man dazu, die beiden „in einen Topf zu werfen". Das wird besonders dann zum Problem, wenn sie als Heranwachsende ihre jeweils eigene Identität auszubilden versuchen. Manchmal müssen Zwillinge extreme Verhaltensweisen entwickeln, um sich voneinander zu unterscheiden.

Esther Pauline Friedman und Pauline Esther Friedman, eineiige Zwillinge, die unter den Namen Ann Landers und Dear Abby bekannt geworden sind (Genogramm 7.3), kamen im Abstand von 17 Minuten am 4. Juli 1918 auf die Welt. Mit ihren fast identischen Namen sind diese berühmten Zwillinge ein Beispiel für beide Extreme: für die extreme Nähe und die heftige, erbitterte Rivalität zwischen Geschwistern. Zu bestimmten Zeiten war die Verbundenheit zwischen ihnen so stark, dass selbst ihre Ehemänner sich ausgeschlossen fühlten; es gab

Die Familie Lederer
Familie von „Ann Landers" und „Dear Abby"
Genogramm 7.3

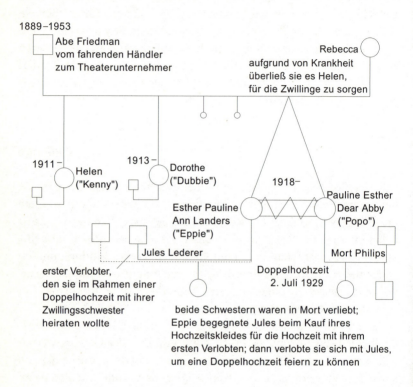

1889–1953

Abe Friedman
vom fahrenden Händler
zum Theaterunternehmer

Rebecca
aufgrund von Krankheit
überließ sie es Helen,
für die Zwillinge zu sorgen

1911 –
Helen
("Kenny")

1913 –
Dorothe
("Dubbie")

1918–

Esther Pauline
Ann Landers
("Eppie")

Pauline Esther
Dear Abby
("Popo")

Jules Lederer

Mort Philips

erster Verlobter,
den sie im Rahmen einer
Doppelhochzeit mit ihrer
Zwillingsschwester
heiraten wollte

Doppelhochzeit
2. Juli 1929

beide Schwestern waren in Mort verliebt;
Eppie begegnete Jules beim Kauf ihres
Hochzeitskleides für die Hochzeit mit ihrem
ersten Verlobten; dann verlobte sie sich mit Jules,
um eine Doppelhochzeit feiern zu können

aber auch Zeiten, in denen die Rivalität so heftig wurde, dass sie jahrelang kein Wort miteinander sprachen. Und trotzdem verlief ihr Leben auf mysteriöse Weise fast identisch, und beide machten genau die gleiche Karriere: Beide waren zuerst Hausfrauen, und beide wurden dann Ratgeber-Kolumnistinnen. Als sie nach einer langen Zeit der Trennung wieder zueinander fanden, war es fast so, als ob sie niemals getrennt gewesen wären.

Die Zwillinge begannen sich erstmals auseinander zu entwickeln, als sie vor der Heirat standen. Interessanterweise fühlten beide Frauen sich vom gleichen Mann angezogen. Abby trug den Sieg davon, und als sie heiratete, suchte Ann sich einen anderen Bräutigam, damit sie eine Doppelhochzeit feiern konnten. Als ihre erste Wahl nicht so funktionierte, wie sie es sich vorgestellt hatte, trennte Ann sich mitten in den Hochzeitsvorbereitungen von ihrem Verlobten und trieb dann rechtzeitig für die Doppelhochzeit noch einen neuen Partner auf. Es bestand sogar eine gewisse Verbindung zwischen den beiden Ehemännern, die viele Jahre lang in derselben Firma arbeiteten.

Nach der Hochzeit brachen die beiden Paare zu den gemeinsamen Flitterwochen auf. Unglücklicherweise ging Anns Ehemann mitten in den Flitterwochen das Geld aus, und die Zwillinge mussten sich trennen. Von diesem Punkt an verlief ihr Leben getrennt voneinander, obwohl sowohl das Gefühl der Nähe wie auch das Gefühl der Rivalität zwischen ihnen auch weiterhin bestand.

Ann langweilte sich in ihrem Hausfrauendasein, das ihr keine Möglichkeit gab, das Arbeitsleben kennen zu lernen, auch hatte sie keinen College-Abschluss, was immerhin ihr Selbstbewusstsein aufgebessert hätte; nach einigen Jahren jedoch gelang es ihr, sich mit einer Idee durchzusetzen und Autorin einer Ratgeberkolumne zu werden, die ihren Namen trug. Zu Anfang holte sie sich noch Rat und Unterstützung bei ihrer Schwester, aber nach kaum drei Monaten war Abby auch an der Westküste angekommen und selbst Autorin einer ganz ähnlichen Ratgeberkolumne *(Dear Abby)*. Auch ihr fehlten genau wie ihrer Schwester die Zeugnisse und Legitimationen, die üblicherweise die Voraussetzung für eine berufliche Karriere waren. Jetzt erreichte die Rivalität zwischen den Schwestern ihren Höhepunkt, und es entwickelte sich ein ganz außerordentlicher, verbissener Wettbewerb zwischen ihnen – die beiden schreckten nicht einmal davor zurück, einander des Plagiats zu bezichtigen, so ähnlich war das, was sie schrieben. Abby war besonders geschäftstüchtig, ihre Kolumnen wurden in vielen Zeitschriften und Zeitungen gleichzeitig abgedruckt und daher besonders viel gelesen, was Ann verständlicherweise heftig wurmte, denn sie hatte ja als erste die Idee zu dieser Tätigkeit gehabt. Über die Jahre hinweg hatten jedoch beide Schwestern gleichermaßen großen Erfolg; allerdings war die Verbindung zwischen ihnen viele Jahre lang völlig abgebrochen, und sie hatten überhaupt keinen Kontakt mehr miteinander. Wie nicht anders zu erwarten, waren die Beiträge der Schwestern für die Leser kaum voneinander zu unterscheiden, da ihre Auffassung von den Problemen des alltäglichen Lebens gewissermaßen identisch war. Nur in einem Bereich sind sie nicht einer Meinung: Abby sagte, sie finde es wundervoll, ein Zwilling zu sein. Ann sagte, es sei nicht leicht.

Ganz allgemein wurden Töchter in den Familien immer anders behandelt als Brüder. Bischof Wright, der Vater der Brüder Wright, zum Beispiel schrieb an seine Jüngste, seine einzige Tochter, damals 15 Jahre alt (Crouch 1989):

> „Du hast ein gutes Herz und einen guten Verstand, und weil du meine einzige Tochter bist, bist du meine Hoffnung, dass ich Liebe und Fürsorge erfahren werde, wenn ich einmal alt bin … Wenn du nicht da wärest, würden wir uns fühlen, als hätten wir kein Zuhause."

Man nannte Katharine Wright *Schwester* (deutsch im Original), brachte ihre wichtigste Rolle also sogar in ihrem Kosenamen zum Ausdruck. Während beide Eltern und sämtliche Kinder außer Wilbur und Orville aufs College gegangen waren, war Katharine die Einzige, die nach Oberlin ging, wo sie ausgezeichnete Leistungen erbrachte. Nach dem College jedoch kehrte sie nach Hause zurück und übernahm gehorsam die Rolle der Frau, die für ihren Vater und ihre Brüder sorgte, eine Rolle, die sie 30 Jahre lang hingebungsvoll ausfüllte. Wir können nur ahnen, welche Begabungen hier verloren gingen und wie hoch demzufolge der Preis war, den die Familie Wright und andere Familien, die mit ihren Töchtern in der gleichen Weise verfuhren, zahlten.

Es gibt viele Gründe für die besondere Komplexität der Beziehungen zwischen Schwestern: die Familienbande, die Dauer dieser Beziehungen, die gemeinsame Verantwortung, die Schwestern in der Familie tragen, wenn es darum geht, wer für die Angehörigen sorgt, und die Rivalität um männliche Zuwendung und Bestätigung. Die Beziehungen zwischen Schwestern sind besonders eng und verwickelt, und sie sind durch große Intimität gekennzeichnet. Es ist fast so, als ob Frauen in ihren Schwestern Aspekte ihrer selbst gespiegelt fänden, während sie die Männer aus größerer Distanz, manchmal aus einer sehr großen Distanz betrachten. Diese Distanz und die patriarchalische Machtstruktur verführen die Frauen dazu, die Männer zu idealisieren oder in einem romantischen Licht zu sehen. Die Reaktion von Frauen auf Frauen dagegen, und ganz besonders die Art, wie Schwestern miteinander umgehen, ist von der großen Nähe ihrer Beziehungen gekennzeichnet, aber auch davon, dass sie an der allgemeinen kulturellen Abwertung weiblicher Züge partizipieren.

In der Literatur wird das Gemeinsame der Beziehungen von Schwestern untereinander weitgehend verleugnet. Ein Blick auf die berühmtesten Schwestern in der Literatur – Rahel und Lea im *Alten Testament*, Cordelia und ihre Schwestern in *König Lear*, *Aschenputtel* und ihre „bösen" Stiefschwestern oder Tschechows *Drei Schwestern* – zeigt, wie Louise Bernikow (1980) dargelegt hat, dass stets ein Mann zwischen Schwestern steht, die einander nicht unterstützen oder bestätigen. Mütter werden in diesem Zusammenhang kaum einmal erwähnt, es sei denn als Figuren, die dazu beitragen, die Schwestern miteinander zu entzweien, wie zum Beispiel in *Aschenputtel*. Ältere Schwestern werden in der Märchenliteratur für gewöhnlich als böse dargestellt, während die jüngste das „Vaterkind" ist, das infantilisierte kleine Mädchen und Lieblingskind, dem Papas Liebe und sein Reichtum gehören – als Gegengabe für ihre unverbrüchliche Treue und die Bereitschaft, sein „Liebesobjekt" zu sein. Der Preis, den sie dafür zahlt – es ist der Konflikt mit Mutter und Schwestern und der Verlust ihrer Zuneigung –, wird dabei vollkommen übersehen. Louise Bernikow (ebd.) schreibt:

> „Sie tun einander nichts Gutes, diese weiblichen Geschwister, wenn man den Geschichten Glauben schenken darf. Man wäre besser dran ohne sie. Aus dieser männlichen Sicht wären alle Frauen ohne andere Frauen besser dran, denn eine Frau allein – ohne Mutter, ohne Schwester, ohne Freundin – kann ihre Augen einzig und allein auf den Vater, Bruder, Geliebten richten, und aus diesem Grund herrschte Frieden in der Welt."

Die Wahrheit ist aber, dass unsere Eltern normalerweise eine Generation früher sterben als wir und unsere Kinder eine Generation länger leben; und nur selten sind unsere Ehepartner mit den ersten 20 oder 30 Jahren unseres Lebens vertraut, und selten dauern Freundschaften von unserer frühesten Kindheit bis ans Ende unseres Lebens. Deshalb teilen unsere Geschwister, genetisch betrachtet wie auch kontextuell, einen weit größeren Teil unseres Lebens mit uns als irgendjemand sonst – und für Schwestern gilt das noch mehr, da Schwestern in der Regel emotional stärker miteinander verbunden sind und länger leben als Brüder. Und wir können uns von einem Ehepartner wesentlich endgültiger scheiden als von einem Geschwister.

Glücklicherweise kommt es selten vor, dass Geschwister ihre Beziehungen ganz abbrechen oder vollständig den Kontakt miteinander verlieren. Schwesternpaare haben in der Regel die engste Beziehung überhaupt, die sich denken lässt. Schwestern scheinen einander ein grundlegendes Gefühl emotionaler Sicherheit zu vermitteln. Sie bieten einander Rollenvorbilder im Hinblick auf das Älterwerden, auf ein mögliches Dasein als Witwe, auf den Umgang mit Verlusten durch den Tod ganz allgemein, auf das Leben nach der Berufstätigkeit. Sie sind häufig diejenigen, die Verantwortung übernehmen und gegenseitig Sorge füreinander tragen, und sie üben einen gewissen Druck aufeinander aus, was das Festhalten an bestimmten Werten betrifft.

Schwestern sorgen nicht nur häufiger füreinander, sie zeichnen sich auch durch eine größere Nähe zueinander aus, und sie haben intensivere Beziehungen; sie übernehmen auch mehr Verantwortung in der Familie, obwohl sie dafür typischerweise weniger Dank und Ruhm erwarten dürfen als Brüder. Von Kindheit an ist es meist so, dass die Aufgabe, auf die kleineren Geschwister aufzupassen, an die älteren Schwestern delegiert wird, während man den Brüdern Freiraum zum Spielen sowie für andere Aufgaben einräumt. In der klassischen Kindheitsgeschichte *Peter Pan* wird die einzige Schwester, Wendy, sofort in die Rolle der Ersatzmutter eingeführt, nicht nur gegenüber ihren eigenen Brüdern, sondern auch gegenüber Peter Pan und all den anderen „verlorenen Jungen".

Wenn Sie sich mit den Entscheidungen auseinander setzen, die Frauen in Ihrer Familie getroffen haben, müssen Sie die Zwänge der jeweiligen Zeit und Kultur, in der diese Entscheidungen getroffen wurden, in Ihre Überlegungen mit einbeziehen. Eine Frau, die einen Umzug, der durch den Beruf ihres Mannes erforderlich geworden ist, nicht mitmachen will, weil sie in der Nähe ihrer Schwester bleiben will, wird meist als sonderbar empfunden. Man etikettiert sie vermutlich als „verstrickt" oder „nicht genügend von der Familie differenziert". Und doch ist es eine Tatsache, dass die Schwester von Anfang an da war, noch vor dem Ehemann, und dass sie aller Wahrscheinlichkeit nach auch am Ende, wenn der Mann gestorben ist, noch da sein wird. Tatsächlich scheint ein starkes Gefühl schwesterlicher Verbundenheit das Selbstgefühl der Frauen zu stärken.

In der Vergangenheit war die Rolle der „Schwachen" oder der „Kranken" manchmal eine Art der Rebellion. Emily Brontë und Elizabeth Barrett Browning zum Beispiel scheinen ihre Krankheiten dafür benutzt zu haben, sich nicht den konventionellen sozialen Verhaltensweisen anzupassen. Beide hatten Brüder, auf die der Vater große Erwartungen richtete, und beide verloren ihre Mütter und Schwestern bereits in jungen Jahren. Dies verstärkte vermutlich noch ihren Konflikt als starke Frauen, die allein schon aufgrund ihres Temperaments sich den von der Gesellschaft vorgeschriebenen Rollen nicht anpassen konnten.

In der Kindheit sind Schwestern oft diejenigen, die aufeinander und auf ihre Brüder aufpassen müssen, und sie sind Rivalinnen und Konkurrentinnen um die elterliche Zuwendung. Die Eltern vermitteln ihren Söhnen – in der allerbesten Absicht – häufig ganz andere Botschaften als ihren Töchtern. Im Folgenden zitiere ich eine Beschreibung, die Jackie Robinson (1972) von seiner Tochter Sharon – das mittlere Kind zwischen zwei Brüdern (Genogramm 7.4) – gegeben hat, sowie von der Rolle seiner Frau Rachel, die in der gleichen Geschwisterkonstellation aufgewachsen war:

„Sie [die Tochter Sharon] war in unseren Augen und nach Auffassung praktisch aller, die mit ihr in Berührung kamen, ein so ideales und perfektes Kind, dass man manchmal den Eindruck haben konnte, sie sei ein bisschen zu perfekt, um wirklich zu sein. Väter können völlig verrückt mit ihren Söhnen sein, aber mit einer Tochter ist es noch einmal etwas ganz anderes, etwas ganz Eigenes. Es ist heute noch dasselbe – unsere Beziehung –, vielleicht ist sie noch tiefer … Rachel war mit demselben Familienmuster aufgewachsen – ein Mädchen zwischen zwei Jungen. Sie war die fleißige, liebevolle, aber nicht unbedingt immer glückliche Hauptstütze ihrer Familie und kümmerte sich stets um ihren jüngeren Bruder. Mit einer Art von grimmiger Amüsiertheit denke ich daran, dass wir davon ausgingen, Sharon würde immer stark genug sein, alles zu meistern, was ihr widerfuhr. Viele Jahre lang nahmen wir es als etwas ganz Selbstverständliches hin, dass sie sich so gut entwickelte. Es kam nur selten vor, dass man den Eindruck hatte, sie hätte Kummer, oder dass sie die Aufmerksamkeit auf ihre Probleme lenkte, indem sie etwas Dramatisches machte."

In manchen Kulturen, wie zum Beispiel in Italien oder Spanien, ist es ganz üblich, dass Töchter dazu angehalten werden, für andere zu sorgen, ihre Brüder eingeschlossen. Andere kulturelle Gruppen, wie zum Beispiel irische und afroamerikanische Familien, neigen aus verschiedenen historischen Gründen dazu, Söhne zu sehr und Töchter zu wenig zu beschützen. Andere kulturelle Gruppen haben keine spezifischen Erwartungen. WASPs[10] zum Beispiel neigen zu der Auffassung, dass Brüder und Schwestern gleichermaßen an der täglichen Haus-

---

10 *White Anglo-Saxon Protestants*, also die weiße protestantische Mittelschicht angelsächsischer Herkunft; A. d. Ü.

Die Familie von Jackie Robinson
Genogramm 7.4

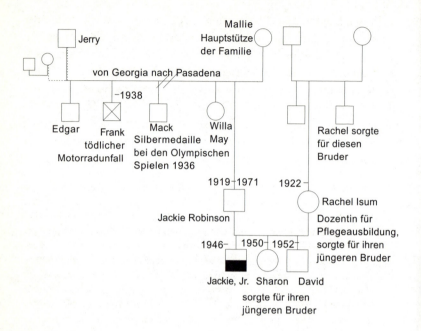

arbeit beteiligt werden sollten (Hines et al.). Wenn man eine Familie verstehen will, ist es ganz allgemein wichtig, darauf zu achten, wie die Geschlechterrollen die Muster der Geschwisterbeziehungen beeinflussen (McGoldrick 1988).

Die Schwestern von Schwestern haben in der Regel ganz andere Beziehungsmuster bezüglich ihrer Geschwister als die Schwestern von Brüdern, weil unsere Gesellschaft die Söhne so sehr bevorzugt. Ist der Bruder älter, dann wird er oft zum Idol gemacht und bedient. Ist der Bruder jünger, dann wird er wegen seiner besonderen Position von der Schwester häufig beneidet und bekommt dementsprechend auch ihren Groll zu spüren.

Gloria Steinem, eine unserer führenden Feministinnen, hat sehr genau beschrieben, dass ein Junge und ein Mädchen, die aus genau demselben Haushalt kommen, zwei völlig verschiedene Kulturen erlebt haben können. Dieser gesamte Themenkreis ist zwar nicht allzu gründlich erforscht worden, aber es gibt doch einige interessante Erkenntnisse, was die Unterschiede im Verhalten von Brüdern und Schwestern betrifft. Die Schwestern von Brüdern scheinen in viel höherem Maße die Merkmale des anderen Geschlechtes anzunehmen, als das bei ihren Brüdern der Fall ist; sehr wahrscheinlich hängt das damit zusammen, dass in unserer Gesellschaft männliche Attribute ein höheres Prestige verschaffen. Im Gegensatz dazu verstärken die Brüder von Schwestern ihre männlichen Züge noch, wahrscheinlich aus dem Bedürfnis heraus, nicht mit ihren Schwestern identifiziert zu werden.

Weil die Frauen für die Aufrechterhaltung der emotionalen Beziehungen in der Familie eine so zentrale Rolle spielen, richtet sich die Enttäuschung der Schwestern häufig in stärkerem Maße auf ihresgleichen oder auf ihre Schwägerinnen als auf ihre Brüder; diese werden oft so behandelt, als ob sie in einer höheren Position wären und keinerlei Verantwortung zu übernehmen hätten, wenn es darum geht, dass jemand in der Familie ein Problem hat und Unterstützung oder Fürsorge braucht. Von den Brüdern erwartet man häufig, dass sie finanzielle Unterstützung leisten, aber der Beruf gibt ihnen oft ein Alibi für ihren Mangel an wirklicher Anteilnahme – während bei Schwestern weder Verpflichtungen in der Familie noch berufliche Belastungen als Entschuldigung akzeptiert werden, sich nicht um die Nöte und Bedürfnisse anderer zu kümmern.

Ganz besonders ältere Frauen wenden sich, wenn sie Unterstützung brauchen, an ihre Schwestern, ihre Töchter und sogar an ihre Nichten. Oft leben sie zusammen. Ältere Witwen wenden sich am häufigsten an ihre Schwestern, häufiger als an ihre Kinder, selbst dann, wenn sie weit voneinander entfernt wohnen. Auf diese Weise bekommen besonders Schwestern eine zusätzliche Bedeutung für Frauen – als Vertraute, als Menschen, die im Notfall für sie sorgen oder ihnen Unterstützung gewähren, und als Freundinnen, wenn sie verwitwet sind. Ältere Frauen, die eine Beziehung zu einer Schwester haben, bleiben dadurch auch mit anderen in sozialem Kontakt. Auch wenn die Beziehungen von Schwestern untereinander in der Wertestruktur der Kultur im Ganzen eher unsichtbar bleiben – es ist doch so, dass Schwestern im Allgemeinen das ganze Leben hindurch bereit sind, einander, wann immer es nötig ist, zu unterstützen und zu helfen. Im hohen Alter sind sie unverzichtbar. Margaret Mead (1972) beschrieb das so:

„Schwestern rücken näher zusammen, und oft sind sie einander im Alter die glücklichsten selbst erwählten Gefährtinnen. Abgesehen davon, dass sie viele gemeinsame Kindheitserinnerungen haben und dass jede Beziehungen zu den Kindern der andern hat, verbindet sie auch die Erinnerung an dasselbe Elternhaus, derselbe Stil, zu wohnen und zu leben, und dieselben kleinen Vorurteile in Bezug auf die Führung des Haushalts. "

Meads Kommentar ist insofern interessant, als sie sich so stark auf die Details, die kleinen Dinge des Lebens konzentriert. Besonders wenn wir älter werden, sind sie es – unsere gemeinsamen Erinnerungen, die Art, wie wir den Haushalt führen, oder unsere Beziehungen untereinander und mit den Familien unserer Angehörigen –, die uns zusammenhalten.

Der ältesten Schwester bleibt kaum etwas anderes übrig, als die Ersatzmutter für ihre jüngeren Geschwister zu werden. Margaret Mead (siehe Kapitel 10), der ein Bruder und danach drei Schwestern in der Geschwisterreihe folgten, beschreibt, wie sie von ihrer Großmutter (die bei der Familie lebte) dafür herangezogen wurde, Notizen über das Verhalten ihrer jüngeren Schwestern zu machen (ebd.):

„Ich machte diese Notizen mit Liebe, indem ich fortführte, was Mutter begonnen hatte. Ich wusste, dass sie 13 Hefte mit Notizen über mich gefüllt hatte und nur vier mit Notizen über Richard; jetzt übernahm ich diese Aufgabe für die Jüngeren. In vieler Hinsicht empfand ich die Kleinen als meine eigenen Kinder, die ich beobachten, denen ich etwas beibringen und die ich fördern konnte. Auch wollte ich ihnen alles geben, was ich selbst vermisst hatte. "

Aber anders als älteste Söhne, die sich in ihrem Tun ganz klar legitimiert fühlen, haben älteste Töchter in Bezug auf die von ihnen übernommene Verantwortung oft ein Gefühl der Ambivalenz und der Schuld. Egal, was sie tun, sie haben immer das Gefühl, es sei nicht genug, und können in ihren Anstrengungen, sich um andere zu kümmern und dafür zu sorgen, dass in der Familie alles funktioniert, nicht nachlassen.

Die Erfahrungen des ältesten Kindes sind ganz anders als die Erfahrungen des jüngsten, und Kinder, die in der Geschwisterreihe eine mittlere Position einnehmen, haben wiederum ihre eigenen, ganz spezifischen Erfahrungen. Während der Platz in der Geschwisterreihe spätere Erfahrungen mit Ehepartnern, Freunden und Kollegen tief beeinflussen kann, führt er nicht notwendig zu einem bestimmten Persönlichkeitstypus. Es gibt sehr viele andere Faktoren, die die Geschwisterrolle modifizieren, wie etwa das angeborene Naturell, eine mögliche geistige oder körperliche Unzulänglichkeit, Aussehen, Intelligenz, Begabungen, Geschlecht sowie die Frage, ob der Zeitpunkt der Geburt nahe bei anderen wichtigen Familienerfahrungen lag, wie Tod, Umzug, Krankheit, Veränderung der finanziellen Verhältnisse und so weiter.

Aus all diesen und noch vielen anderen Gründen können Eltern für ein bestimmtes Kind besondere Pläne haben; es kann zum Beispiel sein, dass sie von einem Kind erwarten, es solle stets eine verantwortliche Rolle übernehmen, oder auch, es solle immer das „Baby" in der Familie bleiben, ganz unabhängig von seiner Position in der Geschwisterreihe. Von einem Kind, das einem bestimmten anderen Familienmitglied ähnelt, wird gelegentlich erwartet, dass es sich auch wie dieses verhält oder seine Rolle einnimmt. Auch kann es vorkommen, dass die Persönlichkeit eines Kindes nicht zu seiner Position in der Geschwisterreihe passt. Dies könnte eine Erklärung dafür sein, dass manche Kinder so heftig gegen die Erwartungen der Familie ankämpfen: das älteste Kind, das sich weigert, die Verantwortung für die anderen zu übernehmen oder die Maßstäbe und Werte der Familie nach außen hin zu vertreten und weiterzutragen, oder das jüngste Kind, das danach strebt, eine Führungsrolle einzunehmen. In manchen Familien wird dasjenige Kind die Führungsrolle übernehmen, das sich am wohlsten dabei fühlt, wenn es gilt, Verantwortung zu tragen, und das muss nicht notwendig das älteste Kind sein. Auch werden die Geschwistererfahrungen der Eltern einen Einfluss auf ihre Kinder haben. Es kommen jedoch häufig bestimmte typische Muster vor, die mit dem Platz des Kindes in der Geschwisterreihe zusammenhängen.

Älteste Söhne und Töchter

Im Allgemeinen fühlen älteste Kinder sich übermäßig stark verantwortlich und sind besonders gewissenhaft. Sie eignen sich gut als Führungspersönlichkeiten, da sie den jüngeren Geschwistern gegenüber meist Autorität ausgeübt und Verantwortung übernommen haben. Sie sind oft ernst und haben das Gefühl, im Leben einen Auftrag zu haben. Da sie sich mit ihren Eltern identifizieren und bei ihnen auch eine besondere Position innehaben, sind sie im Allgemeinen eher konservativ, selbst dann, wenn sie andere in eine neue Welt hineinführen;

und während sie durchaus selbstkritisch sein können, vertragen sie Kritik durch andere nicht unbedingt gut.

Wir haben bereits festgestellt, dass Sigmund Freud (Genogramm 5.4) im Kontext mit den verschiedenen Todesfällen, die sich um die Zeit seiner Geburt ereignet hatten, in seiner Familie eine ganz besondere Position einnahm: dem Tod seines Großvaters väterlicherseits, dem Tod zweier älteren Halbgeschwister, dem Tod des kleinen Bruders, der nach ihm geboren worden war, und dem Tod eines Onkels mütterlicherseits. Daneben wirkten auch andere Faktoren, die seine besondere Position in der Familie beeinflussten: etwa die Tatsache, dass die Familie kurz nach seiner Geburt in finanzielle Schwierigkeiten geriet, die sie zwang, ihre Heimat Mähren zu verlassen und nach Wien zu ziehen, und es dem Vater danach nie wieder gelang, sich eine sichere finanzielle Basis zu verschaffen. Die Vorrechte, die Sigmund seinen fünf jüngeren Schwestern und seinem Bruder gegenüber in Anspruch nehmen konnte, sind äußerst erstaunlich. Der Haushalt wurde um seine Bedürfnisse herum organisiert. Er war das einzige von den Kindern, dem man einen besonderen Platz einräumte, an dem er arbeiten konnte. In der Familie Freud wurde die folgende Geschichte kolportiert: Als Freuds Schwester Anna das Klavierspielen lernen wollte, kaufte die Mutter ihr ein Klavier, aber sie verkaufte es sogleich wieder, weil Sigmund sich beklagte, dass der Lärm ihm auf die Nerven gehe. Und damit war die musikalische Ausbildung der Schwester beendet! Wie es in vielen Kulturen zu beobachten ist, schätzten die Freuds ihren Sohn weit höher ein als ihre Töchter. Sigmunds besondere Position wurde ein weiteres Mal bestätigt, als die Familie ihm im Alter von zehn Jahren das Vorrecht einräumte, einen Namen für seinen jüngeren Bruder herauszusuchen, den er nach seinem Idol Alexander dem Großen nannte.

Sigmund hielt ganz offensichtlich nicht viel von seinen Geschwistern, ganz besonders nicht von seinen Schwestern. Er gebrauchte seinem jüngeren Bruder Alexander gegenüber einmal das folgende Bild: Ihre Familie sei wie ein Buch. Er und Alexander, der Älteste und der Jüngste in der Geschwisterreihe, seien wie Vorder- und Rückseite des kräftigen Schutzumschlags, der die schwachen Mädchen, die nach ihm und vor seinem Bruder geboren seien, stützen und beschützen müsse.

Was noch mehr aussagt: Er erwähnte seine Geschwister in seinen autobiografischen Äußerungen über seine eigene Entwicklung nicht ein einziges Mal. Es überrascht daher nicht, dass Muster der Geschwisterbeziehung in seinen psychologischen Theorien keine Rolle spielen. Allerdings erwähnt er seinen um ein Jahr älteren Neffen John, der in seinen ersten Lebensjahren wie ein Bruder für ihn war (Jones 1953-55):

> „Bis zu meinem vollendeten dritten Jahre waren wir unzertrennlich gewesen, hatten einander geliebt und miteinander gerauft, und diese Kinderbeziehung hat, wie ich schon einmal angedeutet, über all meine späteren Gefühle im Verkehr mit Altersgenossen entschieden. Mein Neffe John hat seither sehr viele Inkarnationen gefunden, die bald diese, bald jene Seite seines in meiner unbewussten Erinnerung unauslöschlich fixierten Wesens wieder belebten. Er muss mich zeitweilig sehr schlecht behandelt haben, und ich muss Mut bewiesen haben gegen meinen Tyrannen ...“

Kinder haben einem nur geringfügig älteren Geschwister gegenüber oft intensivere Gefühle als gegenüber einem jüngeren. Sigmund Freud sollte nie mehr einen Partner haben, der ihm auf gleicher Ebene gegenübertrat. In seinem späteren Leben wurde er zu einer mächtigen Führerfigur, aber wie so oft bei Erstgeborenen, fiel es ihm schwer, sich die Bühne mit Kollegen zu teilen, die seine Führungsrolle nicht bis ins Letzte akzeptierten, sodass es mit den meisten seiner Schüler zu einem Bruch kam (Adler, Jung, Stekel, Ferenczi und andere), sobald es in irgendeinem Punkte Meinungsverschiedenheiten gab.

Es ist ein wesentlicher Zug ältester Kinder, dass sie andere gerne führen und die Verantwortung übernehmen, wobei sie sich große Mühe geben, die Gruppe in eine überlegene Position zu bringen. George Washington, unser erster Präsident (Genogramm 7.5), ist dafür ein hervorragendes Beispiel.[11] Washingtons Führungsfähigkeiten spielten bei der Bildung der Vereinigten Staaten sicher eine wesentliche Rolle. Im Alter von 20 Jahren trat er in den Militärdienst in Virginia ein; er zeichnete sich schnell aus und wurde im Alter von 23 Jahren Hauptkommandierender aller Streitkräfte von Virginia. Washington hatte die ans Wunderbare grenzende Fähigkeit, mit seinen Männern in den Kampf zu ziehen und sie unversehrt wieder herauszuführen. Er war ein glänzender Führer, steuerte konsequent die einmal gesetzten Ziele an und tat stets das, was sein Pflichtgefühl von ihm verlangte, egal, welche Opfer damit verbunden waren.

11 Washington hatte wie Freud zwei sehr viel ältere Halbbrüder, die im Ausland aufgezogen wurden und die er erst als Jugendlicher anlässlich des Todes seines Vaters kennen lernte; der ältere der beiden Halbbrüder wurde nach dem Tod des Vaters zu seinem Vormund ernannt.

Die Familie Washington
Genogramm 7.5

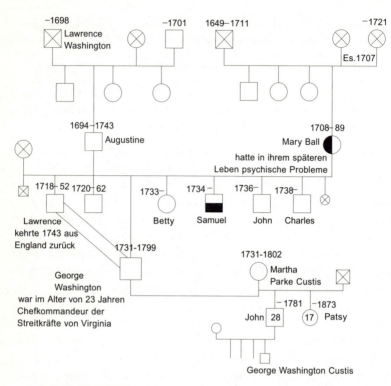

Schlüsselereignisse:
Washingtons Eltern verloren beide ihre Eltern bereits in der Kindheit
Washington verlor seinen Vater im Alter von elf Jahren; im Alter von 20 Jahren
verlor er seinen "Vaterersatz", seinen Onkel Lawrence

Washingtons Führungsfähigkeiten, seine Entschlossenheit und sein
Verantwortungsbewusstsein wurden zweifellos noch verstärkt durch
den unerwarteten Tod seines Vaters, als er gerade elf Jahre alt war und
plötzlich vor der Aufgabe stand, die Verantwortung für seine Mutter
und vier jüngere Geschwister übernehmen zu müssen. Dann kehrte
sein 13 Jahre älterer Bruder Lawrence aus dem Ausland zurück und
wurde sein Vormund und Mentor. Leider starb Lawrence, als George
erst 20 Jahre alt war, und ließ ihn nun ganz allein in seiner Rolle als

246

Kopf der Familie zurück. George Washington konnte keine eigenen Kinder bekommen, aber er wurde ein liebevoller Stiefvater für die zwei Kinder seiner Frau Martha sowie für zahllose andere Verwandte, die er unterstützte, förderte oder auch selbst aufzog. Als Bruder war er fürsorglich und verantwortungsbewusst. Über einen seiner Brüder schrieb er im Alter (Bourne 1982):

> „Ich habe gerade einen Bruder [John] beerdigt; er war der vertraute Gefährte meiner Jugend und der Freund meiner reifen Jahre."

Der Erstgeborene zu sein ist unter Umständen ein gemischtes Vergnügen. Als Antwort auf die Träume der Eltern und als Anfang einer neuen Familie bekommt der Erstgeborene manchmal ein so hohes Maß an Interesse, Zuwendung und Hingabe wie keines der nachfolgenden Kinder. Aber das kann auch eine schwere Last bedeuten. Selbst dann, wenn Erstgeborene die Erwartungen der Familie ausdrücklich zurückweisen, kann es sein, dass sie von Unsicherheit und Schuldgefühlen geplagt werden, weil sie die ihnen zugedachte Rolle nicht erfüllen.

Die älteste Tochter verfügt oft über das gleiche Verantwortungsbewusstsein, die gleiche Gewissenhaftigkeit und Fähigkeit, für andere zu sorgen und die Führung zu übernehmen, wie ihr männliches Gegenstück. Töchter erhalten im Allgemeinen aber nicht dieselben Vorrechte wie Söhne, und die Erwartungen, die man an sie stellt, sind im Allgemeinen nicht so hoch. So kann es sein, dass sie zwar die Verantwortung übernehmen müssen, die man von einem ältesten Kind verlangt, aber sie genießen nicht die entsprechenden Vorrechte und können deshalb auch kein verstärktes Selbstbewusstsein entwickeln, wie es bei ältesten Söhnen in der Regel der Fall ist. Sind allerdings nur weibliche Geschwister da, dann werden den ältesten Schwestern manchmal bestimmte Privilegien und Erwartungen geradezu aufgedrängt, die andernfalls den Söhnen vorbehalten wären.

Das jüngste Kind

Das jüngste Kind hat häufig das Gefühl, etwas Besonderes zu sein; dieses Gefühl erlaubt es ihm, sich auch einmal gehen zu lassen und gelegentlich zügellos und ausschweifend zu sein, da es nicht wie das älteste Kind mit Verantwortung belastet ist. Dieses Muster tritt vermutlich umso stärker in Erscheinung, je mehr Geschwister da sind. Das jüngere von zwei Geschwistern hat wahrscheinlich in stärkerem Maße das Gefühl, mit seinem Geschwister ein „Paar" zu bilden oder sein Zwilling zu sein – es sei denn, es besteht ein beträchtlicher Altersunterschied – als das jüngste von zehn Kindern in Bezug auf das nächstältere. Befreit von der Konvention und entschlossen, die Dinge auf seine eigene Art anzugehen, treten beim jüngsten Kind manchmal bemerkenswerte kreative Sprünge zutage, was häufig dazu führt, dass solche Kinder diejenigen sind, die später Erfindungen machen oder besondere Innovationen herbeiführen, wie die Beispiele von Thomas Edison, Benjamin Franklin, Marie Curie und Paul Robeson zeigen.

Thomas Alva Edison, ein jüngster Sohn (Genogramm 7.6), erfand den Phonographen, den Vorläufer des Grammophons, das Mikrophon, den Kinetographen (Filmaufnahmegerät), die Schreibmaschine und die Glühlampe, er machte das Telefon zu einem handhabbaren Gerät und insgesamt mehr als 1100 andere Erfindungen. Er verfolgte in sehr starkem Maße seinen eigenen Weg. Wie ein anderer jüngster Sohn, Benjamin Franklin, verließ Edison sein Elternhaus schon als Jugendlicher. Es mag sein, dass wie bei Benjamin Franklin Edisons besondere Position durch den Tod zweier älterer Geschwister, die bereits im Kleinkindalter starben, sowie durch den Tod eines dritten Geschwisters, das im Alter von fünf Jahren starb, noch verstärkt wurde. Abgesehen davon, dass er ein jüngstes Kind war, stammte Edison aus einer Familie, zu deren Vorfahren eine lange Reihe von unabhängigen, eigenwilligen, ehrgeizigen und zielstrebigen Individualisten gehörte. Sein Urgroßvater John Edison war zur Zeit des Revolutionskrieges gezwungen, ins Exil zu gehen, weil er der Tory-Partei die Treue hielt. Sein Großvater wurde aus der Baptisten-Kirche ausgeschlossen, weil er sich über ihre Regeln lustig gemacht hatte und sich weigerte, sie zu befolgen. Sein Vater musste in die Vereinigten Staaten zurückfliehen, nachdem er an einem Aufstand gegen die kanadische Regierung teilgenommen hatte. Auch Edison war ein Individualist, und er war ein erstaunlicher Neuerer, obwohl (oder, wie manche finden, weil) er offiziell nur sechs Monate lang in die Schule gegangen war.

Als Erwachsener war Edison ziemlich exzentrisch. Er trug ausgebeulte, schäbige Kleider, obwohl er am Ende vielfacher Millionär war; er schlief wenig und arbeitete unaufhörlich; und seine Neugier kannte keine Grenzen. Er entwickelte sich zu einem außerordentlich guten Geschäftsmann, der bei seinen Mitarbeitern Erfindungsgabe und harte

Familie Edison
Genogramm 7.6

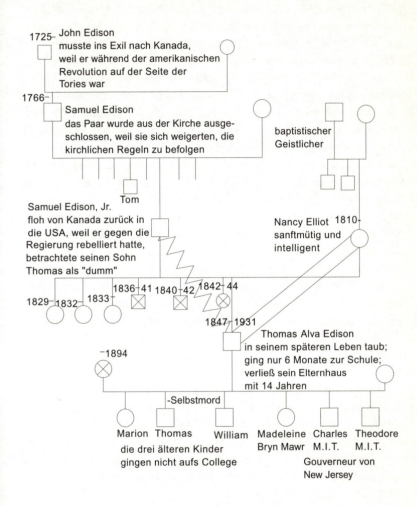

1725-
John Edison
musste ins Exil nach Kanada, weil er während der amerikanischen Revolution auf der Seite der Tories war

1766-
Samuel Edison
das Paar wurde aus der Kirche ausgeschlossen, weil sie sich weigerten, die kirchlichen Regeln zu befolgen

baptistischer Geistlicher

Tom

Samuel Edison, Jr.
floh von Kanada zurück in die USA, weil er gegen die Regierung rebelliert hatte, betrachtete seinen Sohn Thomas als "dumm"

Nancy Elliot 1810-
sanftmütig und intelligent

1829-1832 1833- 1836-41 1840-42 1842-44

1847-1931
Thomas Alva Edison
in seinem späteren Leben taub; ging nur 6 Monate zur Schule; verließ sein Elternhaus mit 14 Jahren

-1894

-Selbstmord

Marion Thomas William   Madeleine   Charles   Theodore
                                        Bryn Mawr   M.I.T.   M.I.T.
die drei älteren Kinder
gingen nicht aufs College   Gouverneur von
                                         New Jersey

Arbeit belohnte, sich aber wenig um bürokratische Ordnungen kümmerte. Für Geld interessierte er sich ausschließlich, weil es ihm große Freiheiten ermöglichte, eine für jüngste Söhne typische Haltung.

Andere Züge jüngster Kinder liegen offen auf der Hand. Da das jüngste Kind ältere Geschwister hat, die sich um es kümmern und auf es aufpassen müssen, ist es eher daran gewöhnt zu tun, was andere sagen, als selbst die Führung zu übernehmen. Das jüngste Kind bleibt manchmal das „Baby", der Mittelpunkt der Aufmerksamkeit aller, die vor ihm geboren wurden, und es erwartet, dass die anderen ihm allezeit helfen und es unterstützen. Jüngste Kinder haben oft größere Freiheit, von der Konvention abzuweichen, als ihre älteren Geschwister. Manchmal fühlen sie geradezu den Zwang, ihrem Status als „Baby" zu entfliehen, und dies kann zur Rebellion führen, wie im Falle von Edison und Franklin, die beide als Jugendliche von zu Hause davonliefen.

Aufgrund ihrer besonderen Position als Mittelpunkt der Aufmerksamkeit haben jüngste Kinder manchmal die Vorstellung, sie könnten alles erreichen. Das jüngste Kind ist unbekümmerter als seine Geschwister, und es ist häufig viel eher darauf aus, Spaß zu haben, als etwas zu leisten und zu erreichen. Da jüngste Kinder weniger von Selbstzweifeln geplagt werden als ihre älteren Geschwister, sind sie häufig außerordentlich kreativ und bereit, Dinge auszuprobieren, die anderen nicht einmal im Traum einfallen würden. Manchmal sind jüngste Kinder auch verwöhnt und selbstbezogen, und ihr Gefühl, dass ihnen alles zusteht, führt gelegentlich zu Frustration und Enttäuschung. Abgesehen davon, wächst das jüngste Kind häufig eine Zeit lang wie ein Einzelkind auf, nämlich dann, wenn die älteren Geschwister das Elternhaus verlassen haben. Es kann diese Situation als Chance erleben, die Aufmerksamkeit der Eltern ganz für sich zu haben, es kann aber auch das Gefühl entwickeln, von den Geschwistern verlassen worden zu sein.

Häufig gewinnt man den Eindruck, jüngste Kinder seien allzu unbekümmert, ja, in gewisser Weise verantwortungslos. John Adams, ein guter und typischer ältester Sohn, fand, Benjamin Franklin – der jüngste von zwei jüngsten Söhnen und der letzte von fünf Generationen jüngster Söhne – habe eine allzu große Neigung zu frivolen Vergnügungen, und er beziehe nie wirklich Stellung, nur damit er von allen geliebt werde (van Doren 1938):

> „Obwohl er von genauso entschlossener Gemütsart ist wie jeder andere Mann, ist es doch stets seine Politik, niemals entschieden Ja oder Nein zu sagen, es sei denn, es lässt sich gar nicht vermeiden."

Franklin war tatsächlich zügellos und ziemlich verantwortungslos, vor allem wenn es um seine Familie ging. Er verließ seine Verlobte (die später seine Frau wurde) und ging nach England, wobei er ihr in einem ganzen Jahr nur ein einziges Mal schrieb, und er scherte sich in keiner Weise um die Gefühle und Bedürfnisse von Frau und Tochter, die er jahrelang allein zurückließ, um sein gesellschaftliches Leben im Rahmen seiner Karriere als Diplomat im Ausland fortzusetzen.

Wie viele jüngste Kinder war Benjamin Franklin ein Rebell. Sein ganzes Leben lang war er ein Bilderstürmer und bekämpfte die Konvention, die in seinen Augen keine Bedeutung hatte. Er war bereits in der Zeit der Revolution eine wichtige Figur des öffentlichen Lebens und stellte noch im Alter von 81 Jahren eine bedeutende Kraft der Veränderung dar: Franklin war einer der wichtigsten Männer, die die Verfassung der Vereinigten Staaten, ein Dokument von höchst unkonventionellem Charakter, entwarfen und unterzeichneten. Er war nicht so sehr ein Menschenführer als jemand, der auf die Ereignisse Einfluss nahm, indem er diplomatisch verhandelte und die Menschen durch seinen brillanten Geist beeindruckte.

Eine jüngere Schwester wird in der Regel beschützt, sie wird mit Zärtlichkeit überschüttet und bekommt von den anderen einen genauen Lebensplan geliefert. Es kann sein, dass sie verwöhnt ist (vor allem dann, wenn sie ältere Brüder hat) und besondere Privilegien genießt; wenn sie allerdings in einer großen Familie aufwächst, kann es auch sein, dass sie ständig frustriert ist, weil sie immer warten muss, bis sie an die Reihe kommt. Ihre Eltern bringen solche jüngsten Töchter oft an den Rand der Erschöpfung. Sie selbst sind voller Groll, weil sie ständig das Gefühl haben, herumkommandiert und nie ganz ernst genommen zu werden. Ist die Jüngste das einzige Mädchen in der Familie, dann ist sie oft so etwas wie eine Prinzessin und doch zugleich die Dienerin ihrer älteren Geschwister; später, wenn sie erwachsen ist, wird sie unter Umständen die Vertraute ihrer Brüder und ist in ihrem Bemühen, die Familie zusammenzuhalten, so etwas wie ein Elternersatz.

Marie Curie (Genogramm 7.7), die als Maria Sklodowska im Jahre 1867 in Polen geboren wurde, der einzige Mensch, der jemals zwei Nobelpreise erhielt – und zwar für ihre Untersuchungen der Radioaktivität –, war auch eine solche außergewöhnliche jüngste Tochter. Als letztes von fünf Kindern – sie hatte einen Bruder und drei Schwestern, von denen die älteste schon als Kind starb – zeigte sie von früher Kindheit an eine große Unabhängigkeit des Geistes und keinerlei Interesse an der Konvention. Fest entschlossen, ihren eigenen Weg zu gehen, war sie ein ausgeprägtes Beispiel für eine Persönlichkeit, die in

Familie Curie
Genogramm 7.7

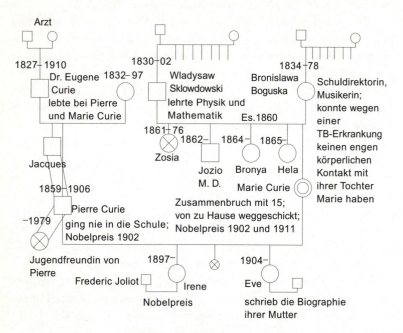

Arzt

1827–1910
Dr. Eugene
Curie
lebte bei Pierre
und Marie Curie

1830–02
Wladysaw
Sklowdowski
lehrte Physik und
Mathematik   Es.1860

1834–78
Bronislawa
Boguska

Schuldirektorin,
Musikerin;
konnte wegen
einer
TB-Erkrankung
keinen engen
körperlichen
Kontakt mit
ihrer Tochter
Marie haben

1832–97

1861–76
Zosia

1862– 1864– 1865–
Jozio
M. D.   Bronya   Hela
Marie Curie

Zusammenbruch mit 15;
von zu Hause weggeschickt;
Nobelpreis 1902 und 1911

Jacques

1859–1906
Pierre Curie
ging nie in die Schule;
Nobelpreis 1902

–1979

Jugendfreundin von
Pierre

1897–
Frederic Joliot   Irene
Nobelpreis

1904–
Eve
schrieb die Biographie
ihrer Mutter

Schlüsselerlebnisse:

1867 Der russische Sektor Polens wurde endgültig russifiziert und verlor
seine polnische Bezeichnung
Der Vater (WS) hat eine neue Arbeit
Die Mutter (BBS) ist wegen des Umzuges der Familie gezwungen, ihre
Arbeit aufzugeben
Am 7. November wird das fünfte Kind, Manya Sklowdowska (Marie Curie)
geboren
1873 Der Vater wird von den feindseligen russischen Behörden degradiert
1874 Der Vater investiert all seine Ersparnisse in ein Spekulationsgeschäft
und verliert alles; er hatte das Gefühl, die Familie ruiniert zu haben
1876 Zosia und Bronya bekommen Typhus. Zosia stirbt mit 14 Jahren
1878 Die Mutter stirbt nach elfjähriger Krankheit

keiner Weise bereit und fähig war, Verantwortung zu übernehmen,
weder für sich noch für andere – ein typisches Merkmal jüngster
Kinder. Wie Edison, der nur wenig Interesse für sein eigenes äußeres
Erscheinungsbild oder seine Umgebung aufbrachte, verfolgte auch
Marie Curie ihre wissenschaftlichen Interessen bis zum Extrem. Kurz

252

nachdem sie zum Studium nach Frankreich gegangen war, fand man sie bewusstlos auf der Straße, sie war völlig ausgehungert, weil sie allzu sehr mit ihrer Arbeit beschäftigt gewesen war, um noch einen Gedanken ans Essen zu verschwenden.

Man kann sich leicht vorstellen, was passiert, wenn zwei jüngste Kinder sich zusammentun, wie es bei Marie Curie und ihrem Ehemann der Fall war. Es wird erzählt, dass Marie kurz nach der Heirat, in dem Bemühen, ein paar häusliche Tugenden zu entwickeln – die sie natürlich überhaupt nicht interessierten –, ihre ältere Schwester um Rat fragte und von ihr wissen wollte, wie man Lammkoteletts zubereitet. Als Marie ihren Mann später fragte, wie ihm das Lammkotelett geschmeckt habe, blickte er sie ganz erstaunt an und sagte: „Aber ich habe es noch gar nicht probiert"; den leer gegessenen Teller, den er vor sich stehen hatte, bemerkte er überhaupt nicht (Pflaum 1989). Marie Curie verfolgte ihre wissenschaftlichen Interessen nicht um des Erfolgs oder um der Ehre willen und noch viel weniger mit dem Ziel, eine Führungsrolle einzunehmen – sie forschte, weil sie das tiefe Bedürfnis hatte, eine Antwort auf ihre innersten Fragen zu finden. Einstein sagte von ihr einmal, sie sei „von allen berühmten Persönlichkeiten die einzige [gewesen], die der Ruhm nicht korrumpiert hat". Ihre jüngere Tochter, Eve, die ihre Biografie verfasste, schreibt, sie sei bis zu ihrem letzten Atemzug „so sanft, eigenwillig, schüchtern und neugierig geblieben wie in den Tagen ihrer dunklen Anfänge" (Curie 1939).

Paul Robeson (Genogramm 7.8), ein anderer glänzend begabter und äußerst kreativer jüngster Sohn, war das Multitalent, der Star in der Familie. Er war ein in jeder Sportart herausragender Sportler und ein absolutes Ass im College, er wurde Anwalt und brachte es dann als Sänger und Schauspieler zu Weltruhm; schließlich wurde er zum politischen Aktivisten. Aber Robeson war sich tief bewusst, wie wichtig ein jedes seiner Geschwister für ihn und für sein Leben gewesen war. Er sagte, jedes von ihnen habe ihm in verschwenderischem Maß Zuneigung und Zärtlichkeit gegeben und in ihm eine Art „Kind des Schicksals gesehen …, das die Brücke war zu den heiß ersehnten besseren Tagen, die noch kommen würden" (Robeson 1988). Dies ist eine Rolle, die jüngsten Kindern sehr häufig zugeschrieben wird, besonders dann, wenn die Familie schwere Zeiten hinter sich hat. Der älteste Bruder von Paul Robeson, William Drew, hieß nach dem Vater und trat auch in die Fußstapfen des Vaters; er besuchte dasselbe College wie der Vater, nämlich das *Lincoln College*, bevor er Medizin stu-

Familie Robeson
Genogramm 7.8

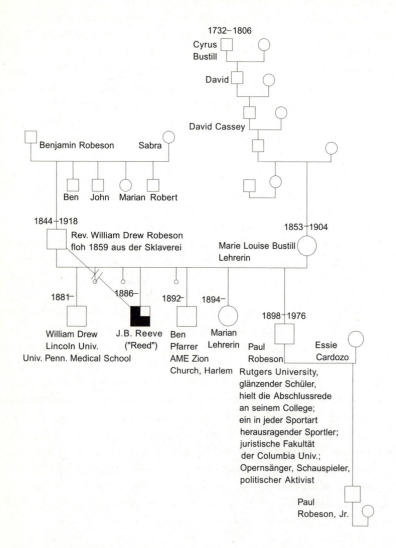

dierte. Nach Pauls Berichten war William der Gescheiteste von den Kindern, und er war derjenige, der ihn zum Studium animierte. William Drew konnte sein Potenzial nie ausschöpfen, vor allem wegen rassistischer Vorurteile. Reed, der nächste in der Geschwisterfolge, der seine Wut zu offen zeigte, als dass er im Leben leicht zurechtge-kommen wäre, war das „verlorene" mittlere Kind; aber auch von die-sem Bruder hatte Paul nach eigener Aussage viel mitbekommen, näm-lich Zähigkeit und Ausdauer. Der dritte Sohn, Ben, wurde ein hervor-ragender Sportler und war Pauls Vorbild. Aus ihm wurde ein sehr erfolgreicher Prediger, wie sein Vater. Das vierte seiner Geschwister, Marion, war das einzige Mädchen in der Familie; sie wurde Lehrerin wie ihre Mutter und war bekannt für ihr glückstrahlendes Wesen. Für Paul waren Ben und Marion, die ihm altersmäßig am nächsten stan-den, seine wichtigsten Mentoren:

> „… zurückhaltend mit Worten, von starkem Charakter, mit festen Prinzi-pien, nach denen sie auch lebten – und ihrem jüngeren Bruder stets selbstlos ergeben" (ebd.).

Diese Unterstützung war umso wichtiger, als ihre Mutter tragischer-weise bei einer Feuersbrunst ums Leben gekommen war, als Paul erst fünf Jahre alt war.

Auch von Reed, der stets einen kleinen Sack voll Steinen mit sich herumtrug, für den Fall, dass er in eine gefährliche Situation geraten sollte, lernte Paul eine Menge. Er bewunderte diesen „hartgesotte-nen" älteren Bruder und lernte von ihm eine schnelle Reaktion, ins-besondere auf rassistische Beleidigungen und Angriffe. Paul Robeson hatte für diesen mittleren Bruder besonders viel übrig, der die hohen Erwartungen, die der Vater an seine Kinder stellte, überhaupt nicht er-füllte. Er schrieb später einmal (ebd.):

> „[Reed] kam weder in der Schule noch auf der Kanzel oder sonst einer öf-fentlichen Bühne zu Ruhm und Ehren. Aber ich erinnere mich seiner mit Lie-be. Er war ruhelos, rebellisch, voller Hohn gegen die herrschende Konven-tion und setzte dem Gesetz des weißen Mannes trotzigen Widerstand ent-gegen. Ich habe viele Schwarze wie Reed gekannt. Ich begegne ihnen jeden Tag. Blind, auf ihre eigene rücksichtslose Art suchen sie für sich einen Weg aus ihrer Situation heraus; als Einzelne schlagen sie mit ihren Fäusten und ihrer Wut gegen Mauern, die nur die vereinte Kraft vieler zum Einsturz bringt … Wenn … alles anders sein wird … werden diejenigen, die jetzt wie Reed in leidenschaftlichem Protest brennen, in der Lage sein, ihr Leben in Frieden zu Ende zu leben, und niemand wird mehr einen Grund haben, ver-ächtlich auf sie zu blicken."

Obwohl der Vater, Reverend Robeson, Reeds unvorsichtige und auch undisziplinierte Art missbilligte und ihn am Ende hinauswarf, weil er immer wieder mit dem Gesetz in Konflikt geriet, war Reed für Paul derjenige, der ihn gelehrt hatte, sich zu behaupten. In einem Ein-Mann-Stück (Dean 1989) über Paul Robesons Leben sagt dieser, es habe ein Gespräch zwischen ihm und seinem Vater gegeben, mit dem sie nie zu Ende gekommen seien – das Gespräch über seinen Bruder Reed: „O Papi, wie konntest du nur so tun, als ob einer deiner Söhne gar nicht existierte. Auch er war dein Sohn." In der Erinnerung an die Nacht, in der sein Vater Reed zur Tür hinauswarf, weil er befürchtete, er würde seinem jüngeren Bruder ein schlechtes Beispiel geben, hat Paul die Fantasie, er habe sich mit seinem Vater und seinem Bruder Ben zusammengetan, um nach Reed zu suchen und ihn wieder nach Hause zu bringen. In seiner Vorstellung gibt er seinem Vater die folgende Antwort (ebd.):

> „O Papi, weiche jetzt nicht vom Thema ab … Reed war kein schlechter Einfluss. Das Einzige, was er zu mir gesagt hat und was schrecklich für mich gewesen ist, war: ‚Junge, du redest zu viel.' Er hat mir nie etwas anderes beigebracht, als mich zu behaupten und mich wie ein Mann zu verhalten. ‚Lass dich von niemandem unter Hüfthöhe runterdrücken, und wenn sie dich schlagen, schlag noch härter zurück.' Ich weiß, was in der Bibel steht, Papa, aber Reed war auch dein Sohn! Du hast immer gesagt, in mir sähest du dich selbst. Papa, du bist in all deinen Söhnen."

Diese Dramatisierung bringt die Verbundenheit zwischen Geschwistern beredt zum Ausdruck und macht deutlich, was es bedeutet, wenn einer ausgeschlossen wird, auch wenn die andern in der Familie es sich vielleicht überhaupt nicht klar machen.

Mittlere Kinder

Das mittlere Kind in einer Familie steht zwischendrin, es hat weder die Position des Erstgeborenen als Bannerträger der Familie noch die des jüngsten Kindes als „Baby". Mittlere Kinder laufen daher Gefahr, in der Familie vergessen zu werden, besonders wenn alle Geschwister das gleiche Geschlecht haben. Andererseits können mittlere Kinder sich zu ausgezeichneten Verhandlungsführern entwickeln, da sie häufig von ausgeglichenerer und weicherer Gemütsart sind als ihre stärker getriebenen älteren Geschwister und sich weniger ihren eigenen Trieben und Neigungen überlassen als die jüngsten. Vielleicht genießen sie ihre Unsichtbarkeit sogar. Henry Adams pflegte zu sagen, er habe das

Glück gehabt, als viertes von sieben Kindern geboren zu werden, was ihm einen so geringen Status in der Familie gab, dass er sein Leben vertrödeln konnte, wie er wollte, und „niemand es merkte" (O'Toole 1990).

Die mittlere Schwester steht weniger unter dem Druck, Verantwortung übernehmen zu müssen, aber sie muss sich ganz allgemein mehr Mühe geben, wahrgenommen zu werden und es zu etwas zu bringen, denn sie hat keine besondere Rolle. Wenn sie zurückdenkt, erinnert sie sich, wie sie sich abgestrampelt hat, um es ihrer älteren Schwester gleichzutun, und dass sie wie wahnsinnig vor dem jüngsten Geschwister davongelaufen ist, das sie jeden Moment einzuholen drohte (Fishel 1979). Die Position einer mittleren Schwester kann, wenn sie ihren Platz in der Familie nicht findet, Konkurrenz- und Rivalitätsgefühle hervorrufen und dazu führen, dass sie sich im späteren Leben nur schlecht anpassen kann. Sie ist stets diejenige, die den Kompromiss sucht, die Vermittlerin, und sie hat einen gewissen Herdentrieb, sie ist geschickt im Verhandeln, wenn es ihr gelingt, einen mittleren Weg, einen Kompromiss zwischen den Extremen zu finden.

Als diejenigen, die dem ältesten Geschwister folgen und dem Jüngsten als Leitbild dienen, zeigen mittlere Kinder in der Regel keine extremen Verhaltensweisen. Ohne die Rechte und Privilegien des ältesten Kindes und die Vorteile des jüngsten, fühlen sie sich häufig ein bisschen verloren, es sei denn, das mittlere Kind ist das einzige Mädchen oder der einzige Junge in der Familie. Das Positive an dieser Situation ist, dass das den Verstrickungen in der Familie in gewisser Weise etwas entrückte mittlere Kind die Verhandlungsposition übernehmen kann, gerade weil es sich nicht in den Strudel der familiären Verwicklungen hineinziehen lässt; dies gilt besonders für Familien, die stark miteinander verschmolzen sind.

Mary Todd Lincoln (Genogramm 7.9), die Frau von Abraham Lincoln, war ein mittleres Kind, das sein ganzes Leben lang Anerkennung suchte. Sie trug den Namen Mary Ann und war die dritte Tochter in ihrer riesigen Herkunftsfamilie. Ihr Vater wiederum war der dritte Sohn in einer Familie mit zwölf Kindern gewesen – ein irgendwie „verlorenes" Kind, aus dem später ein ruheloser und häufig abwesender Vater wurde. Auch ihre Mutter war ein mittleres Kind gewesen, schüchtern und ohne Selbstbewusstsein. Als Mary Ann elf Monate alt war, wurde sie abrupt entwöhnt und musste ihren Platz als jüngstes Kind an einen ersten Sohn abtreten. Als sie vier Jahre alt war,

Die Familien Lincoln und Todd
Genogramm 7.9

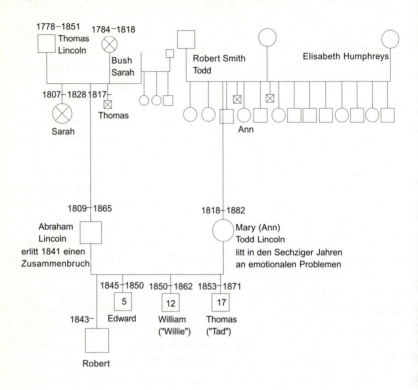

starb ein weiterer kleiner Bruder. Mit fünf Jahren verlor sie ihren mittleren Namen, Ann, an eine jüngere Schwester. Als sie sechs war, starb ihre Mutter bei der Geburt eines dritten Bruders. Als sie sieben war, beanspruchte eine neue Frau die Aufmerksamkeit ihres Vaters.

Der zweiten Familie wurden neun weitere Kinder geboren. Wahrscheinlich hatten alle Geschwister Marys in diesem Familiendrama ein Gefühl der Desorientiertheit, aber Mary scheint am meisten davon betroffen gewesen zu sein. Ihre beiden älteren Schwestern hatten schon früh ein starkes Bündnis miteinander geschlossen. Ann, die jüngste Schwester (an die sie ihren Namen verloren hatte) trug den gleichen Namen wie jene Tante, die in der Zeit zwischen dem Tod der Mutter und der Wiederverheiratung des Vaters für die Familie sorgte, und war auch deren Lieblingskind. Und die beiden überlebenden Söhne hatten einen besonderen Platz sowohl im Herzen ihres Vaters als auch im Herzen ihres Onkels (Baker 1987).

Mary war also das vernachlässigte mittlere Kind, das darauf mit einem alles durchdringenden Gefühl der Unsicherheit reagierte. Sie war äußerst verletzlich, wenn es um Kränkungen und Zurückweisungen ging oder um das Gefühl, nicht beachtet zu werden. Da sie als Kind das Gefühl hatte, unsichtbar zu sein, entwickelte Mary eine große Entschlossenheit, wahrgenommen zu werden. Sie war eine hochintelligente Schülerin, wesentlich besser ausgebildet als ihr Ehemann, und auf gesellschaftlichem Parkett viel gewandter als er; außerdem war sie eine exzellente Reiterin und eine hervorragende Gastgeberin. Sie war sehr ehrgeizig, was ihren Mann anging, und spielte die Rolle der Frau, die „hinter dem Mann steht". Ihr Mann sprach von ihr als von seiner „Kindfrau", aber auch als von seiner „Mutter", was vielleicht darauf hinweist, dass sie zwischen diesen beiden Rollen oszillierte. Lincolns Gegner kritisierten Mary wegen ihrer Extravaganz, ihrer auffallenden und prunkvollen Aufmachung, wegen ihrer „Einmischung" in die Politik und auch, weil sie nicht bereit war, die passive weibliche Rolle zu akzeptieren – alles mögliche Merkmale eines mittleren Kindes, das Aufmerksamkeit heischt. Als sie später gegen ihren Willen in eine psychiatrische Anstalt eingewiesen wurde, unternahm sie die größten Anstrengungen, andere für ihre Sache einzuspannen, und so gelang es ihr, ihre Entlassung selbst zu bewerkstelligen. Vielleicht war dies der größte Beweis für die Fähigkeit mittlerer Kinder, immer einen Ausweg zu finden.

Einzelkinder

Einzelkinder zeigen wie mittlere Kinder Züge und Merkmale sowohl von ältesten als auch von jüngsten Kindern. Ja, es kann sein, dass sie die Merkmale von beiden zugleich in besonders ausgeprägter Form zeigen. Manchmal vereinen sie die Ernsthaftigkeit und das Verantwortungsgefühl eines ältesten Kindes mit der Überzeugung, etwas Besonderes zu sein und auf alles Mögliche ein Recht zu haben, wie sie für jüngste Kinder charakteristisch ist. Da sie keine Geschwister haben, sind Einzelkinder häufig mehr auf die Erwachsenen hin orientiert, deren Liebe und Zustimmung sie suchen und von denen sie ungeteilte Aufmerksamkeit erwarten. Die wichtigste Herausforderung für Einzelkinder ist es, zu lernen, mit Gleichaltrigen zurechtzukommen. Einzelkinder unterhalten oft ihr Leben lang eine sehr enge Verbindung mit ihren Eltern, während sie es schwieriger finden, Beziehungen zu Freunden und Ehepartnern aufzubauen.

Der französische Philosoph Jean-Paul Sartre ist ein interessantes Beispiel eines Einzelkindes. Sein Vater starb, als er knapp über ein Jahr alt war, und er verbrachte seine frühe Kindheit mit seiner Mutter und deren Eltern. Die ganze Aufmerksamkeit dieses Haushalts richtete sich auf ihn. Nach seiner eigenen Aussage war Sartre ein verwöhntes, verhätscheltes Kind (Sartre 1964):

> „Meine Mutter gehörte mir, niemand machte mir diesen ruhigen Besitz streitig; ich kannte nicht die Gewaltsamkeit und den Hass. Man ersparte mir die harte Lehrzeit der Eifersucht; da ich mich nicht an ihren Ecken zu stoßen hatte, erkannte ich die Wirklichkeit zuerst nur an ihrer lachenden Substanzlosigkeit. Gegen wen hätte ich mich auflehnen sollen? Niemals hatte sich die Laune eines anderen angemaßt, mein Gesetz zu sein."

Tatsächlich sind Einzelkinder oft höchst empfänglich für die Konflikte und Bedürfnisse der Erwachsenen in ihrer Umgebung. Die Dynamik dieses Drei-Generationen-Haushalts mit einem Einzelkind, nur einem Elternteil und alternden Großeltern, die für den Unterhalt der Familie aufkommen, ist ganz typisch. Sartres Großmutter Louise pflegte seiner Mutter immer wieder einen Stich zu versetzen, und der Großvater tat so, als ob der kleine Sartre das perfekte Wunderkind wäre. Das lief dann so ab: Die Großmutter rügte sein „Getue"; er war „ein Hampelmann, ein Clown, ein Grimassenschneider", und sie befahl ihm, mit seinen „Affereien" aufzuhören. Er folgte nicht. Sie verlangte eine Entschuldigung. Er weigerte sich, sich zu entschuldigen. Sein Großvater nahm Partei für ihn. Darauf hin war die Großmutter beleidigt, erhob sich und schloss sich in ihrem Zimmer ein. Seine Mutter, die den Groll der Großmutter fürchtete, beschuldigte daraufhin ihren Vater, einen Streit vom Zaun gebrochen zu haben, worauf der Großvater die Achseln zuckte und sich in sein Arbeitszimmer zurückzog. Danach flehte die Mutter den kleinen Sartre an, seine Großmutter um Verzeihung zu bitten. Sartre, der seine Macht genoss, ging schließlich hin und brachte eine „nachlässige Entschuldigung" vor.

Auf diese Weise lernte Sartre, sich durch die komplexen, vielfach gewundenen Beziehungen zwischen den Erwachsenen in seiner Welt einen Weg zu bahnen. Sein Leben als Einzelkind wurde noch zusätzlich erschwert, weil er bis zum Alter von zwölf Jahren keinen Kontakt mit Kindern seines Alters hatte. Für ihn gab es nur drei Erwachsene, gegen die er ein Gefühl seines eigenen Selbst entwickeln musste. Er war zwangsweise zum Mitspieler in einem Familiendrama verurteilt und spielte die Rolle des gehorsamen Wunderkindes, eine typische Rolle für ein Einzelkind.

Die Probleme fingen an, als Sartre zwölf Jahre alt war und seine Mutter wieder heiratete; jetzt wurde er in die Schule geschickt. „Er war ein reizbarer, mürrischer, streitsüchtiger Junge und äußerst unfreundlich zu seinesgleichen" (Cohen-Solal 1987), erinnerte sich einer seiner Klassenkameraden. Sartres Klassenkameraden hatten bloß Verachtung für dieses wichtigtuerische, affektierte Kind, das ständig versuchte, im Mittelpunkt der Aufmerksamkeit zu stehen. Gelegentlich versuchte er, sich einen Freund zu kaufen oder die anderen zu beeindrucken, indem er log oder eine spektakuläre Missetat verübte. Er wurde oft verdroschen und nur selten aufgefordert, bei einer der verschiedenen Gruppen mitzumachen, in denen sich seine Altersgenossen trafen. Er verbrachte viel Zeit allein und schuf sich seine eigene Welt beim Lesen und Schreiben. Am Ende gelang es Sartre, sich an seine neue Situation anzupassen, und er fand in einem anderen Jungen, der gleichfalls ein Einzelkind war und der die Literatur liebte und selbst Geschichten schrieb, eine verwandte Seele. Tatsächlich verlor er nie das Gefühl seiner eigenen Bedeutung oder das Vertrauen in seine Fähigkeit, Großes zu leisten. Es ist interessant, dass dieses Einzelkind zu den Begründern einer Philosophie gehörte, in deren Mittelpunkt das individuelle Bewusstsein steht, die grundlegende existenzielle Einsamkeit der menschlichen Natur, die Absurdität des Lebens sowie die Notwendigkeit, der kein menschliches Wesen entrinnen kann, seine eigene Realität zu erschaffen.

Geschwisterkonstellation und Ehe

Geschwisterbeziehungen bahnen häufig den Weg für Paarbeziehungen – für die Form, in der Gemeinsamkeit gelebt wird, Interdependenz und Gegenseitigkeit; in gleicher Weise wird die Disposition zu Eifersucht und Rivalität oder die Neigung, Probleme durch Machtkämpfe zu lösen, durch Geschwisterbeziehungen vorgegeben. Da unsere frühesten Beziehungen zu Gleichaltrigen in der Regel die zu unseren Geschwistern sind, ist es nahe liegend, dass Sie sich auch später am wohlsten fühlen in Beziehungen, die das vertraute Muster wiederholen, das durch die Reihenfolge der Geburt und die Geschlechterverteilung in der Reihe Ihrer Geschwister vorgegeben ist. Und im Allgemeinen scheint es das Einfachste zu sein, wenn zwei sich heiraten, bei denen diese ursprünglichen Muster der Geschwisterbeziehungen zusammenpassen – das heißt, die eheliche Beziehung verspricht einfacher zu werden, wenn ein ältestes Kind ein jüngstes heiratet, als wenn zwei älteste Kinder heiraten. Ist eine Ehefrau als ältestes Kind mit einer Reihe von vielen Geschwistern aufgewachsen und hat immer die Verantwortung für die anderen übernehmen müssen, dann fühlt sie sich unter Umständen zunächst von einem dominierenden ältesten Sohn angezogen, der ihr anbietet, für alle wichtigen Dinge in ihrem Leben zu sorgen. Im Laufe der Zeit jedoch geht es ihr möglicherweise ziemlich gegen den Strich, wenn er ständig seine Autorität geltend macht; aufgrund ihrer früheren Erfahrung fühlt sie sich wohler, wenn sie ihre Entscheidungen selbst treffen kann.

Wenn alle anderen Umstände übereinstimmen würden (und das ist selten der Fall), dann wäre hinsichtlich der Geschwisterposition diejenige Ehe die ideale, in der der Ehemann der ältere Bruder einer jüngeren Schwester und die Ehefrau die jüngere Schwester eines älteren Bruders gewesen ist. Dieses Muster würde nicht nur die jeweiligen Familienmuster der beiden Ehepartner reproduzieren – es wäre zugleich das von unserer Gesellschaft immer noch bevorzugte eheliche Rollenmuster: Der Mann nimmt eine dominante, die Frau eine nachgeordnete Position ein. Aber die Komplementarität zwischen einem Partner, der die Verantwortung für den andern übernimmt, und einer Partnerin, die jemanden braucht, der diese Funktion erfüllt, anders ausgedrückt, das Verhältnis zwischen Führer- und Gefolgschaft garantiert keineswegs eine besondere Intimität der Beziehungen oder eine glückliche Ehe.

Abgesehen von einer komplementären Geschwisterkonstellation in den jeweiligen Herkunftsfamilien scheint es für eine Ehe in jedem Fall günstig zu sein, wenn beide Partner gegengeschlechtliche Geschwister gehabt haben. Am schwierigsten könnte die folgende Konstellation sein: Die jüngste aus einer Reihe von Schwestern heiratet den jüngsten aus einer Reihe von Brüdern; in diesem Fall hätte keiner von beiden Erfahrung im engeren Umgang mit dem andern Geschlecht, und möglicherweise würden beide „das verwöhnte Kind" spielen, das darauf wartet, dass jemand kommt und die Verantwortung übernimmt.

Eleanor Roosevelt (Genogramm 7.10), eine älteste Tochter, und ihr Vetter Franklin Roosevelt, ein Einzelkind, sind ein gutes Beispiel für zwei willensstarke Ehepartner, deren Ehe wohl nur deshalb von Bestand war, weil jeder von ihnen seinen eigenen Bereich hatte. Jeder hatte in seiner Welt die Führung inne, und so lebten sie, abgesehen von den Ferien, völlig getrennt voneinander. Zu Anfang der Ehe ordnete Eleanor sich Franklin und seiner kraftvollen Mutter, Sara Delano Roosevelt, die in ihrem Leben eine große Rolle spielte, weitgehend unter. Als sie jedoch mehr Selbstvertrauen gewonnen und eigene Interessen entwickelt hatte, begann sie, die Entschlossenheit einer ältesten Tochter zu demonstrieren. Die Krise setzte ein, als Eleanor Briefe entdeckte, die Franklins Affäre mit Lucy Mercer aufdeckten. Offenkundig war es Franklins Mutter, die einen Vertrag zwischen den beiden aushandelte, mit dem Ziel, dass Eleanor in die Ehe zurückkehrte. Da älteste Kinder wie auch Einzelkinder sich stark an den Eltern orientieren, war Sara möglicherweise die einzige, die das Paar davon abhalten konnte, sich zu trennen, und das machte sie auch.[12]

Die Roosevelts blieben miteinander verheiratet, aber jeder begann sein eigenes Leben zu leben; ihre gemeinsame Basis blieb die Politik. Als Franklin infolge einer Polioinfektion gelähmt war, fiel Eleanor in Hinblick auf seine politische Karriere eine ganz entscheidende Rolle zu. Dennoch pflegte sie ihre eigenen politischen Auffassungen und verfolgte eigene Aktivitäten; sie bewohnte ein eigenes Haus am Hyde Park, in dem sie mit ihren Freunden zusammen war und wo sie ihre eigenen intimen Beziehungen pflegte. Von Eleanor Roosevelts erstaunlichen kreativen Fähigkeiten, mit den furchtbaren Erfahrungen in ihrer Kindheit fertig zu werden, war bereits die Rede, und auch jetzt gelang es ihr, das Beste aus ihrem Leben zu machen. Aber sie erkannte sehr wohl, welchen Preis sie dafür zahlen musste. Viele Jahre nachdem sie die Nachricht von der Wahl ihres Mannes zum Präsidenten der Vereinigten Staaten bekommen hatte, schrieb Eleanor Roosevelt (Asbell 1982):

12 Dieser Vertrag, den Sara für Franklin und Eleanor aushandelte, ist das einzige Dokument aus dem Roosevelt-Archiv, das der Öffentlichkeit nicht zugänglich ist.

Die Familie von Eleanor und Franklin Roosevelt
Genogramm 7.10

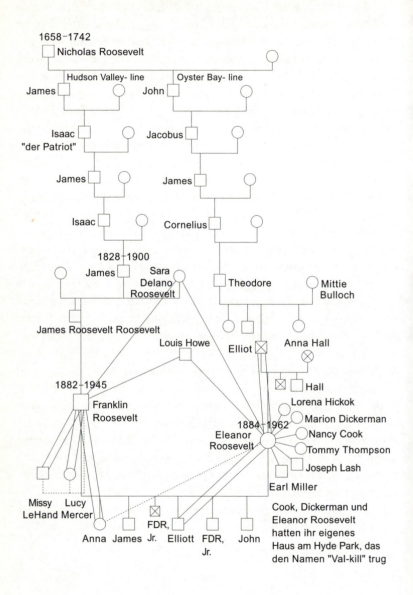

1658–1742
Nicholas Roosevelt

Hudson Valley- line   Oyster Bay- line
James   John

Isaac   Jacobus
"der Patriot"

James   James

Isaac   Cornelius

1828–1900
James   Sara Delano Roosevelt   Theodore   Mittie Bulloch

James Roosevelt Roosevelt

Louis Howe   Elliot   Anna Hall

Hall

1882–1945
Franklin Roosevelt

Lorena Hickok
Marion Dickerman
1884–1962
Eleanor Roosevelt
Nancy Cook
Tommy Thompson
Joseph Lash
Earl Miller

Missy   Lucy
LeHand   Mercer

FDR,   Anna   James   Jr.   Elliott   FDR,   John
Jr.

Cook, Dickerman und Eleanor Roosevelt hatten ihr eigenes Haus am Hyde Park, das den Namen "Val-kill" trug

„Gewiss freute ich mich für meinen Mann, aber nie wäre es mir in den Sinn gekommen, deshalb besonders erregt zu sein … Ich fühlte mich wie ein gleichgültiger und objektiver Beobachter, so als ob ich dem Leben von jemand anderem gegenüberstünde. Das scheint bei mir bis zum heutigen Tag so geblieben zu sein. Ich kann es nicht richtig beschreiben, aber es ist, als ob man zwei Leben leben würde, ein eigenes und das andere, das mit den Verhältnissen zu tun hat, in denen man lebt."

Eleanors Beschreibung dieser Erfahrung ist nicht nur Ausdruck der in einer langen Kette von Generationen eingeübten Neigung ihres Geschlechts, das eigene Leben für das Leben des Ehemannes aufzugeben, sie gibt auch einen Eindruck davon, wie kreativ sie und Franklin mit dem schwierigen Dilemma ihrer Ehe – das vermutlich partiell mit ihrer jeweiligen Geschwisterrolle in der Kindheit zu tun hatte – umzugehen verstanden. Das Bemerkenswerte an Eleanor ist die Effizienz, mit der sie sich ein eigenes Leben geschaffen hat. Nach dem Tode von Franklin Roosevelt im Jahre 1945 nahm ihre Karriere sogar noch einen weiteren Aufschwung, und sie wurde zur Botschafterin der Vereinigten Staaten bei den Vereinten Nationen ernannt.

Im Gegensatz dazu sind Richard Burton und Elizabeth Taylor, die einander zweimal heirateten und sich zweimal voneinander scheiden ließen, ein dramatisches Beispiel für zwei jüngste Kinder, von denen jeder „das Jüngste" sein wollte und jeder auf der Suche nach jemandem war, der Verantwortung übernehmen würde. Burton war das zweitjüngste von 13 Kindern, wurde aber wie ein jüngstes Kind behandelt, da er getrennt von seinem kleineren Bruder aufgezogen wurde. In sehr großen Familien haben oft mehrere der kleineren Kinder die Merkmale eines jüngsten Kindes. Elizabeth Taylor war das jüngere von zwei Kindern; sie hatte einen älteren Bruder, dessen Bedürfnisse häufig zu ihren Gunsten geopfert wurden; sie war der Star, was ihre besondere Position natürlich noch verstärkte. Burton und Taylor waren berühmt für ihre theatralischen Streitszenen, wobei sie sich gegenseitig übertrumpften und einer immer noch fordernder und kindischer auftrat als der andere.

Es gibt natürlich noch viele andere mögliche Geschwisterpaarungen in einer Ehe. Die Ehe zwischen zwei Einzelkindern könnte unter Umständen besonders schwierig werden, weil es sein kann, dass keiner von beiden wirklich ganz nah und konkret die Erfahrung des Teilens gemacht hat, wie es bei Geschwistern in der Regel unumgänglich ist. Mittlere Kinder sind möglicherweise am flexibelsten, weil sie mit einer Reihe verschiedener Rollen Erfahrungen gemacht haben.

Falls Sie mit Ihrer eigenen Position in der Reihe Ihrer Geschwister zu kämpfen gehabt haben, kann es sein, dass Sie sich als Mutter oder

Vater mit demjenigen ihrer gleichgeschlechtlichen Kinder identifizieren, das dieselbe Geschwisterposition einnimmt wie Sie. Ein Vater, der selbst der Älteste von fünf Geschwistern gewesen war, hatte stets das Gefühl gehabt, dass man ihm zu viel Verantwortung aufbürdete, während seine jüngeren Geschwister leicht davonkamen. Als er selbst Kinder hatte, verwöhnte er den Ältesten und achtete darauf, dass die Jüngeren spurten. Einer Mutter fällt es unter Umständen schwer, eine jüngste Tochter zu akzeptieren, wenn sie auf ihre jüngste Schwester immer neidisch gewesen ist. So beschrieb Simone de Beauvoir (1963) die Beziehung ihrer Mutter (die ältere von zwei Schwestern) zu ihr selbst (auch sie die ältere von zwei Schwestern) und ihrer Schwester:

> „Bis in meine Jungmädchenzeit schrieb meine Mutter mir die höchsten intellektuellen und moralischen Vorzüge zu: Mit mir identifizierte sie sich; meine Schwester hingegen setzte sie herab: Sie war die jüngere, war rosig und blond, und unbewusst rächte sich Mama an ihr."

Eltern identifizieren sich manchmal auch mit einem bestimmten Kind, weil es einem anderen Familienmitglied ähnlich sieht. Ob solche Identifizierungen nun bewusst oder unbewusst sind, sie sind ganz normal. Es ist ein Märchen, dass Eltern allen ihren Kindern gegenüber die gleichen Gefühle haben. Diese Gefühle sind von dem besonderen Charakter eines jeden einzelnen Kindes sowie von seiner Position in der gesamten Familienkonstellation abhängig.

Probleme tauchen auf, wenn die Identifikation so stark ist, dass die Eltern nun ihre alten Familienmuster fortsetzen, oder wenn ihre eigene Erfahrung ganz anders war als die ihrer Kinder und sie ihr Verhalten deshalb falsch deuten. Es kann sein, dass zwei Schwestern ganz gut miteinander auskommen, während ihre Mutter erwartet, dass sie einander den Platz streitig machen wie Hund und Katze, weil es bei ihr selbst und ihrer Schwester so gewesen ist. Und ein Vater oder eine Mutter, die selbst ohne Geschwister aufgewachsen sind, könnten die Befürchtung hegen, die ganz normalen Rangeleien unter ihren Kindern seien ein Signal, dass etwas mit ihnen nicht in Ordnung ist.

Geschwisterbeziehungen im Erwachsenenleben

Geschwisterbeziehungen können im Erwachsenenleben eine sehr wichtige menschliche Verbindung darstellen, insbesondere in den späteren

Lebensjahren. Sind jedoch alte negative Gefühle nicht ausgeräumt worden, dann kann es Schwierigkeiten geben, sobald die Geschwister sich um die alt gewordenen Eltern kümmern müssen. Bis dahin haben die Geschwister vielleicht nichts mehr miteinander zu tun gehabt. Jetzt müssen sie auf neue, ungewohnte Weise kooperieren. Das Kind, das den engsten Kontakt mit den Eltern gehalten hat – für gewöhnlich handelt es sich um eine Tochter –, bekommt häufig den größten Teil der Verantwortung aufgebürdet, was dann dazu führen kann, dass alte, längst begrabene Eifersuchtsgefühle und Empfindlichkeiten wieder an die Oberfläche kommen.

Erst wenn beide Eltern nicht mehr am Leben sind, sind die Geschwister wirklich frei. Von diesem Zeitpunkt an ist es ihre eigene Entscheidung, ob sie Kontakt miteinander halten und einander von Zeit zu Zeit besuchen wollen. Jetzt können sie den Bruch komplett machen, was leicht der Fall sein wird, wenn die alten Rivalitäten fortbestehen. Jetzt kann klar ans Licht des Tages treten, welche konkreten Meinungsverschiedenheiten die Geschwister entzweite: Wer hätte die kranken Eltern unterstützen und helfen sollen, sie zu versorgen? Wer hat stets alle Verantwortung auf sich genommen? Wer wurde mehr geliebt?

Die alten ungelösten Streitpunkte und Konflikte können den verletzten Gefühlen stets neue Nahrung geben. Aber je besser die Beziehungen unter den Geschwistern sind, umso weniger wahrscheinlich ist es, dass solche alten Konflikte und andere traumatische Familienereignisse dazu führen, dass die Wege der Geschwister sich trennen.

Fragen zu den Mustern der Geschwisterbeziehungen in Ihrer Familie

– Passen die oben beschriebenen verallgemeinerten Charaktermerkmale, die mit der Geschwisterfolge in Zusammenhang stehen – das heißt, der Älteste übernimmt in der Regel die Führung, der Jüngste wird häufig zum Rebellen, das mittlere Kind sucht Anerkennung und Beachtung – zu bestimmten Mitgliedern Ihrer Familie? Sofern das nicht der Fall ist – gibt es modifizierende Umstände, die dafür verantwortlich sein könnten, dass die Muster der Geschwisterbeziehungen eine andere Richtung nahmen? Gibt es in der Familie zum Beispiel ein Kind mit besonderen Bedürfnissen oder Charaktermerkmalen, gab es Veränderungen in der Familie, besonders in Zeiten, in denen ein Kind geboren wurde, und so weiter?

– Welche Erwartungen hatten die Eltern im Hinblick auf das Verhalten der Geschwister untereinander: Sollten sie sich wie gleichwertige Familienmitglieder verhalten, wie „Blutsbrüder", wie Rivalen, wie Partner, sollten sie sich auf jeden Fall gegensätzlich verhalten?

– Sind die Rollen und Beziehungen der Geschwister untereinander durch eine bestimmte Familientradition beeinflusst?

– Stehen einzelne Geschwister in Ihrer Familie einander besonders nahe? Arbeiten manche Ihrer Geschwister geschäftlich zusammen? Gibt es Geschwister, die sich einander entfremdet haben, und wenn ja, um welche strittigen Fragen geht es? Geht es darum, wer für die alten Eltern sorgt? Geht es um Rivalitäten im Hinblick auf Karriere, Geld, Ehepartner? Wer war das bevorzugte Kind? Wessen Kinder waren die „besonderen" Kinder? Gibt es ganz spezifische Muster der Geschwisterbeziehungen, die in der Familie immer wieder vorkommen?

– Neigten die Eltern dazu, sich mit dem gleichgeschlechtlichen Kind zu identifizieren, das in der Geschwisterreihe dieselbe Position einnahm wie sie selbst?

– Können Sie sich vorstellen, welches Kind in jeder Geschwistergruppe dasjenige war, das am stärksten in einer Dreiecksbeziehung gefangen war? Und haben Sie eine Hypothese, warum es gerade dieses Kind war?

– Lässt sich aufgrund der Etikettierungen, die bestimmten Geschwistern anhafteten, irgendetwas über die in Ihrer Familie gültigen Werte und Muster sagen: Gab es den Star und den Versager? Den Engel und den Bösewicht? Die Starke und den Schwachen? Gute und Böse? Können Sie sich, abgesehen von manchen auf der Hand liegenden Faktoren, irgendeinen Grund denken, warum es zu solchen Etikettierungen kam?

8 Paarbeziehungen

„Wie rasch könnte sich der Charakter des Menschengeschlechts verändern, wenn es reine Ehen unter Gleichen gäbe anstelle der grässlichen Beziehungen, die heute diesen Namen tragen."
Lucy Stone an Henry Blackwell, 27. Juli 1853

„Dieser Geist der Brüderlichkeit ist so mit dem meinen verwoben, dass nichts uns wirklich auseinander reißen konnte."
Antoinette Brown über ihre Ehe mit Samuel Blackwell, 1854

„Ein einzig böses Weib lebt höchstens in der Welt: Nur schlimm, dass jeder seins für dieses einzige hält."
Gotthold Ephraim Lessing, *Sinngedichte*, um 1780

Eine der faszinierendsten Beziehungen, die Sie erforschen müssen, wenn Sie etwas über Ihre Familie wissen wollen, ist die Ehe. Wie funktioniert eine Ehe? Wie haben Ihre Eltern und Großeltern es gemacht? Und wie kann heutzutage überhaupt jemand eine Ehe führen, angesichts so komplexer und verwickelter Dinge wie Scheidung und Wiederverheiratung und des heute üblichen Familienmusters, das vorgibt, dass beide Eltern berufstätig sind, während sie zugleich nicht nur für die Kinder, sondern auch noch für ihre alten Eltern sorgen müssen, und das in einer Gesellschaft von höchster Mobilität? Finden Sie heraus, wie und wann Ihre Eltern, Großeltern und andere Paare in Ihrer Familie einander zum ersten Mal begegneten, bringen Sie sie dazu, Ihnen zu erzählen, was sie an ihren jeweiligen Partnern angezogen hat und wie sie zu dem Entschluss kamen, eine Ehe einzugehen; auf diese Weise fangen Sie an, etwas über die Muster der ehelichen Beziehungen in Ihrer Familie zu erfahren.

In manchen Kulturen kennt man die Erwartung nicht, dass sich in einer Ehe eine nahe und innige Beziehung zwischen den beiden Ehepartnern entwickeln müsste. Zwischen den Vätern werden Eheverträge geschlossen, die der wirtschaftlichen und gesellschaftlichen Stabilität und dem Fortkommen der Familien dienen. In unserer Kultur ist eine Ehe eine Sache der persönlichen Entscheidung, die Partner erwählen einander, weil sie geistige, emotionale und körperliche Intimität erstreben. Das schafft eine Menge Probleme, denn das Hauptinteresse, das die Gesellschaft an der Ehe hat, ist das Zeugen und Aufziehen von

Kindern. In jeder Familie gibt es also viele potenziell miteinander im Widerstreit liegenden Ziele, sobald man sich einmal die Frage stellt, welchen Platz die Ehe in der Familie als Ganzem einnimmt.

Ein besonderes Problem besteht darin, dass die Ehe die einzige Familienbeziehung ist, von der Exklusivität erwartet wird. Wir können mehr als ein Kind, ein Geschwister, einen Elternteil lieben. Aber man erwartet von uns, dass wir nur einen Ehepartner lieben (jedenfalls nicht mehrere zur gleichen Zeit). Und während die Ehe die schwächste Beziehung in der Familie ist – wie unsere gegenwärtige Scheidungsrate von 50 Prozent beweist –, geloben wir, auf immer und ewig beieinander zu bleiben. Wahrscheinlich wäre es gar keine schlechte Idee, lieber unseren Eltern, Geschwistern und Kindern dieses Versprechen zu geben. Aber vielleicht ist gerade die Zerbrechlichkeit des ehelichen Bandes der Grund dafür, dass wir einander geloben, das Eheversprechen sei gültig, bis dass der Tod uns scheidet. Und doch: Die stärksten Erfahrungen, die ein menschliches Wesen mit Intimität und Nähe machen kann – wie auch das sehr verbreitete Gefühl der Desillusionierung –, machen wir in Paarbeziehungen. „Verliebt" zu sein bringt uns stärker durcheinander als jede andere Beziehung, und es ist das geheimnisvollste Gefühl, zu dem wir fähig sind, es ist aber zugleich das Gefühl, von dem wir uns am häufigsten irreleiten lassen. Verliebtheit kann aus dem vernünftigsten Menschen einen Vollidioten machen. Die Frauen verlieren aufgrund dieses Gefühls häufig sogar ihren Namen, ganz zu schweigen von ihrer Identität. Und Männer wie Frauen sind bereit, alles aufzugeben für eine Liebe, die im besten Fall damit endet, den erhofften Ehepartner gefunden zu haben – auch wenn gesagt werden muss, dass wir für einen langjährigen Ehepartner längst nicht so viel aufgeben würden wie für eine frische Romanze. Die Verwirrung, in die wir stürzen, wenn es um Lust, Liebe, Gemeinsamkeit, um Treue, Freundschaft und sexuelle Intimität geht, reicht sehr tief. Und keine andere Beziehung ist so sehr mit unserem Gefühl davon verknüpft, wer wir eigentlich sind.

Aus diesen und anderen Gründen sind manche Ehen so voller heftigster Gefühle, dass sie unerträglich erscheinen. Aber Ehen, denen die Intensität der Gefühle fehlt, sind auf andere Weise problematisch. Eugene O'Neill, von dessen Schwierigkeiten mit der Ehe und anderen Beziehungen bereits die Rede war, hatte den folgenden Traum von einer perfekten Ehe (Gelb a. Gelb 1987):

„Meine Frau und ich leben auf einem Hausboot. Ich lebe am einen Ende, sie am andern, und wir sehen einander nie, außer wenn das Verlangen uns überkommt."

Aber die miteinander im Widerstreit liegenden Ziele einer Ehe, die Intensität der Gefühle und schließlich die Schwierigkeiten, die sich aus der Notwendigkeit ergeben, Abmachungen für das Zusammenleben, und das heißt, über das Verhältnis der Geschlechter, zu treffen – sie sind nicht die einzigen Gründe, weshalb eine Ehe etwas so Kompliziertes ist. Manche Leute sagen, was menschliche Wesen von anderen Säugetieren unterscheide, sei der Umstand, dass sie angeheiratete Verwandte haben. Die Menschen sind die einzigen Säugetiere, die höchst intensive Beziehungen zur Familie ihrer Sexualpartner entwickeln. Der Witz, der manchmal zu hören ist, dass sich im Ehebett eigentlich sechs Partner tummeln, ist eher eine Untertreibung. Im Tierreich beschränkt sich die Paarung auf zwei Partner, die für gewöhnlich fern von ihrer Familie zur Reife gelangen und sich unabhängig von ihrer Familie paaren. Für uns ist das eine ganz andere Geschichte. Eine Heirat setzt Familien einer ganz schönen Belastungsprobe aus, sie verlangt, dass sich die Familie dem neu hinzu kommenden Familienmitglied gegenüber öffnet – ein Mensch, der von außen kommt und nun zu einem offiziellen Familienmitglied werden soll, häufig das erste neue Familienmitglied seit Jahren.

Es ist ganz natürlich, dass es oft recht schwierig ist, in eine Familie Eingang zu finden, denn sie hat ja eine lange gemeinsame Geschichte, an der die neue Ehefrau/der neue Ehemann keinen Anteil hat. Und es ist schwer, eine neu hinzu gekommene Person zu integrieren, die die Erinnerungen der Familie, die Witze, Anspielungen, die verschlüsselten Botschaften und die Traditionen, die nur dieser Familie zu Eigen sind, nicht kennt und nicht teilen kann. Kurz nach der Heirat mit seiner Frau Charlotte beschrieb George Bernard Shaw in einem Brief an eine Freundin, welch großes Problem die frühere Geschichte der Familie für die neu hinzu kommende Person bedeuten kann (Dunbar 1963):

„Du verstehst nicht, welcher Art Charlottes Einwände gegen dich sind; sie hat genau die gleichen Einwände gegen … jeden, der ein Teil der Vergangenheit ist, der sie nicht zugehört. Mit dem Augenblick, in dem du das Zimmer betrittst, in dem ich mich befinde, lässt du eine Welt erstehen, in der du und ich zu Hause sind und sie eine Fremde ist. Mir geht es ganz genau so: In dem Moment, in dem ihre alten Freunde zu Besuch kommen, bin ich nichts anderes als ein zufälliger Bekannter."

271

Eine Heirat verwandelt die intime Zweisamkeit eines Paares in die formelle Verbindung zwischen zwei Familien. Fragen und Probleme in Bezug auf ihre jeweiligen Herkunftsfamilien, die die Ehepartner bisher nicht gelöst haben, werden die Wahl des Partners zwangsläufig mitbestimmen und eine funktionierende eheliche Partnerschaft im Kontext der erweiterten Familien erschweren. Es kann sogar sein, dass die Intensität romantischer Liebesgefühle zu einem guten Teil durch bestimmte Muster in den Herkunftsfamilien determiniert ist. Aus dieser Perspektive betrachtet, könnte es durchaus sein, dass Romeo und Julia sich deshalb so intensiv voneinander angezogen fühlen, *weil* ihre Familien einander hassen. Romeo und Julia bleibt es (wie auch vielen anderen romantischen Paaren, einschließlich Tristan und Isolde) erspart, ihre Beziehung noch aus einem anderen, etwas breiteren Blickwinkel zu sehen – nicht nur weil jeder von ihnen die verbotene Person idealisiert, sondern vor allem auch durch ihren vorzeitigen Tod; dieser bewahrt sie vor allen späteren Konflikten, die unter anderem darin bestünden, zu klären, wer die Socken aufräumt und wie man mit Schwiegermüttern umgeht. Im alltäglichen Leben ist der Ausgang solcher verbotenen Liebesgeschichten nicht immer ganz so romantisch. Ein Paar, das in der Erwartung heiratet, dass der eine die Probleme des andern lösen könne, wird recht bald eine Enttäuschung erleben.

Eine Ehe ist tatsächlich eine schwierige Aufgabe. Aber der in unserer Kultur vorherrschende Mythos will es nun einmal so, dass Ehe und Elternschaft als die einfachste und erfreulichste Phase im Lebenszyklus eines Menschen betrachtet werden, wobei die Ehe lange Zeit als Vorbote und Vorbedingung für die Elternschaft betrachtet wurde. Gerade die in unserer Gesellschaft tradierten Mythen von der Ehe tragen vermutlich ihren Teil dazu bei, dass sie eine so komplizierte Angelegenheit ist. Eine Heirat wird, mehr als jedes andere Übergangsritual, als Lösung aller Probleme betrachtet, besonders als Befreiung von Einsamkeit und innerem Aufruhr, als das märchenhafte Ende einer Geschichte: „Und so lebten sie glücklich bis an ihr Ende." Im Kontext des Lebenszyklus einer mehrere Generationen umfassenden Familie jedoch ist eine Heirat viel eher Teil eines komplexen Umstrukturierungsprozesses zweier Familien, die aufgrund neuer Rollen und Beziehungen einer tief greifenden Verwandlung unterworfen sind.

Hochzeiten und die ihnen vorausgehende Zeit der jungen Liebe sind faszinierende Knotenpunkte, die es zu erkunden gilt, wenn Sie wissen wollen, wie der Familienprozess in Ihrer Familie abläuft. Wenn Sie sich die Hochzeiten genauer ansehen, können Sie feststellen, wie Ihre Familie mit Veränderungen fertig wird, wie sie neu hinzu kommende Familienmitglieder empfängt, wie sie mit den Geschlechterrollen umgeht und ob es den einzelnen Familienmitgliedern gelingt, Partner zu finden, die eine Ergänzung zu ihnen darstellen.

Während der Vorbereitungen auf eine Hochzeit, die immer eine Menge Stress mit sich bringen, erfahren die Beziehungen in der Familie manchmal eine starke Polarisierung. Vielleicht wird der neue Ehepartner auf subtile Weise abgewiesen, indem es heißt: „Er (oder sie) entspricht nicht unserem Stand, Liebling", oder indem einzelne Familienmitglieder geltend machen, er (oder sie) habe den „falschen" kulturellen oder religiösen Hintergrund. Manche Eltern betrachten es als eine persönliche Zurückweisung, wenn ihr Kind sich mit einem Partner einlässt, von dem sie finden, er sei nicht „ihr Typ". Die Tränen, die am Hochzeitstag so häufig fließen, haben wahrscheinlich weniger mit Frustration wegen eines unfähigen Fotografen, der Gästeliste, der Sitzordnung, des Brautkleids oder der Leibbinde des Platzanweisers zu tun, sie machen vielmehr deutlich, welch hohe Belastung die in der Familie stattfindenden Veränderungen für die einzelnen Familienmitglieder bedeuten. Familienkonflikte, die im Zusammenhang mit Hochzeiten aufbrechen, können faszinierende Signale für verborgene Bündnisse und Ängste sein oder darauf hinweisen, welche Werte in der Familie vorherrschen. Und natürlich kann auch eine Entführung oder eine Hochzeit, die ohne die Anwesenheit wichtiger Familienmitglieder stattfindet, bedeutsame Hinweise auf bestimmte Familienmuster geben.

Angesichts der Idealisierung der Ehe, wie sie für unsere Kultur charakteristisch ist, definieren Paare ihre Probleme häufig in erster Linie im Rahmen ihrer Partnerbeziehung, während sie das Bedürfnis nach anderen Beziehungen völlig außer Acht lassen: die Beziehung zu Eltern, Geschwistern, Tanten, Onkeln, Kindern oder Freunden. Häufig besteht die Tendenz, nach nur einer einzigen Ursache zu suchen und die verschiedensten Faktoren sämtlich in einen Topf zu werfen. Für viele Ehepartner ist allein die Ehe die Quelle ihres Glücks wie auch der Grund für ihre Unzufriedenheit mit dem Leben. Wenn sie unzufrieden sind, geben sie dem Partner die Schuld: „Er hat mich im Stich gelassen; er liebt mich nicht"; oder sie geben sich selbst die Schuld: „Ich tauge nichts; wenn ich zu etwas nütze wäre, dann wäre ich in der Lage, sie glücklich zu machen." Hat dieser Prozess der Personalisierung erst einmal begonnen, dann ist es sehr schwierig, die Beziehung offen zu halten für andere Einflüsse.

Die mit den Jahren zunehmende gegenseitige Abhängigkeit von Paaren führt dazu, dass sie immer mehr Facetten ihres Lebens im Kontext ihrer Ehe deuten. Wird ein Partner im Lauf der Verlobungszeit depressiv, dann nimmt der (oder die) andere es in der Regel nicht allzu persönlich, er (oder sie) geht davon aus, dass es „viele Gründe gibt, depressiv zu werden", und sagt sich, „Das hat wahrscheinlich nichts mit mir zu tun". Diese Annahme, nicht selbst für die Gefühle des andern verantwortlich zu sein, ermöglicht eine positive, stützende Reaktion. Nach einigen Jahren der Ehe jedoch besteht eine viel stärkere Tendenz, die emotionalen Reaktionen des andern als Spiegel des eigenen Verhaltens zu betrachten und zu denken: „Es muss bedeuten, dass ich keine gute Ehefrau (kein guter Ehemann) bin, sonst hätte ich meinen Mann (meine Frau) glücklich gemacht."

Dieses Gefühl der Verantwortung für das Wohlbefinden des andern ist natürlich mehr ein Problem der Frauen, da in unserer Kultur ganz allgemein eine Neigung besteht, die Frauen für das Glück der anderen verantwortlich zu machen. Aber sobald die Ehepartner anfangen, die Verantwortung für die Gefühle des andern zu übernehmen, umso mehr Bereiche der Beziehung geraten in ein Spannungsfeld und werden deshalb gemieden. Die Ehefrau fühlt sich unzulänglich, schuldig und entwickelt eine Abwehrhaltung. Vielleicht gibt sie es auf, sich mit ihrem Mann auseinander zu setzen, weil sie vermeiden will, dass er gereizt oder vorwurfsvoll reagiert, oder sie fängt an, ihn zu schützen, und hält den Mund, um ihn nicht aus dem Gleichgewicht zu bringen. Und er vermeidet es, Themen anzuschneiden, die zu Spannungen führen könnten, weil er fürchtet, sie wütend zu machen. In jedem Fall gilt: Je stärker die Reaktionen eines jeden der beiden Partner von der Rücksicht auf den andern bestimmt sind, umso eingeengter ist die Kommunikation, besonders in emotional stark besetzten Bereichen, und umso weniger flexibel ist die Beziehung.

Verheiratete Paare, die einen direkten Konflikt miteinander bedrohlich finden, versuchen manchmal, mit ihrer Angst fertig zu werden, indem sie ihre Energie auf die Kinder konzentrieren, die ihnen den Gefallen tun und sich zum „Problem" machen lassen, was es den Eltern ermöglicht, eine gemeinsame Front zu bilden.

Ist es den Ehepartnern nicht gelungen, sich schon vor der Ehe zu einigermaßen reifen Individuen zu entwickeln, dann müssen beide versuchen, in der Ehe Selbstgefühl und Selbstachtung aufzubauen. In diesem Fall fürchten sich manchmal beide davor, mit dem andern zu kommunizieren. Er denkt vielleicht:

> „Sie darf niemals erfahren, wie wertlos ich bin, sonst verliere ich sie, denn auch meine Eltern haben mich nie wirklich geliebt, und ich werde ihr niemals sagen, dass ihr Geschwätz manchmal wirklich öde ist."

Sie dagegen denkt:

> „Er darf nicht erfahren, dass ich im Grunde ganz wertlos bin, sonst verlässt er mich, genauso wie mein Vater mich verlassen hat. Und ich darf es ihn nicht merken lassen, wie furchtbar langweilig ich es finde, dass er dauernd vor dem Fernseher hockt und ständig die Sportschau anguckt, ohne mit mir zu sprechen. Er hat einfach nichts zu sagen."

Bei solchen Paaren macht einer den andern für das eigene Selbstgefühl verantwortlich: „Ich bin ein wertvoller Mensch, weil du mich liebst", was bedeutet, dass auch das Umgekehrte richtig ist: „Wenn du mich nicht liebst, bin ich nichts wert." Auf diese Weise stecken Paare in einem Netz ausweichenden Verhaltens und doppeldeutiger Botschaften fest, weil keiner von ihnen es wagt, offen und geradeheraus zu sein, aus Angst, die Sache könnte eine schlechte Wendung nehmen, genauso, wie es ihrer Meinung nach in ihrer Herkunftsfamilie gewesen ist. Die Botschaften, die sie einander geben, werden ständig verschleierter und verzerrter. Am Ende machen sie Dinge, die keiner von ihnen tun will, weil jeder von ihnen denkt, der andere wolle es so. Groucho Marx (1959) hat das einmal so beschrieben:

> „Das Lügen ist eine der größten Industrien in Amerika geworden. Nehmen Sie zum Beispiel die Beziehung zwischen einem Ehemann und einer Ehefrau. Selbst wenn sie ihre goldene Hochzeit feiern und abertausendmal öffentlich und privat zueinander gesagt haben: ‚Ich liebe dich', haben sie, und das wissen Sie genauso gut wie ich, einander niemals die Wahrheit gesagt – die wirkliche Wahrheit. Ich spreche nicht von so unbedeutenden Dingen wie ‚Deine Mutter ist eine Laus im Pelz!' oder ‚Warum können wir uns nicht ein teures Auto leisten, statt dieser Blechkiste, in der wir herumfahren?'. Nein, ich meine die geheimen Gedanken, die uns durch den Kopf gehen, wenn wir mitten in der Nacht aufwachen und alle möglichen Fantasiegestalten an der Wand sehen."

Wenn Sie sich daranmachen, die Paarbeziehungen in Ihrer Familie zu erforschen, achten Sie besonders auf Beziehungen, die von der Familie oder der Gemeinde, in der sie gelebt haben, nicht akzeptiert wurden.

Während zum Beispiel schwule und lesbische Paare im Kontext der Familie in zunehmendem Maß toleriert werden, besteht in der Gesellschaft insgesamt auch weiterhin eine tief verwurzelte negative Einstellung gegenüber Homosexuellen, und homosexuelle Ehen sind vielerorts gesetzlich nicht anerkannt. Deshalb sind schwule und lesbische Paare in gewisser Weise gezwungen, unsichtbar zu bleiben, was ihr Leben als Paar nicht gerade einfacher macht. Häufig müssen sie ihre Beziehung überhaupt geheim halten. Viele Familien haben keinerlei Rituale, mit denen die Entscheidung eines homosexuellen Familienmitglieds, mit seinem Partner (mit ihrer Partnerin) zusammenzuleben, gefeiert würde; und allzu häufig werden homosexuelle Paare immer noch von der Teilname an den gemeinsamen Aktivitäten der Familie ausgeschlossen.

Alle in der Familie und die Gesellschaft insgesamt zahlen einen Preis für diese Form der Geheimhaltung und Herabsetzung von Homosexuellen. Die Familienbeziehungen werden verzerrt, weil die nach außen hin sichtbaren Verbindungen häufig nichts mit den persönlichen Bindungen zu tun haben. Es ist von großer Bedeutung, dass Sie alles in Ihrer Macht Stehende tun, damit die nach außen hin sichtbaren Verbindungen den ihnen zugrunde liegenden tatsächlichen Bindungen entsprechen. Wenn Sie sich mit den Beziehungen in Ihrer Familie befassen, die sich an der Grenze dessen bewegen, was gesellschaftlich erlaubt ist, werden Sie eine ganze Menge darüber erfahren, wie Ihre Angehörigen mit den gesellschaftlichen Konventionen umgehen und welchen Stellenwert Unabhängigkeit und das Akzeptieren von abweichendem Verhalten in Ihrer Familie haben. Forschen Sie im Leben eines jeden Familienmitgliedes danach, in welcher Weise es möglicherweise mit der Konvention gebrochen hat oder durch sie eingeschränkt worden ist. Diejenigen, deren Leben an der Schnittkante der Familie verlaufen ist, verraten ihnen unter Umständen am meisten über die Stärken und die Schwächen Ihrer Familie.

Wenn Sie Ihre Familie verstehen wollen, sollten Sie die Muster der ehelichen Beziehungen über die Generationen hinweg verfolgen. Achten Sie besonders auf Zeiten erhöhter ehelicher Spannungen, auf Zeiten, in denen die Partner in außereheliche Affären verstrickt waren, auf Zeiten intensiver Dreiecksbeziehungen mit einem Kind, einer Schwiegermutter oder anderen neu hinzugekommenen Familienmitgliedern. Prüfen Sie, ob es einen Zusammenhang mit anderen Belastungen in der Familie und anderen Ehemustern in Ihrer Familie gibt.

Stellen Sie fest, welche Botschaften bezüglich der Ehe in Ihrer Familie tradiert werden.

In der sehr bemerkenswerten Familie Blackwell (Genogramm 8.1) spielten einige unverheiratete Tanten eine bedeutende Rolle; diese Tanten zogen eine Reihe außergewöhnlicher Kinder auf, die sie ganz offensichtlich wiederholt vor dem Heiraten warnten. In der Generation der Großeltern war einer der Großväter ein streitsüchtiger Tunichtgut gewesen, von dem man sich erzählte, er habe „seiner Frau das Blut aus den Adern gesaugt". Schande brachte auch der andere Großvater über die Familie, zuerst durch seine Promiskuität und dann, weil er wegen Betrugs festgenommen und deportiert wurde. Auch der Ehe zwischen Samuel Blackwell und Hannah Lane, den Eltern der neun Blackwell-Kinder, mit denen wir uns beschäftigen wollen, war wenig Glück beschieden. Der Vater starb relativ jung, seine Frau und die neun Kinder blieben genauso mittellos zurück wie eine Generation früher die Familien seines Vaters und seines Schwiegervaters. Es liegt auf der Hand, dass die Geschichten, die aufgrund solcher Erfahrungen in einer Familie von Generation zu Generation weitergegeben werden, machtvolle Botschaften enthalten, was die Bedeutung und die Rolle der Ehe betrifft. Natürlich ist die jeweils nachfolgende Generation deshalb nicht dazu verurteilt, das Muster zu wiederholen. Eine solche Familientradition kann sogar ganz im Gegenteil für die nachfolgende Generation zu einem Fanal werden, ihr eigenes Leben kreativ in die Hand zu nehmen.

Das war sicherlich bei den Blackwells der Fall. Alle fünf Töchter der Blackwells blieben unverheiratet, allerdings entschlossen vier von ihnen sich dazu, Kinder zu adoptieren. Eine von ihnen, Elizabeth, wurde die erste weibliche Ärztin in den Vereinigten Staaten; eine andere, Emily, tat es ihr einige Zeit später nach; die dritte, Anna, wurde Journalistin, und die vierte, Ellen, wurde Künstlerin. Die fünfte war stets kränklich, aber auch sie adoptierte wie ihre Schwestern einige Kinder, die sie alleine aufzog.

Auch die drei Söhne waren ganz erstaunliche Männer, besonders hinsichtlich dessen, was sie aus der Botschaft bezüglich der Ehe machten, die ihnen ihre Familie vermittelt hatte: Henry Blackwell verliebte sich in die berühmte Suffragette Lucy Stone. Er fühlte sich von ihren glühenden Reden für die Abschaffung der Sklaverei sowie für die Rechte der Frauen angezogen. In der Tat waren ihre Reden leidenschaftliche Plädoyers gegen die traditionelle Ehe. Henry Blackwell und

Die Familie Blackwell
Genogramm 8.1

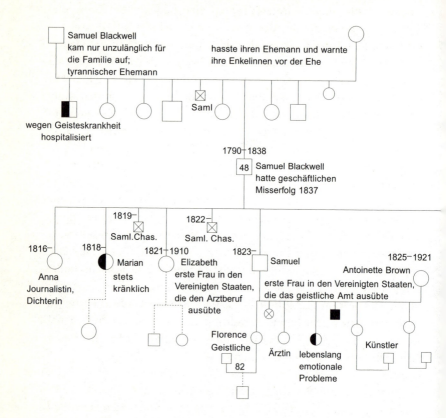

Lucy Stone verfassten ihr eigenes Ehegelübde. Sie verzichteten bewusst auf das Versprechen der Frau, ihrem Ehemann zu gehorchen, und fügten einen von Henry vorbereiteten wortgewaltigen Protest gegen die gesetzliche Unterordnung der Frau in der Ehe hinzu. Henry schrieb (Wheeler 1961):

> „Ich möchte als Ehemann auf alle Privilegien verzichten, die das Gesetz mir einräumt, soweit es sich nicht eindeutig um Privilegien handelt, die auf strikter Gegenseitigkeit beruhen."

Henrys Protest wurde für viele Generationen von Paaren, die die traditionelle Ungleichheit der Geschlechter in der Ehe überwinden woll-

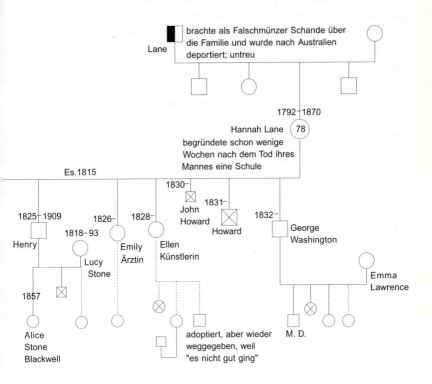

ten, zum Vorbild. Sie hatten beide ihren eigenen Namen und ihr eigenes Bankkonto, und Henry ermutigte und unterstützte seine Frau in ihrer Karriere wie auch in allen anderen Belangen aus ganzer Seele.

Auch Lucys Familie hatte ihr negative Botschaften und Geschichten hinsichtlich der Ehe übermittelt. Sie war mit dem quälenden Gefühl aufgewachsen, dass ihre Mutter von ihrem Vater wie eine Sklavin behandelt wurde und sich angesichts seiner Dominanz und der Kränkungen, die er ihr zufügte, ständig selbst verleugnen musste. Ihr Vater benahm sich in Gelddingen „hässlich" gegen ihre Mutter, und es schmerzte Lucy, wie wenig Freiheit ihre Mutter in der Ehe hatte, was natürlich für alle Frauen ihrer Zeit galt. Sie schrieb an eine Freundin (ebd.):

„Es wird länger dauern, als ich lebe, bis alle Hindernisse aus dem Weg geräumt sind, die eine verheiratete Frau daran hindern, auf irgendeine Weise ihr eigenes Leben zu leben."

Lucy war entschlossen gewesen, niemals zu heiraten, und sie änderte ihren Standpunkt nur mit großem Widerstreben; schon der Gedanke an eine Heirat führte bei ihr zu schweren Symptomen mit Migräneanfällen und einem Beinahezusammenbruch. Ihre Symptome waren so schwer, dass die Heirat mit Henry Blackwell einige Male verschoben werden musste. Kurz bevor sie „kapitulierte", scherzte sie gegenüber ihrer engsten Freundin und zukünftigen Schwägerin, Antoinette Brown, die bald danach Henrys Bruder Samuel heiratete (ebd.):

> „Wenn die Zeremonie in New York stattfindet, sollst du dein Herz hart machen, damit du in der Lage bist, einem so grausamen Akt wie dem Mord an Lucy Stone beizuwohnen. Aber alles wird vollkommen mit den Gesetzen in Einklang stehen, deshalb brauchst du keine Angst vor Bestrafung zu haben. Ich fürchte jedoch, ich werde nach Cincinnati gehen, dann ist mein Ruin komplett."

Henry selbst schrieb ähnlich sarkastisch an einen seiner guten Freunde (ebd.):

> „Ich habe mich in einem Maße verstrickt, dass es kein Entrinnen mehr gibt ... Ich beeile mich, dieses furchtbare Unglück bekannt zu geben."

Auch wenn Lucy das Gegenteil befürchtet hatte – die beiden waren viele Jahre lang glücklich miteinander verheiratet.

Bald nach der Heirat von Lucy und Henry begegnete Henrys älterer Bruder Samuel Antoinette Brown, der Frau, die in den Vereinigten Staaten als erste den Pfarrersberuf ausübte; er begann, um sie zu werben, und überwand ihre Vorbehalte gegen die Ehe, so wie Henry Lucys Vorbehalte überwunden hatte.

Während ihrer langen Ehe zeichnete sich Samuel dadurch aus, dass er die für einen Mann seiner Zeit ganz ungewöhnliche Rolle eines fürsorglichen Familienvaters übernahm. Bereitwillig teilte er sich die Hausarbeit mit seiner Frau, und die gesamte Blackwell-Familie betrachtete ihn wie einen Heiligen. Antoinette, deren Auffassung von der Rolle der Frau ihrer Zeit weit voraus war, war eine bemerkenswerte Persönlichkeit. Überzeugt davon, dass es nicht genügte, den Frauen in einer ansonsten von den Männern geprägten Welt einfach mehr Rechte zu geben, vollzog sie einen revolutionären Schritt: Sie vertrat den Standpunkt, es bedeute eine Bereicherung für die Wissenschaft, wenn die Tradition des logischen Denkens und der wissenschaftlichen Forschung durch die traditionell „weiblichen" Formen der Wissensgewinnung ergänzt würden – nämlich durch Intuition und persönliche Erfahrung. Antoinette und Lucy Stone waren einander schon in jungen Jahren am *Oberlin College* begegnet, wo sie nicht nur eine tiefe Zuneigung zueinander fassten, sondern einander auch gelobten, niemals zu heiraten. Beide waren der Auffassung, dass eine Heirat ihrer Arbeit ernsthaft im Wege stehen würde. Antoinette vollzog einen radikalen Schritt: Sie plädierte dafür, die Verantwortlichkeiten der Männer ganz offiziell auf Familie und Haushalt auszudehnen – eine Auffassung, der andere Frauenrechtlerinnen sich erst ein volles Jahrhundert später anschlossen. Kein anderer Autor hatte bis dahin öffentlich die Auffassung vertreten, dass Männer und Frauen sich die Sorge für Kinder und Haushalt genauso teilen sollten wie die bezahlte Arbeit.

Unterstützt von ihrem Mann, der die Ideen seiner Frau nicht nur aus ganzer Seele unterstützte, sondern sich auch dementsprechend verhielt, wirkte Antoinette neben ihrer Tätigkeit als Pfarrerin bis ins hohe Alter von 96 Jahren auch als Vortragsrednerin und Verfasserin von Gedichten, Romanen und philosophischen Abhandlungen. Sie erlebte noch die Einführung des Wahlrechts für Frauen und bekam vom *Oberlin College*, das ihr in ihrer Jugendzeit nach dem Abschluss ihres Theologiestudiums die berufliche Anerkennung als Theologin verweigert hatte, noch im Alter die theologische Ehrendoktorwürde verliehen.

Mit Blick auf die Ehen in der nächsten Generation sagte Antoinette: „Alle meine Schwiegersöhne sind ausgezeichnete Männer, und die Ehen sind überdurchschnittlich gut" (Cazden 1983). Samuel und Antoinette hatten fünf Töchter; vier von ihnen waren sehr erfolgreich, eine war kränklich – genauso wie es in der vorangegangenen Generation fünf Töchter gegeben hatte, von denen vier eine erfolgreiche Karriere gemacht hatten, während eine kränklich und leidend war. Und wie in der vorangegangenen Generation gab es fünf unverheiratete Tanten, die für die Entwicklung der Kinder eine wesentliche, prägende Rolle spielten. Es ist interessant, dass zumindest eine dieser Töchter, Florence, gegen die Erwartung rebellierte, dass Frauen unabhängig von ihren Männern Karriere machen sollten. Sehr zur Missbilligung der Familie heiratete sie den Besitzer eines Ladengeschäfts; allerdings stellten sämtliche Familienmitglieder am Ende fest, dass sie mit ihrem Ehemann eine ausgezeichnete Wahl getroffen hatte, denn er verhielt sich ganz nach dem Vorbild seines Schwiegervaters Samuel. Mehr noch, Flo selbst folgte später dem Vorbild ihrer Mutter und wurde Laienpredigerin.

Auch wenn die Paare den Zusammenhang selten wahrnehmen – es ist auffallend, wie häufig es vorkommt, dass die Menschen ihre späteren Ehepartner kurz nach einem bedeutsamen Familienereignis kennen lernen oder aber den Entschluss fassen zu heiraten. Antoinette Brown (Genogramm 8.2) zum Beispiel hatte in den Jahren, bevor sie Samuel Blackwell begegnete, fünf Geschwister verloren. Vielleicht spürte sie den inneren Drang, das geistliche Amt anzustreben und aus diesem Grund das *Oberlin College* zu besuchen, weil sie mit dem frühen Tod von vier ihrer Geschwister fertig werden musste. Der Tod ihrer fünften Schwester, Augusta, die Antoinette auf das *Oberlin College* gefolgt und dann nach einem fünf Jahre währenden Kampf gegen die Tuberkulose gestorben war, scheint für Antoinette das Ende ihrer Familie bedeutet zu haben. In diesem Kontext revidierte sie ihre Entscheidung, auf keinen Fall zu heiraten, nachdem sie im darauf folgenden Jahr Samuel Blackwell begegnet war.

Der Zusammenhang zwischen bestimmten einschneidenden Familienereignissen und dem Entschluss zu heiraten, wie er in der Familie Brown erkennbar ist, wird oft verschleiert. In den Familien werden alle möglichen Sachen erzählt, die als Gründe für eine Heirat herhalten müssen: Liebe auf den ersten Blick, das Bedürfnis nach Sicherheit, die Aussicht, sich finanziell zu verbessern und ein höheres gesellschaftliches Ansehen zu gewinnen, die Angst davor, allein alt werden zu müssen, oder der Wunsch, Kinder zu bekommen und aufzuziehen. Ein Vertreter des systemischen Denkens gelangt vielleicht zu dem Schluss, dass Romeo und Julia sich deshalb ineinander verliebten, weil sie auf diese Weise besser mit ihrer Angst fertig werden, die aus den Konflikten innerhalb ihrer verfeindeten Familien erwächst. Es lohnt sich, hinter die Geschichten zu blicken, die im Zusammenhang mit Liebe und Ehe erzählt werden, und nach Familienereignissen, insbesondere nach Verlusten in der Familie, zu forschen, von denen der Entschluss zu heiraten (wie auch der Entschluss, sich scheiden zu lassen) beeinflusst worden sein könnte.

Natürlich gibt es geschlechtsspezifische Unterschiede, wie Paare ihre Beziehung erleben: Von den Frauen wird traditionellerweise er-

Die Familie von Antoinette Brown
Genogramm 8.2

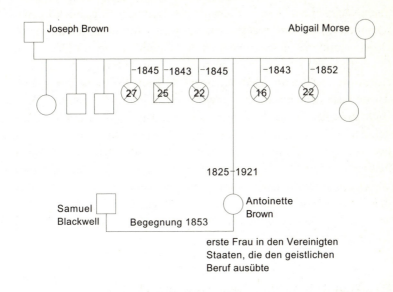

Joseph Brown · Abigail Morse

−1845 −1843 −1845 −1843 −1852

27 25 22 16 22

1825−1921

Samuel Blackwell · Antoinette Brown

Begegnung 1853

erste Frau in den Vereinigten Staaten, die den geistlichen Beruf ausübte

wartet, dass sie sich in einer intimen Beziehung selbst aufgeben, während Männer aufgrund ihrer Erziehung Intimität als eine Bedrohung ihrer Autonomie erfahren. Deshalb versuchen Männer in der Ehe oft eine gewisse Pseudounabhängigkeit aufrechtzuerhalten („Ich komme durchaus allein zurecht"), sie verleugnen die Abhängigkeit von ihren Frauen und gestehen keinerlei eigene Bedürfnisse, Zweifel oder Fehler ein, während sie sich insgeheim darauf verlassen, dass ihre Frauen für sie sorgen. Von den Frauen wird dagegen im Allgemeinen erwartet, dass sie eine Welt künstlicher Intimität aufrechterhalten („Ich mache immer das, was du willst").

Die Angst der Männer, Abhängigkeit zuzulassen, und die Anpassungsbereitschaft der Frauen greifen oft ineinander und verhindern eine eheliche Beziehung, die durch wirkliche Nähe gekennzeichnet wäre; wirkliche Nähe aber würde auch Unterschiede zulassen. Ganz allgemein könnte man sagen, wir haben die Männer dahin gehend sozialisiert, dass sie emotional eher an der Peripherie der Familie bleiben, während die Frauen unnatürlich verkrampft und angespannt sind, sobald sie versuchen, irgendwo anders zu sein. Insbesondere haben wir dem Mythos Vorschub geleistet, bei einer Ehe sei es wie im Märchen vom Aschenputtel, das, nachdem es von seinem Prinzen gefunden worden ist, ihm seine Identität dafür opfert. Versuchen Sie, beim Nachdenken über die Ehen in Ihrer Familie herauszubekommen, wie unterschiedlich die einzelnen Mitglieder Ihrer Familie auf dieses Durcheinander von Vorstellungen und Gefühlen, die mit Heirat und Ehe verbunden sind, reagiert haben. Vielleicht kommen Sie dann zu einer differenzierteren Meinung über Ihre Tante Ernestine, die in Ihren Augen bislang nichts anderes gewesen ist als eine „alte Jungfer". Vielleicht kommen Sie auch zu einem anderen Urteil über Ihren Großonkel, der zwar nicht gerade ein erfolgreicher Geschäftsmann war, aber liebevoll für seine Kinder und Enkelkinder gesorgt hat und von ihnen heiß geliebt wurde. Vielleicht bekommen Sie so einen Blick für seine verborgenen Stärken, die es ihm ermöglichten, viele der gesellschaftlich vorgegebenen Regeln bezüglich der männlichen Rolle zu überwinden, indem er sanft darauf beharrte, der zärtliche Familienmensch zu sein, der er war.

Eine komplizierte Ehe: Gustav und Alma Mahler

Im Jahre 1902 heiratete Gustav Mahler, einer der begabtesten Komponisten des vergangenen Jahrhunderts, in Wien Alma Schindler, die gleichfalls ein beachtliches musikalisches Talent besaß und die im Lauf ihres Lebens mit drei der größten künstlerischen Genies ihrer Zeit verheiratet war und mit mindestens drei weiteren bedeutenden Künstlern eine Liebesbeziehung hatte. Die Ehe von Gustav und Alma Mahler (Genogramm 8.3) illustriert viele der komplexen Beziehungen, wie sie für Ehen mit einer traditionellen Geschlechterrollenverteilung typisch sind, und sie macht einige der charakteristischen Dreiecksbeziehungen sowohl mit Blick auf die Arbeit als auch mit Blick auf außereheliche Affären sichtbar, in die solche Paare immer wieder leicht geraten können. Gustav Mahler war Alma vier Monate zuvor begegnet. Er war damals 42 Jahre alt, ein berühmter, aber schwieriger Komponist und Dirigent jüdischer Abstammung, der sich hatte taufen lassen und zum Christentum übergetreten war, um nicht dem Antisemitismus seiner Zeit etwas ausgesetzt zu sein. Sie war eine schöne österreichische Musikerin von 23 Jahren, gleichfalls Komponistin, katholisch und bereits mit einem anderen, älteren Musiker verlobt, der ihr Kompositionsunterricht erteilte. Sie litt aufgrund einer Masernerkrankung an einer Hörschädigung, die jedoch ihr musikalisches Gehör nicht beeinträchtigte.

Bis dahin scheint Gustav Mahler einer möglichen Ehe aus dem Wege gegangen zu sein, vielleicht weil die Ehe seiner Eltern so unglücklich gewesen war. Das Leben seiner Mutter, Maria, war von einer unerwiderten Liebe zu einem anderen Mann geprägt, und sie hatte Gustavs Vater, Bernard, geheiratet, ohne wirkliche Liebe für ihn zu empfinden. Sie war eine sanfte, zerbrechliche Frau von ruhigem, liebevollem Wesen und litt an einer angeborenen Behinderung, sie hinkte. Gustavs jähzorniger Vater behandelte seine Frau ziemlich brutal, er schlug seine Kinder und rannte jedem Dienstmädchen hinterher. So sehr Gustav seine Mutter liebte, so sehr hasste er seinen Vater. Maria brachte im Lauf von 21 Jahren 14 Kinder auf die Welt; acht Söhne verlor sie bereits in deren Kindheit. Gustav, der älteste überlebende Sohn, der einen seiner jüngeren Brüder unermüdlich gepflegt hatte, bis dieser im Alter von 14 Jahren starb, war derjenige in der Familie, der die Verantwortung für die Geschwister übernahm. Bis zu seiner Heirat lebte er mit seiner Schwester Justine zusammen, die zwei Jahrzehnte lang seine Haushälterin und Gefährtin und die Gastgeberin für seinen Freundeskreis war. Mit 33 Jahren hatte Justine sich „damit abgefunden, dass sie nie ein eigenes Heim und ein Leben für sich führen würde, sondern wohl immer ihren Bruder versorgen müsse, der ganz und gar auf sie angewiesen schien". Sie liebte ihn, fühlte sich aber als seine Dienerin. Justine legte den Heiratsplänen ihres Bruders nichts in den Weg, denn sie selbst hatte sich in Arnold Rosé verliebt, den Konzertmeister der Wiener Philharmoniker und damit des Opernorchesters, das von Gustav Mahler dirigiert wurde. Wie nicht anders zu erwarten, heiratete sie Arnold Rosé einen Tag nach der Hochzeit ihres Bruders mit Alma.

Alma fühlte sich von Gustav Mahler sofort angezogen. Sie war schön, willensstark, kreativ und voller jugendlichem Schmelz. Die Romanze erreichte rasch ihren Höhepunkt, aber es tauchten auch bald die ersten Gewitterwolken auf. Alma machte offenbar deutlich, dass sie nach wie vor die Absicht hatte, Musikerin und Komponistin zu sein, und Gustav reagierte darauf ziemlich ungehalten; er bezeichnete sie als „unbescheiden" und erinnerte sie daran, welche Vorstellungen er von einer Ehefrau hatte (Monson 1983):

Die Familien Mahler und Schindler
Genogramm 8.3

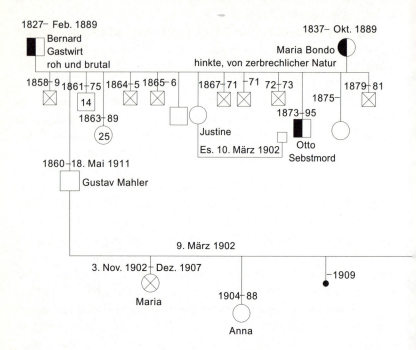

„Aber eines ist sicher, und zwar musst du werden ‚was ich brauche', wenn wir miteinander glücklich werden sollen, das heißt, Du musst meine Frau und nicht meine Kollegin werden. Würde es die Zerstörung deines Lebens bedeuten, und hättest du das Gefühl, einen unwiderstehlichen Höhepunkt deines Daseins zu vergeben, wenn du *deine* Musik aufgeben würdest, um meine zu besitzen und auch um die meine zu sein? ...

Ich weiß sehr wohl, dass du mit mir glücklich sein musst, um mich glücklich machen zu können, aber die Rollen in diesem Stück, das sich ebenso gut zur Komödie wie auch zur Tragödie entwickeln kann... müssen ganz genau verteilt werden. Die Rolle des ‚Komponisten', die Welt des ‚Arbeiters' fällt mir zu – deine ist die der liebenden Gefährtin und verständnisvollen Partnerin! ...

Du musst dich mir *bedingungslos* hingeben, dein zukünftiges Leben in jeder Einzelheit ganz nach meinen Bedürfnissen ausrichten und dafür nichts begehren außer meiner *Liebe* ...“

Alma war schockiert. Er verlangte von ihr, dass sie auf ihre Arbeit, ihr eigenes Leben und ihr eigenes Selbst verzichtete und sich stattdessen

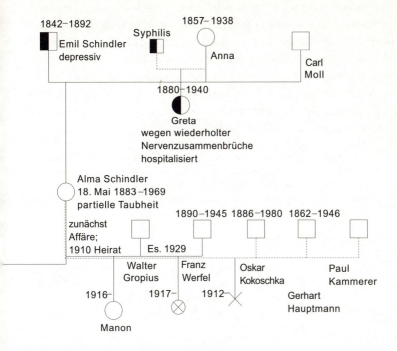

ihm und seiner Musik hingab, die sie nicht einmal mochte. Alma war ihrem Vater sehr ergeben gewesen; er war gestorben, als sie 14 Jahre alt war. Nun zeigte Alma den Brief Gustav Mahlers ihrer Mutter, gegen die sie bisher stets ein Ressentiment gehabt hatte; ihre Mutter drängte sie, die Beziehung zu beenden. Aber Alma machte genau das Gegenteil, und sie bezahlte bald bitter dafür, dass sie sich fügte.

Während der Hochzeitsvorbereitungen setzten sich die Spannungen weiter fort. Gustavs Freunde empfanden Alma als kokett und opportunistisch und hatten (nicht ganz zu Unrecht) den Eindruck, dass sie sein Werk nicht zu schätzen wisse. Seine Schwester Justine war eifersüchtig. Abgesehen davon war Gustav, wie Alma bald feststellte, in Geldangelegenheiten absolut nachlässig und hatte schwere Schulden. Es sollte fünf Jahre dauern, bis es Alma gelang, die Situation in Ordnung zu bringen. Und während er sie in der kurzen Zeit, in der er um sie warb, hofiert und bezaubert hatte und dabei auch gelegentlich von seiner strengen Arbeitsroutine abgewichen war, kehrte er, sobald sie verheiratet waren, zu seiner sturen Arbeitsbesessenheit zurück und benahm sich eher als ihr Mentor denn als ein verehrungsvoll Liebender.

Almas Aufgabe war es jetzt, abgesehen davon, dass sie Mahlers Kompositionen für ihn kopierte, dafür zu sorgen, „dass es keine Unterbrechung in der täglichen Routine gab und kein Augenblick verloren ging". Sie war noch vor der Heirat schwanger geworden, und in dem Maße, in dem die Schwangerschaft ihren Fortgang nahm, hatte sie das Gefühl, ihre Freiheit zu verlieren. Nach der Geburt ihres zweiten Kindes schrieb sie (Monson 1983):

> „Heute habe ich eine sehr seltsame Erkenntnis gewonnen. – Ich bin nicht glücklich – und nicht unglücklich. Es ist mir auf einmal zum Bewusstsein gekommen, dass ich nur ein Scheinleben führe. Meine innere Unterdrücktheit ist groß. Ich bin nicht frei – ich leide, – aber ich weiß nicht, warum, und nicht, wofür. Mein Schiff ist im Hafen, aber leck."

Und an anderer Stelle (ebd.):

> „Nichts hat die volle Reife erlangt, weder meine Schönheit noch mein Geist noch meine Begabung … Ich lebe ein Leben, das nur so aussieht, als wäre es ein Leben. Ich halte so viel in meinem Innern zurück. Ich bin nicht frei – ich leide, aber ich weiß nicht, warum und wofür."

Wie so viele Frauen war sie sich über ihr Problem überhaupt nicht im Klaren; ihr Mann tat es völlig ab, und als er sie einmal weinen sah, wusste er nichts Besseres zu sagen, als dass sie ihn eben nicht genug liebe. Sie schrieb in ihr Tagebuch (ebd.):

> „Ich weiß nicht mehr, was ich tun soll. In meinem Inneren tobt ein furchtbarer Kampf. Ich bin dem Schmerz ausgeliefert, ich brenne darauf, ein menschliches Wesen zu finden, das an mich denkt und mir hilft, mich selbst zu finden. Ich bin nur noch Hausfrau."

Und an anderer Stelle (ebd., vgl. auch Keegan 1992):

> „Ich weiß nicht, wie ich anfangen soll, in mir ist so ein stiller Kampf! Und eine so schreckliche Sehnsucht nach jemandem, der an *mich* denkt – der mir hilft, mich *selbst* zu finden! Ich gehe unter am Altar des Familienlebens … Ich hatte das Gefühl, ich hätte diese Brücke ein für allemal überschritten – jemand hätte mich grob am Arm gefasst und mich weit weg von meinem eigenen Selbst geführt."

Selbst als Alma versuchte, für ihre Frustration Worte zu finden, und sich im folgenden Jahr bei ihm darüber beklagte, dass er so wenig Interesse an ihr nahm und ihre eigene Arbeit nicht richtig anerkannte, bestand seine einzige Reaktion darin, dass er ihr selbst die Schuld an ihrem Unglück gab: „Nur weil deine Blütenträume sich nicht erfüllt haben?" fragte er sie sarkastisch. Im Verlauf der nächsten Jahre lebte das Paar sich weiter auseinander. Gustav war vollkommen von seiner Arbeit absorbiert. Alma war deprimiert und frustriert. Ihre erste Tochter, die nach Gustavs geliebter, aber gesundheitlich sehr zarter Mutter Maria getauft worden war, starb 1907 im Alter von nur fünf Jahren. In seinem Schmerz zog Gustav Mahler sich noch weiter in sich zurück.

Man hatte bei ihm eine lebensbedrohliche Herzerkrankung festgestellt, und Alma selbst war häufig nicht nur körperlich krank, sondern auch depressiv. Keiner der beiden hatte für die zweite Tochter, Anna, die im Jahre 1904 geboren war, genügend Energie übrig. Sie war daher oft sich selbst überlassen und machte sich noch Jahre nach dem Tod ihrer Schwester Selbstvorwürfe, obwohl sie damals erst drei Jahre gewesen war. Gustav war von der Angst erfüllt, er selbst würde bald sterben. Nachdem er acht Sinfonien geschrieben hatte, befürchtete er, er werde wie Schubert, Beethoven und Bruckner nach der neunten Sinfonie sterben. Deshalb beschloss er, sein nächstes Werk nicht als seine neunte Symphonie zu bezeichnen, sondern es *Das Lied von der Erde* zu nennen, wobei er sich einredete, auf diese Weise fordere er sein Schicksal nicht heraus.[13]

Während dieser stürmischen Periode ließ Alma sich emotional auf eine Beziehung mit einem glühenden Anhänger von Gustav Mahler ein – auch diese Art eines Dreiecksmusters kommt sehr häufig vor in Situationen, in denen ein Verlust droht oder ein bereits eingetretener Verlust zu verarbeiten ist. Mahler war außerdem stark von den Karrierekämpfen an der Wiener Hofoper in Anspruch genommen und musste sich mit den antisemitischen Strömungen auseinander setzen, die in jener Zeit die gesellschaftspolitische Atmosphäre Wiens prägten und seine Laufbahn beeinträchtigten. Eine Zeit lang gingen die Mahlers in die Vereinigten Staaten, wo Mahlers Werk wesentlich mehr geschätzt wurde als in der Heimat; Alma jedoch war noch isolierter als zuvor und fühlte sich zunächst wie von der Welt abgeschnitten. Dazuhin hatte sie im Jahre 1909 eine Fehlgeburt, die den Schmerz über den Tod ihres ersten Kindes neu belebte.

13 Er komponierte später tatsächlich eine Neunte Sinfonie, es war ihm jedoch nicht mehr vergönnt, seine Zehnte Sinfonie zu vollenden.

Im Mai 1910 konsultierte Alma einen Arzt. Sie fühlte sich krank wegen dem, was sie das „ewig währende Hetztreiben" nannte, „das ein solcher Riesenmotor wie Mahlers Geist bedingt" (Monson 1983). Sie befürchtete, dass sie am Rande eines Nervenzusammenbruchs stand. Der Arzt empfahl eine lange Erholungskur, und sie suchte einen Badeort auf. Es überrascht nicht, dass sie sich in diesem Kontext in eine neue Romanze verstrickte – dieses Mal mit Walter Gropius, einem gut aussehenden, fantasievollen begabten deutschen Architekten, der fünf Jahre jünger war als sie. Bald schon schrieb Gropius an Mahler – ganz so, als ob dieser Almas Vater wäre – und hielt um ihre Hand an. Gustav Mahler reagierte darauf mit großer Angst, Nervosität und Verzweiflung. Er war fast besessen von der Furcht, er könnte seine Frau verlieren, und gelobte, sein Verhalten Alma gegenüber zu ändern. Schließlich konsultierte er Sigmund Freud.

Vom systemischen Standpunkt aus gesehen, ist Freuds Intervention sehr interessant. Er konzentrierte sich mit seiner Intervention ganz auf die ungelösten Probleme, die das Paar mit seinen eigenen Eltern hatte, auf jene Probleme, die Gustav und Alma in erster Linie zueinander hingezogen hatten. Freud stellte die provozierende Frage:

> „Wie kann man in einem solchen Zustand ein junges Weib an sich ketten? … Ich kenne Ihre Frau. Sie liebte ihren Vater und kann nur den Typus suchen und lieben. Ihr Alter, das Sie fürchten, ist gerade das, was Sie Ihrer Frau anziehend macht. Seien sie ohne Sorge! Sie lieben Ihre Mutter, haben in jeder Frau deren Typus gesucht. Ihre Mutter war vergrämt und leidend, dies wollen Sie unbewusst auch von Ihrer Frau."

Gustav Mahler gab zu, dass ihn die Krankheiten Almas an den Tod seiner Mutter erinnerten, und diese Erinnerungen gingen bei ihm Hand in Hand mit der Angst, verlassen zu werden. Er begann nun, Liebesbriefe an Alma zu schreiben, Briefe voller Bewunderung und Besorgnis. Er selbst befürchtete, wie ein „Gymnasiast" zu klingen, verbarg jedoch seine Verliebtheit nicht:

> „Freud hat ganz recht – du warst mir immer das Licht und der zentrale Punkt! Freilich, das innere Licht, welches mir über alles aufgegangen, und das selige Bewusstsein – durch keine Hemmungen mehr getrübt – steigert alle meine Empfindungen ins Unendliche."

Dies ist der paradoxe Aspekt so vieler Ehen: Obgleich die Männer häufig die persönliche Entwicklung ihrer Frauen kontrollieren und hemmen, ist ihre eigene, nicht artikulierte Abhängigkeit von ihren Frauen sehr stark. Für die Frau bedeutet das, dass sie sich in einer paradoxen Situation befindet: Während sie einerseits als verletzlich und emotional von ihrem Mann abhängig gilt, erwartet man andererseits von ihr, dass sie fast ohne emotionale Unterstützung, Bestätigung oder Verständnis von seiner Seite aus eigener Kraft überlebt.

In diesem Fall entwickelte sich die Situation folgendermaßen: Unter dem Druck der Krise spielte Gustav nun erstmals die Lieder, die Alma viele Jahre zuvor geschrieben hatte. Er war begeistert von ihren Liedern und brachte den Wunsch zum Ausdruck, dass sie zum Komponieren zurückkehren solle, zu dem Teil ihrer Vergangenheit also, dem er neun Jahre zuvor so kategorisch ein Ende bereitet hatte. Aber Alma, die immer ihre Musik mit ihm hatte teilen wollen, hatte jetzt das Gefühl, er sei in ihre Privatsphäre eingedrungen, und war der Ansicht, dass zehn Jahre verlorene Entwicklung nicht mehr nachzuholen seien. Sie fand nie mehr den Mut, zum Komponieren zurückzukehren, obwohl ihre Ehe allmählich abgeklärter wurde. Gustav wurde weicher. Jahrelang hatte er ihren Geburtstag und andere Festtage ignoriert; er hatte ihr noch nicht einmal ein Hochzeitsgeschenk überreicht. Jetzt kaufte er ihr einen Diamantring und traf sorgfältige Vorbereitungen für das Weihnachtsfest. Auch gegenüber seiner Tochter Anna brachte er seine Gefühle jetzt stärker zum Ausdruck. Kurz nach Weihnachten 1910 zog er sich eine schwere Infektion zu mit Fieber, Schüttelfrost und Halsschmerzen und starb nach wenigen Monaten im Mai 1911. Alma war noch nicht einmal 32 Jahre alt.

Alma heiratete noch zweimal und hatte mit einer ganzen Reihe anderer Männer Beziehungen; unter ihnen waren der Dramatiker Gerhart Hauptmann, Paul Kammerer, ein glänzender und sehr umstrittener Biologe, und der Maler Oskar Kokoschka, der ähnliche Forderungen an Alma stellte wie Gustav Mahler:

„Liebes, du musst dich zwingen, jeden Gedanken an deine Vergangenheit und jeden Berater vor mir aufzugeben, ehe es zu spät ist ... Ich möchte so sehr, dass du dich selbst, deinen Frieden, deine Freiheit in *meinem* Wesen findest ... Also rate ich dir, dich zu entscheiden, ob du von mir oder in mir frei sein willst ...“

Er ging tatsächlich dazu über, seine Briefe mit „Alma Oskar Kokoschka“ zu unterzeichnen, so als ob er ihrer beider Identitäten miteinander verschmelzen wollte. Obgleich Alma sich sehr stark zu Kokoschka hingezogen fühlte, war sie – vielleicht aufgrund harter Erfahrungen – weise genug, seinem Verlangen nach totaler Verschmelzung zu widerstehen. Die Beziehung zu Oskar Kokoschka wühlte Alma tief auf, aber mit den Jahren hatte sie zunehmend das Gefühl, sie müsse sich von ihm befreien:

> „Ich möchte von Oskar loskommen. Er passt nicht mehr in mein Leben. Er nimmt mir meine Antriebskraft ... Ich weiß, er hat mich krank gemacht – jahrelang krank –, und er konnte mich nicht verlassen ... – aber jetzt weiß ich, dass ich nur im Tod *singen* werde! Dann werde ich niemandes Sklave sein, denn ich werde nur auf mein Wohlergehen und mich selbst achten.“

In dem Versuch, von Kokoschka loszukommen, wendete sie sich Gropius wieder zu und überzeugte ihn innerhalb von zwei Wochen davon, dass sie ineinander verliebt seien. Es war für sie nicht bedeutungslos, dass Gropius' Geburtstag auf den 18. Mai fiel, den Todestag Gustav Mahlers. Sie verknüpfte ihn auch auf andere Weise mit dem Verlust Gustav Mahlers. In der Erinnerung an ihre erste Begegnung mit Walter Gropius in einer Zeit, in der sie das Gefühl gehabt hatte, sich gänzlich für Mahler aufzuopfern schrieb sie:

> „Er [Mahler]... kam gar nicht auf die Idee, dass ich etwas anderes vom Leben erwarten könnte oder dass ich einfach aus Mangel an Liebe umgekommen wäre, wenn die Dinge so weitergegangen wären ... Ich glaubte, alt und hassenswert zu sein ... und plötzlich trat ein Mann in mein Leben, der mir neu und sofort von mir eingenommen war. Als er mir zum ersten Mal sagte, dass er mich liebte, war ich glücklich, wie schon Jahre nicht mehr. Das geschah unmittelbar, nachdem ich mein schönes Kind verloren hatte. Ich war verzweifelt und litt.“

Da diese Beziehung sich auf ihre früheren Verluste gründete, überrascht es kaum, dass sie die Beziehung schon bald, nachdem sie und Gropius geheiratet hatten und ihnen im Jahr 1916 ein Kind geboren worden war, zu beenden wünschte. Alma versuchte zu verhindern, dass Gropius zu ihrer gemeinsamen Tochter, Manon, eine wirklich enge Beziehung entwickelte, und wendete sich bald dem Dichter Franz Werfel zu, der elf Jahre jünger war als sie. Sie wurde schwanger von ihm und machte Gropius glauben, das Kind sei von ihm; als Gropius die Wahrheit erfuhr, ließ er Alma ohne Streit und Vorwürfe gehen. Das Baby, das zu früh geboren wurde, starb nach wenigen Monaten.

In den darauf folgenden Jahren rang Alma um eine Neuordnung ihres Lebens. Sie konnte Werfel nicht heiraten, und sie konnte ihn nicht verlassen. Die beiden trennten sich immer wieder für längere Zeit voneinander, und jeder konzentrierte sich auf seine eigene Arbeit; dann lebten sie wieder zusammen. Im Jahre 1929 heirateten sie schließlich. Wirklich glücklich war ihre Beziehung nie. Kurz vor seinem Tod im Jahre 1944 schrieb Werfel ein Gedicht für Alma:

> Wie ich dich liebe, hab ich nicht gewusst,
> Bevor mich überfiel das rasche Scheiden.
> Ich bin ganz blutarm von soviel Erleiden.
> Warum wird man bewusst erst durch Verlust?

In Almas letzten Lebensjahren tauchte Oskar Kokoschka in New York auf, wo sie jetzt lebte, und bat darum, sie besuchen zu dürfen. Sie hatten über die Jahre hinweg von Zeit zu Zeit miteinander korrespondiert, Briefe voller Fantasien und unerfüllter Möglichkeiten und voller Träume von einer schließlichen Wiedervereinigung. Am Ende weigerte Alma sich, ihn zu empfangen. Vielleicht wollte sie lieber an ihrem Traum von der Liebe festhalten, als sich ihrer komplexen Realität noch einmal zu stellen.

Eheliche Komplementarität

Das Sprichwort „Gegensätze ziehen sich an" entspricht nicht ganz der Wahrheit, da die Menschen sich im Allgemeinen Partner aussuchen, die ihnen in wesentlichen Punkten ähnlich sind. Doch neigen Paare dazu, im Laufe ihrer Beziehung reziproke, komplementäre und gegensätzliche Rollen anzunehmen. Es ist fast so, als ob die Partner einander ausgesucht hätten, um jeweils eine verborgene Seite zum Ausdruck bringen zu können.

Eine Ehe enthält so viele Ebenen der Interdependenz, dass außen Stehende vielleicht niemals wirklich wissen können, wofür jeder in der Beziehung für den andern einen Ersatz darstellt und ihn auf diese Weise an sich bindet. Während Verschiedenheit oder Komplementarität die Grundlage dafür bietet, dass zwei Partner sich voneinander angezogen fühlen, können genau diese Unterschiede im Laufe der Zeit zum Problem werden. So kann sich zum Beispiel eine Frau, die aus einer vielköpfigen lärmenden italienischen Arbeiterfamilie aus Brooklyn stammt, stark angezogen fühlen von einem Vertreter der weißen protestantischen Mittelschicht angelsächsischer Herkunft (WASP) aus dem Mittleren Westen, der in seiner Familie das einzige Kind gewesen ist. Sie sieht in ihm die Verkörperung des „amerikanischen Traums" und bewundert seine ruhige, zuverlässige Art, seine Stärke, seine Konsequenz und Zielgerichtetheit und seine Fähigkeit, stets ruhig und rational zu bleiben, auch dann, wenn man ihn provoziert. Ihm wiederum gefällt, dass sie Spaß am Leben hat und fröhlich, lustig und warmherzig ist. Er findet die Spontaneität und die offen gezeigte Zärtlichkeit in ihrer Familie wunderbar, ganz zu schweigen von dem köstlichen Essen und der Lebensfreude, die ihre Familie durch ständiges Feiern zum Ausdruck bringt.

Alles ist bestens, bis die beiden nach der Hochzeit sich daranmachen, sich miteinander einzurichten. Jetzt fängt sie plötzlich an, seinen Fleiß als „Arbeitswut" zu betrachten, und entwickelt einen heimlichen Groll gegen seine stoische Ruhe. Ihre Lebhaftigkeit und ihr Charme erscheinen ihm nun als Ausdruck theatralischer Selbstdarstellung und Hysterie, und außerdem findet er immer öfter, dass sie einfach „rücksichtslos" und nicht etwa nur „locker" ist. Ihre Familie, bisher in seinen Augen „eine farbige Welt, in der alle Spaß haben", ist jetzt „lärmend, aufdringlich und erdrückend". Seine Familie wiederum erscheint in ihren Augen nun nicht mehr attraktiv, weil sie einen so „ruhigen Charme und eine unaufdringliche Freundlichkeit" ausstrahlt, sie empfindet sie als schlicht „langweilig und zugeknöpft".

In Ihrer eigenen Familie hat Ihre Mutter vielleicht die Märtyrerin gespielt und ihre eigene Identität unterdrückt, während Ihr Vater den Haustyrannen gegeben hat. Vielleicht waren die Paarbeziehungen auch durch Machtkämpfe gekennzeichnet, bei denen keiner der beiden Partner nachgeben konnte und die deshalb in einer Pattsituation endeten. Vielleicht haben die Frauen die Szene beherrscht, während die Männer still in der Ecke saßen und rauchten oder die Zeitung lasen. Ganz egal, wie diese Muster auch ausgesehen haben mögen, Sie müssen feststellen, welcher Art sie gewesen sind und welche Bedeutung sie hatten; erst dann wissen Sie, welche Rolle Sie selbst tatsächlich spielen und welche Rolle Sie gerne spielen würden.

Die Erforschung der komplementären Muster, besonders in den ehelichen Beziehungen, wird Ihnen Einsichten in die in Ihrer Familie vorherrschenden Muster vermitteln, die von Generation zu Generation weitergegeben werden und die Sie vielleicht verändern möchten. George Bernard Shaws Frau schrieb (Dunbar 1963):

„Der Konflikt zwischen unterschiedlichen Temperamenten ist die Rache der Natur an der Gattung ... Die Natur sorgt dafür, dass Männer und Frauen jeweils in die Arme derer fallen, die ihnen genau entgegengesetzt sind ... Ganz normale, vernünftige Menschen fühlen sich von Leuten angezogen, die ihnen nicht ähnlich sind: die Starken von den Schwachen, die Leidenschaftlichen von den Ruhigen, die Dunklen von den Hellhäutigen ... eine Ehe führt zu unsagbarem Unglück ... das durch den Zusammenstoß ... verursacht wird ... Ständig geben wir nur einem die Schuld, und wahrscheinlich dem Falschen. Für den Kummer, den ich in meiner Jugend hatte, schien ausschließlich meine Mutter verantwortlich zu sein, aber nach reiflicher Überlegung ist mir klar geworden, dass das eine falsche Sicht der Dinge ist."

Im Alter von 42 Jahren heiratete George Bernard Shaw Charlotte Payne-Townshend, die damals 41 Jahre alt war (Genogramm 8.4). Bis zum Jahr ihrer Eheschließung war Charlotte fest entschlossen gewesen, niemals zu heiraten, und hatte mehrere Heiratsanträge ausgeschlagen. Shaw hatte eine zynische Auffassung von der Ehe; teils war er aus politischen Gründen gegen die Ehe als bürgerliche Institution, teils aufgrund der Erfahrungen, die er in seiner Kindheit angesichts der miserablen Ehe seiner Eltern gemacht hatte. Als er zwölf Jahre alt war, ersetzte seine Mutter den Vater durch einen Liebhaber, der mit seinem Vater zusammen bei ihnen wohnte. (Möglicherweise ist der Liebhaber der Mutter sogar der Vater von GBS.)

Das für Shaw typische, von ihm über lange Zeit hinweg praktizierte Muster bestand darin, sich von den Frauen, die Interesse an ihm zeigten, zu distanzieren. Einer seiner Bewunderer sagte einmal über ihn: „Der Anblick einer Frau, die sehr verliebt in ihn war, machte ihn zornig" (Holroyd 1988). Shaws Ansicht über solche Frauen war diese (ebd.):

„Ich gebe ihr nichts, und ich nehme noch nicht einmal ... etwas von ihr an, was sie sehr unglücklich machen muss. Sage ich ihr das, dann demütigt sie das nur und bereitet ihr Qualen, es zieht sie an und führt dazu, dass alles noch schlimmer wird."

Dies ist das typische Beziehungsmuster zwischen einem werbenden, den andern verfolgenden und einem sich entziehenden Partner. Die Tatsache, dass der (oder die) andere um ihn (oder sie) wirbt und ihm (ihr) nachstellt, jagt den sich entziehenden Partner noch stärker in die Flucht. Das Interessanteste an diesem Muster ist jedoch dies: Sobald einer der beiden die Rolle wechselt, scheint auch der (die) andere in eine andere Rolle zu schlüpfen. Als Charlotte aufhörte, Shaw zu verfolgen und um ihn zu werben, begann Shaw seinerseits, sie zu verfol-

Die Familien Shaw und Payne-Townshend

Genogramm 8.4

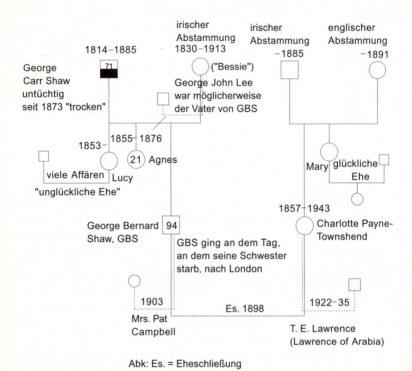

Abk: Es. = Eheschließung

gen, und als es so weit war, fing sie an, sich zu entziehen. Charlotte war nicht nur diejenige, die Shaw emotional verfolgte, sie war auch diejenige, die Geld hatte und gerne reiste. Das ermöglichte es ihr, sich Shaw auch ganz real, äußerlich, zu entziehen, und gab ihr eine gewisse Macht über ihn.

Sie war die ältere von zwei Schwestern und hatte die Ehe ihrer Eltern als eine Katastrophe erlebt. Ihre Mutter, die englischer Herkunft war, hasste Irland und alles Irische. Charlottes Vater, der Ire war, vergötterte Irland und fühlte sich an jedem anderen Ort wie ein Fisch auf dem Trockenen. Charlotte vergötterte ihren liebevollen und sanften irischen Vater, dessen Weichheit seine Frau immer wieder zu den heftigsten Zornesausbrüchen reizte. Charlottes Mutter wünschte sich nichts mehr, als dass er endlich einmal aufstand und selbst sich behauptete. Stattdessen stellte ihr Mann sich taub gegen die Forderungen seiner Frau und versuchte, sich unsichtbar zu machen. Er war ein Träumer, der ständig leise vor sich hin summte und mit den Fingern auf die Stuhllehne trommelte. Aus Charlottes Sicht war es so, dass ihre Mutter seine Träume zerstört und am Ende alles Leben in ihm erstickt hatte. Später fragte Charlotte sich manchmal, ob ihr eigener Hass auf ihre Mutter diese getötet hatte, so wie nach ihrer Auffassung der Hass ihrer Mutter ihren Vater getötet hatte.

Charlottes Mutter trieb sie erbarmungslos a, zu heiraten, und Charlotte weigerte sich genauso vehement. Erst als die Mutter gestorben war, konnte sie es sich erlauben, sich das erste Mal zu verlieben. Als ihre Liebe zurückgewiesen wurde, irrte sie einige Jahre orientierungslos umher, immer auf der Suche nach einem Sinn für ihr Leben. Eine Freundin, die sie bald danach mit Shaw bekannt machte, beschrieb Charlotte folgendermaßen (Dunbar 1963):

> „Sie war … allein in der Welt, ohne Bindungen, ohne irgendeinen bestimmten Glauben und mit einem sehr großen Einkommen. Jahrelang … ließ sie sich treiben – in Indien, in Italien, in Ägypten, in London, immer auf der Suche nach einer Betätigung und nach Gleichgesinnten … Ihrer Natur nach ist sie eine Anarchistin – jede Regel oder jedes Gesetz ist ihr unerträglich … Sie ist von Natur aus eine Rebellin. Sie ist in keiner Weise snobistisch und lehnt jede Konvention ab."

Dann begegnete sie Shaw. Er war 40; sie war 39. Sie hatten ziemlich viel gemeinsam, nicht zuletzt ihre Verabscheuung der Ehe. Beide waren sie Rebellen, Radikale und Nonkonformisten, denen ihre Unabhängigkeit über alles ging. Shaw schrieb über den Anfang ihrer Beziehung (Holroyd 1988):

> „Sie ist auch irisch und fällt nicht auf meine Tricks herein … aber deshalb kommen wir nur umso besser miteinander aus, wir reparieren unsere Fahrräder, sprechen über Philosophie und Religion … wenn wir gerade ausgelassen oder sentimental sind, flirten wir schamlos und unverschämt miteinander herum … Sie kennt den Wert ihrer unbeschwerten Unabhängigkeit, nachdem sie unter den Familienbanden und der Konvention ziemlich viel zu leiden hatte … Der Gedanke, sich durch eine Heirat wieder fest an jemanden zu binden … erscheint ihrem Intellekt geradezu unerträglich dumm. Ihre Theorie ist, dass sie es nicht machen wird."

Das klingt, als ob ihre Persönlichkeiten geradezu ideal zueinander passen müssten. Aber wie die meisten Paare fielen sie im Laufe ihrer Beziehung in komplementäre Rollen.

Charlotte begann, nach einer engeren Verbindung zu streben, aber sobald sie das tat, machte er einen Rückzieher und warnte sie (ebd.):

> „Von dem Augenblick an, in dem du nicht mehr ohne mich sein kannst, bist du verloren."

Als sie, seinem Rat folgend, ihm zu widerstehen versuchte und ganz plötzlich nach Irland aufbrach, war er vollkommen verblüfft und beklagte sich (ebd.):

> „Warum hast du gerade diesen Zeitpunkt gewählt, um mich zu verlassen – gerade jetzt, wo du am meisten gebraucht wirst?"

Er versuchte, sich in andere Beziehungen zu flüchten, aber je weiter sie sich von ihm entfernte, umso heftiger verliebte er sich in sie, auch wenn ihn dieser Zustand geradezu erstarren ließ. Am Tag vor ihrer Rückkehr aus Irland schrieb er an sie (ebd.):

> „Ich werde versuchen, dich zu sehen, unter allen Umständen. Ich muss, und dieses ‚muss', das dich ‚ziemlich beunruhigt', jagt mir einen Schrecken ein … Wenn es möglich wäre, davonzulaufen – wenn das etwas nützen würde –, dann würde ich es tun; eine so tödliche Angst habe ich, dass mein Herumtändeln, meine Lügen, meine tief eingewurzelte Treulosigkeit und meine Leichtfertigkeit Frauen gegenüber dich unglücklich machen werden, während all mein gesundes Begehren darauf aus ist, dich glück… – ich meine stark und selbstbewusst und ruhig zu machen … Denn es gibt etwas zwischen uns neben und außer meiner Bosheit."

Shaw konnte nicht einmal zugeben, dass sie ihm so wichtig war, dass er sie glücklich machen wollte. Das hätte bedeutet, dass die Abhängigkeit zu groß geworden wäre. Bevor sie sich wiedersahen, instruierte er sie, auf welche Weise sie Distanz von ihm zu halten habe, sobald sie allein miteinander waren. Im Laufe der nächsten paar Monate verstrickten sich ihre Schicksale jedoch immer stärker miteinander. Er beendete seine verschiedenen Beziehungen mit anderen Frauen, und sie machte sich nach und nach unentbehrlich für ihn – sie war seine Sekretärin und diejenige, die täglich für ihn sorgte, und sie war zugleich seine Gefährtin. Shaw war der Überzeugung, die Ehe sei geradezu die Voraussetzung dafür, einer Frau die größtmögliche Freiheit zu garantieren – aber natürlich scheute er selbst davor zurück! Als Charlotte seinen Rat schließlich zu befolgen suchte und ihm einen Heiratsantrag machte, reagierte er offensichtlich „mit schauderndem Entsetzen & fragte in aufgeregtester Weise, was eine Fahrkarte nach Australien koste" (ebd.).

Das Paar versöhnte sich bald wieder, aber Charlotte war wie üblich in der Position derjenigen, die GBS emotional verfolgte. Als Shaw sie zurückstieß, zog sie sich ihrerseits wieder zurück (Dunbar 1963):

> „Ich befinde mich in der ziemlich ungewöhnlichen Position, vollkommen frei zu sein ... Das persönliche Glück, das jedermann an die erste Stelle setzt und das ganz in meiner Reichweite schien, war mir verloren ... und mein Leben ist ruiniert; ich bin also frei von den gewöhnlichen Hoffnungen, Befürchtungen und Verzweiflungen, die jeder von uns hat und die so leicht zu Ketten werden."

In ihrer Abwesenheit merkte Shaw, wie sehr er sie vermisste: „Es ist so verdammt unbequem, dass du außerhalb meiner Reichweite bist" (ebd.). Unfälle stellten sich ein, und er begann, körperliche Symptome zu entwickeln. Zuerst fiel er vom Fahrrad. Als der Dramatiker, der er war, spielte er sein blaues Auge und sein zerschnittenes Gesicht aus bis zum Letzten. Aber als Charlotte ihn bald danach aufforderte, mit ihr eine kurze Reise zu machen, antwortete er sarkastisch und ausweichend (ebd.):

> „Es hat keinen Sinn, menschliche Sympathie von mir zu erwarten. Ich habe die Weichen gestellt und bin dein sehr guter Freund, aber ich bin hart wie Stahl."

Als sie ohne ihn abreiste, verstärkte sich sein sarkastischer Humor noch (ebd.):

> „Was soll dieses unvorstellbare Benehmen bedeuten? Verlässt du all deine Pflichten – sogar deine Sekretärinnenpflichten? Ist es nicht genug, dass ich ohne Klage zu meinem öden und freudlosen Leben zurückgekehrt bin? ... Dann geh eben, undankbares Weib: Erfüll dir deinen Herzenswunsch: Such dir deinen Meister – einen, der dein Geld ausgibt und die Herrschaft in deinem Haus übernimmt ... Schütze dich für alle Zeiten vor der Freiheit, der Unabhängigkeit, der Liebe, der ungezwungenen Gemeinschaft mit den besten Geistern deiner Zeit, vor dem erhabenen Pfad, auf dem du deinen eigenen Weg gehst und selbst über dich entscheiden kannst, und vor all den anderen Gütern, nach denen 999 Frauen sehnsüchtig verlangen und die jede Tausendste verschmäht."

Je länger Charlotte von ihm weg war, umso schwankender wurde er. Schließlich schrieb er ihr; er bezeichnete sich selbst als einen „verabscheuungswürdigen verlassenen Menschen" und flehte: „O Charlotte, Charlotte: Ist dies der Zeitpunkt, sich in Rom herumzutreiben?" (Holroyd 1988). Bald entwickelten beide alle möglichen Symptome – Shaw litt unter Kopfschmerzen und Zahnweh, er hatte allerlei Unfälle und bekam schließlich die Gicht, sie litt unter Neuralgien, Ruhelosigkeit und Depression. So sehr er sie vermisste – er hatte auch Angst vor ihr (ebd.):

> „Aber dann denke ich an die andere Charlotte, die schreckliche Charlotte, die potenzielle Lügnerin, die Seelenhypochonderin, die stets auf der Lauer liegt und mich in die Knechtschaft zu schleppen versucht, die ständig irgendeine Form von netter, vernünftiger, behaglicher, selbstsüchtiger kleiner Zerstörung für mich plant, die beim geringsten Ton von Freiheit in meiner Stimme zusammenzuckt, sodass mir am Ende nichts anderes übrig bleibt, als mich vor ihr zu verstecken, die mich hasst und mich begehrt mit der verzehrenden Leidenschaft, mit der die Spinne die Fliege umgarnt."

Als sie schließlich von Rom zurückkehrte, befand er sich nicht nur in einem Zustand verzweifelter Sehnsucht nach ihr, sondern auch äußerlich in einer katastrophalen Situation, denn er konnte sich wegen einer Entzündung am Fuß fast nicht mehr bewegen. Charlotte war hell entsetzt, als sie feststellte, in welch erbärmlichen Verhältnissen er lebte: schmutzig, elend, schlecht ernährt, vernachlässigt. Seine Mutter, bei der er wohnte, tat nichts für ihn, sofern sie seinen Zustand überhaupt bemerkte. Charlotte konnte ihr nie verzeihen, wie sehr sie ihren Sohn vernachlässigt hatte, was sie indessen nicht daran hinderte, ihr, gleich nachdem sie GBS geheiratet hatte, eine Jahresrente auszusetzen. Beide Herkunftsfamilien standen dem Paar feindselig gegenüber, und zwar dauerhaft. Charlottes Schwester war nicht einmal bereit, Shaw auch nur ein einziges Mal zu begegnen, und Shaws Schwester, die zunächst in erster Linie gegen ihren Bruder etwas hatte, entwickelte im Lauf der Zeit gegen Charlotte ein noch größeres Ressentiment.

Wie das Paar schließlich zu dem Entschluss kam, eine Heirat einzugehen, wird für immer ein Geheimnis bleiben. Charlotte sprach niemals über private Dinge, und Shaw verschleierte die Ereignisse in seinem Leben, die ihn emotional wirklich tief berührten, stets durch derbe Späße. Etwas in ihm hatte angefangen, sich zu verändern. Er schrieb (Dunbar 1963):

„Ich hatte immer, schon seit meiner Knabenzeit, den Eindruck gehabt, dass 38 oder 40 Jahre ein gefährliches Alter sei für ein Genie und dass ich vielleicht wie Mozart, Schiller und Mendelssohn in dieser Krise sterben würde."

Shaw litt in jener Zeit unter ständigen Schmerzen und hätte eigentlich operiert werden müssen; erst Charlotte sorgte dafür, dass das schließlich auch geschah. Seine Situation war irgendwie anders geworden, durch „eine Veränderung meines eigenen Bewusstseins", wie er selbst sagte.

„Ich stellte fest, dass mein persönlicher Widerstand gegen eine eigene Ehe mit meinem Widerstand gegen meinen eigenen Tod aufgehört hatte" (ebd.).
„Der Tod kam nicht; aber etwas, gegen das ich mich stets noch viel mehr gesträubt hatte: nämlich die *Ehe*" (Holroyd 1988).

GBS verbreitete später, er habe geheiratet, weil er als ein elender Kerl, der an Krücken ging, und betäubt durch Chloroform, entschlossen gewesen sei zu sterben, da habe er „ihr den Antrag gemacht, sie zu meiner Witwe zu machen".[14] Noch Jahre später beharrte Shaw darauf, er habe die Entscheidung zu heiraten als ein sterbender Mann getroffen, und er fügte hinzu, Charlotte habe ihn gewarnt, wenn er nicht heirate, werde er dauerhaft zum Invaliden. Er verfasste selbst eine humoristische Zeitungsannonce, in der seine Hochzeit angezeigt wurde, wobei er diese als ein ganz und gar zufälliges Ereignis darstellte (Dunbar 1963):

„Eine Dame und ein Herr waren gestern mit dem Wagen unterwegs ... in Covent Garden, als ein kräftiger Regenschauer sie zwang, im Büro des ... Standesbeamten Schutz zu suchen, und in der Verwirrung des Augenblicks traute er sie. Die Dame war ... Miss Payne Townshend, und bei dem Herrn handelte es sich um George Bernard Shaw ... So beunruhigend die Freiheit, die ... der Beamte sich da genommen hatte, auch war, es ist ganz gut ausgegangen. Miss Payne Townshend ist eine irische Dame mit einem Einkommen, das die Summe, die ,Corno di Bassetto' verdient hat, um ein Vielfaches übersteigt; aber für den glücklichen Mann hat dieser Umstand, da er Vegetarier ist, keinerlei Bedeutung."

14 Ob Shaw das nun genauso gesagt hat oder nicht, der Ausspruch ist sehr typisch für einen Iren; der Witz besteht darin, dass der Heiratsantrag eines irischen Mannes etwa so lautet: „Würde es dir gefallen, mit mir und meinesgleichen beerdigt zu werden?" Weitere Details finden Sie in Walsh und McGoldrick (1991).

Die beiden „Zufallspartner" waren in mancher Hinsicht sehr unterschiedliche Menschen. Wie viele älteste Kinder war Charlotte verantwortungsbewusst, dominant und daran gewöhnt, für andere zu sorgen. Shaw dagegen war der jüngere Bruder zweier Schwestern. Wie viele jüngere Brüder, die ältere Schwestern haben, war er respektlos, kreativ und ohne viel Verantwortungsbewusstsein, er war es gewohnt, dass andere für ihn sorgten. Charlotte mag Shaw geheiratet haben, weil ihr seine Unberechenbarkeit und sein kreativer Geist gefielen. Auch war er ganz offensichtlich ein Mensch, der jemanden brauchte, der sich um ihn kümmerte. Auch wenn es Shaw schließlich gelungen war, durch den Erfolg eines seiner Stücke einige Monate vor seiner Heirat eine gewisse wirtschaftliche Sicherheit zu erreichen, so mag Charlottes Reichtum vielleicht doch auch ein wenig zu seiner Entscheidung beigetragen haben, denn er ermöglichte es ihm, seine Mutter, mit der er bis zu seiner Heirat zusammengelebt hatte, finanziell zu unterstützen.

Wie so häufig bot die Tatsache, dass GBS und Charlotte komplementäre Persönlichkeiten waren – ein Umstand, der sie einander nahe gebracht hatte –, auch in diesem Fall keine Gewähr für eine glückliche Ehe. Obwohl sie 42 Jahre miteinander verheiratet waren und Shaw bis ans Ende seines Lebens immer wieder betonte, dass er niemals eine andere Frau hätte heiraten können, rückten Shaw und Charlotte einander im Laufe der Jahre immer ferner. Charlotte liebte es zu reisen; er hasste es. Sie kannte, wie ihr Vater, nichts Schöneres, als in Irland zu sein, während Shaw in der Frage, ob er überhaupt jemals in seine Heimat zurückkehren sollte, sehr ambivalent war. Das Entscheidende jedoch war: Shaw gelangte allmählich zu der Überzeugung, dass seine Frau für ihn keine würdige Gesprächspartnerin sei, mit der er ein Thema nach dem andern – Religion, Politik und so weiter – diskutieren konnte, und deshalb schloss er sie aus. Charlotte behandelte die einzige bedeutsamere Affäre, die Shaw im Laufe ihrer Ehe hatte, das Verhältnis mit Mrs. Patrick Campbell, mit großem Takt; sie brach den Kontakt mit ihm nicht ab und ließ sich durch die Gerüchte über die Affäre nicht aus dem Gleichgewicht bringen. Sie selbst war in dieser Zeit sehr absorbiert von der Suche nach ihrem eigenen geistigen Weg, ein Bereich ihres Lebens, an dem Shaw nicht teilhatte. Vom Jahre 1922 an entwickelte sie eine enge Freundschaft mit T. E. Lawrence (Lawrence von Arabien), sicher einer der großen Geister der Epoche; er war 20 Jahre jünger als sie, aber mit ihm konnte sie über jene ganz persönlichen Gedanken sprechen, die sie mit ihrem Mann nicht teilen konnte. Die Beziehung zu T. E. Lawrence hielt bis zu seinem Tod im Jahre 1935 an.

Erst nach Charlottes Tod im Jahr 1943 las Shaw, der damals 80 Jahre alt war, die Korrespondenz seiner Frau mit T. E. Lawrence und entdeckte, wie sehr er sie verkannt hatte. Er begriff, dass er den intellektuellen und emotionalen Reichtum, über den sie ganz offensichtlich verfügte, nicht gesehen hatte. Er schrieb:

> „Aufgrund eines Tagebuchs, das ich vor kurzem entdeckt habe, und einiger Briefe, die sie an T. E. Lawrence schrieb, ist mir bewusst geworden, dass es viele Facetten ihres Charakters gab, die nicht einmal ich gekannt habe, denn Lawrence gegenüber schüttete sie ihre Seele aus ... Ich habe 40 Jahre lang mit Charlotte zusammengelebt, und ich erkenne jetzt, dass es sehr vieles in ihr gab, was ich nicht wusste. Es ist ein Schock gewesen."

Shaw hatte eine Frau gesucht, die sich um ihn kümmerte, er hatte nicht erwartet, dass sie seine intellektuelle Gefährtin sein konnte. Er war unfähig gewesen, in seinen Erwartungen über das hinauszugehen, was die Erfahrung mit seiner eigenen unglücklichen Familie ihm nahe legte, und er hatte seine Frau nicht wirklich als die wahrgenommen, die sie war. Man könnte die These aufstellen, dass die komplementäre Beziehung, die sich aus der Stellung der beiden in der Geschwisterreihe ihrer jeweiligen Herkunftsfamilie ergab (er ein jüngster Sohn, sie eine älteste Tochter), sie dazu befähigte, 45 Jahre lang miteinander verheiratet zu bleiben, dass aber das Vermächtnis beider Herkunftsfamilien die Botschaft enthielt, dass Ehen zwangsläufig unglücklich sind; diese Botschaft muss, zusammen mit den gesellschaftlich vorgegebenen starren Geschlechterrollen, die Erwartungen des Paares an die Ehe so stark beeinflusst haben, dass sie nicht in der Lage waren, echte Nähe und Intimität zu entwickeln.

Dreiecksbeziehungen, in die Paare sich verstricken

Wenn ein Paar seine Probleme nicht selbst lösen kann, bereitet dies unter Umständen den Boden für einige weit verbreitete Dreiecksbeziehungen: Das Paar schließt sich zusammen, weil es gilt, mit einem schwer zu erziehenden oder kranken Kind zurechtzukommen, und lenkt sich so von seinen eigenen Problemen ab. Oder jeder der beiden Ehepartner sucht die Quelle für ihre Probleme in der Herkunftsfamilie des anderen: „Wenn nur deine Mutter sich nicht dauernd einmischen würde, dann wäre alles in Ordnung." Die Männer suchen traditionellerweise einen Ausgleich außerhalb der Familie, sobald es Schwierigkeiten in der Ehe gibt, sie konzentrieren sich auf ihre Arbeit, lenken sich durch außereheliche Affären ab oder konzentrieren ihre Energien auf „männliche" Aktivitäten: Sie suchen die Gesellschaft ihrer Kumpels in der Kneipe nebenan, spielen Golf und so weiter. Ein Ausweichen in die Sucht ist sicher die destruktivste aller „männlichen" Reaktionen auf Spannungen in der Ehe. Bei den Frauen verwandeln sich die ehelichen Frustrationen dagegen eher in Angst, Depression, sozialen Rückzug, einen rigiden Ordnungsfanatismus oder ein zu starkes äußeres und inneres Engagement für die Kinder. In unserer Zeit suchen die Frauen darüber hinaus zunehmend, genauso wie die Männer, einen Ausgleich in außerehelichen Affären, oder sie werden süchtig.

Es ist immer wieder zu hören, das 21. Jahrhundert sei das Jahrhundert, in dem der Wechsel zwischen Eheschließung und Scheidung den Rang eines ganz normalen Lebensmusters erreichen werde, da Scheidungen mittlerweile etwas ganz Selbstverständliches sind. Aber im Allgemeinen werden die Familien mit dem Zusammenbrechen einer Ehe nicht so leicht fertig, und die ungelösten Bindungen und Beziehungen verfolgen sie noch lange. Meistens hinterlässt eine Scheidung ein ganzes Bündel lose herabhängender Fäden – die kleinen Dinge, aus denen der Alltag des Lebens besteht, und die nun neu zusammengefügt werden müssen, bereiten in der Regel allen Beteiligten schmerzliche Empfindungen; und dazu kommt die Bitterkeit und die Trennung von einem Teil der Familie, die erst einmal überwunden werden muss. Ein junger Mann fasste seinen ganzen Groll gegen die zweite Frau seines Vaters einmal so zusammen: „Und da hat sie dann meine Vergangenheit mit all ihren künstlichen Nippes neu dekoriert."

Wenn es in Ihrer Familie – bedingt durch Trennung, Scheidung oder frühen Tod – neue oder fehlende Ehepartner gibt, dann kommt alles darauf an, eine Brücke zwischen all den abgebrochenen Beziehungen zu schlagen – das allein wird Ihnen neue Verbindungen eröffnen zu Menschen, die nun auch zu Ihnen gehören, Menschen, die sowohl Ihre Vergangenheit als auch Ihre Zukunft beeinflussen. Über jeden Zweig Ihrer Familie Bescheid zu wissen heißt unter Umständen auch, dass Sie einige intensive Reaktionen anderer Familienmitglieder überwinden und weiterhin beharrlich versuchen müssen, an die fehlenden Informationen im Genogramm Ihrer Familie heranzukommen.

– Welche Geschichten erzählt man sich in Ihrer Familie im Zusammenhang mit der Frage, wie die Paare sich gefunden haben und zusammengekommen sind? Wovon fühlten die Ehepartner sich jeweils beim anderen angezogen? Wie und warum entschlossen sie sich zu heiraten? Welche Träume gab es mit Blick auf die Ehe und welche Ängste? Welche Botschaften in Bezug auf die Ehe wurden von einer Generation zur anderen weitergegeben?

– Gibt es zeitliche Übereinstimmungen zwischen Ereignissen, die mit Heirat und Ehe zu tun haben (die erste Begegnung zwischen den Partnern, der Zeitpunkt, zu dem ein Familienmitglied sich verliebte oder sich entschloss zu heiraten oder der Zeitpunkt, zu dem erstmals Eheprobleme auftauchten) und anderen Familienereignissen, besonders Verlusten (Todesfällen, Umzügen, Familientraumen oder anderen Übergangssituationen im Lebenszyklus)?

– Welche ungelösten Probleme aus ihren Herkunftsfamilien haben Mitglieder Ihrer Familie möglicherweise in die Ehe mitgebracht?

– In welcher Weise haben sich die Beschreibungen, die die Ehepartner voneinander geben, seit der Zeit der ersten Liebe verändert?

– Welches sind die typischen Muster der ehelichen Beziehungen in Ihrer Familie? Gibt es bestimmte typische Muster der Symmetrie oder der Komplementarität, also Paare, auf die eines der folgenden Muster oder Beschreibungen passt: der Tyrann bzw. der Hausdrachen und das „kleine, graue Mäuschen" bzw. der „Schuhabtreter"; wütende Feinde; Tweedledum und Tweedledee;[15] das Muster „fürsorglicher Partner und Patient"; die Konstellationen „zwanghafter und hysterischer Teil"; „schweigsamer und schwatzhafter Teil"?

– Gibt es in Ihrer Familie Paare, die in Machtkämpfe verwickelt waren? Gibt es Konfliktvermeider? „Schiffe in der Nacht", die lautlos vorübergleiten?

---

15 Zwei Personen, die praktisch nicht voneinander zu unterscheiden sind; Figuren aus Alice im Spiegelreich von Lewis Carroll; A. d. Ü.

– Gibt es typische Dreiecksbeziehungen in Ihrer Familie: mit Blick auf ein Kind, eine außereheliche „Affäre", den Sport, das Fernsehen, die Arbeit, die Leidenschaft für ein bestimmtes Spiel (zum Beispiel Mah-Jongg), das Telefon? Eine Dreiecksbeziehung mit Blick auf eine Schwiegermutter?

– Gibt es typische Muster in Bezug auf das Verhalten der Geschlechter? Zum Beispiel: Die Männer verlassen die Frauen; die Frauen leiden jahrelang still vor sich hin; die Frauen sind frustrierte Impresarios?; die Männer sind schweigsam, sie entziehen sich, sie sind impulsiv oder einschüchternd?

– Gibt es bestimmte Scheidungsmuster? Wiederverheiratungen? Späte Heiraten? Wird überhaupt nicht geheiratet? Lange Ehen? Glückliche Ehen?

– Gibt es bestimmte Botschaften oder Regeln im Hinblick auf die Ehe, die in der Familie weitergegeben werden, wie zum Beispiel: Die Männer sind gefährlich; die Frauen sind gefährlich; die Ehe nimmt dir deine Freiheit; du kannst erst dann glücklich sein, wenn du verheiratet bist?

– Waren Hochzeiten in Ihrer Familie typischerweise eher traumatische Angelegenheiten oder fröhliche Familienzusammenkünfte? Waren es große, üppige Hochzeiten? Ist es vorgekommen, dass junge Paare miteinander durchgebrannt sind? Waren Hochzeiten nichts weiter als eine schlichte Angelegenheit auf dem Standesamt? Sind bestimmte Familienmitglieder nicht zu einer bestimmten Hochzeit gekommen, die „eigentlich" hätten dabei sein sollen? Gab es im Zusammenhang mit einer Hochzeit einen Abbruch der Beziehungen, oder wurde jemand aus der Familie ausgestoßen?

– Neigen die Ehepartner dazu, sich übers Geld zu streiten? Über Sex? Über die Kinder? Darüber, wie sie die Freizeit verbringen? Über das Essen? Die Religion? Politik? Über Schwiegermütter?

– Stammen die Ehepartner im Allgemeinen aus derselben ethnischen Gruppe? Aus der gleichen Schicht? Wenn nicht, streiten sie sich darüber, wer gesellschaftlich „aufgestiegen" ist?

– Wie haben die Paare in Ihrer Familie darüber verhandelt, wie sie mit Raum, Zeit, Geld umgehen wollten? Wie haben sie Entscheidungen darüber getroffen, wo sie den Urlaub verbringen und welche Familientraditionen und Rituale aus den jeweiligen Herkunftsfamilien sie beibehalten bzw. welche sie neu entwickeln wollten? Wie haben sie sich über die Beziehungen zu den Eltern, den Geschwistern, Freunden, der erweiterten Familie und den Mitarbeitern verständigt?

- Sind Teile Ihres Genogramms aufgrund einer Scheidung, aufgrund des frühen Todes eines Elternteils oder aufgrund von Dreiecksbeziehungen mit angeheirateten Verwandten verschwommen oder fehlen ganz? Sehen Sie eine Möglichkeit, an die fehlenden Informationen heranzukommen? Wer würde am empörtesten reagieren, wenn Sie eine Verbindung zu diesen Quellen herstellen würden? Sind Sie in der Lage, genügend Mut aufzubringen, um sich mit den Loyalitätskonflikten, der Eifersucht oder dem Gefühl des Verrats, das andere dabei haben werden, zu konfrontieren, um Ihre ganze Familie zurückzugewinnen?

- Welche Normen im Hinblick auf die Ehe herrschen in Ihrer Familie, und unterscheiden sie sich von den gesellschaftlich dominanten Normen? Gibt es bestimmte Muster, spät zu heiraten, nicht zu heiraten, sich zu scheiden oder wieder zu verheiraten? Gibt es bestimmte Muster, als Paar unverheiratet oder in unkonventionellen Gruppen zusammenzuleben? Gibt es in Ihrer Familie lesbische oder schwule Paare? Ehen, die bloß von Mai bis Dezember halten? Ehen mit einem „zusätzlichen" Erwachsenen?

9 Schichtzugehörigkeit, Kultur und Familienbeziehungen

„Wenn auch das Herz Afrikas immer noch ungreifbar blieb, so hatte doch meine Suche mich dem Verständnis meiner selbst wie auch anderer menschlicher Wesen näher gebracht. Das Heimweh ist in uns allen, die Sehnsucht nach dem sicheren Ort, an den wir gehen können, wie wir sind, und nicht infrage gestellt werden. Sie treibt uns zu gewaltigem Ehrgeiz und gefährlichen Kapriolen an … In der Hoffnung, dass, wenn wir diese Dinge machen, die Heimat uns annehmbar finden würde oder, sollte das nicht der Fall sein, wir alle unser schreckliches Verlangen nach ihr vergessen würden."

Maya Angelou

„Amerikaner chinesischer Herkunft, wenn ihr zu verstehen sucht, was an euch chinesisch ist – wie wollt ihr all das, was typisch ist für ein Kind, typisch für die Armut, den Irrsinn, typisch für eine Familie, für eine bestimmte Mutter, die eure Entwicklung durch Geschichten geprägt hat –, wie wollt ihr all das abgrenzen von dem, was chinesisch ist? Was ist chinesische Tradition, und was ist bloß Kino?"

Maxine Hong Kingston

Wahrscheinlich sind wir alle viel stärker als irgendetwas anderes ein Gemisch aus Identitäten, kulturellen und anderen Identitäten. Unsere Identität setzt sich zusammen aus den komplexen Ingredienzien unseres Erbes und ist abhängig von unserer Einschätzung in Bezug darauf, was wir in einem bestimmten Kontext von uns preisgeben können oder wollen, und sie hat etwas mit den Projektionen anderer Leute zu tun. In *The Crown of Columbus* von Louise Erdrich und Michael Dorris (1991; dt. *Die Krone des Kolumbus*, 1993) bringt der Erzähler Vivian Twostar diese Komplexität, die, von kleinen Unterschieden abgesehen, für fast jeden von uns gelten könnte, in brillanter Weise zum Ausdruck:

„Ich gehöre dem verlorenen Stamm derer an, die vermischtes Blut haben, jenem undurchschaubaren Gemisch, das die Polizei steckbrieflich verfolgt und das sich einer einfachen Zuordnung widersetzt. Als die DNA-Informationen meiner verschiedenen Vorfahren – Iren und Leuten aus Cœur D'Alene und Spanier und Navajos und Gott weiß, was sonst noch – sich vereinigten, um mich hervorzubringen, war das Ergebnis nicht ein vornehmes, undefinierbares Püree irgendeiner feinen Handelsmarke … Zu manchen Zeiten bestimme ich selbst, wer ich bin, zu andern Zeiten lasse ich es andere entscheiden. Ich bin nicht überhaupt nichts, aber ich bin es ein bisschen öfter als andere ... Ich habe anthropologische Studien gelesen über Leute wie mich. Man nennt uns ‚marginal‘, so als ob wir überall zu finden wären, bloß nicht mitten auf der Seite. Wir sitzen stets auf den billigen Zuschauerplätzen und schauen in die Arena, wir sind nie bei den wichtigen Spielern; aber die periphere Sicht hat ihre Vorteile. Wenn man außerhalb der Grenzen des Normalbereichs steht, weiß man wenigstens, was man nicht ist. Man leidet nicht unter der Klaustrophobie des Dazugehörens, und was einem an Sicherheit fehlt, das gewinnt man auf der andern Seite, indem man begreift – was diejenigen, die dazugehören, niemals begreifen –, dass Sicherheit eine Illusion ist.“

Vergessen Sie beim Nachdenken über sich selbst und Ihre Familie nicht, wie vielschichtig die Zugehörigkeit zu einer bestimmten Gruppe und die Gruppenidentifikation für einen jeden von uns ist. Vergessen Sie auch nicht, was diejenigen, die irgendwo „dazugehören“, von denen zu lernen haben, die am Rand stehen. Das wird Ihnen helfen, eine für die Beschäftigung mit Ihrer Familie grundlegende Voraussetzung zu begreifen – dass Sie nämlich Ihre Familie als System betrachten müssen, in dem jede Person eine Rolle spielt im Verhältnis zu einer anderen Person. Wir sind während unseres ganzen Lebens in ein komplexes Netz von Bindungen und Verbindungen eingebettet: die Familie, das Gemeinwesen, die Kultur. Und auch wenn wir uns in Richtung auf eine größere, globale Gemeinschaft entwickeln, sind wir doch nach wie vor fest in unserem lokalen Kontext verankert. Familien entwickeln ihre Regeln, Überzeugungen und Rituale nicht in einem Vakuum. Was Sie denken, wie Sie handeln, ja, sogar die Art, wie Sie sich ausdrücken, wird Ihnen aus dem breiteren kulturellen Kontext durch Ihre Familie vermittelt. Dieser Kontext umfasst die Kultur, in der sie jetzt leben, und diejenige Ihrer Vorfahren. Er ist geprägt durch die Schichtzugehörigkeit Ihrer Familie, durch ihre Religion und ihren geographischen Hintergrund wie auch durch ihre ethnische Zugehörigkeit und ihre kulturellen Erfahrungen. Und die Kultur selbst ist kein Monolog, sondern ein Dialog.[16] Ganz egal, welchen Hintergrund Sie haben, er ist in jedem Fall multikulturell. Und genauso ist jede Ehe bis zu einem gewissen Grad eine interkulturelle Ehe. Es gibt keine zwei Familien, die exakt die gleichen kulturellen Wurzeln haben. Deshalb ist auch die Familie, in die Sie geboren wurden, aus vielen kulturellen Strängen mit vielen

16 Paul Robeson, junior. Programmatische Rede, Piscataway High School, Piscataway, NJ, 18. Januar 1992.

kulturellen Wurzeln zusammengesetzt. Es ist wichtig, dass Sie Ihre kulturellen Wurzeln verstehen, wenn Sie Ihre Familie und sich selbst verstehen wollen.

Unterschiedliche kulturelle Gruppen haben eine unterschiedliche Einstellung zum Leben, zu Geburt, Tod und Sexualität, zum Essen, zu den Männern, den Frauen, den Kindern und dem Alter. Die Stärke Ihrer ethnischen Identität wird beeinflusst sein durch das besondere Muster, das Ihre Familie entwickelt hat: in Bezug auf Migration, Religion und Bildung, ihren sozioökonomischen Status, die Art der Arbeit, die sie ausübt, den geographischen Ort, an dem sie lebt, sowie den Platz, den Ihre ethnische Gruppe in der Gesellschaft als Ganzes einnimmt, sowie bezüglich ihrer besonderen Erfahrung als Teil dieser Gruppe. Wenn Sie mit Ihrer ethnischen Identität im Reinen sind, genauso wie mit ihrer Familienidentität, werden sie mit großer Wahrscheinlichkeit ein gesünderes und glücklicheres Leben führen.

Wenn Sie den kulturellen Hintergrund Ihrer Familie gut genug kennen, sind sie auf dem besten Weg, das Verhalten Ihrer Angehörigen richtig einzuordnen, denn es gibt tatsächlich nur wenige universelle Bedeutungen in Bezug auf das Verhalten. Wenn zum Beispiel nahe Familienangehörige nicht zu einer Beerdigung kommen, macht es einen Unterschied, ob die Familie britischer, irischer oder afroamerikanischer Abstammung ist, denn Familien britischer Herkunft betrachten Bestattungszeremonien nicht unbedingt als eines der wichtigsten Rituale im Laufe des Lebenszyklus.

Rituale

Je länger eine Familie in den Vereinigten Staaten gelebt hat und je weniger sie demzufolge in einer kulturellen Enklave eingeschlossen ist, umso stärker hat sie sich wahrscheinlich von ihren kulturellen Traditionen entfernt. Ausnahmen gibt es jedoch häufig in Zeiten des Übergangs oder bei Ritualen, in denen die Bedeutung der Gruppe zum Ausdruck kommt: an Feiertagen, bei Hochzeiten, Beerdigungen, Familientreffen. Bei solchen Gelegenheiten kehren Familien gerne zu ihren inneren Ressourcen zurück und spüren Werten nach, die ansonsten verschüttet zu sein schienen.

Aus diesem Grund sind Ereignisse, bei denen man sich an Familienrituale erinnert und sie wieder eine Rolle spielen, ausgezeichnete

Gelegenheiten, um nachzuprüfen, welche Überzeugungen und Werte für Ihre Familie wichtig sind. Wenn Sie genau zuhören, werden Sie viele Geschichten erfahren und bekommen so Gelegenheit, die Bündnisse und Brüche, die das Leben Ihrer Familie beeinflussen, zu beobachten. Solche Familienrituale geben Ihnen auch eine hervorragende Chance, Brüche und Spaltungen zu überbrücken und alte, nie gelöste Streitpunkte, über die keiner mehr zu reden wagt, neu anzusprechen. Sie sind *die* Gelegenheit, die heilenden Kräfte in Ihrer Familie zur Wirkung zu bringen.

Vergegenwärtigen Sie sich die allgemeinen Grundzüge der kulturellen Gruppe, zu der Ihre Familie gehört. Wie sehr hat sich Ihre Familie zum Beispiel den Erwartungen angepasst, die diese Gruppe an Männer und Frauen stellt? Auch das Maß an Nähe, das nach der Erwartung der Gruppe zwischen den einzelnen Familienmitgliedern herrschen sollte, ist sehr unterschiedlich. Die Italiener neigen zu sehr engen, häufig zu verstrickten Familienbeziehungen, sie tun alles gemeinsam, verbringen die Ferien und die Feiertage und auch sonst sehr viel von ihrer freien Zeit in der Familie. Sie sind der Auffassung, keine Familie mehr zu haben sei fast so, als wäre man tot. Skandinavische Familienmitglieder dagegen halten generell eine größere Distanz zu ihren Familienangehörigen ein und zeigen Ärger, Wut oder Zärtlichkeit nicht so leicht, nicht einmal bei sehr nahen Angehörigen.

Jede Kultur hat ihre Stärken und ihre Schwächen. Beides, Stärken und Schwächen, sollten Sie auch in Ihrer eigenen Familie entdecken und akzeptieren, ohne allzu starke Gegenreaktionen zu entwickeln. Es gibt eine ironische Charakterisierung, die solche Unterschiede zwischen einigen europäischen Völkern thematisiert:

> Der Himmel ist ein Ort, an dem die Polizisten Briten sind, die Köche Franzosen, die Mechaniker Deutsche, die Liebhaber Italiener, und das alles wird von Schweizern organisiert.
> Die Hölle ist ein Ort, an dem die Köche Briten sind, die Mechaniker Franzosen, die Liebhaber Schweizer, die Polizisten Deutsche, und das alles wird von Italienern organisiert.

Wenn Sie Ihre Familie verstehen wollen, müssen Sie sich klar machen, in welchem Maß ihre Werte mit denjenigen der verschiedenen Gruppen, denen sie angehören, übereinstimmen. Familienmitglieder, die eine starke Abneigung dagegen haben, sich offen zu ihrem kulturellen Hintergrund zu bekennen, haben früher, als Einwanderer, vielleicht starke Vorurteile erlebt oder das Gefühl gehabt, „Außenseiter" zu sein. Sind sie extrem nationalistisch eingestellt, dann mag es sein, dass sie sich als Minorität in der größeren Gemeinschaft ihres Einwanderungslandes unterdrückt gefühlt haben. Manche Familien versuchen, um jeden Preis an kulturellen Traditionen festzuhalten, auch wenn das bedeutet, dass sie sich damit neuen Erfahrungen verschließen. Wenn Sie die Einstellungen Ihrer Familie unter einer systemischen Perspektive betrachten, werden Sie ihre Wurzeln besser verstehen und begreifen, was sie dazu brachte, entweder an bestimmten Überzeugungen festzuhalten oder, im Gegenteil, andere Überzeugungen anzunehmen. Manche Familienmitglieder versuchen, sich unter dem Druck des dominanten Teils der Gesellschaft, in der sie leben, einfach anzupassen, um nicht aufzufallen, und geben ihr kulturelles Erbe auf, andere wiederum klammern sich übermäßig daran fest.

Ein wichtiges „kritisches Ereignis" in Ihrer Familie ist ihre Migrationserfahrung. Vielen Amerikanern, besonders denjenigen, deren Vorfahren als Sklaven von Afrika nach Amerika gebracht wurden, ist dieser Teil ihrer Geschichte vermutlich schwer oder gar nicht mehr zugänglich. Aber selbst dann, wenn die Besonderheiten Ihrer Familiengeschichte verloren gegangen sind, haben Sie immer noch die Möglichkeit, sich ganz allgemein genügend Informationen über die Geschichte Ihrer Kultur zu beschaffen; diese Informationen werden es Ihnen immerhin ermöglichen, Spekulationen darüber anzustellen, wie sich die Migrationserfahrung in Ihrer Familie vermutlich ausgewirkt hat.

Falls Sie Zugang zu den Details der Migrationsgeschichte Ihrer Familie haben, sind folgende Punkte besonders wichtig: Warum ist die Familie gekommen? Was hat sie zurückgelassen? Welche Träume und Befürchtungen hat sie mitgebracht? Das Alter der Kinder zur Zeit der Einwanderung kann das Familienmuster stark beeinflussen. Auch ist es wichtig zu untersuchen, ob es Rückwanderungen gab, nachdem die Familie einige Zeit in den Vereinigten Staaten gelebt hatte. Falls in Ihrer Familie die Kinder vor den Eltern Englisch gelernt haben, beeinflusste mit Sicherheit auch dieser Umstand die Beziehungen in der Familie, die Dreieckskonstellationen, die Koalitionen, Bündnisse, Brüche und Trennungen, die sich später entwickelten. Wenn die Eltern durch die Einwanderung ihren gesellschaftlichen Status verloren oder, im Gegenteil, durch ihre Einwanderung in die Vereinigten Staaten, vielleicht weil sie ungeahnten beruflichen und geschäftlichen Erfolg hatten, ihren

Status sogar noch verbessern konnten, wird auch dies die Beziehungen in der Familie noch über Generationen hinweg beeinflussen.

Ethnische Muster sind nicht ein für alle Mal festgelegt, sie sind ständig im Fluss und in vieler Hinsicht schwer zu bestimmen. Die ethnische Zugehörigkeit umfasst mehr als Religion und Herkunftsland. Jemand kann zum Beispiel eine ausgeprägte jüdische Identität haben, ohne besonders religiös zu sein oder auch nur an Gott zu glauben. Und natürlich haben die Juden, obwohl sie kein gemeinsames Herkunftsland haben und keine gemeinsame Sprache, oft ein ausgeprägtes Gefühl für die gemeinsamen kulturellen Werte und eine gemeinsame Geschichte. Ethnische Muster werden viel länger beibehalten, als uns bewusst ist, wenn sie auch durch komplexe sozioökonomische Kräfte, interkulturelle Heiraten, geographische Mobilität und die sich in unserer Zeit rasch wandelnden Muster des Lebenszyklus von Familien stark modifiziert werden. Und wir dürfen auch nicht übersehen, dass die Wertvorstellungen, die wir alle haben, kulturelle Einflüsse spiegeln; die jeweilige Kultur, der wir angehören, ist also ein wichtiger Faktor, den wir nicht unterschätzen sollten, wenn wir versuchen wollen, unsere Familie zu verstehen.

Die Muster, von denen ich spreche, sind viel komplexer, als es sich durch die wenigen Beispiele, die ich hier gegeben habe, verdeutlichen lässt; ich hoffe jedoch, dass diese wenigen Hinweise Ihnen eine Vorstellung davon geben, wie viele Fragen Sie stellen können, um etwas über die kulturelle Geschichte Ihrer Familie in Erfahrung zu bringen. Welche Werte sind für Ihre Familie wichtig im Verhältnis zu der ethnischen Gruppe, aus der Sie stammen? Passt sich Ihre Familie in die Muster ihrer ethnischen und kulturellen Gruppe ein? Wenn nicht, hat sie versucht, sich von ihren kulturellen Wurzeln zu lösen?

Ich will es an einem kleinen Beispiel illustrieren: Betrachten Sie einmal die Haltung Ihrer Familie in Bezug auf Kommunikation. Sind die Familienmitglieder der Auffassung, dass alles ausdiskutiert werden müsse? Gehen sie um Fragen, die einen Konflikt auslösen könnten, herum wie um den heißen Brei, und sprechen sie stattdessen viel über Politik oder die täglichen Aktivitäten? Spricht eine Person für die gesamte Familie? Bringen die Familienmitglieder ihre Haltung und ihre Gefühle eher durch ihre Körpersprache, durch Musik, Essen oder Geschenke zum Ausdruck als durch Reden?

In der jüdischen Kultur zum Beispiel ist Sprechen – und das heißt das Artikulieren der Bedeutung einer Erfahrung – manchmal sogar wichtiger als die Erfahrung selbst. Die verbale Kommunikation, das Mitteilen der eigenen Gedanken und Wahrnehmungen, hat einen hohen Stellenwert als eine Form, dem Leben einen Sinn abzugewinnen. Bei Menschen mit einem angelsächsischen Hintergrund dagegen scheinen Worte in erster Linie wegen ihrer utilitaristischen, pragmatischen Funktion geschätzt zu werden. Erinnern Sie sich an den Film *Ordinary People*? Dort sagt der Sohn im Zusammenhang mit dem Tod seines Bruders: „Was bringt es, darüber zu reden? Es ändert nichts daran." In der chinesischen Kultur kommunizieren die Familien über wichtige Fragen häufig eher durch das Essen als durch Worte. Die Italiener gebrauchen sowohl das Essen als auch die Worte – aber die Worte werden in erster Linie für das Dramatische gebraucht –, um die emotionale Intensität einer Erfahrung zu vermitteln. Bei den Iren, die vielleicht die größten Dichter der Welt sind, werden die Worte als Puffer gegen die Erfahrung gebraucht. Die Iren greifen auf die Dichtung oder auch auf den Sprachwitz zurück, um die Wirklichkeit erträglicher zu machen; es ist auch schon gesagt worden, die Iren benutzten die Worte eher, um die Wahrheit zu verhüllen oder zu beschönigen, als dazu, ihr zum Ausdruck zu verhelfen. Eine ganz andere Haltung finden wir in der Kultur der Sioux-Indianer, wo das Sprechen zwischen bestimmten Familienmitgliedern verboten ist! Ich habe eine Kollegin, die seit Jahren mit einem Sioux-Indianer verheiratet ist und noch niemals ein Wort mit ihrem Schwiegervater gewechselt hat, und doch fühlt sie sich ihm, wie sie sagt, tief verbunden. Eine solche Beziehung wäre in unserer digitalen, pragmatischen Welt geradezu unvorstellbar. Meine Kollegin hat festgestellt, die Tatsache, dass die Sioux kein so starkes Gewicht auf den verbalen Ausdruck legen, scheine die indianischen Familien frei zu machen für andere Formen der Erfahrung: für die Erfahrung der Person des andern, für die Erfahrung der Natur, die Erfahrung der spirituellen Welt.

Auch hinsichtlich dieser Dimension, der Spiritualität, unterscheiden sich die verschiedenen ethnischen und kulturellen Gruppen voneinander. Menschen angelsächsischer oder jüdischer Herkunft sind in der Regel stärker „realitätsorientiert" als andere Kulturen. Schon die Tatsache, dass man von der äußeren, materiellen Welt als von der „Realität" spricht, bringt zum Ausdruck, dass die dominante Gesellschaftsgruppe bei uns andere „Realitäten", wie Spiritualität, Imagination und Träume, abwertet. Amerikaner spanischer Herkunft zum Beispiel fassen die Realität für gewöhnlich eher als ein fließendes Kontinuum zwischen Traum und äußerer Welt auf. Im Unterschied zu den Engländern, deren oberste Werte Arbeit, Vernunft, Wahrheit und – das vor allem – Individualität sind, haben die Iren schon immer ihre Träume höher bewertet als die Wahrheit. In einem vor nicht langer Zeit erschienenen irischen Roman sagt jemand, dem vorgeworfen wird, er sei ein eingefleischter Lügner: „Das ist die Art des Dichters, nach der Wahrheit zu suchen" (Flanagan 1979). George Bernard Shaw lässt (1975) es eine Person genau auf den Punkt bringen:

> „O, das Träumen! Das Träumen! Das quälende, herzzerreißende, niemals zur Ruhe kommende Träumen … Die Imagination eines Iren gibt niemals Ruhe, lässt ihn niemals von etwas überzeugt, niemals von etwas befriedigt sein; aber sie macht, dass er sich der Realität niemals stellen oder mit ihr umgehen oder mit ihr fertig werden oder sie überwinden kann; das Einzige, was er kann, ist, verächtlich auf diejenigen hinunterzuschauen, die es können … und die Imagination ist eine solche Qual, dass man sie ohne Whisky nicht ertragen kann … du nörgelst und zankst dich zu Hause herum, weil deine Frau kein Engel ist, und sie verachtet dich, weil du kein Held bist."

Paradoxerweise dient der Traum als Schutz vor der Realität. James O'Neill sagte einmal mit Blick auf seinen eigenen Traum, Schauspieler zu werden: „Was ist ein Ire ohne seinen Traum? Und so trug ich den meinen mit mir herum und hegte und pflegte ihn" (Gelb a. Gelb 1987).
O'Neill (0955):

> Edmund: Ja, die Fakten bedeuten überhaupt nichts, oder? Das, was du glauben willst, das ist die einzige Wahrheit! Shakespeare war ein irischer Katholik, zum Beispiel.
> James: Ja, das war er. Seine Stücke sind der Beweis.
> Edmund: … Zur Hölle mit der Vernunft! … Wer will das Leben schon so sehen, wie es ist, wenn man es vermeiden kann?

Auch die Art, wie man mit Krankheit umgeht, ist kulturell geprägt. In jüdischen Familien geht man im Allgemeinen sehr aktiv und konstruktiv mit Krankheit um. Die Angehörigen kennen sich für gewöhnlich in medizinischen Fragen gut aus und gehen die Suche nach Ärzten und Behandlungsmöglichkeiten energisch an. Andere, wie zum Beispiel die Iren, üben in diesem Punkt größere Zurückhaltung, und wieder anderen ist nichts peinlicher, als mit andern Menschen über ihren Körper zu sprechen. Unter den Iren besteht die Neigung zu glauben, alles, was schief läuft im Leben, sei Resultat der eigenen Sünden; wenn also jemand krank wird, sieht man darin eine Strafe Gottes. Daneben verblasst die medizinische Wissenschaft fast zur Bedeutungslosigkeit.

Manche kulturellen Gruppen leben in erster Linie in der Gegenwart, andere legen größeres Gewicht auf die Vergangenheit, wieder andere denken vor allem an die Zukunft. Was die Bewertung der zeitlichen Dimension angeht, so schätzt die dominante kulturelle Gruppe in unserer Gesellschaft (der mit angelsächsischem Hintergrund) die Gegenwart und die nahe Zukunft höher ein als die Vergangenheit oder die fernere Zukunft; die Werte, die in diesem Buch vertreten werden, einschließlich der Bedeutung, die sowohl der Geschichte beigemessen wird als auch dem Erbe, das wir unseren Kindern und Kindeskindern hinterlassen, liegen also nicht im gesellschaftlichen Mainstream. Bei einigen anderen kulturellen Gruppen dagegen ist dies eine ganz selbstverständliche Betrachtungsweise.

Falls sich in Ihrer Familie mehrere Kulturen vermischt haben, müssen Sie erkunden, wie die Werte *jeder* dieser Kulturen einander ergänzt haben oder miteinander in Konflikt geraten sind. Die kulturellen Muster in einer Familie treten besonders deutlich zu Tage, wenn zwei Partner mit unterschiedlichem ethnischem Hintergrund heiraten. Eugene O'Neills dritte Frau, Carlotta Monterey, die aus einer solchen Ehe zwischen einem Paar mit sehr unterschiedlichem kulturellen Hintergrund stammte,[17] reagierte einmal auf die Aussage einer Freundin, die sie als „ein Mädchen mit starken Emotionen" beschrieben hatte, folgendermaßen (nachdem sie ihre zusammengewürfelte Abstammung aufgezeichnet hatte) (Shaeffer 1973):

> „Ich habe mich oft gefragt, ob das gemischte Blut dieser verschiedenen Nationalitäten viel damit zu tun hatte. Ich oszilliere ständig zwischen den Extremen und lasse mich nie auf einen friedlichen, ausgleichenden, mittleren Kurs ein. Es gibt Zeiten, in denen ich in mir den Ruf nach dem Primitiven, dem Wilden und Elementaren in der Natur und in der Kunst spüre … Und zu anderen Zeiten sehne ich mich genau nach dem Gegenteil, nach dem ganz Exquisiten und dem extrem Verfeinerten … Es ist nicht angenehm, sein Leben wie ein lebendes Pendel zu verbringen, das zwischen zwei Naturen hin und her schwingt … Bitte glaube nicht, ich sei morbid oder abnormal … Dafür genieße ich es viel zu sehr, um meinen Platz in der Welt zu kämpfen."

---

17 Ihr Vater war Däne; ihre Mutter, die in Kalifornien aufgewachsen war, hatte deutsche, holländische und schweizerische Vorfahren. Siehe Shaeffer (1973).

Paare mit unterschiedlichem kulturellen Hintergrund fühlen sich vielleicht gerade aufgrund der Unterschiede voneinander angezogen. Selbst Gruppen, die sich äußerlich sehr ähnlich sind, wie diejenigen englischer oder irischer Abstammung, unterscheiden sich doch in vielerlei Hinsicht, und diese Unterschiede werden noch verstärkt, wenn der WASP (White Anglo-Saxon Protestant) der Upper Class entstammt und der Ire aus dem Arbeitermilieu kommt – die historisch am weitesten verbreitete soziale Konstellation. Sie unterscheiden sich im Hinblick auf den Gefühlsausdruck: Der WASP legt Wert auf Selbstbeherrschung, Anstand, logisches Denken und unerschütterlichen Gleichmut in allen Lebenslagen; der Ire ist eher launenhaft, unberechenbarer und will von vernünftigem Denken nicht so viel wissen. Dorothy Parker sagte einmal über Katharine Hepburn, die das typische Produkt einer protestantischen Familie schottisch-englischer Abstammung mit ausgeprägt stoischer Lebenshaltung ist: „Ihr steht die gesamte Gefühlsskala zwischen A und B zur Verfügung!"(Kanin 1988). Spencer Tracys Leben war dagegen wie eine Achterbahn – er fiel von einem Extrem ins andere, von trunkener Raserei in beschwingte Heiterkeit, nur um sich dann wieder finster und verdrießlich in sich selbst zurückzuziehen. Es gab bei ihm viel weniger Klarheit als bei Katharine Hepburn. „Bei Spencer war es praktisch unmöglich zu sagen, wann er seiner Umgebung nur etwas vorspielte und wann er wirklich ehrlich war" (ebd.). Während sie rücksichtsvoll, gründlich, methodisch und analytisch vorging, war er ein vom Instinkt gesteuerter, intuitiver Schauspieler, der glaubte, das Spiel werde durch zu häufiges Proben bloß fade und langweilig, und lieber seiner Intuition vertraute. Katharine Hepburns Werte, wie Anstand, Sauberkeit, Kargheit und schroffer Individualismus, sind Legende. Sie hat sich „mit Fleiß und Zielstrebigkeit eine eigene Welt geschaffen, und sie lebt darin in alle Ewigkeit" (ebd.). Tracy dagegen nahm alles von der komischen Seite, abgesehen von seiner Religion, und doch gab es in seinem Leben ständige unvorhersehbare Hochs und Tiefs. Er war einer, der von Jugend an immer wieder durch Saufereien und Prügeleien auffiel, und dann kündigte er als junger Mann seiner hoch erstaunten Familie an, er wolle Priester werden, änderte seine Meinung aber bald darauf und ging stattdessen zum Militär. Sehr deutlich treten sowohl die Klassenunterschiede als auch die kulturellen Unterschiede zwischen Katharine Hepburn und Tracy in dem folgenden Kommentar von Garson Kanin (1988) zutage, der sie beide gut kannte. Mit Blick auf Katherine Hepburn bemerkt er (in persönlicher An-rede):

> „Wer ihre Welt betritt, von dem wird erwartet, dass er sich ihrer Strenge fraglos unterordnet: Sie essen zu jedem Fleischgericht gekochtes Obst; Sie treffen rechtzeitig ein und verabschieden sich so früh wie möglich (das heißt, wenn sie das dritte Mal gähnt); Sie verbreiten keinen Klatsch; Sie stimmen unter allen Umständen mit ihrer Meinung überein, und Sie stimmen jedem ihrer zahlreichen Pläne zu; Sie betrinken sich nicht, ganz egal, wie viel Sie trinken ... Sie beklagen sich über nichts (lästern können Sie allerdings); Sie sagen nichts, was man andernorts nicht wiederholen könnte; Sie verzichten auf Lügen, heuchlerisches Getue und Übertreibungen, Sie versagen sich die Erörterung Ihres physischen Zustands, Ihrer Symptome oder Wehwehchen (es sei denn, Sie hätten vor, sie um Rat zu fragen); Sie akzeptieren ihren Rat; Sie gebrauchen weder obszöne noch grobe oder schlüpfrige Ausdrücke."

Im Kern ist darin auch ausgedrückt, welche Auffassung Katharine Hepburn von ihrer Arbeit hat, die sie nie als eine lästige Plage betrach-tete, sondern stets als Herausforderung. Sie sagt niemals: „Das ge-nügt." Sie gibt sich nie mit dem Mittelmäßigen zufrieden.

> „Sie geht unglaublich oft unter die Dusche, sagt sie. Manchmal sieben- oder achtmal im Laufe eines Tages. Abgesehen davon, dass sie der Auffassung ist, Sauberkeit komme gleich nach der Gottesfurcht, bedeutet kaltes Duschen für sie, das härene Gewand anzulegen und Selbstdisziplin zu üben, um auf diese Weise den Charakter zu stärken, die Absichten zu läutern und die En-ergie zu steigern" (ebd.).

Spencer Tracy, ein Einzelkämpfer, der seit seiner Jugend von einer Be-ziehung zur andern flatterte, konnte von bezaubernder Fröhlichkeit sein und dann unmittelbar in wochenlang anhaltendes Saufen verfal-len; er war dann noch mürrischer und streitsüchtiger als sonst, rasierte sich nicht mehr, wechselte wochenlang seine stinkenden Klamotten nicht und verkroch sich im Dunkeln, in einem schweren Wintermant-tel, den er selbst im Sommer trug (Davidson (1987). Tracy war sein Leben lang ein Kämpfer und Rebell und fühlte sich am wohlsten im Arbeitermilieu; er verließ nicht nur das College vorzeitig, sondern er hatte sich schon zuvor aus einer ganzen Reihe von Schulen herauska-tapultiert, während Katherine Hepburn, deren Wurzeln in der Upper Class waren, sich schon immer sehr klare Ziele gesetzt und außeror-dentlich hart gearbeitet hatte, um sie zu erreichen.

Menschen, die eine Ehe mit jemandem eingehen, der oder die nicht zu ihrer eigenen Gruppe oder Klasse gehört, tun dies häufig, weil sie damit gegen ihre Herkunft rebellieren wollen oder weil sie das Abenteuer suchen; sind sie dann aber erst einmal verheiratet, ist gerade dies der „Haken" an ihrer Ehe, und die Unterschiede zwischen ihrer Herkunft und der andern Gesellschaftsgruppe, zu der sie sich hingezogen gefühlt haben, werden zum Anlass für Reibereien. So sind zum Beispiel Heiraten zwischen Iren und Italienern ganz üblich geworden. Die beiden Gruppen haben zwar die gleiche Religion, sind aber, was Lebensstil und kulturelle Werte betrifft, ansonsten fast vollkommen gegensätzlich. Fangen wir mit ganz grundlegenden Dingen wie Essen und Trinken an: Die Italiener trinken zum Essen, während die Iren fürchten, das Essen könne den Genuss des Trinkens nur beeinträchtigen. Für die Italiener ist das Essen eine ganz wesentliche, sinnliche Erfahrung. Sie essen, weil sie feiern und mit anderen zusammen sein wollen oder um sich besser zu fühlen, wenn sie krank oder traurig sind. Bei den Iren ist es das Trinken, das diese Funktion erfüllt, während sie gehemmt oder geradezu peinlich berührt sind, wenn es darum geht, Vergnügen am Essen zum Ausdruck zu bringen.

Die Italiener neigen zu heftigem Gefühlsausdruck und intensiven, leidenschaftlichen Beziehungen. Die Iren geraten in einen inneren Konflikt, wenn sie ihre Gefühle zum Ausdruck bringen sollen, ganz besonders wenn es um Wut oder um sexuelle Gefühle geht – und dies, obwohl sie im Allgemeinen höchst artikulierte Redner, Dichter, Possenreißer und Geschichtenerzähler sind. Während sie zu den größten Kämpfern gehören, wenn es um den gerechten Kampf für eine moralisch gute Sache geht, besonders was Politik und Religion betrifft, reagieren sie in familiären Situationen, in denen sie verwirrt und aufgewühlt sind, ganz anders: In der Regel verlassen sie den Schauplatz des Geschehens – um sich abzukühlen, ihre Ruhe wieder zu finden oder um zu vermeiden, dass sie etwas sagen oder tun, was sie später bereuen könnten. Die Italiener dagegen fühlen sich angesichts jeder Art von emotionalen Ausbrüchen recht wohl, solange der Partner die Szene *nicht* verlässt; es kann also durchaus sein, dass eine italienische Ehefrau während einer ehelichen Auseinandersetzung ungeheuer dramatische Anschuldigungen oder Drohungen vorbringt, um ihrem Ehepartner damit deutlich zu machen, mit welcher Leidenschaft sie für ihre Sache kämpft. Ihr irischer Ehemann verlässt darauf hin die Szene oder erstarrt in völliger Bewegungslosigkeit, unfähig, seiner Frau eine Antwort auf diese verbale Attacke zu geben. Die italienische Ehefrau ist daraufhin völlig am Boden zerstört und überzeugt, dass ihr Mann sie nicht liebt. Für ihn ist dagegen die gezeigte Reaktion nichts anderes als eine Möglichkeit, nicht überzuschnappen und die Kontrolle zu bewahren. Ihre „Raserei" ist für ihn ein Zeichen des Kontrollverlusts, und nichts fürchtet er mehr als das.

Für gewöhnlich personalisieren die Ehepartner in solchen kulturell gemischten Ehen solche Unterschiede und versuchen dann noch verbissener, das zu tun, was sie gewohnt sind, um das Problem zu bewältigen. Häufig beschuldigt einer den andern: „Du liebst mich nicht. Wenn du mich lieben würdest, würdest du dich nicht so verhalten." Oder sie machen sich Selbstvorwürfe. Die italienische Ehefrau: „Wenn ich mich noch mehr anstrenge, ihm klar zu machen, wie empört ich bin, wird er damit aufhören." Der irische Ehemann: „Wenn ich mich noch mehr anstrenge, die Ruhe zu bewahren und die Kontrolle zu behalten, dann geht das vorbei, und sie hört auf, sich so hysterisch aufzuführen." Derartige „Lösungen" verstärken das Problem natürlich noch.

Das Gefühl einer Familie, „anders" zu sein, kann gleichfalls eine wesentliche Rolle spielen für ihr Verhalten sowohl im Umgang untereinander als auch im Kontakt mit außen Stehenden. Wir haben uns mit Gustav Mahlers rigiden Verhaltensweisen hinsichtlich der Erwartungen an seine Frau bereits beschäftigt. Seine arrogante Anspruchshaltung erscheint jedoch vielleicht in einem ganz andern Licht, wenn wir ihn im kulturellen Kontext der Gesellschaft sehen, in der er lebte und in der er sich als ein Außenseiter fühlte. Er schrieb einmal (Keegan 1992):

„Ich bin dreifach heimatlos, ein Böhme unter den Österreichern, ein Österreicher unter den Deutschen und ein Jude unter den Völkern der Erde."

Klassenzugehörigkeit

Viele von uns leben in dem Mythos, die Vereinigten Staaten seien eine klassenlose Gesellschaft, aber das ist nicht der Fall. Während wir an unserer Geschlechtszugehörigkeit, an unserem kulturellen Hintergrund oder den Fakten unserer Familiengeschichte nichts ändern können, sind die meisten Familien in den vergangenen zwei Generationen in eine höhere Gesellschaftsschicht aufgestiegen, manche haben ihren gesellschaftlichen Status auch eingebüßt. Und wir, jedenfalls sehr viele von uns, versuchen auch weiterhin, in eine höhere Gesellschaftsklasse aufzusteigen.

Veränderungen, die unsere Zugehörigkeit zu einer bestimmten gesellschaftlichen Schicht betreffen, gehören zu den tiefstgreifenden sozialen Veränderungen, die uns widerfahren können; und für gewöhnlich können wir darüber innerhalb der Familie nicht sprechen, obwohl gerade diese Veränderungen in den Konflikten und Bündnissen zwischen Geschwistern und ihren angeheirateten Verwandten oder zwischen Eltern und Kindern beständig ausgespielt werden. Es kann sein, dass Geschwister durch Heiraten am Ende in verschiedenen Gesellschaftsklassen angesiedelt sind, besonders Schwestern „heiraten" häufig in eine höhere Gesellschaftsschicht „ein". Erinnern sie sich noch daran, dass Dear Abby und Ann Landers sich zum ersten Mal trennen mussten, als der Ehemann der einen kein Geld mehr hatte, um die gemeinsamen Flitterwochen zu finanzieren? Solche Unterschiede in der finanziellen Situation bedeuten oft den Anfang unterschiedlicher Lebensläufe, an deren Ende Geschwister sich in ganz unterschiedlichen Gesellschaftsklassen vorfinden – Klassenunterschiede, die über Jahre oder sogar über Generationen hin wirksam sind, ohne offen anerkannt oder entschärft zu werden. Diese Erfahrung wird heutzutage immer wieder gemacht, da Heiraten über kulturelle und gesellschaftliche Schranken hinweg Ehepartner mit unterschiedlichem Einkommen, unterschiedlicher Ausbildung, unterschiedlicher gesellschaftlicher Stellung und unterschiedlichem kulturellem Hintergrund zusammenführen. Auch zwischen Brüdern kann es Klassenunterschiede geben, je nachdem welchen Beruf sie ergriffen und welche Ausbildung sie absolviert haben bzw. wie hoch ihr Einkommen ist. Zwischen Eltern und Kindern kann es Klassenunterschiede geben, wenn die soziale Mobilität der Kinder ihnen das Aufsteigen in eine höhere Gesellschaftsschicht erlaubt oder wenn umgekehrt die Kinder eine schlechtere Ausbildung haben als die Eltern. Achten Sie auf die Veränderungen der Klassenzugehörigkeit und auf mögliche kulturelle Unterschiede in Ihrer Familie, besonders auf die Beziehungen zwischen Eltern und erwachsenen Kindern sowie auf die Muster, die sich im Hinblick auf Heiraten und das Verhältnis zu den Geschwistern entwickelt haben. Der Druck, der auf ein Familienmitglied ausgeübt wurde, das einer anderen Gesellschaftsschicht entstammte, oder auf ein Familienmitglied, das in eine ganz fremde Kultur hineingeheiratet hat, ist unter Umständen enorm gewesen. Auch ist es interessant, sich die Frage zu stellen, welche Umstände dazu beigetragen haben könnten, dass einzelne Familienmitglieder in eine andere Gesellschaftsschicht oder eine andere Kultur eingeheiratet haben. Sind solche Veränderungen durch die Stellung in der Geschwisterreihe beeinflusst, durch Temperament oder Begabung, durch eine Behinderung, ein Familiengeheimnis oder irgendeinen anderen Faktor, der dann wiederum einen Einfluss auf die zukünftige Struktur und die Beziehungen in der Familie hatte?

Klassenunterschiede, die sich daraus ergeben, dass ein Kind als Erstes in der Familie eine College-Ausbildung oder sonst eine Berufsausbildung durchläuft, können auch zu einem Riss in der Familie führen, weil der Verlust, der sich aus der sozialen Distanz ergibt, nicht wirklich zugegeben und verarbeitet wird. Dasselbe gilt für die soziale Distanz innerhalb einer Familie, die sich daraus ergibt, dass ein Kind aufgrund von Invalidität oder Behinderung, aufgrund einer Entwicklungsretardation, einer schizophrenen Erkrankung oder einer Funktionsstörung gesellschaftlich abrutscht. Die Familie empfindet in solchen Fällen oft Scham angesichts des Verlustes an gesellschaftlichem Ansehen, den ihre Kinder zwangsläufig erleiden, ganz besonders weil es in unserer Gesellschaft keine Möglichkeit gibt, sich offen mit derartigen Klassenunterschieden auseinander zu setzen. Sie müssen der Frage nachgehen, wie Ihre Familie auf Veränderungen des sozialen Status bei den Familienmitgliedern reagiert hat – sei es, dass diese aufgrund einer besseren Ausbildung zustande gekommen sind, aufgrund von finanziellem Erfolg oder Misserfolg, durch Krankheit oder weil ein Familienmitglied durch seine Arbeit oder eine Heirat aus seiner Schicht herausgefallen ist.

Wenn ein bestimmtes Familienmitglied von der Familie nicht akzeptiert oder ausgegrenzt wird, dann nimmt man gerne überkommene Klischees bezüglich der Klassenunterschiede zu Hilfe: „Sie passen nicht in die Schicht, in die sie aufgestiegen sind", „Sie haben keine Manieren" und so weiter. Die Unfähigkeit, über die soziale Distanz zu sprechen, macht die Sache nur schlimmer. Abgesehen davon haben manche Menschen in bestimmten gesellschaftlichen Situationen das Gefühl, sie müssten ihre Herkunft unbedingt verbergen – sei es, weil die Familie finanziell in der Klemme ist, sei es, weil sie privilegiert sind –, aus Angst, sie könnten sich die anderen sonst entfremden. Und manchmal brechen Familienmitglieder, die sich wegen ihrer Herkunft oder ihres kulturellen Hintergrunds schämen, die Beziehungen zur Familie ab, weil es ihnen peinlich ist.

Klassenzugehörigkeit hat mit Macht zu tun. Auch wenn der amerikanische Mythos es so will, dass wir eine klassenlose Gesellschaft sind – die weitaus meisten Familien sind sich in all ihren Interaktionen, besonders in ihrer Beziehung zu Außenseitern, ihrer Klassenzugehörigkeit außerordentlich stark bewusst. Als Kind haben Sie Ihre Familie wahrscheinlich auch abgeschätzt und eingeordnet im Verhältnis zu den Freunden, die Sie nach Hause brachten, und umgekehrt. War es Ihnen peinlich, weil Ihre Eltern nicht die „korrekte" Aussprache hatten? Falls sie einer privilegierten Gesellschaftsschicht angehört haben – hat Ihre Familie eher snobistisch oder abschreckend gewirkt, wenn Sie sie mit Ihren Schulfreunden bekannt machten? Ganz allgemein lässt sich sagen, dass wir alle uns in der Interaktion mit anderen ständig selbst einschätzen und einstufen. Wir ordnen auch unsere Familie im Verhältnis zum Rest der Gesellschaft ständig ein. Die Wahl des Partners ist sehr stark durch gesellschaftliche Ambitionen bestimmt, und in den meisten Familien richten sich die Chancen eines potenziellen Heiratskandidaten wahrscheinlich mehr nach seiner Zugehörigkeit zu einer bestimmten Klasse als nach seinem Charakter. Es dauert oft Jahre, bis eine Familie ihre ursprüngliche Wahrnehmung eines Ehepartners, der in die Familie „eingeheiratet" hat (und damit aufgestiegen ist), revidiert – wenn überhaupt. Wie wir gesehen haben, fanden sowohl die Familie von Beethovens Vater als auch die Familie seiner Mutter, ihre Kinder hätten unter ihrem Stand geheiratet – eine weit verbreitete Erfahrung und häufig die Quelle von Konflikten und Dreieckskonstellationen in den ehelichen Beziehungen („Deine Familie schaut auf meine Familie herab; deshalb liebst du mich nicht").

Die Vorurteile mancher Familien gegenüber einem neuen Ehepartner, die zunächst mit Vorbehalten gegen seine Zugehörigkeit zu einer bestimmten Klasse oder Kultur begründet werden, grenzen manchmal an das, was der Familientherapeut Edwin Friedman (1982) „kulturelle Camouflage" nennt –dahinter verbergen sich persönliche Ängste und emotionale Konflikte, die mit der Ausrede verbrämt werden, der oder die Verlobte sei deshalb nicht akzeptabel, weil sie einen anderen kulturellen oder gesellschaftlichen Hintergrund habe als die eigene Familie. Abgesehen davon ist es für die Familie natürlich nicht einfach, wenn Kinder sich für einen Partner mit einem völlig anderen kulturellen oder gesellschaftlichen Hintergrund entscheiden, und alle Beteiligten müssen große Anstrengungen unternehmen, um die Kluft, die durch eine solche Verbindung zwangsläufig entsteht, zu überbrücken.

Die Zugehörigkeit zu einer bestimmten Gesellschaftsklasse wird in erster Linie durch Geburt und Heirat bestimmt. Die Klassenzugehörigkeit einer Frau ist im Allgemeinen nach wie vor von der ihres Mannes abhängig. Eine weitere Determinante der Klassenzugehörigkeit ist die Ausbildung, und in den Vereinigten Staaten ist sie der sicherste Weg, in eine andere Schicht aufzusteigen. Wir scheinen von der Vorstellung auszugehen, dass jeder alles werden kann aufgrund seiner Ausbildung – in Wirklichkeit jedoch ist das System, das den Zugang zu Bildung und Ausbildung erst ermöglicht, nach wie vor stark schichtabhängig, genauso, wie wir die Zugehörigkeit zu einer bestimmten Klasse am Besuch ganz bestimmter Schulen und Colleges ablesen können: von den *Seven Sisters Colleges* und der *Ivy League*[18] über die staatlichen Universitäten bis hin zu den kommunalen Colleges und so weiter. Ein anderer Indikator für die Zugehörigkeit zu einer bestimmten Klasse ist der Beruf, den jemand ausübt. Bestimmte Berufe, wie der geistliche Beruf, die Schauspielerei oder die Politik, können eine Person über ihre bisherige gesellschaftliche Stellung hinausheben. Und schließlich kommt es auf das Geld an. Dieser Faktor wird den anderen Werten außerordentlich gefährlich. Tom Wolfe hat gesagt, wenn der „Geldzusammenhang" zum wichtigsten Bestimmungsfaktor der Klassenzugehörigkeit werde, was in unserer Gesellschaft der Fall zu sein scheint, dann hätten alle anderen Bindungen und Werte, wie zum Beispiel Freunde und Verwandte, ausgedient. Und der Geldzusammenhang scheint tatsächlich die Oberhand zu gewinnen, da die Kluft zwischen den Besitzenden und denen, die nichts haben, jedes Jahr tiefer wird.

Die Symbole der Klassenzugehörigkeit zeigen sich im Zusammenhang mit Familienritualen, besonders bei Hochzeiten. So feiern sowohl die Angehörigen der Upper Class als auch die der Arbeiterklasse Hochzeiten in der Regel mit großem Pomp. Die Upper Middle Class dagegen empfindet eine solche Zurschaustellung und solchen Pomp als „unfein". Schichtabhängige Werte durchdringen fast sämtliche Aktivitäten des Alltags und kommen zum Beispiel auch darin zum Ausdruck, welches Auto man fährt (oder auch, in welchem Auto man sich wohl fühlt), sowie in der Musik, die jemand gerne hört. Wer zum Beispiel gerne in die Oper geht, definiert (sofern er nicht gerade Italiener ist) dadurch seine Zugehörigkeit zu einer bestimmten Klasse, ge-

18 Eliteuniversitäten an der Ostküste; A. d. Ü.

nauso wie auch die Neigung zu Country- und Westernmusik etwas über die Schichtzugehörigkeit aussagt. Und auch Ihre Freizeitaktivitäten lassen Schlüsse auf Ihre Haltung als Angehöriger einer bestimmten Gesellschaftsschicht zu: Golf oder Tennis sagen darüber etwas aus, das Bowlingspiel etwas anderes.

Wichtig ist es auch, nicht zu vergessen, dass die Frage der Klassenzugehörigkeit in verschiedenen kulturellen Gruppen ganz unterschiedlich gesehen wird: Die Vertreter der weißen protestantischen Mittelschicht neigen dazu, die Schichtung der Gesellschaft als etwas Gegebenes hinzunehmen, das schon in den ersten Worten eines Menschen zum Ausdruck kommt und sämtliche sozialen Interaktionen definiert. Die Puertoricaner nehmen den geschichteten Aufbau der Gesellschaft gleichfalls als etwas Gegebenes hin. Sie gehen in der Regel nicht davon aus, dass die Menschen von einer Klasse in die andere aufsteigen können. Jüdische Familien wiederum ermutigen ihre Kinder in ihren Ambitionen, gesellschaftlich aufzusteigen, sofern es überhaupt in ihrer Reichweite liegt. Wieder andere Gruppen, besonders italienische Familien, haben eher ambivalente Gefühle, wenn es darum geht, dass ihre Kinder gesellschaftlich aufsteigen könnten; sie fürchten, ihr Kind könne die Familie verlassen. Die Iren hatten traditionellerweise mehr oder weniger eine Einklassengesellschaft. In den Vereinigten Staaten entwickelten sich dann die Begriffe „Shanty-Ire" (*shanty* ist eine einfache Blockhütte) und „Lace-Curtain-Ire" (*lace curtain* bedeutet Spitzenvorhang), die einen Klassenunterschied anzeigen sollten; aber selbst in dieser letzteren Bezeichnung schwingt ein negativer Unterton mit, denn die Iren haben das ausgeprägte Gefühl, dass man „sich nicht über seinen Stand erheben sollte". Die Afroamerikaner glaubten häufig, eine gute Ausbildung biete die größte Wahrscheinlichkeit, „es zu schaffen", aber auch sie haben Hemmungen, „sich über ihren Stand zu erheben" oder „vornehm zu tun". Die polnischen Familien wiederum haben bedeutsame historische Gründe dafür, dass sie bei der Vorstellung, gesellschaftlich aufzusteigen, von intensiven ambivalenten Gefühlen befallen werden, denn in Polen wurden die oberen Gesellschaftsschichten von jeher mit den Ausländern, besonders mit den Franzosen, identifiziert. Für die Polen war es deshalb schon immer ein hoher Wert, „Salz der Erde" zu bleiben.

Geld

In allen Familien gibt es eine Vielzahl von Mythen und Schlagwörtern in Bezug auf das Geld und seine Rolle im menschlichen Leben. Die falsche Wiedergabe eines Bibelzitats, „Geld ist die Wurzel allen Übels", spiegelt eine weit verbreitete Einstellung zum Geld, das als gefährlich und schmutzig betrachtet wird. Korrekt zitiert, heißt es in der Bibel: „Die Liebe zum Geld ist die Wurzel allen Übels."

Wir alle wissen, dass dem Geld in den verschiedenen kulturellen Gruppen ein ganz unterschiedlicher Stellenwert zukommt: Wir kennen die Karikaturen vom geizigen Schotten, der sein Geld hortet, von der jüdischen Ehefrau, die beständig einkaufen geht, von den irischen Männern, die das Geld zum Fenster hinauswerfen, und vom asketischen Inder, der das Geld meidet. Meine eigenen Freunde und Verwandten pflegen mir gegenüber immer wieder das irische Sprichwort zu zitieren: „Der Narr [die Närrin] und sein [ihr] Geld gehen bald getrennte Wege ...", weil ich in Bezug auf das Geldausgeben eine so sorglose Haltung einnehme. Das Sprichwort geht jedoch folgendermaßen weiter: „... aber das letzte Hemd hat keine Taschen", und indem ich ihnen diese Ergänzung entgegenhalte, entwaffne ich meine Freunde in der Regel.

Wenn Sie sich ein Bild von Ihrer eigenen Familie machen wollen, lohnt es sich, ihre Beziehung zum Geld zu untersuchen; sie ist symbolisch für ihre am tiefsten verwurzelten Anschauungen über den Sinn des Lebens. Das Geld kann für Liebe stehen, für Sicherheit, Glück, Erfolg, Macht, Scham, Stolz, Angst und viele andere Dinge. Konflikte zwischen dem „Geizkragen" und dem „Verschwender" in der Familie beherrschen häufig die familiären Interaktionen und führen dazu, dass die Kinder mit dem einen Elternteil eine Kollusion gegen den andern eingehen, oder zerstören und verzerren die Beziehungen in der Familie auf andere Weise. Auch haben die Einstellungen dem Geld gegenüber nicht notwendigerweise etwas mit der „Realität" zu tun. Es kommt vor, dass Mitglieder einer millionenschweren Familie nicht in der Lage sind, ein Essen im Restaurant zu genießen, weil sie an die Kosten denken, während andere, die keinen Hosenknopf in der Tasche haben, in der Gewissheit ruhen, dass es ihnen schon zum Leben reichen wird – und tatsächlich scheinen sie immer irgendwie zurechtzukommen.

Auch die spirituellen Werte Ihrer Familie sind Teil des Fundamentes, von dem Sie ausgehen müssen, wenn Sie Ihre Angehörigen verstehen wollen. Besonders in der Adoleszenz und im jungen Erwachsenenalter stehen Kinder häufig im Konflikt mit den spirituellen Überzeugungen ihrer Eltern, sie rebellieren gegen die Ausübung traditioneller Bräuche und religiöser Rituale und trachten danach, ihre eigenen religiösen und spirituellen Überzeugungen denen ihrer Familie unterzuschieben. Das kann zu tiefen Spannungen in der Familie führen, weil die Eltern darin eine Bedrohung nicht nur für sich persönlich, sondern auch für die Kontinuität der Familie sehen. Auf Ihrem Weg zu einem besseren Verständnis Ihrer Familie müssen Sie die Polemik der Streitargumente in Bezug auf Religion und Politik hinter sich lassen, Sie sollten stattdessen versuchen herauszubekommen, wo die Wurzeln für die von den Mitgliedern Ihrer Familie gehegten Überzeugungen liegen. Warum ist Onkel Joe Atheist geworden? Warum hält Ihre Mutter so zäh daran fest, jeden Tag den Rosenkranz zu beten? Warum sind Ihre Großeltern in tiefe Trauer versunken, als ihr Sohn ein nichtjüdisches Mädchen heiratete? Wenn es Ihnen nicht gelingt, sich in die Geistesverfassung eines jeden Familienmitgliedes hineinzuversetzen, werden Sie Ihre Familie nicht verstehen.

Eine ganze Menge an Informationen können Sie auch bekommen, wenn Sie die einzelnen Mitglieder Ihrer Familie fragen, wie ihre spirituelle Erziehung ausgesehen hat. In diesem Zusammenhang treten manchmal gut gehütete Familiengeheimnisse ans Tageslicht, wie zum Beispiel die Tatsache, dass Ihre Tante einige Jahre im Kloster verbrachte oder Ihr Vater einst Rabbi oder Pfarrer werden wollte. Derartige Träume und Ziele können für das Verständnis späterer Lebensentscheidungen von ausschlaggebender Bedeutung sein. Sowohl das Verhältnis Ihrer Angehörigen zur institutionalisierten Religion als auch das, was ihnen insgeheim heilig ist – Musik, Kunst, gute Werke, Zeit, die sie in der Natur verbringen –, sind wesentliche Elemente, die Ihnen konkrete Hinweise darauf an die Hand geben, wie Ihre Familie funktioniert. Besonders interessant ist auch die Frage, was Ihre Familie über das Leben nach dem Tode denkt, denn die Antworten auf solche Fragen werfen ein Licht auf das, was den einzelnen Familienmitgliedern im Leben wichtig ist.

Ganz ohne Zweifel beeinflussen die religiösen Überzeugungen Ihrer Familie ihre Einstellung zu Sexualität, Ehe, Tod und Krankheit sowie ihr Verhältnis zu anderen religiösen und kulturellen Gruppen, sie beeinflussen auch die Frage, welches Gewicht sie ihren persönlichen Bedürfnissen im Verhältnis zu den Bedürfnissen der Gemeinschaft einräumen, und viele andere grundlegende Haltungen. Bei dem Versuch, sich Ihrer Familie anzunähern, müssen Sie versuchen, ein Gefühl für beides zu bekommen – für den Kontext, in dem sich die religiösen Überzeugungen Ihrer Familie herausgebildet haben, und auch dafür, was diese Überzeugungen für Ihre besondere Familie im Einzelnen bedeuten könnten. Auf diese Weise gelingt es Ihnen vielleicht, auch die Ängste und den Schmerz Ihrer Familie zu respektieren, falls Sie selbst einen Weg eingeschlagen haben, den Ihre Angehörigen missbilligen. Wenn Ihre Familie zum Beispiel der Auffassung ist, Homosexualität sei etwas Sündiges, und Sie selbst homosexuell sind, wird es Ihnen leichter fallen, auch für die Position Ihrer Familie Verständnis aufzubringen, obwohl Sie deren Überzeugungen nicht teilen. Wenn Ihre Familie droht, Sie nicht mehr als Familienmitglied anzuerkennen, falls Sie jemanden heiraten, der (oder die) anderen Glaubens ist als Sie, werden Sie versuchen müssen herauszufinden, warum das für Ihre Angehörigen ein so großes Problem ist – vielleicht, indem Sie sich mit der Angst Ihrer Familie vor Außenseitern auseinander setzen, womit dieses Problem zweifellos zu tun hat.

Fragen

- Welche ethnischen Hintergründe haben die einzelnen Mitglieder Ihrer Familie? Passen sie in die Vorstellung, die andere von diesen ethnischen Gruppen haben? Wenn das nicht der Fall ist, können Sie sich Gründe vorstellen, warum sie möglicherweise nicht dem Klischee entsprechen? Waren sie stolz auf ihre Herkunft? Gab es Aspekte, deren sie sich schämten? Sind Sie mit den Geschichten Ihrer Herkunftskultur, ihren religiösen Traditionen, den für sie charakteristischen Speisen, der Musik und den Festtagsritualen Ihrer ethnischen Gruppe aufgewachsen?
- Welche Migrationsgeschichte hat Ihre Familie? Woher kamen die einzelnen Familienmitglieder? Warum sind sie gekommen? Wie viele kamen gemeinsam in die Vereinigten Staaten? Wie alt waren sie bei Ihrer Ankunft, und wie wurden die Familienmuster dadurch beeinflusst? Welche Erfahrungen haben sie bei der

Einwanderung gemacht, und wie haben diese Erfahrungen die Mythologie Ihrer Familie beeinflusst – ihre Hoffnungen, Träume und Überzeugungen? Träumten sie davon, in das Land ihrer Väter zurückzukehren? Versuchten Sie, ihre Geschichte hinter sich zu lassen? Wie gingen sie mit den verschiedenen Sprachen um? Mit den religiösen Traditionen? Mit dem Verlust derer, die sie zurücklassen mussten?

– Welche Regeln gab es in Ihrer Familie in Bezug auf die Klassenzugehörigkeit? Wie wurden diese Regeln weitergegeben? Gab es über die Generationen hinweg Familienmitglieder, die gesellschaftlich aufstiegen, gab es welche, die abstiegen? Sind einzelne Familienmitglieder durch Heirat in eine andere gesellschaftliche Klasse aufgestiegen oder abgestiegen? Wie war es, wenn das innerhalb der gleichen Geschwistergruppe passierte? Wie beeinflusste es die Beziehungen der Geschwister untereinander? Ist jemand in Ihrer Familie aufgrund seiner Ausbildung in eine andere Gesellschaftsklasse auf- oder abgestiegen? Auf Grund finanzieller Erfolge oder Misserfolge? Aufgrund einer Heirat mit einem Partner, der oder die einer anderen kulturellen Gruppe angehörte? Aufgrund seiner beruflichen Position? Aufgrund einer Behinderung? Wie wurden die Beziehungsmuster der Geschwister untereinander dadurch beeinflusst? Welche Auswirkungen gab es im Hinblick auf Familienfesttage, Familienzusammenkünfte und Familienrituale?

– Welche Einstellungen dem Geld gegenüber gab es in Ihrer Familie? Dass Geld die Wurzel allen Übels ist? Dass man immer alles gleich bar bezahlen sollte? Dass man für Notzeiten etwas auf die Seite legen sollte? Dass man das Geld immer so ausgeben sollte, als ob man genug davon hätte, auch dann, wenn man keines hat? Welche Rollen gab es in Ihrer Familie, die einzelne Familienmitglieder in Bezug aufs Geld gespielt haben: Spieler, Geizkragen, Schnäppchenjäger, Verschwender, Geldsäcke? Gab es jemand, der oder die „zwanghaft einkauften", jemand, der oder die als besonders „habgierig" galt? Wie darf man in Ihrer Familie das Geld legitimerweise ausgeben – für Bildungszwecke, für Grund und Boden, für Schmuck? Soll man es auf der Bank anlegen? Kann man in Ihrer Familie offen über Geld sprechen, oder macht man entweder innerhalb der Familie oder auch nur außen Stehenden gegenüber ein Geheimnis daraus? Wie sollte nach Auffassung Ihrer Familie das Geld zwischen den verschiedenen Familienmitgliedern vor oder nach dem Tod der Eltern/ der Großeltern usw. geteilt oder aufgeteilt werden?

10 Wieder Verbindung aufnehmen

„Werde ich der Held meines eigenen Lebens sein?"
Charles Dickens, David Copperfield

„Wenn Sie ein Familientreffen abhalten, und es kommt ein entfernter Verwandter, den man lange Zeit aus der Familie ausgeschlossen hat, ist das ein bisschen unangenehm. Wir sollten dieses Unbehagen auf uns nehmen. Es ist der Mühe wert."
Paul Robeson jr.

„Ein Leben zu komponieren bedeutet, die Zukunft ständig neu zu imaginieren und die Vergangenheit ständig neu zu interpretieren, um der Gegenwart eine Bedeutung zu geben … Das Erzählen von Geschichten ist etwas Grundlegendes für die Suche des Menschen nach einem Sinn … Jeder [von uns] ist damit beschäftigt, eine neue Art von Geschichte zu erfinden."
Mary Catherine Bateson, Composing a Life

Wir alle würden gern wir selbst sein, in und mit unseren Familien, wir möchten, dass sie uns als das akzeptieren, was wir wirklich sind. Aber manchmal vergessen wir, was die Voraussetzung dafür ist: dass wir *sie, unsere Familie,* als das akzeptieren, was sie ist, und die Wut, den Groll und das Bedauern darüber, dass sie keine Bilderbuchfamilie ist wie *The Brady Bunch*[19], überwinden. Wenn wir unsere Familien besuchen, dann passiert es selbst den Erfolgreichen, die Karriere gemacht und sich auch sonst einen guten Platz im Leben erobert haben, dass sie in kindliche Reaktionen zurückfallen. Eine Tochter gerät innerhalb weniger Minuten in Anspannung – ihre Reaktion auf die unterschwellig wahrgenommene Kritik ihrer Mutter an ihrer Kleidung, ihrem Haarschnitt oder ihrem Freund. Ein Sohn kommt am Thanksgiving Day nach Hause, er hat die Vorstellung, dass alle anderen Familien nun fröhlich beieinander sind – bei ihnen ist alles heiter und gesellig, der Tag ist voll köstlicher Erfahrungen und guter Gefühle gegenüber der eigenen Familie –, während nur er den subtilen, bitteren Geschmack der beständigen Spannungen zwischen seinen Eltern auf der Zunge hat.

Ein Teil von uns sehnt sich stets danach, zur Familie zurückzukehren – aber sie soll anders sein, als sie ist. Dieses Mal, sagen Sie zu

---

19 Eine bekannte Familien-Serie im amerikanischen Fernsehen.

331

sich selbst, werden Sie an Ihrer Erwachsenenperspektive festhalten und nicht defensiv reagieren. Sie werden sich nicht in die Kämpfe zwischen Ihren Eltern hineinziehen lassen oder mit Ihren Geschwistern um die Aufmerksamkeit der anderen konkurrieren. Reife, Objektivität, Humor und Heiterkeit werden die Oberhand behalten, sofern Sie sich nur nicht zu sehr in das unübersichtliche Beziehungsgewirr hineinziehen lassen.

Manchmal gelingt es Ihnen vielleicht sogar, eine Zeit lang an dem Gefühl Ihres eigenen Selbst festzuhalten. Aber dann geschieht etwas zunächst eigentlich ganz Triviales: Vielleicht macht Ihr Vater eine sarkastische Bemerkung, die gegen Ihre Mutter gerichtet ist, und sie verstummt. Diese kleine Szene hat sich in der Vergangenheit vielleicht hundertmal genauso abgespielt. In Sekundenschnelle fallen Sie in die Rolle zurück, die Sie in der Kindheit gespielt haben, sie schlagen zurück, greifen ein, um Ihre Mutter zu beschützen. In Ihrer Frustration machen Sie sich Ihren Geschwistern gegenüber Luft, Sie schimpfen, wie unmöglich Ihre Eltern doch sind, und fragen sich, wie Sie bei all diesen unterschwelligen Feindseligkeiten in Ihrer Familie überhaupt überleben konnten.

Aber wenn Sie wirklich wieder eine Verbindung mit Ihrer Familie herstellen wollen, müssen Sie eine neue Form der Empathie entwickeln, eine Empathie, deren Grundlage ist, dass Sie und Ihre Familie zusammengehören. Dies setzt voraus, dass Sie die grundlegende, tiefe und fast mystische Verbundenheit aller Menschen miteinander akzeptieren. Es bedeutet, dass Sie akzeptieren: Was immer ein anderer Mensch Schreckliches getan haben mag – er ist ein Mensch, und Sie könnten selbst in seinen (oder ihren) Schuhen stecken. Es bedeutet deshalb, dass wir unsere Eltern mit all ihren Unzulänglichkeiten akzeptieren, was nicht heißt, dass wir ihre Unzulänglichkeiten selbst akzeptieren sollten. Es kann zum Beispiel heißen, dass Sie Ihren Vater annehmen, ohne das Bedürfnis zu haben, sich an ihm zu rächen für die emotionale Vernachlässigung und körperliche Misshandlung, die Sie durch ihn erlitten haben, für seine irrationalen Forderungen und ständigen Versuche, Sie einzuschüchtern – womit nicht gesagt ist, dass Sie die Misshandlung akzeptieren oder ihn für das, was er getan hat, nicht zur Verantwortung ziehen sollten. Es kommt darauf an, anzuerkennen, dass es bei der Beziehung zu Ihrem Vater um mehr geht als um die Tatsache allein, dass er sie misshandelt hat. Das erwachsen gewordene Kind, das wirklich eine individuelle Identität entwickelt hat, kann sich gegenüber einem nörgelnden Vater, der seine emotionalen Bedürfnisse nie befriedigt hat, großzügig zeigen, selbst dann, wenn dieser Vater auch weiterhin ständig an ihm herumkritisiert.

Sie müssen sich Ihrer Familie auf die Weise annähern, dass Sie die Welt auch vom Standpunkt Ihrer Angehörigen zu sehen versuchen und zu akzeptieren, dass der eine oder andere in Ihrer Familie Ihre Bedürfnisse nicht immer erfüllt oder Ihre Gefühle vielleicht nicht verstanden hat. Allzu häufig versuchen die Menschen, Ihre Familie zu ändern, um auf diesem Wege sich selbst ändern zu können; sie sollten stattdessen versuchen, sich selbst zu ändern, um auf diese Weise die Beziehungsmuster in ihrer Familie zu verändern. In den Erzählungen der Chassidim wird von einem alten Rabbi erzählt, der Folgendes gesagt haben soll:

> „Als ich jung war, zog ich aus, um die Welt zu verändern. Als ich ein bisschen älter wurde, stellte ich fest, dass dieses Ziel zu hoch gesteckt war, daher machte ich mich nun daran, mein Land zu verändern. Auch dieses Ziel war, wie ich mit dem Älterwerden feststellte, zu hoch gesteckt, daher machte ich mich nun daran, meine Stadt zu verändern. Als ich merkte, dass ich nicht einmal das fertig brachte, versuchte ich, meine Familie zu ändern. Jetzt, als alter Mann, weiß ich, dass ich hätte damit anfangen sollen, mich selbst zu ändern. Wenn ich bei mir selbst angefangen hätte, vielleicht wäre es mir dann gelungen, meine Familie zu ändern, die Stadt oder sogar das Land – und, wer weiß, vielleicht sogar die ganze Welt!"

Sie müssen es aufgeben, darauf zu starren, dass die einzelnen Mitglieder Ihrer Familie hätten anders sein sollen, dass sie Ihren Bedürfnissen hätten besser entsprechen und ihre Gefühle besser verstehen sollen oder dass Sie Ihnen hätten Anlass geben sollen, stolz auf sie zu sein. Das bedeutet, dass Sie zu einer anderen Sichtweise kommen, mit deren Hilfe Sie Ihren persönlichen Wert, den Wert, den Sie in Ihren eigenen Augen haben, einschätzen können. Es bedeutet auch, dass Sie es riskieren, von Ihrer Familie missbilligt, zurückgewiesen oder nicht beachtet zu werden, ohne dass Sie im Gegenzug selbst Ihre Familie missbilligen, zurückweisen oder mit Gleichgültigkeit behandeln.

Die grundsätzliche Richtlinie, an die Sie sich halten müssen, wenn Sie wieder nach Hause gehen wollen, ist dies: Greifen Sie niemanden an, und gehen Sie nicht in die Verteidigung. Wieder nach Hause zu gehen bedeutet: Sie müssen einen Weg finden, Sie selbst zu sein und zugleich mit Ihrer Familie verbunden zu bleiben, und zwar ohne selbst in Verteidigungsstellung gehen oder andere angreifen zu müssen. Die typischen dysfunktionalen Rollen, die Menschen in ihren Familien übernehmen – der eine übernimmt die ganze Verantwortung, und der andere lässt sich betreuen und beschützen, der eine ist ständig derjenige, der sich um den anderen bemüht, während dieser sich distanziert –, bilden sich deshalb heraus, weil die einzelnen Familienmitglieder nicht genügend Selbstwertgefühl entwickelt haben und deshalb nicht für sich selbst und aus sich heraus funktionieren können. Man spielt die Rolle der verletzten Tochter in der Beziehung zu einem arroganten oder gleichgültigen Vater oder den pflichtbewussten Sohn im Verhältnis zu einem anderen Geschwister, das die Rolle des „verlorenen Sohnes" einnimmt.

Ihre tatsächliche Verantwortlichkeit gegenüber einzelnen Familienmitgliedern zu bestimmen ist eine sehr persönliche Angelegenheit. Nur Sie selbst können wissen, welche Verpflichtungen Sie haben, großzügig, liebevoll oder rücksichtsvoll gegen Ihre Angehörigen zu sein, ganz unabhängig davon, wie sehr sie Ihnen wehgetan haben. Die Erfahrung vieler erwachsener Kinder von Alkoholikern macht das deutlich. Wenn Ihr Vater sich das Schicksal eines depressiven, in sich zurückgezogenen Alkoholikers ausgesucht hat, können Sie sich dafür entscheiden, ihm mit Mitgefühl zu begegnen und alles zu tun, was in Ihrer Macht steht, damit er sein selbstzerstörerisches Verhalten ändert, während Sie sich zugleich klar machen, dass sein Schicksal sich letztlich Ihrer Kontrolle entzieht. Auch müssen Sie lernen, Ihre eigenen Grenzen richtig einzuschätzen. In diesem Sinne kann das Gebet der Anonymen Alkoholiker für jeden hilfreich sein, der sich mit schwierigen Familienverhältnissen auseinander setzen muss:

> „Möge ich die Gelassenheit bekommen, die Dinge, die ich nicht ändern kann, zu akzeptieren, den Mut, die Dinge, die ich ändern kann, zu verändern, und die Weisheit, das eine vom andern zu unterscheiden."

Eine wichtige Gelegenheit, mit Ihrer Familie wieder eine innere Verbindung aufzunehmen, sind Feste und Feiern, mit denen Familienjahrestage und Übergänge von einer Lebensphase in die andere begangen werden: Hochzeiten, Beerdigungen und Familientreffen. Familienrituale sind wichtige gemeinsame Erfahrungen, die eine vertraute und oft symbolische Bedeutung haben. Bei solchen Gelegenheiten werden häufig ganz bewusst immer die gleichen Worte benutzt, wird die gleiche Musik gespielt, werden jedes Mal die gleichen Speisen zubereitet und die gleichen Getränke angeboten; die Gerüche, die Szenerie, die

Zeremonie und das Verhalten der Familienmitglieder sind immer gleich und geben allen Beteiligten das Gefühl der Kontinuität. Das kann etwas Erstickendes haben, wenn es sich um hohle Rituale handelt, es kann aber auch eine heilende und bereichernde Wirkung haben, wenn Sie selbst den Ritualen eine Bedeutung geben. Auch sind Familienzusammenkünfte eine gute Gelegenheit, Familiengeschichten zu hören, die Beziehungen innerhalb der Familie direkt zu beobachten und auszuprobieren, wie es ist, wenn Sie Ihre eigene Rolle im Familiendrama verändern.

Überlegen Sie, wie sich die Familiengeschichten aus dem Blickwinkel eines anderen Familienmitglieds anhören würden, aus dem Blickwinkel der „Schurken" und „Bösewichter" zum Beispiel. Stellen Sie sich einmal vor, mit welchen Augen Aschenputtels Stiefmutter dieses verwöhnte Stieftöchterchen gesehen haben mag, der alles nur so zuflog und die wegen ihrer „Anmut und Lieblichkeit" von allen vergöttert wurde; ihr edelmütiges Verhalten hätte einen ja geradezu in die Trunksucht treiben können. Bedenken Sie auch, in welchem Dilemma Aschenputtels Stiefschwestern waren, weil sie zufällig nicht dem entsprachen, was die Gesellschaft von einer Frau erwartete: dass sie nämlich zierlich, schön, sanftmütig, geduldig und schüchtern war!

Sie können auch darüber nachdenken, was passieren würde, wenn Sie Ihre eigene Rolle in den Familienbeziehungen verändern würden. Wenn Sie ständig mit Ihrem Vater im Streit liegen, könnten Sie Ihre Melodie ändern und zur Abwechslung einmal sagen: „Da hast du auch wieder Recht, Papa." Wenn Sie über längere Zeit zu einem Elternteil eine eher schlechte Beziehung gehabt haben, kommt alles darauf an, dass Sie langsam und behutsam vorgehen. Erwarten Sie nicht zu viel und in zu kurzer Zeit. Eine Beziehung kann man nicht mit Gewalt ändern.

Auch Briefe können Ihnen bei Ihren Bemühungen, mit Ihrer Familie wieder in eine innere Verbindung zu treten, hilfreich sein. Sie können ein sehr wirksames Mittel sein, wenn Sie zum Beispiel mit einem Ihnen entfremdeten oder schwierigen Elternteil wieder Kontakt aufnehmen wollen. In einem Brief können Sie sich genau überlegen, was Sie sagen wollen, und Sie können es genau in der Weise sagen, wie Sie es sich vorgenommen haben, ohne jemanden zu beschuldigen oder sich selbst zu verteidigen. Was noch wichtiger ist: Briefe erlauben es Ihnen, die ganze Botschaft zu übermitteln, ohne dass Sie zugleich auf das Verhalten des Adressaten reagieren müssten. Mit ein bisschen

Glück ist der Brief ein erster Schritt, der weitere, persönlichere Formen des Kontakts nach sich zieht.

Und vergessen Sie nicht, Bilder einzusetzen, die bei Ihren Angehörigen Erinnerungen hervorrufen; helfen Sie ihnen zu spüren, dass sie tatsächlich etwas bekommen, auch wenn es im Augenblick darum geht, eine schwere Erinnerung gemeinsam aufzuarbeiten. Lassen Sie alte Familienfotos vergrößern und verteilen Sie sie an Ihre Angehörigen; so vermitteln Sie ihnen neue Botschaften: die Botschaft, dass die Familie etwas Beständiges ist und die Prüfungen und Erfahrungen derer, die vor Ihnen da waren, wertvoll sind.

In Familien, wie sie wirklich sind, gibt es nur wenige Mitglieder, die durch und durch Heilige sind, und nur wenige, die ganz und gar Sünder sind. Zwar müssen Sie sich vor Angehörigen, die Ihnen wirklich Schaden zufügen könnten, schützen – vor einem Alkoholiker in der akuten Phase oder vor einem Drogenabhängigen zum Beispiel –, aber es ist ganz wichtig, dass Sie diese Menschen als Familienmitglieder deshalb nicht einfach abschreiben. Sie können nicht wissen, ob sie ihr selbstzerstörerisches Verhalten eines Tages nicht doch aufgeben, selbst dann, wenn sie schon ein Leben lang daran festgehalten haben. Die verschiedensten Ereignisse, besonders der Verlust wichtiger Menschen, aber auch das Älterwerden, können eine Wandlung herbeiführen.

Mary Catherine Bateson, die einzige Tochter von Margaret Mead und Gregory Bateson (Genogramm 10.1), beide weltberühmte Anthropologen, hat zwei äußerst anregende und berührende Erinnerungsbücher geschrieben; sie beschreibt darin sehr detailliert den Prozess, in dessen Verlauf sie ihre Beziehung zu ihren Eltern allmählich ins Reine brachte. Sie begann mit einer „verärgerten Reflexion" über ihr eigenes Leben, das sie als ein improvisiertes Leben betrachtete, und erkannte schließlich, dass die Geschichten, die wir uns so oft über unser Leben ausdenken, den illusionären Eindruck vermitteln, alles hätte einen Sinn und eine Bedeutung, während sie uns kaum eine Vorstellung davon geben, auf welch verschlungenen Pfaden wir – als Reaktion auf die sich ständig wandelnden Umstände unseres Lebens – versuchen, uns selbst immer wieder neu zu erfinden.

Catherine Batesons Kindheit war nicht einfach. Die Beziehung zwischen ihren Eltern war nicht harmonisch. Ihr Vater verließ ihre Mutter, als Catherine sieben Jahre alt war, und die beiden ließen sich scheiden, als sie elf war. Häufig überließ ihre Mutter sie für längere

Zeit der Obhut anderer Menschen, denn Bateson und sie waren oft mit sich selbst und ihren eigenen Sorgen beschäftigt und kümmerten sich nur zeitweise und mit Unterbrechungen um das Kind. Als Baby und Kleinkind hatte Catherine die meiste Zeit ein Kindermädchen. Nachdem ihre Eltern sich getrennt hatten, besuchte sie ihren Vater in regelmäßigen Abständen; er heiratete bald wieder und zeugte ein weiteres Kind, einen Sohn. Mindestens zweimal versuchte er, sich ihr sexuell zu nähern. Trotzdem gelang es Catherine, emotionale Beziehungen zu beiden Eltern aufrechtzuerhalten, die für sie sehr wichtig waren, auch wenn ihre Eltern häufig weit entfernt von ihr lebten. Catherine ist das bewegende Beispiel einer Tochter, die als Erwachsene wieder nach Hause gehen konnte.

Catherine war sehr überrascht, als ihre Mutter in ihren autobiografischen Schriften sich und Gregory Bateson als „nährende Persönlichkeiten" beschrieb. Während ihre Eltern das Gefühl hatten, sie sei ein vollkommen zufriedenes Kind gewesen, erklärt Catherine, dass sie wohl deshalb nie Schwierigkeiten gemacht hatte, weil sie das „brave kleine Mädchen" sein musste, das nie quengelte, damit seine Eltern ihm gewogen blieben und möglichst viel Zeit mit ihm verbrachten. Sie wusste, wenn sie Schwierigkeiten gemacht hätte, hätte sie die Eltern verloren, die sich dann anderen Aktivitäten zugewandt hätten.

In ihren Lebenserinnerungen wird immer wieder spürbar, mit welchem Scharfblick sie erkannte, wie wichtig es für sie war, ihr eigenes Selbst zu bewahren und nicht zu einer Kopie ihrer Eltern zu werden (Bateson 1984):

> „Ich habe die vielen von Mead und Bateson publizierten Werke nicht gelesen oder wieder gelesen, ich kenne keines davon ganz, denn das zu tun hätte bedeutet, mich als Expertin neu zu erschaffen und nicht als Tochter."

Ihre Geschichte ist die Geschichte einer Frau, der es nach und nach gelingt, ihre Eltern zu akzeptieren als die Personen, die sie nun einmal waren, mit ihren Fehlern und Begrenzungen, und der Ausdruck ihres Bemühens, das Wertvolle ihrer Beziehung zu beiden Eltern zu sehen (ebd.):

> „Die Stimmen meiner Eltern sind mir immer noch sehr stark gegenwärtig, denn ihr Echo ist in so vielem, was ich sehe und was mir begegnet ... Ihre Stimmen haben sich nun mit dem ganzen komplexen Gewirr verwoben. Als ich ein Kind war, war es manchmal schwierig für mich, die Unterschiede und die Ähnlichkeiten zu dekodieren und die Tonlage meiner eigenen Stimme harmonisch, aber doch deutlich von ihnen unterscheidbar anzupassen."

Die Familien Bateson und Mead
Genogramm 10.1

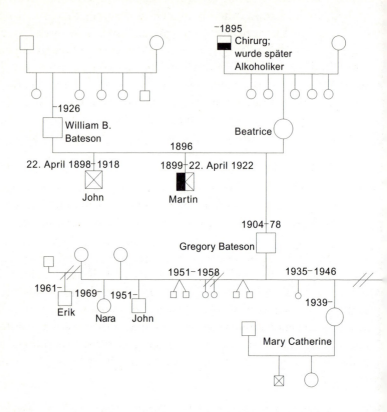

Am Ende erinnerte Catherine Bateson sich mehr an das, was sie von ihren Eltern bekommen, als an das, was sie nicht bekommen. Sie war der Auffassung, sie habe von ihrer Mutter ein grundlegendes Vertrauen, Selbstvertrauen, Glauben, Stärke und Spannkraft mitbekommen. Da Catherine Bateson selbst Anthropologin wurde und auch selbst Mutter war, war sie in der Lage, noch nachträglich die Souveränität und das Organisationstalent ihrer Mutter zu würdigen; Margaret hatte stets zuverlässig dafür gesorgt, dass ihre Tochter in der „erweiterten Familie", die sie sich mithilfe ihrer Berufskollegen geschaffen hatte, gut untergebracht und versorgt war. Catherine entwickelte, wie sie selbst es beschrieb, aus den Modellen, die ihre eigenen Eltern wie auch andere Menschen in ihrer Umgebung ihr boten, eine eigene Synthese.

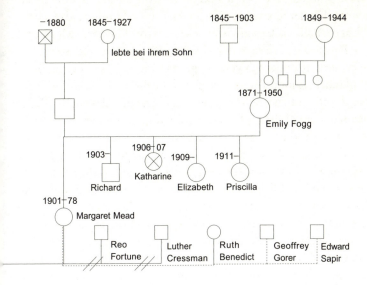

Wie ihre Mutter musste auch sie vielfältigen Verpflichtungen gerecht werden, sie musste immer wieder Improvisationstalent beweisen und sich einer Kultur anpassen, in der sie sich nur begrenzt heimisch fühlen konnte. Was ihren Vater betrifft, so verbrachte sie mit ihm zwar weniger Zeit, aber sie war ihm dankbar für die langen Spaziergänge und die gemeinsamen Gespräche; sie lernte vieles von ihm in Bezug auf Natur und Wissenschaft, und er gab ihr Antwort auf all ihre komplizierten Fragen über Gott und die Welt.

Catherine, die mit der Trennung und Scheidung ihrer Eltern heftig zu kämpfen gehabt hatte, befürchtete, sie werde es ihren Eltern gleichtun und selbst auch mehrere Ehen eingehen, die sich dann als Fehlschlag erweisen würden. Sie verwendete daher viel Zeit darauf, die Ehen ihrer Eltern und was sie voneinander unterschied, zu verstehen.

Catherines Memoiren demonstrieren auf eine sehr anrührende Weise ihr Bemühen, ihre Eltern aus den verschiedensten Blickwinkeln zu sehen: als Kinder in ihren jeweiligen Herkunftsfamilien, als Geliebte und Ehepartner, als Geschwister, als Gelehrte. Margaret Mead und Gregory Bateson waren in vieler Hinsicht Gegensätze. Sie war Amerikanerin, sie war praktisch veranlagt, überschwänglich, poetisch. Er war Engländer, unpraktisch, arrogant und distanziert, ein Wissenschaftler durch und durch. Margaret war überzeugt, dass in der Regel jedes Problem eine Lösung findet, während Gregory der Auffassung war, der Versuch, die Dinge zu verändern und besser zu machen, bewirke in der Regel das Gegenteil. Margaret achtete die Regeln und Konventionen der unterschiedlichen Gesellschaften, während Gregory so unkonventionell lebte wie nur möglich. Sie hatte sehr viel übrig für religiöse Rituale; er war Atheist. Sie liebte Menschen; ihm waren die Tiere lieber. Ihre moralische Sorge galt der Entwicklung der Gesellschaften in unterschiedlicher Kulturen; sein Interesse galt der Ökologie oder der Welt als Ganzem. Ihr machte es Freude, die Dinge zu organisieren; er empfand ihre organisatorischen Fähigkeiten zunehmend als kontrollierend. Er neigte in stärkerem Maß zur Abstraktion und interessierte sich mehr dafür, die Muster des Lebens zu entdecken, als die konkreten Umstände zu kontrollieren; sie dagegen wandte den konkreten Details ihre Aufmerksamkeit zu (Bateson 1984):

> „In der Ehe war sie diejenige, die die Muster bestimmte, denn Gregory war von der Ausarbeitung im Einzelnen nicht so fasziniert … In seinem Leben gab es viele Fäden, die lose herunterhingen, und Ränder, die nicht versäubert waren, während für Margaret jeder einzelne Faden eine Aufforderung war, ihn in eine sorgsame Stickerei einzufügen."

Catherine konnte nicht anders, als sich zu wundern, wie zwei so unterschiedliche Menschen auf die Idee kommen konnten zu heiraten. Sie vermutete, dass ihre Mutter sich von Batesons kulturellem Anderssein aufs Höchste angezogen gefühlt hatte, und stellte fest, dass auch sie selbst einen Mann mit einem für sie sehr fremdartigen kulturellen Hintergrund geheiratet hatte (einen Iraner).

In ihrem Bemühen, die Unterschiedlichkeit ihrer Eltern zu verstehen, fiel ihr auf, wie verschieden ihre Position in der Geschwisterreihe gewesen war: Margaret war die Älteste von fünf Geschwistern, alles

Mädchen, bis auf einen Bruder; Gregory der Jüngste von dreien – alles Jungen. Catherine schrieb über die unterschiedliche Art, wie ihre Eltern darangingen, Probleme zu lösen (ebd.):

„Margarets Vorgehensweise muss mit frühen Erfolgen beim Umgang mit Problemen zu tun gehabt haben, vielleicht auch mit der Erfahrung, ein älteres Kind zu sein, eine Erfahrung, die durch die jahrelange Übung im Umgang mit den Kleineren amplifiziert wurde. Gregorys Erfahrung war die eines jüngeren Kindes, das nur relativ geringe Möglichkeiten sah, das, was sich um ihn herum abspielte, zu verändern. Er strebte stattdessen danach zu verstehen, was vorging."

Catherine stellte auch Vermutungen darüber an, wie frühe Familienereignisse die Art, wie ihr Vater an das Leben heranging, beeinflusst haben mochten (ebd.):

„Es kann sein, dass der Selbstmord seines Bruders Martin im Jahre 1922, der auf einige unbeholfene Versuche der Eltern folgte, den Sohn in ihrem Sinne zu lenken, und der dazu führte, dass sie sich eine Zeit lang verstärkt bemühten, auch Gregorys Entscheidungen nach ihren Vorstellungen zu beeinflussen, einen Teil seines ängstlichen Zögerns im Blick auf die Lösung von Problemen, ja, eigentlich im Blick auf jeden Versuch, in der Welt zu handeln, ausmachte."

Gregory Bateson war der jüngste von drei Söhnen eines berühmten britischen Genetikforschers. Von den drei Söhnen war er derjenige, von dem man sich am wenigsten erwartete, da er in der Kindheit stets kränklich gewesen war und auch als Student keine besonderen Leistungen zeigte. Man erwartete, dass der älteste Sohn, John, die Führung übernehmen würde. Er und der zwei Jahre jüngere mittlere Bruder, Martin, standen einander außerordentlich nahe. Gregory war vier Jahre jünger und wuchs in gewisser Hinsicht allein auf. Im Alter von 20 Jahren fiel John im Ersten Weltkrieg. Einige Tage später schrieb die Mutter an Martin (Lipset 1980):

„Du und Gregory sind mir noch geblieben, und du musst mir helfen, die Tapferkeit, die mir mit John verloren gegangen ist, ein Stück weit wiederzugewinnen."

Nach Johns Tod kam es zu einem Bruch zwischen Martin und seinem Vater, dessen Mutter gerade zwei Monate vor John gestorben war. Der Vater, der sich vermutlich in doppelter Weise vom Schicksal beraubt sah, begann nun, auf seinen zweiten Sohn, der ein Dichter war, Druck auszuüben und ihn zu drängen, Zoologe zu werden. Die Beziehungen zwischen Vater und Sohn verschlechterten sich zusehends. Als Martin sich dann auch noch von einer jungen Frau, die er anbetete, zurückgewiesen fühlte, nahm er ein Gewehr und erschoss sich auf dem Trafalgar Square, und zwar genau an Johns Geburtstag, am 22. April 1922; es war, wie berichtet wurde, der „wahrscheinlich dramatischste, mit voller Absicht ausgeführte Selbstmord, den es je in London gegeben hatte".

Das war das Vermächtnis, mit dem Gregory, der „kleine Zwerg", wie er sich selbst nannte, leben musste. Sämtliche Erwartungen der Familie, dass ihr ältester Sohn in die Fußstapfen des Vaters treten und ein großer Wissenschaftler werden würde, richteten sich nun auf ihn. Gregorys Lösung für diese Situation bestand darin, dass er Anthropologie studierte, eine Wissenschaft, die sich vom Gebiet seines Vaters, der Biologie, klar unterschied und es ihm zugleich erlaubte, mithilfe seiner Feldstudien dem Druck der Familie zu entkommen. Sein ganzes Leben lang widersetzte sich Gregory den Erwartungen anderer. Die Verschiebung seiner Position in der Geschwisterreihe im jungen Erwachsenenalter mag ihren Teil dazu beigetragen haben, dass Margaret und er nicht miteinander auskommen konnten, obwohl sie, was die Geburtenfolge betraf, komplementäre Positionen einnahmen.

Es besteht auch eine gewisse Ähnlichkeit zwischen Gregory und Margaret Meads Vater: Gregorys Rolle in seiner Familie als einziges überlebendes Kind intensivierte die Beziehung zu seiner Mutter in einem Maße, dass es schon fast einer Vergiftung gleichkam, und Margarets Vater war ein Einzelkind, das nach dem Tod des Vaters, als er erst sechs Jahre war, von seiner Mutter vergöttert und verhätschelt wurde. Während Bateson sich rigoros von seiner Mutter trennte, um dem Druck des auf ihm lastenden Vermächtnisses zu entgehen, hatte Edward Mead seine verwitwete Mutter mit in die Ehe gebracht, und sie lebte ihr ganzes Leben lang bei der Familie ihres Sohnes. Catherine verfolgte die Beziehungen ihres Vaters zu seinen Eltern weit zurück und brachte sie in Zusammenhang mit den Schwierigkeiten, die dann in der Ehe ihrer Eltern auftauchten (Bateson 1984):

„Gregory hatte das Gefühl, wenn er sein eigenes Leben weiterführen wollte, dann musste er Margaret verlassen, denn er brachte in seine Konflikte mit ihr eine Menge angesammelter Feindseligkeit gegen seine Mutter mit hinein … Es war Gregory, der mehr als jeder andere aufs Heftigste zurückschlug, als sie versuchte, sein Leben für ihn zu organisieren … [Er] begann gegen

Margaret zu rebellieren, eine Rebellion, die voll unterdrückter Wut gegen seine Familie und besonders gegen seine Mutter war."

Wenn wir die ehelichen Beziehungen in der Familie Bateson zurückverfolgen, stellen wir fest, dass es auch in der vorangegangenen Generation problematische Punkte gab. Gregorys Eltern hatten eine sehr lange Verlobungszeit, was den Schluss zulässt, dass es möglicherweise in den Beziehungen zu den Herkunftsfamilien Spannungen gab. Tatsache ist, dass Gregorys Großmutter mütterlicherseits die Verlobung ihrer Tochter Beatrice mit William Bateson zunächst ausgesetzt hatte, weil er sich betrunken hatte. Der Großvater mütterlicherseits war Alkoholiker gewesen, und seine Frau versuchte, ihre Tochter vor dem gleichen Schicksal zu bewahren. Beatrice nahm jedoch, kurz nachdem ihr Vater gestorben war, mithilfe einer Zeitungsannonce den Kontakt zu William wieder auf und heiratete ihn bald darauf.

In der nächsten Generation fügte es sich dann so, dass Gregory Margaret Mead gerade in dem Moment begegnete und sich in sie verliebte, als er sich seiner Mutter Beatrice entfremdet hatte. Margaret und ihr zweiter Mann arbeiteten damals an einer anthropologischen Studie in einem weit entfernten Teil der Welt. Man könnte die Hypothese aufstellen, dass die Kinder in dieser Familie den Kontakt zu ihren Ehepartnern zu einem Zeitpunkt aufnehmen, zu dem sie sich von einem Elternteil abkoppeln müssen, sei es durch einen radikalen Bruch oder durch den Tod des betreffenden Elternteils.

Catherine Bateson unternahm eine ungeheure Anstrengung, ihre Eltern mithilfe einer genauen Erforschung ihres Lebens besser zu verstehen. Sie arbeitete daran, ihre Eltern als Menschen mit ihren eigenen Problemen sehen zu können. Was das Wichtigste ist: Sie versuchte, sie als Kinder im multigenerationalen Kontext der Familie zu sehen, als Menschen, die darum rangen, mit ihren Eltern klar zu kommen, genauso wie sie darum rang, mit ihnen klar zu kommen. Es gelang ihr, die Unterschiede zwischen ihnen zu akzeptieren, ohne einem von ihnen Vorwürfe zu machen. Obwohl ihr Vater derjenige war, der seine Frau verließ, versuchte sie, nicht über ihn zu urteilen, sondern ihn zu verstehen. Ihr ganzes Leben hindurch hielt sie die Verbindung mit beiden Eltern aufrecht. Gregory versuchte immer wieder, das Interesse seiner Tochter für das zu wecken, was *er* für eine „wichtige Sache" hielt, schenkte aber dem, was für sie wichtig war, keinerlei Aufmerksamkeit. Sie lehnte ihren Vater jedoch nicht ab, nur weil er ihre Interessen nicht beachtete. Auch versuchte sie nicht, ihn zu ändern. Als er gegen Ende seines Lebens anfing, sich für Ökologie zu interessieren, suchte er bei der Organisation seines Projekts ihre Unterstützung, und er bekam sie.

Catherine hielt auch zu ihrer Mutter den persönlichen sowie den beruflichen Kontakt stets aufrecht. Sie organisierten gemeinsame Präsentationen. Sie planten eine gemeinsame Konferenz über Rituale. Was besonders wichtig ist: Catherine war fähig, das Bemühen ihrer Mutter, sich nicht in ihr Leben einzumischen, anzuerkennen. Sie sagt über ihre Mutter (ebd.):

> „Das, wovor sie sich als Mutter am meisten fürchtete, war, dass ihre Fähigkeit, sich in das Leben anderer hineinzudenken und sich eine mögliche Zukunft für sie vorzustellen, sie dazu verführen könnte, mein Leben auf eine Weise zu lenken, die ich später ablehnen würde. Wenn wir uns stritten, hätte ich sie am meisten damit verletzt, wenn ich sie beschuldigt hätte, sie dominiere mich oder mische sich in mein Leben ein, weil man ihr gerade das so oft vorgeworfen hatte."

Wir sehen hier, dass Margaret selbst sich darüber Gedanken machte, wie sie sich von ihrer Tochter differenzieren konnte in dem Sinne, dass sie deren Persönlichkeit nicht verletzte; damit gab sie Catherine wahrscheinlich ein wichtiges Vorbild. Dieses Verhalten ist wahrscheinlich auch ein Ausdruck der Sensibilität für die Privatsphäre anderer, wie sie für die Vertreter der weißen protestantischen Mittelschicht typisch ist, und das für diese Gesellschaftsschicht typische Bemühen, die Sphäre anderer nicht zu verletzen – was in anderen Kulturen möglicherweise ganz anders gesehen wird. Beide, Mutter und Tochter, arbeiteten daran, sich voneinander zu differenzieren (ebd.):

> „Das war ein so überaus verletzlicher Punkt, dass wir uns gemeinsam verschworen, die Beziehung zu schützen – sie, indem sie darauf verzichtete, mir irgendeinen Ratschlag zu geben, und versuchte, ihre Fantasien im Hinblick auf mich im Zaum zu halten; ich, indem ich eine gewisse Unentschlossenheit und Unsicherheit, die ich mit ihr teilte, sorgfältig kontrollierte. Ich gewöhnte es mir an, sie erst dann an den Zukunftsplänen, die ich mir ausmalte, teilhaben zu lassen, wenn sie bereits einen bestimmten Grad an Lebendigkeit erreicht hatten, den ich mit gutem Recht als Ausdruck meiner eigenen Vorstellung betrachten konnte, sodass ich keine Möglichkeit gehabt hätte zu sagen, da habe ich deinen Plan ausgelebt, die Fantasie, die du auf mich projiziert hattest. Sie hatte die Fähigkeit, viele Leben zu leben und in reichem Maße am Leben anderer teilzunehmen, ihr eigenes Dasein mithilfe einer komplexen Empathie auszuweiten und Möglichkeiten zu erkennen, die der

Vorstellungskraft anderer bis dahin entgangen waren; sie musste also die Träume kontrollieren, die sie für andere träumte."

Aufgrund dieser Anstrengungen, keinesfalls eine kontrollierende Eltern-Kind-Beziehung zu entwickeln, gelang es ihnen, den Machtkampf zu vermeiden, der die Ehe der Eltern so belastet hatte.

Einer der berührendsten Punkte, die Catherine Bateson anspricht, betrifft das Geheimnis ihrer Mutter und die Auswirkungen, die es auf ihr Leben hatte, bzw. den Preis, den sie beide für diese Geheimhaltung zahlten: Margarets sexuelle Affären und ganz besonders ihre Bisexualität wurden von Catherine erst nach dem Tod ihrer Mutter im Jahre 1978 entdeckt; damals gab ein enger Freund der Familie ihr einen Brief, den Margaret viele Jahre zuvor geschrieben hatte und der im Falle ihres plötzlichen Todes denjenigen übergeben werden sollte, die sie am meisten geliebt hatte. In dem Brief bringt Margaret Mead zum Ausdruck, wie sehr es sie beschäftigte, dass Details ihres persönlichen Lebens in Form von Skandalgeschichten ans Tageslicht kommen und ihr einen traurigen Ruhm bescheren könnten, ohne dass sie in der Lage sein würde, ihre Situation zu erklären und ihre Angehörigen zu schützen. Offenbar machte es Margaret zunehmend zu schaffen, dass sie viele Aspekte ihres Lebens verbergen musste, und es bekümmerte sie, dass die Enthüllung ihres Geheimnisses anderen Schmerz bereiten könnte (Bateson 1984):

> „Es ist mir zunehmend bewusst geworden, wie sehr mein Leben in einzelne Teile zerfällt, wobei ich jeden einzelnen Teil mit einer anderen Person teile, selbst dann, wenn ich im Rahmen dieses Teiles zeitlich wie räumlich das Gefühl habe, dass ich tatsächlich ich selbst bin, und dass mein ganzes Selbst in dieser besonderen Beziehung ist ... Ich habe das Versteckspiel nicht freiwillig gewählt, ich wollte nicht, dass irgendjemand von euch von einem Teil meines Lebens, der, wie ich wohl weiß, von großer Bedeutung ist, überhaupt nichts wissen sollte. Es ist auch nicht aus einem Mangel an Vertrauen meinerseits – irgendjemandem gegenüber – geschehen, sondern lediglich aufgrund der Erfordernisse der Zeit in der Mitte des 20. Jahrhunderts, einer Zeit, in der jeder von uns – zumindest was meine Altersgenossen betrifft – dazu verdammt scheint, ein Leben zu führen, das sich andern nicht mitteilen lässt."

Catherine, die erst 15 war, als ihre Mutter diesen Brief schrieb, war eine von denen, an die er geschickt worden wäre. Sie schreibt (ebd.):

> „Bis nach ihrem Tod wusste ich wenig über das Muster der Beziehungen zu männlichen und weiblichen Liebhabern, das sie entwickelt hatte; deshalb wurde der Versuch, zurückzublicken und herauszubekommen, wer sie war,

als Person und als meine Mutter, durch die Notwendigkeit kompliziert, mein Bild von ihr in wesentlichen Zügen zu revidieren, wie auch durch die Tatsache, dass ich mich mit dem Versteckspiel auseinander setzen musste. Gelegentlich war ich wütend, weil ich das Gefühl hatte, bewusst getäuscht worden zu sein und ohne Zweifel selbst zu meiner Täuschung beigetragen hatte, indem ich meine Wahrnehmungen auf jene Bilder begrenzte, die sie bereit war, mich sehen zu lassen. Auch hatte ich manchmal das Gefühl, ich hätte einen doppelten Verlust erlitten, da ich meine Überzeugungen davon, wer sie war, radikal revidieren musste und daher auch meine Überzeugungen im Hinblick darauf, wer ich selbst in der Beziehung zu ihr war und bin – und ich war am Ende überrascht, dass ich auch weiterhin das Gefühl des Wiedererkennens hatte."

Es hinterlässt einen starken Eindruck, wie sehr Margaret Mead sich bezüglich der möglichen negativen Auswirkungen ihres Geheimnisses Sorgen machte und wie sehr sie sich bemühte, diesen negativen Folgen durch ihren Brief entgegenzuwirken. Am beeindruckendsten an Catherines Kommentar jedoch ist, dass sie einräumt, bei der Geheimhaltung dieser Seiten im Leben ihrer Mutter selbst eine Rolle gespielt zu haben, und bereit ist, ihre eigene Komplizenschaft zu untersuchen.

Am Ende war Catherine Bateson fähig, sowohl ihre Mutter als auch ihren Vater als diejenigen, die sie waren, zu akzeptieren. Margaret und Gregory waren weit davon entfernt, perfekte Eltern zu sein, aber die Fähigkeit ihrer Tochter, das anzunehmen, was sie zu bieten hatten, und es in einen bedeutsamen Teil ihres eigenen Selbst zu verwandeln, ist beeindruckend. Dieses Akzeptierenkönnen nutzte sie auch beim Tode ihrer Eltern (ebd.):

> „Die begrenzte Welt der frühen Kindheit existiert nicht mehr, aber das, was mir wichtig ist, ist ihren Interessen und Zielen nach wie vor ähnlich, und die Analogien zwischen dem Mikrokosmos und der größeren Welt bestehen fort … Ich wollte ein kleines Buch schreiben … Ich habe versucht, meine eigene Ambivalenz in dieses Buch hineinzuverweben, indem ich Liebe und Kummer, Sehnsucht und Wut dicht an die Oberfläche treten ließ und deutlich machte, dass es keine Vollkommenheit gibt, die als Heiligtum zu verwahren wäre, und kein Festhalten am Althergebrachten, das es zu verteidigen gälte – aber vieles, das man gebrauchen kann, und vieles Wertvolle."

Catherine Bateson schreibt, sie habe ihr Leben zunächst als eine Art verzweifelten Improvisierens empfunden, wobei sie ständig versucht habe, miteinander im Widerstreit liegende Elemente in irgendeine Art von Zusammenhang zu bringen, um sich den einem raschen Wandel unterworfenen Verhältnissen anzupassen (Bateson 1990):

„Wenn wir mit unseren Kindern über unser eigenes Leben sprechen, neigen wir dazu, unsere Vergangenheit umzuformen, um ihr den illusionären Anschein zu geben, alles stehe in einem zweckvollen Zusammenhang. Aber unsere Kinder sind in der Regel nicht fähig, ihre Ziele zu definieren und dann glücklich zu leben bis an ihr Ende. Stattdessen werden sie vor der Notwendigkeit stehen, sich selbst immer wieder neu zu erfinden, als Antwort auf die sich stets wandelnde Umgebung ... Das Leben [ist] eine Kunst der Improvisation, es geht darum, wie wir vertraute und unvertraute Elemente als Antwort auf neue Situationen kombinieren ... Ich glaube, dass [wir uns] in zu starkem Maß auf den hartnäckigen Kampf um ein einziges Ziel konzentriert [haben], statt uns dem Fließenden, dem Proteischen, dem Wandel hinzugeben ... Das Leben der Frauen war schon immer vielfach gebrochen und von Zufälligkeiten und Abhängigkeiten geprägt, aber heutzutage sind erstmals auch die Männer verletzlich geworden, und deshalb kann die traditionelle Anpassungsfähigkeit der Frauen nun als Ressource betrachtet werden."

Wir und unsere Familien ringen ständig darum, uns selbst neu zu erfinden und unsere schwierigen und schmerzlichen Erfahrungen in etwas Kreatives und Positives zu verwandeln. Catherine Bateson schreibt in diesem Zusammenhang (ebd.):

„Ein Teil der Aufgabe, ein Leben zu einem Ganzen zu komponieren, besteht darin, dass der Künstler einen Weg finden muss, das, was zunächst einfach hässlich ist, zu nehmen und, anstatt es zu verleugnen, im größeren Plan des Ganzen zu verwenden. Es gibt eine berühmte Geschichte über einen chinesischen Meister, der gerade dabei war, eine Landschaft zu malen. Als er fast fertig ist, fällt ein Tropfen Tinte auf die weiße Papierrolle, und den Schülern, die um ihn herumstehen, bleibt fast der Atem weg, denn sie glauben, das Bild sei zerstört. Ohne Zögern nimmt der Meister den feinsten seiner Pinsel und malt aus dem winzigen, bereits herabgefallenen Tintentropfen eine Fliege, die über den Vordergrund der Landschaft schwebt ... Es geht hier darum, Anmut und Bedeutung zu finden in einem Bild, das noch größer ist als das, welches wir jetzt vor uns sehen."

Die Idee, wieder Verbindung mit Ihrer Familie aufzunehmen, ist mit dem Ziel verknüpft, dass Ihre Hoffnung sich mit Ihrer Geschichte versöhnen wird – das heißt, dass die Verbindung zu Ihrer Geschichte Ihnen auch Ihre Zukunft neu eröffnen wird. Das setzt voraus, dass Sie zu einem Gefühl von Familie und „Heimat" gelangen, das die Erfahrungen sämtlicher Familienmitglieder umfasst und niemanden aus der Geschichte Ihrer Familie ausgrenzt, sei es wegen seines Geschlechts, seiner Zugehörigkeit zu einer bestimmten Rasse oder Gesellschaftsschicht, sei es aus Scham oder aus dem Wunsch heraus, etwas geheim zu halten; das heißt auch, dass die Familie ein Ort ist, an dem jene komplexen und vielschichtigen Verbindungen, durch die sämtliche Mitglieder miteinander verwoben und verflochten sind, eine Bestätigung finden.

Die Aufgabe, die eigene Familie zu verstehen und wieder mit ihr in Verbindung zu treten, ist ein lebenslanges Projekt. Wenn Sie etwas Neues schaffen wollen, müssen Sie gegen die Definitionen kämpfen, die Sie vorfinden, damit Sie den Begriff der Verbundenheit so definieren können, dass er für Sie bedeutungsvoll ist. Edwin Markham schrieb einmal ein Gedicht, in dem dies ausgedrückt ist. Sein Inhalt lässt sich folgendermaßen zusammenfassen: Jemand zieht einen Kreis, der einen „Außenseiter" ausschließt – einen Ketzer oder Rebellen; aber jenem gelingt es mithilfe der Liebe, einen neuen Kreis zu ziehen, der den ersten, den „Verächter", mit einbezieht.

In diesem Sinne wünsche ich Ihnen viel Glück bei dem Projekt, „wieder nach Hause zu gehen" – auch wenn das niemals derselbe Ort sein wird wie derjenige, den Sie einst verlassen haben. Ich wünsche Ihnen, dass Sie, indem Sie Ihre Familie wieder finden, sich selbst finden.

Allgemeine Literatur

Anderson, C., S. Stewart a. S. Dimitjian (1994): Flying Solo. New York (Norton).

Anderson, R. (1968): I Never Sang for My Father. New York (Random House).

Bagarozzi, D. A. a. S. A. Anderson (1989): Personal, Marital, and Family Myths. New York (Norton).

Baldwin, J. (1991): Sonny's Blues. In: Minnesota Humanities Commission (ed.): Braided Lives. An Anthology of Multicultural American Writing. St. Paul (Viking).

Barth, J. (1993): It Runs in My Family. New York (Bruner/Mazel).

Bernikow, L. (1980): Among Women. New York (Harper & Row).

Boller, P. F. jr. (1988): Presidential Wives. New York (Oxford University Press).

Bolton, I. (1983): My Son ... My Son ... Helping Families after Death, Loss, or Suicide. Atlanta (Bolton).

Boose, L. E. a. B. S. Flowers (eds.) (1989): Fathers and Daughters. Baltimore (Johns Hopkins University Press).

Boss, P. (1991): Ambiguous Loss. In: F. Walsh a. M. McGoldrick (eds.): Living beyond Loss. New York (Norton). [Dt. (2000): Leben mit ungelöstem Leid. Ein psychologischer Ratgeber. München (Beck).]

Bowen, M. (1978): Family Therapy in Clinical Practice. New York (Jason Aronson).

Brodzki, B. a. C. Schenck (eds.) (1988): Life Lines. Theorizing Women's Autobiography. Ithaca/London (Cornell University Press).

Butler, R. a. M. Lewis (1983): Aging and Mental Health. St. Louis (C. V. Mosby).

Caroli, B. B. (1987): First Ladies. New York (Oxford University Press).

Carter, B. a. Monica Goldrick (1988): Overview. The Changing Family Life Cycle. A Framework for Family Therapy. In: B. Carter a. M. McGoldrick (eds.): The Changing Family Life Cycle. Boston (Allyn & Bacon).

Carter, E. A. (1978): The Transgenerational Scripts and Nuclear Family Stress. Theory and Clinical Implications. In: Georgetown Family Symposium. Vol. 3 (1975–76). Washington, DC (Georgetown University).

Cath, S., A. Gurwitt a. L. Gunsberg (1989): Fathers and Their Families. Hillsdale, NJ (Analytic).

Cicirelli, V. G. (1985): Sibling Relationship throughout the Life Cycle. In: L. L. Abate (ed.): The Handbook of Family Psychology and Therapy. Homewood, IL (Dorsey).

Cobbett, W. (1986): Porcupine's Works. Zitiert in: Esmond Wright: Franklin of Philadelphia. Cambridge, Mass. (Harvard University Press).

Conroy, P. (1988): The Prince of Tides. New York (Houghton Mifflin). [Dt. (1989): Die Herren der Insel. Stuttgart (Deutscher Bücherbund).]

Dardis, T. (1989): The Thirsty Muse. Alcohol and the American Writer. New York (Ticknor & Fields).

DeFrain, J., J. Taylor a. L. Ernst (1982): Coping with Sudden Infant Death. Lexington, MA (Heath).

Diagram Group (1976): Mothers. 100 Mothers of the Famous and Infamous. New York (Paddington).

Downing, C. (1988): Psyche's Sisters. Reimagining the Meaning of Sisterhood. San Francisco (Harper & Row).

Dunne, E. J., J. L. McIntosh a. Karen Dunne-Maxim (eds.) (1987): Suicide and Its Aftermath. New York (Norton).

Eisler, R. (1987): The Chalice and the Blade. Our History. Our Future. New York (Harper & Row).

Erdrich, L. u. M. Dorris (1991): The Crown of Columbus. New York (Harper & Row).

Fishel, E. (1979): Sisters. Love and Rivalry inside the Family and Beyond. New York (William Morrow). [Dt. (1980): Schwestern. Liebe und Rivalität in der Familie. Frankfurt a. M./ Berlin (Ullstein).]

Fishel, E. (1990): The Special Language of Sisters. *Radcliffe Quarterly* (March).

Flanagan, T. (1979): The Year of the French. New York (Holt, Rinehart & Winston).

Forbes, M. (1988): They Went That-a-way. How the Famous, the Infamous, and the Great Died. New York (Ballantine).

Forbes, M. (1990): What Happened to Their Kids? Children of the Rich and Famous. New York (Simon & Schuster).

Friedman, E. (1982): "The Myth of the Shiksa". In: Monica McGoldrick, John K. Pearce u. Joseph Giordano (eds.): Ethnicity and Family Therapy. New York (Guilford Press).

Giamatti, A. B. (1989): Take Time for Paradise. Americans and Their Games. New York (Summit).

Goodwin, D. W. (1990): Alcohol and the Writer. New York (Penguin). [Dt. (1995): Alkohol & Autor. Zürich (Epoca).]

Greenblatt, R. B. (1987): Sex and Circumstance. Tallahassee, FL (Loiry).

Griffin, S. (1992): A Chorus of Stones. New York (Doubleday).

Gutstein, S. (1991): Adolescent Suicide. The Loss of Reconciliation. In: F. Walsh a. M. McGoldrick (eds.): Living Beyond Loss. New York (Norton).

Hadley, T., T. Jacob, J. Miliones, J. Caplan a. D. Spitz (1974): The Relationship between Family Development Crisis and the Appearance of Symptoms in a Family Member. *Family Process* 13.

Haley, A. (1974): Roots. The Saga of an American Family. New York (Doubleday). [Dt. (1982): Wurzeln. Stuttgart (Europäische Buchgemeinschaft).]

Haskell, M. (1990): Love and Other Infectious Diseases. New York (William Morrow).

Healy, D. D. (1988): America's First Ladies. Private Lives of the Presidential Wives. New York (Atheneum).

Heilbrun, C. G. (1988): Writing a Woman's Life. New York (Norton).

Heilbrun, C. G. (1990): Hamlet's Mother and Other Women. New York (Columbia University Press).

Hines, P., N. Garcia Preto, M. McGoldrick, E. Lee u. S. Weltman (1992): "Intergenerational Relationships in Different Cultures". In: *International Family Therapy.*

Hochschild, A. (1989): The Second Shift. Working Parents and the Revolution at Home. New York (Viking). [Dt. (1990): A. Hochschild a. A. Machung: Der 48-Stunden-Tag. Wege aus dem Dilemma berufstätiger Eltern. Wien (Zsolnay).]

Holmes, T. a. T. H. Rahe (1967): The Social Adjustment Rating Scale. *Journal of Psychosomatic Research* II.

Holt, G. a. P. Quinn, mit S. Russell (1989): Star Mothers. New York (St. Martin's).

Huygen, F. J. A., H. J. M. van den Hoogen, J. T. M. van Eijk a. A. J. A. Smits (1989): Death and Dying. A Longitudinal Study of Their Medical Impact on the Family. *Family Systems Medicine* 7.

Imber Black, E. (1993): Rituals of Our Time. New York (Harper & Row).

Imber Black, E. (1993): Secrets in Families and Family Therapy. New York (Norton).

Kingston, M. H. (1989): The Woman Warrior. New York (Vintage).

Kleiner, P. (i. prep.): Good Mother, Good Daughter.

Kotre, J. a. E. Hall (1990): Seasons of Life. Boston (Little, Brown).

Laird, J. (1989): Women and Stories. Restorying Women's Self-constructions. In: M. McGoldrick, C. M. Anderson a. F. Walsh (eds.): Women in Families. New York (Norton).

Lawrence, D. H. (1951): Studies in Classic American Literature. New York (Viking Press).

Leman, K. (1984): The Birth Order Book. Why You Are the Way You Are. Old Tappan, NJ (Fleming H. Revell). [Dt. (1986): Hackordnung. Die Geschwisterfolge bestimmt das Leben. München (Goldmann).]

Lerner, H. (1988): The Dance of Anger. New York (Harper & Row). [Dt. (1987): Wohin mit meiner Wut? Neue Beziehungsmuster für Frauen. Zürich/Stuttgart (Kreuz).]

Lerner, H. (1990): The Dance of Deception. New York (Harper & Row). [Dt. (1993): Was Frauen verschweigen. Warum wir täuschen, heucheln, lügen müssen. Zürich/Stuttgart (Kreuz).]

Lerner, H. (1993): The Dance of Intimacy. New York (Harper & Row). [Dt. (1990): Zärtliches Tempo. Wie Frauen ihre Beziehungen verändern, ohne sie zu zerstören. Zürich/Stuttgart (Kreuz).]

Lerner, M. (1990): Wrestling with the Angel. New York (Norton).

Liebowitz, H. (1989): Fabricating Lives. Exploration in American Autobiography. New York (Alfred A. Knopf).

Lindemann, E. (1944): Symptomatology and Management of Acute Grief. *American Journal of Psychiatry.* 101:141–148.

Luepnitz, D. (1988): The Family Interpreted. New York (Basic).

Mallon, T. (1984): A Book of One's Own. People and Their Diaries. Harrisburg, VA (Donnelley).

Maloney, M. L. a. A. Maloney (1985): The Hand that Rocks the Cradle. Mothers, Sons, and Leadership. Englewood Cliffs, NJ (Prentice Hall).

McGoldrick, M. (1988a): Sisters. In: M. McGoldrick, C. Anderson a. F. Walsh (eds.): Women in Families. New York (Norton).

McGoldrick, M. (1988b): Women through the Family Life Cycle. In: M. Mc-Goldrick, C. Anderson a. F. Walsh (eds.): Women in Families. New York (Norton).

McGoldrick, M. (1991a): Echoes from the Past. Helping Families Mourn their Losses. In: F. Walsh a. M. McGoldrick (eds.): Living beyond Loss. New York (Norton).

McGoldrick, M. (1991b): The Legacy of Loss. In: F. Walsh a. M. McGoldrick (eds.): Living beyond Loss. New York (Norton).

McGoldrick, M. a. N. Garcia-Preto (1984): Ethnic Intermarriage. Implications for Therapy. *Family Process* 23 (3).

McGoldrick, M. a. R. Gerson (1985): Genograms in Family Assessment. New York (Norton). [Dt. (1990): Genogramme in der Familienberatung. Bern/ Stuttgart (Huber).]

McGoldrick, M. a. R. Gerson (1988): Genograms and the Family Life Cycle. In: B. Carter a. M. McGoldrick (eds.): The Changing Family Life Cycle. Boston (Allyn & Bacon). [Dt. (1991): Feministische Familientherapie in Theorie und Praxis. (Gekürzte Ausgabe.) Freiburg i. Br. (Lambertus).]

McGoldrick, M. a. F. Walsh (1991): Death and the Familiy Life Cycle. In: F. Walsh a. M. McGoldrick (eds.): Living beyond Loss. New York (Norton).

McGoldrick, M., J. K. Pearce a. J. Giordano (1982): Ethnicity and Family Therapy. New York (Guilford).

McGoldrick, M., N. Garcia-Preto, P. Moore Hines a. E. Lee (1988): Ethnicity and Women. In: M. McGoldrick, C. Anderson a. F. Walsh (eds.): Women in Families. New York (Norton).

McGoldrick, M., R. Almeida, P. Moore Hines, N. Garcia-Preto, E. Rosen a. E. Lee (1991): Mourning in Different Cultures. In: F. Walsh a. M. McGoldrick (eds.): Living beyond Loss. New York (Norton).

McNaron, T. A. H. (1985): The Sister Bond. A Feminist View of a Timeless Connection. New York (Pergamon). Michael Princess of Kent (1986): Crowned in a Far Country. Portraits of Eight Royal Brides. New York (Weidenfeld & Nicolson).

Melville, H. (1923): Israel Potter. London (Constable).

Nabokov, V. (1941): The Real Life of Sebastian Knight. [Dt. (1960): Das wahre Leben des Sebastian Knight. Reinbek (Rowohlt).]

Osterweis, M., F. Solomon a. M. Green (eds.) (1984): Bereavement. Reactions, Consequences, and Care. Washington, DC (National Academy Press/Solomon & Green).

Parkes, C. M. (1972): Bereavement. Studies of Grief in Adult Life. New York (International Universities Press). [Dt. (1974): Vereinsamung. Die Lebenskrise bei Partnerverlust. Reinbek (Rowohlt).]

Paul, N. a. G. Grosser (1965): Operational Mourning and its Role in Conjoint Family Therapy. *Community Mental Health Journal* 1.

Paul, N., G. Grosser a. B. B. Paul (1975): A Marital Puzzle. [Dt. (1977): Puzzle einer Ehe. Verlauf einer Paartherapie. Stuttgart. Stuttgart (Klett-Cotta).]

Paul, N., G. Grosser a. B. B. Paul (1982): Death and Changes in Sexual Behavior. In: F. Walsh (ed.): Normal Family Processes. New York (Guilford).

Purnell, D. (1983): Exploring Your Family Story. Melbourne (Joint Board of Christian Education).

Rilke, R. M. (1949): Briefe an einen jungen Dichter. Wiesbaden (Insel).

Rose, P. (1984): Parallel Lives. Five Victorian Marriages. New York (Vintage).

Robe, L. B. (1986): Co-starring Famous Women and Alcohol. Minneapolis (Comp-Care).

Scarf, M. (1987): Intimate Partners. Patterns in Love & Marriage. New York (Random House).

Schiff, H. S. (1970): The Bereaved Parent. New York (Penguin). [Dt. (1978): Verwaiste Eltern. Stuttgart (Kreuz).]

Simpson, E. (1987): Orphans. Real and Imaginary. New York (Weidenfeld & Nicolson).

Stone, E. (1988): Black Sheep & Kissing Cousins. How Our Familie Stories Shape Us. New York (Time).

Thomas, E. H. G. (1989): The Presidential Families. New York (Hyppocrene).

Valliant, G. W. (1977): Adaptation to Life. Boston (Little, Brown).

Vidal, G., V. S. Pritchett, D. Caute, B. Chatwin, P. Conrad a. E. J. Epstein (1975): Great American Families. New York (Norton).

Videcka-Sherman, L. (1982): Coping with the Death of a Child. A Study over Time. *American Journal of Orthopsychiatry* 52.

Wallace, I., A. Wallace, D. Wallechinsky a. S. Wallace (1982): The Intimate Sex Lives of Famous People. New York (Dell). [Dt. (1985): Rowohlts indiskrete Liste. Ehen, Verhältnisse, Amouren und Affären berühmter Frauen und Männer. Stuttgart (Deutscher Bücherbund).]

Walsh, F. a. M. McGoldrick (eds.) (1991a): Living beyond Loss. A Systemic Perspective. New York (Norton).

Walsh, F. a. M. McGoldrick (1991b): Loss and the Family. A Systemic Perspective. In: F. Walsh a. M. McGoldrick (eds.): Living beyond Loss. New York (Norton).

Watzlawick, P., J. H. Beavin a. D. D. Jackson (1967): Pragmatics of Human Communication. New York (Norton). [Dt. (1969): Menschliche Kommunikation. Formen, Störungen, Paradoxien. Stuttgart/Bern (Huber).]

Wolin, S. J., L. A. Bennett a. J. S. Jacobs (1988): Assessing Family Rituals in Alcoholic Families. In: E. Imber Black, J. Roberts a. R. Whiting (eds.): Rituals in Families and Family Therapy. New York (Guilford).

Wortman, C. a. R. Silver (1989): The Myths of Coping with Loss. *Journal of Counseling and Clinical Psychology* 57.

Literatur zu einzelnen Familien

Literatur zu Adams

Adams, A. a. J. Adams (1975): The Book of Abigail and John Adams. Selected Letters of the Adams Family: 1762–1784. Ed. by L. H. Butterfield, M. Friedlaender a. Mary-Jo Kline. Cambridge, MA (Harvard University Press).

Adams, J. T. (1976): The Adams Family. New York (Signet).

Conroy, S. B. (1993): Refinements of Love. A Novel about Clover and Henry Adams. New York (Pantheon).

Homans (1966): Abigail Adams. Educations by Uncles. Boston (Houghton Mifflin).

Levin, P. L. (1987): Abigail Adams. A Biography. New York (St. Martin's).

Musto, D. (1981): The Adams Family. *Proceedings of the Massachusetts Historical Society.*

Nagel, P. C. (1983): Descent from Glory. New York (Oxford University Press).

Nagel, P. C. (1987): The Adams Women. New York (Oxford University Press).

O'Toole, P. (1990): The Five of Hearts: An Intimate Portrait of Henry Adams and His Friends 1880–1918. New York (Ballantine).

Richards, L. L. (1986): The Life and Times of Congressman John Quincy Adams. New York (Oxford University Press).

Shaw, P. (1976): The Character of John Adams. New York (Norton).

Shepherd, J. (1975): The Adams Chronicles. Four Generations of Greatness. Boston (Little, Brown).

Withey, L. (1981): Dearest Friend. A Life of Abigail Adams. New York (Free Press).

Literatur zu Angelou

Angelou, M. (1970): I Know Why the Caged Bird Sings. New York (Random House).

Angelou, M. (1974): Gather Together in My Name. New York (Bantam).

Angelou, M. (1981): The Heart of a Woman. New York (Bantam).

Angelou, M. (1986a): All God's Children Need Traveling Shoes. New York (Vintage).

Angelou, M. (1986b): Poems. Maya Angelou. New York (Bantam).

Angelou, M. (1993): Wouldn't Take Nothing for My Journey Now. New York (Random House).

Elliot, J. M. (ed.) (1989): Conversations with Maya Angelou. Jackson (University Press of Mississippi).

McPherson, D. A. (1990): Order out of Chaos. The Autobiographical Works of Maya Angelou. New York (Peter Lang).

O'Neale, S. (1984): Reconstruction of the Composite Self. New Images of Black Women in Maya Angelou's Continuing Autobiography. In: M. Evans (ed.): Black Women Writers. 1950–1980. New York (Doubleday).

Shuker, N. (1990): Maya Angelou. Englewood Cliffs, NJ (Silver Burdett).

Literatur zu Barrett und Browning

Browning, R. a. E. Barrett Browning (1902): The Letters of Robert Browning and Elizabeth Barrett Browning. 1845–1846. New York (Harper and Brothers). [Dt. (1923): Briefe von Robert Browning und Elizabeth Barrett Browning. Berlin (Fischer).]

Browning, V. (1979): My Browning Family Album. London (Springwood).

Forster, M. (1988): Elizabeth Barrett Browning. A Biography. New York (Doubleday).

Hewlett, D. (1953): Elizabeth Barrett Browning. New York (Cassell).

Honan, P. a. W. Irvine (1974): The Book, the Ring, and the Poet. A Biography of Robert Browning. New York (Bodley Head).

Karlin, D. (1987): The Courtship of Robert Browning and Elizabeth Barrett. New York (Oxford University Press).

Leighton, A. (1986): Elizabeth Barrett Browning. New York (Harvester).

Mander, R. (1980): Mrs. Browning. The Story of Elizabeth Barrett. London (Weidenfeld & Nicolson).

Marks, J. (1938): The Family of the Barrett. New York (Macmillan).

Mason, C. (Ed.) (1983): The Poet Robert Browning and His Kinsfolk by His Cousin Cyrus Mason. Waco, TX (Baylor University Press).

Maynard, J. (1977): Browning's Youth. Cambridge, MA (Harvard University Press).

Miller, B. (1973): Robert Browning. A Portrait. New York (Scribner).

Orr, S. (1908): Life and Letters of Robert Browning. New York (John Murray).

Robinson, J. (1894): Mrs. Barrett Browning's Parentage. *Athenaeum* (August).

Ryals, C. de L. (1993): The Life of Robert Browning. Cambridge, MA (Blackwell).

Taplin, G. B. (1957): The Life of Elizabeth Barrett Browning. New York (John Murray).

Thomas, D. (1982): Robert Browning. A Life within a Life. London (Weidenfeld & Nicolson).

Ward, M. (1955): Robert Browning and His World. The Private Face (1812–61). New York (Holt, Rinehart & Winston).

Ward, M. (1972): The Tragi-Comedy of Pen Browning. New York (Sheed & Ward Browning Institute).

Literatur zu Bateson und Mead

Bateson, M. C. (1984): With a Daughter's Eye. New York (William Morrow).

Bateson, M. C. (1990): Composing a Life. New York (Atlantic Monthly).

Bateson, M. C. (1994): Peripheral Visions. New York (Harper Collins).

Cassidy, R. (1982): Margaret Mead. AVoice for the Century. New York (Universe).

Grosskurth, P. (1988): Margaret Mead. Life of Controversy. London (Penguin).

Howard, J. (1984): Margaret Mead. Life. New York (Ballantine).

Lipset, D. (1980): Gregory Bateson. Legacy of a Scientist. Englewood Cliffs, NJ (Prentice Hall).

Mead, M. (1972): Blackberry Winter. My Earlier Years. New York (Simon & Schuster). [Dt. (1978): Brombeerblüten im Winter. Ein befreites Leben. Reinbek (Rowohlt).]

Rice, E. (1979): Margaret Mead. Portrait. New York (Harper & Row).

Literatur zu de Beauvoir

Appignanesi, L. (1988): Simone de Beauvoir. New York (Viking Penguin). [Dt. (1989): Simone de Beauvoir. Eine Frau, die die Welt veränderte. München (Heyne).]

Ascher, C. (1981): Simone de Beauvoir. A Life of Freedom. Boston (Beacon).

Bair, D. (1990): Simone de Beauvoir. A Biography. New York (Summit). [Dt. (1990): Simone de Beauvoir. Eine Biographie. München (Knaus).]

Beauvoir, S. de (1949): Le deuxi_me sexe. Paris (Gallimard). [Dt. (1951): Das andere Geschlecht. Sitte und Sexus der Frau. Reinbek (Rowohlt).]

Beauvoir, S. de (1959): Mémoires d'une fille rangée. Paris (Gallimard). [Dt. (1960): Memoiren einer Tochter aus gutem Hause. Reinbek (Rowohlt).]

Beauvoir, S. de (1963): Une mort tr_s douce. Paris (Gallimard). [Dt 1965).: Der sanfte Tod. Reinbek (Rowohlt).]

Francis, C. et F. Gonthier (1978): Simone de Beauvoir et le cours de monde. Paris (Klinksieck). [Dt. (1986): Simone de Beauvoir. Weinheim (Quadriga).]

Literatur zu Beethoven

Ciardello, J. A. (1985): Beethoven. Modern Analytic View of the Man and His Music. *Psychoanalytic Review* 72 (1).

Cooper, M. (1985): Beethoven. The Last Decade: 1817–1827. New York (Oxford University Press).

Forbes, E. (ed.) (1969): Thayer's Life of Beethoven. Princeton (Princeton University Press).

Hamburger, M. (ed.) (1951): Beethoven. Letters, Journals, and Conversations. New York (Thames & Hudson).

James, R. M. (1983): Beethoven. New York (St. Martin's).

Kerst, F. a. H. E. Krehbiel (eds.) (1964): Beethoven. The Man and Artist as Revealed in His Own Words. New York (Dover).

MacArdle, D. W. (1949): The Family van Beethoven. *Musical Quarterly* XXV (4).

Marek, G. R. (1969): Beethoven. Biography of a Genius. New York (Thomas Y. Crowell). [Dt (1970).: Ludwig van Beethoven. Das Leben eines Genies. München (Moderne Verlagsgesellschaft).]

Matthews, D. (1988): Beethoven. New York (Vintage).

Mondadori, A. (ed.) (1967): Beethoven. Portraits of Greatness. New York (Curtis).

Rodman, S. a. J. Kearns (1962): The Heart of Beethoven. New York (Shorewood).

Solomon, M. (1977): Beethoven. New York (Schirmer). [Dt. (1979): Beethoven. Biographie. München (Bertelsmann).]

Solomon, M. (1988): Beethoven Essays. Cambridge, MA (Harvard University Press).

Sterba, E. a. R. Sterba (1954): Beethoven and His Nephew. New York (Pantheon). [Dt. (1964): Ludwig van Beethoven und sein Neffe. Tragödie eines Genies. München (Szczesny).]

Sullivan, J. W. N. (1960): Beethoven. His Spiritual Development. New York (Vintage).

Literatur zu Blackwell, Stone und Brown

Cazden, E. (1983): Antoinette Brown Blackwell. A Biography. Old Westbury, NY (Feminist Press).

Hays, E. Rice (1967): Those Extraordinary Blackwells. New York (Harcourt Brace).

Horn, M. (1980): Family Ties. The Blackwells. A Study of the Dynamics of Family Life in Nineteenth Century America. Tufts University (Dissertation).

Horn, M. (1983): Sisters Worthy of Respect. Family Dynamics and Women's Roles in the Blackwell Family. *Journal of Family History* 8 ().

Wheeler, L. (ed.) (1961): Loving Warriors. Selected Letters of Lucy Stone and Henry B. Blackwell, 1853 to 1893. New York (Dial).

Literatur zu den Brontës

Bentley, P. (1969): The Brontës and Their World. New York (Viking).

Cannon, J. (1980): The Road to Haworth. The Story of the Brontës' Irish Ancestry. London (Weidenfeld & Nicolson).

Chadwick, E. H. (1914): In the Footsteps of the Brontës. London (Pitman).

Chitham, E. (1986): The Brontës' Irish Background. New York (St. Martin's).

Chitham, E. (1988): A Life of Emily Brontë. New York (Basil Blackwell).

Chitham, E. a. T. Winnifrith (1983): Brontë Facts and Brontë Problems. London (Macmillan).

Du Maurier, D. (1961): The Infernal World of Branwell Brontë. Garden City, NY (Doubleday).

Frazer, R. (1988): The Brontës. Charlotte Brontë and Her Family. New York (Crown).

Gaskell, E. (1975): The Life of Charlotte Brontë. London (Penguin).

Gerin, W. (1961): Branwell Brontë. London (Thomas Nelson).

Gerin, W. (1971): Emily Brontë. A Biography. London (Oxford University Press).

Hannah, B. (1988): Striving toward Wholeness. Boston (Signpress).

Hanson, L. a. E. Hanson (1967): The Four Brontës. New York (Archon).

Hardwick, E. (1975): The Brontës. In: Seduction and Betrayal: Women and Literature. New York (Vintage). [Dt. (1986): Verführung und Betrug. Frauen und Literatur. Essays. Frankfurt a. M. (S. Fischer).]

Hinkley, L. L. (1945): The Brontës: Charlotte and Emily. New York (Hastings House).

Hopkins, A. B. (1958): The Father of the Brontës. Baltimore (Johns Hopkins University Press).

Lane, M. (1969): The Brontë Story. London (Fontana).

Lock, J. a. W. T. Dixon (1965): A Man of Sorrow. The Life, Letters, and Times of Reverend Patrick Brontë. Westport, CT (Meckler).

Mackay, A. M. (1897): The Brontës. Fact and Fiction. London (Service & Paton).

Maurat, C. (1970): The Brontës' Secret. New York (Barnes & Noble).

Moglen, H. (1984): Charlotte Brontë. The Self Conceived. Madison (University of Wisconsin Press).

Morrison, N. B. (1969): Haworth Harvest. The Story of the Brontës. New York (Vanguard).

Peters, M. (1974): An Enigma of Brontës. New York (St. Martin's).

Peters, M. (1975): Unquiet Soul. A Biography of Charlotte Brontë. New York (Atheneum).

Ratchford, F. W. (1954): The Brontës' Web of Childhood. New York (Russell & Russell).

Raymond, E. (1948): In the Steps of the Brontës. London (Rich & Cowan).

Spark, M. a. D. Stanford (1960): Emily Brontë. Her Life and Work. London (Arrow).

White, W. B. (1939): The Miracle of Haworth. A Brontë Story. New York (Dutton).

Wilks, B. (1986a): The Brontës. An Illustrated Biography. New York (Peter Bedrick).

Wilks, B. (1986b): The Illustrated Brontës of Haworth. New York (Facts on File).

Winnifrith, T. Z. (1977): The Brontës and Their Background. Romance and Reality. New York (Collier).

Wright, W. (1893): The Brontës in Ireland. New York (Appleton).

Literatur zu Chaplin

Bessy, M. (1983): Charlie Chaplin. New York (Harper & Row). [Dt. (1984): Das große Charlie-Chaplin-Buch. München (Schirmer-Mosel).}

Chaplin, C. (1964): My Autobiography. New York (Simon & Schuster). [Dt. (1964): Die Geschichte meines Lebens. Frankfurt a. M. (Fischer).]

Chaplin, C. jr., mit N. Rau a. M. Rau (1960): My Father, Charlie Chaplin. New York (Random House).

Chaplin, L. Grey, mit M. Cooper (1966): My Life with Chaplin. An Intimate Memoir. Brattleboro, VT (Book).

Epstein, J. (1989): Remembering Charlie. New York (Doubleday). [Dt. (1989): Erinnerungen an Charlie Chaplin. München (Heyne).]

Haining, P. (ed.) (1982): The Legend of Charlie Chaplin. London (Allen).

Karney, R. a. R. Cross (1992): The Life and Times of Charlie Chaplin. London (Green Wood).

Maland, C. (1989): Chaplin and American Culture. The Evolution of a Star Image. Princeton (Princeton University Press).

McCabe, J. (1978): Charlie Chaplin. New York (Doubleday).

Robinson, D. (1983): Chaplin. The Mirror of Opinion. Bloomington (Indiana University Press).

Robinson, D. (1985): Chaplin. His Life and Art. New York (McGraw-Hill). [Dt. (1989): Chaplin. Sein Leben, seine Kunst. Zürich (Diogenes).]

Smith, J. (1984): Chaplin. Boston (Twayne).

Literatur zu Curie

Curie, E. (1939): Madame Curie. Paris (Gallimard). [Dt. (1951): Madame Curie. Eine Biographie. Frankfurt a. M. (Fischer).]

Giroud, F. (1981): Marie Curie. Une femme honorable. Paris (Fayard). [Dt. (1999): Marie Curie. Die Menschheit braucht auch Träumer. München Econ und List).]

Pflaum, R. (1989): Grand Obsession. Madame Curie and Her World. New York (Doubleday).

Reid, R. (1974): Marie Curie. New York (Dutton). [Dt.: Marie Curie. Erfolg und Tragik. München (Heyne).]

Steinke, A. E. (1987): Marie Curie. New York (Barrons).

Literatur zu Dickens

Johnson, E. (1980): Charles Dickens. His Tragedy and Triumph. New York (Penguin).

Kaplan, F. (1988): Dickens. A Biography. New York (William Morrow).

Mackenzie, N. a. J. Mackenzie (1979): Dickens. A Life. New York (Oxford).
Storey, G. (1939): Dickens and Daughter. London (Frederick Muller).
Tomalin, C. (1991): The Invisible Woman. The Story of Nelly Ternan and Charles Dickens. New York (Alfred A. Knopf).

Literatur zu Edison

Conot, R. (1979): Thomas A. Edison. A Streak of Luck. New York (Plenum).
Frost, L. A. (1984): The Edison Album. A Pictorial Biography of Thomas Alva Edison. Mattituck, NY (Amereon House).
Josephson, M. (1959): Edison. A Biography. New York (McGraw-Hill). [Dt. (1969): Thomas Alva Edison. Biographie. Icking (Kreißelmeier).]
Venable, J. D. (1961): Mina Miller Edison. Daughter, Wife, and Mother of Inventors. East Orange, NJ (Charles Edison Fund).
Wachhorst, W. (1984): Thomas Alva Edison. Am American Myth. Cambridge, MA (MIT Press).

Literatur zu Fonda

Guiles, F. L. (1981): Jane Fonda. The Actress in Her Time. New York (Pinnacle).
Hayward, B. (1977): Haywire. New York (Alfred A. Knopf).
Kierman, T. (1973): Jane. An Intimate Biography of Jane Fonda. New York (Putnam).
Sheed, W. (1982): Clare Boothe Luce. New York (Dutton).
Springer, J. (1970): The Fondas. Secaucus, NJ (Citadel).
Teichman, H. (1981): Fonda. My Life. New York (New American Library).

Literatur zu Franklin

Bowen, C. D. (1974): The Most Dangerous Man in America. Scenes from the Life of Benjamin Franklin. Boston (Little, Brown).
Clark, R. W. (1983): Benjamin Franklin. A Biography. New York (Random House).
Fay, B. (1969): The Two Franklins. Fathers of American Democracy. New York (AMS).
Franklin, B. (1968): The Autobiography of Benjamin Franklin. New York (Lancer). [Dt. (1969): Autobiographie. Frankfurt a. M. (Insel).]
Hall, M. (1960): Benjamin Franklin and Polly Baker. Chapel Hill (University of North Carolina Press).
Labaree, L. W., R. L. Ketcham, H. C. Boarfield a. H. H. Fineman (eds.) (1964): The Autobiography of Benjamin Franklin. New Haven, CT (Yale University Press).

Lopez, C.-A. a. E. W. Herbert (1975): The Private Franklin. The Man and His Family. New York (Norton).

National Center for Constitutional Studies (ed.) (1987): The Real Benjamin Franklin. The True Story of America's Greatest Diplomat. Washington, DC.

Osborne, M. P. (1990): The Many Lives of Benjamin Franklin. New York (Dial).

Randall, W. (1984): A Little Revenge. Benjamin Franklin and His Son. Boston (Little, Brown).

Seavey, O. (1988): Becoming Benjamin Franklin. The Autobiography and the Life. Philadelphia (Pennsylvania State University Press).

Skemp, S. L. (1990): William Franklin. Son of a Patriot, Servant of a King. New York (Oxford University Press).

Twain, M. (1907): "The late Benjamin Franklin". In: Writings of Mark Twain. Vol. 19. Hartford (American Publishing Co.).

Van Doren, C. (1938): Benjamin Franklin. New York (Viking). ###1958?###

Wright, E. (1986): Franklin of Philadelphia. Cambridge, MA (Harvard University Press).

Wright, E. (1990): Benjamin Franklin. His Life as He Wrote it. Cambridge, MA (Harvard University Press).

Literatur zu Freud

Anzieu, D. (1986): L'Auto-analyse de Freud et la découverte de la psychoanalyse. Paris (Presses Universitaires de France). [Dt. (1988): Freuds Selbstanalyse und die Entdeckung der Psychoanalyse. München (Verlag Internationale Psychoanalyse).]

Carotenuto, A. (1982): A Secret Symmetry. Sabina Spielrein between Jung and Freud. New York (Pantheon).

Clark, R. W. (1980): Freud. The Man and the Cause. New York (Random House). [Dt. (1981): Sigmund Freud. Frankfurt a. M. (Fischer).]

Eissler, K. R. (1978): Sigmund Freud. His Life in Pictures and Words. New York (Helen & Kurt Wolff Books/Harcourt Brace Jovanovich).

Freeman, L. a. H. S. Strean (1981): Freud and Women. New York (Frederick Ungar).

Freud, E. a. S. Freud (Hrsg.) (1968): Sigmund Freud. Briefe 1873–1939. Frankfurt a. M. (Fischer).

Freud, M. (1982): Sigmund Freud. Man and Father. New York (Jason Aronson).

Freud, S. (1988): My Three Mothers and Other Passions. New York (New York University Press). [Dt. (1988): Meine drei Mütter und andere Leidenschaften. Düsseldorf (Claassen).]

Gay, P. (1988): Freud. A Life for Our Time. New York (Norton). [Dt. (1989): Freud. Eine Biographie für unsere Zeit. Frankfurt a. M. (Fischer).]

Gay, P. (1990): Reading Freud. New Haven, CT (Yale University Press). [Dt. (1992): Freud entziffern. Essays. Frankfurt a. M. (Fischer).]

Gerson, R. a. M. McGoldrick (1986): Constructing and Interpreting Genograms. The Example of Sigmund Freud's Family. In: Innovations in Clinical Practice. A Source Book. Vol. 5.

Glickhorn, R. (1979): The Freiberg Period of the Freud Family. *Journal of the History of Medicine* 24.

Jones, E. (1953–55): The Life and Work of Sigmund Freud. 3 Vols. New York (Basic). [Dt. (1978): Das Leben und Werk von Sigmund Freud.3 Bde. Stuttgart/Wien (Huber).]

Kerr, J. (1993): A Most Dangerous Method. The Story of Jung, Freud, and Sabina Spielrein. New York (Alfred A. Knopf). [Dt. (1994): Eine höchst gefährliche Methode. Freud, Jung und Sabina Spielrein. München (Kindler).]

Krüll, M. (1979): Freud und sein Vater. Die Entstehung der Psychoanalyse und Freuds ungelöste Vaterbindung. München (Beck).

Mannoni, O. (1974): Freud. New York (Vintage). [Dt. (1979): Sigmund Freud in Selbstzeugnissen und Bilddokumenten. Reinbek (Rowohlt).]

Masson, J. (1984): The Assault on Truth. Freud's Suppression of the Seduction Theory. New York (HarperCollins). [Dt. (1984): Was hat man dir, du armes Kind, getan. Sigmund Freuds Unterdrückung der Verführungstheorie. Reinbek (Rowohlt).]

Masson, J. (ed.) (1985): The Complete Letters of Sigmund Freud to Wilhelm Fliess: 1887–1904. Cambridge, MA (Belknap). [Dt. (1986): Sigmund Freud. Briefe an Wilhelm Fliess 1887–1904. Bearbeitung der deutschen Fassung von Michael Schröter. Frankfurt a. M. (Fischer).]

McGoldrick, M. a. R. Gerson (1985): Genograms in Family Assessment. New York (Norton). [Dt. (1990): Genogramme in der Familienberatung. Bern/ Stuttgart (Huber).]

Nelken, M. (in prep.): Freud's Heroic Struggle with His Mother.

Peters, A. H. (1985): Anna Freud. A Life Dedicated to Children. New York (Schocken).

Roazen, P. (1993): Meeting Freud's Family. Amherst, MA (University of Massachusetts Press).

Schur, M. (1972): Freud. Living and Dying. New York (International Universities Press).

Swales, P. (1982): Freud, Minna Bernays, and the Conquest of Rome. New Light on the Origins of Psychoanalysis. *New American Review* 1 (2/3).

Swales, P. (1986): Freud, His Origins, and Family History. *UMDNJ Robert Wood Johnson Medical School* (November).

Swales, P. (1987): What Freud Didn't Say. *UMDNJ Robert Wood Johnson Medical School* (May).

Young-Bruehl, E. (1988): Anna Freud. A Biography. New York (Summit). [Dt. (o. J.): Anna Freud. Eine Biographie. Wien (Wiener Frauenverlag).]

Literatur zu A. R. Gurney

Witchel, A. (1989): Laughter, Tears. *New York Times Magazine*, 12. November 1989.

Literatur zu Hawthorne

Bassan, M. (1979): Hawthorne's Son. The Life and Literary Career of Julian Hawthorne. Columbus (Ohio State University Press).

Carton. E. (1989): A Daughter of the Puritans and Her Old Master. Hawthorne, Una, and the Sexuality of Romance. In: L. E. Boose a. B. S. Flowers (eds.): Daughters and Fathers. Baltimore (Johns Hopkins University Press).

Cowley, M. (ed.) (1983): The Hawthorne Reader. New York (Viking).

Hawthorne, J. (1968): Nathaniel Hawthorne and His Wife. A Biography. 2 Vols. Grosse Pointe, MI (Scholarly).

Maynard, T. (1948): A Fire Was Lighted. The Life of Rose Hawthorne Lathrop. Milwaukee (Bruce).

Mellow, J. R. (1980): Nathaniel Hawthorne in His Times. Boston (Houghton Mifflin).

Wagenknecht, E. (1961): Nathaniel Hawthorne. Man and Writer. New York (Oxford University Press).

Waggoner, H. (1950): Article on Alice Doane's Appeal. *University of Kansas City Review.*

Young, P. (1984): Hawthorne's Secret. An Untold Tale. Boston (David R. Godine).

Literatur zu Hepburn und Tracy

Anderson, C. (1988): Young Kate. New York (Henry Holt).

Carey, G. (1983): Katharine Hepburn. A Hollywood Yankee. New York (Dell).

Davidson, B. (1987): Spencer Tracy. Tragic Idol. New York (Dutton).

Edwards, A. (1985): A Remarkable Woman. A Biography of Katharine Hepburn. New York (Simon & Schuster).

Hepburn, K. (1991): Me. New York (Alfred A. Knopf). [Dt. (1991): Ich. Geschichte meines Lebens. München (Heyne).]

Higham, C. (1981): Kate. The Life of Katharine Hepburn. New York (Signet).

Kanin, G. (1988): Tracy and Hepburn. An Intimate Memoir. New York (Donald I. Fine). [Dt. (1990): Spencer Tracy und Katharine Hepburn. Frankfurt a. M. (Fischer).]

Morley, S. (1984): Katharine Hepburn. London (Pavilion).

Literatur zu Kafka

Citati, P. (1987): Kafka. Mailand (Rizzoli). [Dt. (1990): Kafka. Verwandlungen eines Dichters. München (Piper).]

Glazer, N. N. (1986): The Loves of Franz Kafka. New York (Schocken).

Gray, R. (ed.) (1962): Kafka. A Collection of Critical Essays. Englewood Cliffs, NJ (Prentice Hall).

Heller, E. (1974): Franz Kafka. Princeton (Princeton University Press). [Dt. (1976): Kafka. München (Deutscher Taschenbuch-Verlag).]

Kafka, F. (1960): Brief an den Vater. Nachwort von Wilhelm Emrich. München (Piper).

Kafka, F. (1974): Briefe an Ottla und die Familie. Hrsg. von Hartmut Binder u. Klaus Wagenbach. Frankfurt a. M. (Fischer).

Pawel, E. (1984): The Nightmare of Reason. A Life of Franz Kafka. New York (Vintage). [Dt. (1986): Das Leben Franz Kafkas. München/Wien (Hanser).]

Robert, M.: Einsam wie Franz Kafka. Frankfurt a. M. (Fischer).]

Wagenbach, K. (1983): Franz Kafka. Bilder aus seinem Leben. Berlin (Wagenbach).

Literatur zu Kennedy

Collier, P. a. D. Horowitz (1984): The Kennedys. New York (Summit). [Dt. (1985): Die Kennedys. Ein amerikanisches Drama. Berlin (Siedler).]

Davis, J. H. (1984): The Kennedys. Dynasty and Disaster. New York (McGraw-Hill). [Dt. (1987): Siegen! Siegen um jeden Preis. Die Kennedys – ihre wahre Geschichte. Zürich (Schweizer Verlagshaus).]

Goodwin, D. K. (1987): The Fitzgeralds and the Kennedys. New York (Simon & Schuster).

Hamilton, N. (1992): JFK Reckless Youth. New York (Random House). [Dt. (1993): John F. Kennedy. Wilde Jugend. Frankfurt a. M. (Fischer).]

Heymann, C. D. (1989): A Woman Named Jackie. New York (New American Library).

James, A. (1991): The Kennedy Scandals and Tragedies. Lincolnwood, IL (Publication International).

Kennedy, R. (1975): Times to Remember. New York (Bantam). [Dt. (1976): Alles hat seine Stunde. Meine Lebenserinnerungen. Frankfurt a. M. (Fischer).]

Latham, C. a. J. Sakol (1989): Kennedy Encyclopedia. New York (New American Library).

Leamer, L. (1994): The Kennedy Women. New York (Villard).

McTaggart, L. (1983): Kathleen Kennedy. Her Life and Times. New York (Dial).

Rachlin, H. (1986): The Kennedys. A Chronological History 1923–Present. New York (World Almanac).

Rainie, H. a. J. Quinn (1983): Growing Up Kennedy. The Third Wave Comes of Age. New York (Putnam).

Saunders, F. (1982): Torn Lace Curtain. Life with the Kennedys. New York (Pinnacle).

Wills, G. (1981): The Kennedy Imprisonment. A Meditation on Power. New York (Little, Brown).

Literatur zu Ann Landers und Abigail Van Buren

Pottker, J. a. B. Speziale (1987): Dear Ann, Dear Abby. The Unauthorized Biography of Ann Landers and Abigail Van Buren. New York (Dodd, Mead & Company).

Literatur zu Lincoln und Todd

Baker, J. (1987): Mary Todd Lincoln. A Biography. New York (Norton).

Eliot, A. (1985): Abraham Lincoln. An Illustrated Biography. New York (W. H. Smith).

Neely, M. E. a. R. G. McMurty (1986): The Insanity File. The Case of Mary Todd Lincoln. Carbondale (South Illinois University Press).

Oates, S. B. (1977): With Malice toward None. The Life of Abraham Lincoln. New York (New American Library).

Oates, S. B. (1984): Abraham Lincoln. The Man behind the Myths. New York (Harper & Row).

Sandburg, C. (1946): Abraham Lincoln. The Prairie Years. Vols. I a. II. New York (Harcourt, Brace & Company).

Schreiner, S. A. (1987): The Trials of Mrs. Lincoln. New York (Donald I. Fine).

Literatur zu Mahler

Blaukopf, K. (1969): Gustav Mahler oder der Zeitgenosse der Zukunft. Wien/München/Zürich (Molden).

Keegan, S. (1992): The Bride of the Wind. The Life of Alma Mahler. New York (Viking).

La Grange, H.-L. de (1976): Mahler. London (Victor Gollancz).

Mahler-Werfel, A. (1949): Gustav Mahler. Erinnerungen und Briefe. Amsterdam (Bermann-Fischer).

Gustav Mahler (1978): Briefe 1879–1911. Hrsg. von Alma Maria Mahler. (Nachdr. d. Ausg. Berlin/Wien/Leipzig 1925). Hildesheim (Olms).

Monson, K. (1983): Alma Mahler. Muse to Genius. Boston (Houghton Mifflin). [Dt. (1986): Alma Mahler-Werfel. Die unbezähmbare Muse. München (Heyne).]

Secherson, E. (1982): Mahler. New York (Omnibus).

Literatur zu den Brüdern Marx

Adamson, J. (1973): Groucho, Harpo, Chico, and Sometimes Zeppo. New York (Simon & Schuster).

Arce, H. (1979): Groucho. New York (Putnam).

Bergan, R. (1992): The Life and Times of the Marx Brothers. London (Green Wood).

Chandler, C. (1978): Hello, I Must Be Going. Groucho and His Friends. Garden City, NY (Doubleday). [Dt. (1988): Groucho. Der Chef der Marx Brothers. München (Heyne).]

Chrichton, K. (1950): The Marx Brotzers. Garden City, NY (Doubleday).

Marx, A. (1973): Son of Groucho. New York (David McKay).

Marx, A. (1988): My Life with Groucho. Fort Lee, NJ (Barricade).

Marx, G. (1959): Groucho and Me. New York (Simon & Schuster). [Dt. (1981): Schule des Lächelns. Frankfurt a. M. (Fischer).]

Marx, G. (1963): Memoirs of a Lover. New York (Simon & Schuster).

Marx, G. (1967): The Groucho Letters. New York (Simon & Schuster).

Marx, H. (1951): My Brother Groucho. *Coronet* (February).

Marx, H., mit R. Barber (1985): Harpo Speaks. New York (Limelight).

Marx, M. (1986): Growing Up with Chico. New York (Limelight).

Stables, K. (1992): The Marx Bros. Greenwich, CT (Brompton).

Literatur zu O'Neill

Bowen, C. (1959): The Curse of the Misbegotten. New York (McGraw-Hill).

Gelb, A. a. B. Gelb (1987): O'Neill. New York (Harper & Row).

O'Neill, E. (1955): Long Day's Journey into Night. New Haven, CT (Yale University Press). [Dt. (1960–63): Meisterdramen. 2 Bde. Frankfurt a. M. (Fischer).]

Sheaffer, L. (1968): O'Neill. Son and Playwright. Boston (Little, Brown).

Sheaffer, L. (1973): O'Neill. Son and Artist. Boston (Little, Brown).

Literatur zu Robeson

Dean, P. H. (1989): Paul Robeson. In: E. Hill (ed.): Black Heroes. Seven Plays. New York (Applause Theatre Book).

Duberman, M. B. (1988): Paul Robeson. New York (Alfred A. Knopf).

Ehrlich, S. (1988): Paul Robeson. Singer and Actor. New York (Chelsea House).

Larsen, R. (1989): Paul Robeson. Hero before His Time. New York (Franklin Watts).

Ramdin, R. (1987): Paul Robeson. The Man and His Mission. London (Peter Owen).

Robeson, P. (1988): Here I Stand. Boston (Beacon).
Robeson, S. (1981): The Whole World in His Hands. A Pictorial Biography of Paul Robeson. New York (Carol Publishing).

Literatur zu Robinson

Alvarez, M. (1990): The Official Baseball Hall of Fame. Story of Jackie Robinson. New York (Simon & Schuster).
Robinson, J. (1972): I Never Had It Made. New York (Putnam).

Literatur zu Roosevelt

Asbell, B. (ed.) (1982): Mother and Daughter. The Letters of Eleanor and Anna Roosevelt. New York (Coward, McCann & Geoghegan).
Bishop, J. B. (ed.) (1919): Theodore Roosevelt's Letters to His Children. New York (Scribner).
Brough, J. (1975): Princess Alice. A Biography of Alice Roosevelt Longworth. Boston (Little, Brown).
Collier, P., mit D. Horowitz (1994): The Roosevelts. New York (Simon & Schuster).
Cook, B. W. (1992): Eleanor Roosevelt 1884–1933. A Life: Myteries of the Heart. Vol. 1. New York (Viking Penguin).
Felsenthal, C. (1988): Alice Roosevelt Longworth. New York (Putnam).
Hagedorn, H. (1954): The Roosevelt Family of Sagamore Hill. New York (Macmillan). Fritz, J. (1991): Bully for You, Teddy Roosevelt. New York (Putnam).
Lash, J. P. (1971): Eleanor and Franklin. New York (Norton).
McCullough, D. (1981): Mornings on Horseback. New York (Simon & Schuster).
Miller, N. (1992): Theodore Roosevelt. New York (William Morrow).
Morgan, T. (1985): FDR. A Biography. New York (Simon & Schuster).
Morris, E. (1979): The Rise of Theodore Roosevelt. New York (Ballantine).
Pringle, H. F. (1931): Theodore Roosevelt. New York (Harcourt, Brace & World).
Roosevelt, E. (1984): The Autobiography of Eleanor Roosevelt. Boston (Hall).
Roosevelt, J. (1976): My Parents. A Different View. Chicago (Playboy).
Roosevelt, T. (1925): An Autobiography. New York (Scribner).
Teichman, H. (1979): Alice. The Life and Times of Alice Roosevelt. Englewood Cliffs, NJ (Prentice Hall).

Literatur zu Sartre

Cohen-Solal, A. (1987): Sartre, a Life. New York (Pantheon). [Dt. (1989): Sartre: 1905–1980. Reinbek (Rowohlt).]
Sartre, J. P. (1964): Les mots. Paris (Gallimard). [Dt. (1968): Die Wörter. Reinbek (Rowohlt).]

Literatur zu G. B. Shaw und Charlotte Payne-Townsend

Colbourne, M. (1949): The Real Bernard Shaw. New York (Philosophical Library).
Dervin, D. (1975): Bernard Shaw. A Psychological Study. Lewisburg, PA (Bucknell University Press).
Dunbar, J. (1963): Mrs. G. B. S. A Portrait. New York (Harper & Row).
Holroyd, M. (1988): Bernard Shaw. Vol. I: The Search for Love. 1856–1898. New York (Random House).
Holroyd, M. (1989): Bernard Shaw. Vol. II: The Pursuit of Power. 1898–1918. New York (Random House).
Holroyd, M. (1991): Bernard Shaw, Vol. III: The Lure of Fantasy. 1918–1951. New York (Random House). [Dt. (1995): Magier der Vernunft. Eine Biographie. Frankfurt a. M. (Suhrkamp).]
Shaw, B. (1968): Complete Plays. Vol. III. New York (Dodd, Mead). [Dt. (1946–48): Geammelte dramatische Werke. 12 Bde. Zürich (Artemis).]
Smith, J. P. (1965): The Unrepentant Pilgrim. A Study of the Development of Bernard Shaw. Boston (Houghton Mifflin).

Literatur zu Tolstoi

Citati, P. (1986): Tolstoy. New York (Schocken).
Courcel, M. de (1980): Tolstoy. The Ultimate Reconciliation. New York (Scribner).
Edwards, A. (1981): Sonya. The Life of Countess Tolstoy. New York (Simon & Schuster). [Dt. (1984): Die Tolstois. Krieg und Frieden in einer russischen FamilieMünchen/Wien (Scherz).]
Maude, A. (1987): The Life of Tolstoy. Vols. I & II. New York (Oxford University Press).
Simmons, E. J. (1960): Leo Tolstoy. Vols. I & II. Ney (Vintage).
Smoluchowski, L. (1987): Lev & Sonya. The Story of the Tolstoy Marriage. New York (Putnam).
Stilman, L. (ed.) (1960): Leo Tolstoy: Last Diaries. New York (Putnam's Sons). [Dt. (1979): Tagebücher 1847–1910. München (Winkler).]
Tolstoy, L. (1964): Cildhood, Boyhood, Youth. Baltimore (Penguin). [Dt. (1963): Kindheit, Knabenalter, Jünglingsjahre. Frankfurt a. M. (Insel).]

Tolstoy, N. (1983): The Tolstoys. Twenty-four Generations of Russian History. New York (William Morrow). [Dt. (1985): Das Haus Tolstoi. Vierundzwanzig Generationen russischer Geschichte. Stuttgart (DVA).]

Troyat, H. (1967): Tolstoy. New York (Dell). [Dt. 1966): Tolstoi oder die Flucht in die Wahrheit. Wien/Düsseldorf (Econ).]

Wilson, A. N. (1988): Tolstoy. New York (Norton).

Literatur zu Königin Victoria

Auchincloss, L. (1979): Persons of Consequence. Queen Victoria and Her Circle. New York (Random House).

Benson, E. F. (1987): Queen Victoria. London (Chatto & Windus).

Charlot, M. (1991): Victoria. The Young Queen. Oxford (Blackwell).

Hibbert, C. (1985): Queen Victoria in Her Letters and Journals. New York (Viking).

James, R. R. (1984): Prince Albert. New York (Alfred A. Knopf).

Stoney, B. (1991): Victoria and Albert. A Family Life at Osborne House. New York (Prentice Hall).

Strachey, L. (1921): Queen Victoria. New York (Harcourt, Brace, Jovanovich). [Dt. (1936): Queen Victoria. Berlin (Fischer).]

Thompson, D. (1990): Queen Victoria. The Woman, the Monarchy, and the People. New York (Pantheon).

Weintraub, S. (1987): Victoria. New York (Dutton).

Wilson, E. (1990): Eminent Victorians. New York (Norton).

Woodham-Smith, C. (1972): Queen Victoria. New York (Donald Fine).

Literatur zu Washington

Bourne, M. A. (1982): First Family. George Washington and His Intimate Relations. New York (Norton).

Mitchell, S. W. (1904): The Youth of Washington. New York (Century Company).

Moore, C. (1926): The Family Life of George Washington. Boston (Houghton Mifflin).

Literatur zu den Brüdern Wright

Crouch, T. D. (1989): The Bishop's Boys. A Life of Wilbur and Orville Wright. New York (Norton).

Freedom, R. (1991): The Wright Brothers. How They Invented the Airplane. New York (Holiday House).

Goulder, G. (1964): Ohio Scenes and Citizens. Cleveland (World).

Howard, F. (1987): Wilbur and Orville. A Biography of the Wright Brothers. New York (Alfred A. Knopf).

Kelly, F. (1989): The Wright Brothers. A Biography. New York (Dover).

Kinnane, A. (o. J.): The Crucible of Flight. George Washington University, Meyer Treatment Center (unpublished manuscript).

Kinnane, A. (1988): A House United. Morality and Invention in the Wright Brothers' Home. *Psychohistory Review.*

McMahon, J. R. (1930): The Wright Brothers. Fathers of Flight. Boston (Little, Brown).

Miller, I. Wright (1978): Wright Reminiscences. Dayton, OH (Privatdruck).

Renstrom, A. G. (1975): Wilbur and Orville Wright. A Chronology Commemorating the One Hundredth Anniversary of the Birth of Orville Wright. Washington, DC (Library of Congress).

Reynolds, Q. (1950): The Wright Brothers. New York (Random House).

Walsh, J. E. (1975): One Day at Kitty Hawk. The Untold Story of the Wright Brothers and the Airplane. New York (Crowell).

Über die Autorin

Monika McGoldrick, M. A., Ph. D., ist Mitbegründerin und Direktorin des Multicultural Family Institute in Highland Park, New Jersey, und Professorin für Klinische Psychiatrie. Ihre viel beachteten
Veröffentlichungen, darunter *Feministische Familientherapie in Theorie und Praxis* und *Genogramme in der Familienberatung*, begründen
ihren Ruf als Pionierin und Wegbereiterin der modernen Familientherapie.

Satuila Stierlin

„Ich brannte vor Neugier!"

Familiengeschichten bedeutender Familientherapeutinnen und Familientherapeuten

217 Seiten, Kt, 2001
ISBN 3-89670-209-2

Welche Anregungen und Kraftquellen fanden die Pioniere der Familientherapie? Gibt es Verbindungen zwischen Ereignissen in ihren Famili-
en und den Wesenszügen ihrer Arbeiten und Theorien?

Fragen dieser Art bilden den Ausgangspunkt für dieses Buch. Um
eine Antwort zu finden, führte die Autorin, selbst Familientherapeutin
und seit Jahrzehnten mit der „Szene" vertraut, Interviews mit international bekannten Familientherapeutinnen und -therapeuten. Satulia
Stierlin gelingt es, sehr persönliche Bilder dieser Menschen und der Art
und Weise zu zeichnen, wie sich jeweils Lebensschicksal und therapeu-
tisches Handeln zu einem „Gesamtkunstwerk" zusammenfügen. Ein-
fühlsam und spannend zu lesen, vermittelt sie so das Wesentliche in
der Menschlichkeit und den Familienerfahrungen der Porträtierten. Ein
faszinierendes Buch voller Geschichte(n) der Familientherapie!

*Mit Beiträgen über: Ivan Boszormenyi-Nagy, Salvador Minuchin, Mara Selvini
Palazzoli, Ted Lidz, Margret Thaler Singer, Lyman Wynne, Donald A. Bloch,
Norman Paul, Jürg Willi und Helm Stierlin.*

Carl-Auer-Systeme Verlag

Rainer Adamszek

Familien-Biographik

Therapeutische Entschlüsselung und Wandlung von Schicksalsbindungen

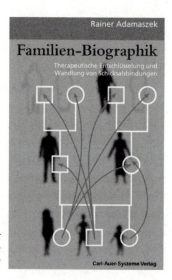

327 Seiten, 60 Abb., Kt
2., korr. Aufl. 2003
ISBN 3-89670-431-1

Für jeden Menschen gilt, dass er zum Stellvertreter jener Personen wird, die seinen Eltern fehlen. Er steht mit Leib und Leben für die Erfüllung der daraus erwachsenden Verbindlichkeiten ein. Wann und wie diese schicksalhaften Hypotheken eingelöst werden, ist vom Willen der Beteiligten unabhängig, aber erkennbar in Gesetzmäßigkeiten.

In der phänomenologischen Biographik, die das Buch anhand von Fragen wie „Warum gerade jetzt?", „Warum gerade hier?" oder „Warum gerade so?" behandelt, geht es um diese Gesetze leiblicher Verbundenheit. In ihnen liegt der Schlüssel, um Krankheitssymptome und andere Einbrüche im Leben als Spuren generationenübergreifender Haftung lesen und wenden zu können.

Der Autor liefert mit seiner präzisen Methode der Familienbiographik einen grundlegenden Beitrag zur Gesundheitsbildung. Er regt die Leser an, in ihren eigenen Familien solchen Dynamiken auf die Spur zu kommen.

www.carl-auer.de

Guy Ausloos

Die Kompetenz der Familien

Wie man sie findet und therapeutisch nutzt

206 Seiten, Kt, 2000
ISBN 3-89670-135-5

Es geht in diesem Buch um die Auflösung des traditionellen Verhältnisses zwischen wissendem Therapeuten und unwissender, Hilfe su-
chender, zu therapierender Familie. Erstrebenswert und erfolgverspre-
chender erscheint dem Autor stattdessen eine Therapieform, welche
die Kompetenzen und Ressourcen, die in der Familie vorhandenen sind,
für die Problemlösung fruchtbar macht. Jede Familie kann nur jene Probleme haben, zu deren Lösung sie selber in der Lage ist.

Ausloos ist davon überzeugt, dass bei der Mehrzahl der Therapien
es nicht die Familie ist, welche geändert werden muss, sondern die Art
und Weise, wie der Therapeut sie sieht und sich mit ihr zusammen fühlt.

Therapie heißt dann, der Familie die Informationen über sich selbst,
die sie im Prinzip schon hat, ins Bewusstsein zu heben und somit ihrer
eigenen Kompetenz zum Lösen von Problemen zum Durchbruch zu verhelfen.

Carl-Auer-Systeme Verlag